사회복지 윤리와 철학

Social Welfare Ethics and Philosophy

정현태 · 김도열 · 김한솔 · 이덕희 · 이인순 · 이진향

KNOWLEDGE COMMUNITY 공동체

Preface

머리말

본서는 일차적으로 사회복지에 유용한 가치에 대한 윤리(철학)적 접근을 시도한다. 이런 시도는 사회복지철학에서의 가치를 정립하려는 시도이고 사회복지가 추구하는 제 가치의 당위성(왜 그래야 하는가?)과 존재성(무엇인가?)을 찾는 작업이다. 다음으로 사회복지에 있어 발생할 수 있는 윤리적인 문제를 다룬다. 따라서 사회복지사가 실천 현장에서 활동하고 선택하고 행동할 때 어떤 방향성을 가지고 적용할 것인가를 살펴볼 것이다.

본서의 구성을 좀 더 구체적으로 살펴보자.

우선 제1부는 사회복지 윤리와 철학의 기초에 대한 것이다. 제1장은 사회복지 윤리와 철학을 이해하기 위한 기초로 철학으로서의 윤리학에 대해 살펴본다. 왜냐하면 철학이 교양과목으로 제 역할을 할 때도 있었으나 이제는 철학의 자리가 없는 시대로 변하였고 학생들에게 철학의 기본이라고 알려주어야 한다는 의무감 비슷한 것을 느꼈기 때문이다. 제2장은 윤리학의 배경으로 윤리적 이해와 관련된 내용이며, 제3장은 현장에서 활용할 다양한 윤리학적 쟁점과 윤리학 이론을 소개한다.

제2부는 본서의 핵심 부분으로 사회복지가치로서 사회정의를 다룬다. 여기서 주로 다루는 것은 다양한 학자들의 정의론이다. 사회복지가 가난하거나 어려운 사람들에게 서비스를 제공할 때에도, 지역사회나 한 나라 안에서 지역사회개량운동 차원의 사회변화를 행하려고 할 때에도 사회복지사가 선택하고 행동하는 것에는 정의문제가 뒤따른다. 사회복지사의 윤리적 문제를 말할 때 사회정의는 피할 수 없는 주제이다. 제4장은 사회복지 윤리학의 토대와 이념을 다룬다. 여기서 사회정의의 중요성이 도출된다. 제5장은 사회정의와 평등 그리고 자유에 대해 알아본다. 제6장부터 제9장까지는 개별 정의론(공리주의, 롤즈, 노직, 왈저 등)을 다룬다. 제10장은 소유권과 분배정의라는 주제하에 사적 소유권과 이에 대한 제한을 다룬다. 사회권이 법적 권리로 인정된다면 이를 위한 재원이 결국 어떤 형식으로든지 가진 자의 재산권에 대한 제한으로 드러날 수 있기에 윤리적인 차원에서도 다루어져야 할 부분이라고 본다.

제3부는 사회복지실천에 있어서 제기되는 윤리적 문제를 다룬다. 제11장은 사회복지실천과 인간의 존엄성으로 인권이 핵심적인 내용이며, 제12장은 사회복지사의 윤리강령을 비교 및 분석(한 · 미 · 일)하며, 제13장에서는 실천에서 일어나는 실제적인 윤리문제(윤리적 갈등)를 다룬다. 즉, 윤리강령에서 핵심이 되는 문제인 클라이언트의 자기결정권, 비밀보장 등과 인간생명의 문제인 안락사와 존엄사를 윤리적 차원에서 다룬다.

제4부(제14장)는 본서의 결론이다. 윤리학적인 차원에서, 윤리적 실천과 연관되어 사회복지의 윤리적 지평을 가늠해 본다.

그리고 부록에서는 본 학습과 연관이 있는 읽을거리 도서, 윤리강령 등 독자들에게 실질적 도움을 줄 수 있는 내용도 첨부하였다.

사회복지학계에서 아직 활성화되어 있지 않은 분야인 사회복지 윤리와 철학 분야를 겁도 없이 뛰어들어 책을 출간하는 것이 한편으로는 두려움과 한편으로는 설렘이 교차된다. 보다 많은 시간을 가지고 보다 나은 내용으로 독자를 만났으면 하는 마음도 있었으나 우선 부족하나마 먼저 이렇게 도서부터 보이고, 지도편달을 기다린다. 두려운 마음이다.

본서의 저자들은 한국사회복지교육협의회의 관계자에게 본서의 교과명으로 사회복지 윤리와 철학이라고 명명하는 것이 맞는지, 교과목 제목에 대해서 논의를 청하는 바이다. 기본적으로 철학의 하위개념이 가치론이며, 가치론의 하위개념이 윤리학임에도 불구하고 교과목명으로 사용하고 있기 때문이다.

> "철학은 생각하는 것이다. 생각한다는 것은 인간만이 지닐 수 있는 특권이다. 이 특권에는 책임이 따른다. 책임은 옳고 그름의 판단인 '윤리'인 것이다. 따라서 철학은 생각하는데, 옳고 그름에 대한, 즉 '윤리'에 대한 생각을 한다는 것이다."

2024년 7월

저자 일동

Contents
차 례

PART

2

사회복지가치로서 사회정의

PART 3

사회복지실천과 윤리적 접근

PART

4

사회복지 윤리와 철학의 모색

Part 01

사회복지 윤리와 철학의 기초

Chapter 01

철학으로서의 윤리학

"철학한다는 것", 그것은 "생각한다는 것", "생각해 본다는 것"을 말한다. 흔히 우리는 "철학하는 것", 그것을 뭔가 낯선 일로 그리고 우리와는 무관(無關)한 일로 여긴다. 그리고 또한 그것을 하나의 귀찮은 일로 또는 골치 아픈 일로 간주해 버린다. 그런데 그 이유(理由)는, 오늘날 우리가 "생각한다는 것" 그것은 뭔가 낯선 일로 그리고 우리와는 무관한 일로 여기기 때문이다. 그리고 "생각해 본다는 것"을 귀찮은 일로 그리고 골치 아픈 일로 간주해 버리기 때문이다.

오늘날 우리 인간은 생각하지 않는다. 아니, 생각하지 않아도 된다. 오늘날 우리는 스스로 그리고 자기 자신이 생각할 필요가 없다. 왜냐하면 대중매체가 우리를 대신해서 생각해 주기 때문이다. 신문, 라디오, 텔레비전 그리고 주간지와 월간지가 우리를 대신해서 모든 것을 생각해 주기 때문이다. 우리는 오늘날 "생각한다는 것"을 대중매체에 맡겨 두고 있다. 그리하여 오늘날 우리는 "생각한다는 것"에서 해방되어 있다. 물론 우리 인간은 어떤 의미에 있어서는 생각한다. 그리고 생각하는 것을 전적으로 외면하고 살아가는 사람은 아무도 없다. 예컨대, 우리는 오늘 점심에 무엇을 먹을까 하고 생각한다. 또는 퇴근길에 누구를 만날 것인가 하고 생각한다. 그리고 때가 되면, 휴가를 어디로 떠날까 하고 생각한다. 그러나 그럼에도 불구하고 본격적인 의미에서 "생각한다는 것", 그것은 오늘날 우리에게 뭔가 낯선 일이 되어 버렸다. 우리와는 무관한 일이 되어 버렸다. "생각해 본다는 것"은 우리에게 하나의 귀찮은 일이 되어 버렸다. 그리고 하나의 골치 아픈 일이 되어 버렸다. 그리고 그와 더불어 "철학한다는 것", 그것이 우리에게 뭔가 낯선 일이 되어 버렸고 우리와는 무관한 일이 되어 버렸다. 그리고 또한 "철학한다는 것"은 우리에게 하나의 귀찮은 일이 되어 버렸다. 우리는 "철학하는 것", 그것이 "생각한다는 것"이라 했다. "생각해 보는 것"이라 했다. 그러면 이제 "생각한다는 것", 그것은 무엇인가? "생각해 본다는 것", 그것은 도대체 무엇인가?[1)]

철학을 이해한다는 것은 "무엇"에 대한 생각을 한다는 것이다. 사회복지 윤리와 철학을 학습한다는 것은 철학을 기반으로 하는 학습이 전제되어야 한다는 것이다. 왜냐하면 철학은 존재론, 인식론, 가치론으로 분류할 수 있는데, 가치론에서 윤리학을 제시하고 있기 때문이다. 따라서 윤리학을 학습하기 위해서는 가치론을 이해해야 하며, 가치론을 이해하기 위해서는 철학이 우선되어야 한다는 것이다. 따라서 본 내용에서는 철학에 대한 일반적 이해와 철학자를 통한 윤리학을 고찰하고자 한다. 그러므로 학도들은 전반적인 철학에 대해서 알지 못한다 하더라도 윤리학에 대해서 어떻게 제시하고 있는지를 알아야 하겠다.

1. 철학적 접근

오늘날 우리는 '철학이 끝장났다'는 말을 듣고 있다. 그리고 많은 사람이 과거 철학자들의 사상을 연구하고 해석하는 것을 철학으로 이해하고 있다. 이러한 경향은 철학을 부정하거나, 철학을 인정하더라도 과거의 고리타분한 철학자들의 말을 알아듣는 것으로 한정함으로써 철학에 대한 근본적인 도전을 하고 있는 것이다. 왜 이러한 도전이 있는가? 그리고 이러

1) 철학 칼럼(정달용, 대구가톨릭대학교 철학과 교수 역임)

한 도전에도 불구하고 철학에 대하여 말할 수 있는가를 살펴보자. 그리고 철학을 왜 말해야 하는지도 알아보자.

오늘날의 철학은 첫째, 철학은 학문에 대한 이론(Philosophy of science)이 되었다. 즉, '학문'이란 무엇인가에 대하여 질문하는 것이 철학이다. 달리 말해서 어떤 것을 학문이라고 하는가?라는 질문은 곧 지식이란 무엇인가를 탐구하는 것이 철학이 된다. 따라서 철학은 '명제란 무엇인가?', '지식과 지식을 얻는 방법' 등을 다루게 된다.

둘째, 오늘날 철학은 언어철학이다. 철학으로부터 독립해 나간 개별 학문은 그 학문을 언어로 표현한다. 즉, 언어는 학문의 표현방법이며, 글은 언어의 연장이다. 오늘날 철학은 각 학문에서 사용하고 있는 말들의 의미가 있는가 없는가를 구별하는 작업을 하고 있다. 이 언어철학은 하나의 말이 하나의 뜻을 갖게 함으로써 표현을 명확하게 하고 의미를 정확하게 전달하고자 한다. 이를 위해 언어를 분석하기에 언어철학을 분석철학이라고 부르기도 한다. 그리고 언어의 의미 여부는 실제가 뒷받침될 때에 의미를 지니게 되며, 검증이 되지 않는 말은 의미가 없게 된다.

이와 같이 오늘날 철학은 이제 내용 없이 형식만 다루게 되었다. 이로 인해 철학은 내용이 없는 형식 학문으로 전락하게 되었다(예 형식논리학, 수학). 그러나 이러한 외부의 도전을 받아들인다면 우리는 '철학은 무엇인가'를 다시 문제 삼아야 한다. 달리 말해서 철학이 다루는 분야가 따로 없기에 학문에 관한 분야와 언어분석을 다루고 있다. 그러면서도 철학은 여러 사조(사회철학, 문학철학 등)를 이루어 가고 있기에 우리는 '철학은 무엇인가'를 물어보아야 한다.

1) 철학의 정의

철학(哲學)이라는 말을 먼저 생각해 보자. 한자어 철(哲)은 '밝을' 철, '지혜 있을' 철, '슬기로운'이 철자이며, 학(學)은 '배울' 학, '본받을' 학, '깨달을'

학, 글방 학자이다. 따라서 철학이란 말은 '지혜를 배우는 것', '슬기로움을 깨닫는 것', '명확하게 깨닫는 것'을 의미한다. 이렇게 볼 때 철학이란 사람들에게 어려움을 주는 것이 아니라 진리를 명확하게 깨달아 가는 것이다. 결국 철학은 단편적인 지식을 쌓아가는 것이 아니라 진리 그 자체를 탐구하는 것이라 할 수 있다. 진리를 탐구하는 것은 이성을 가진 인간의 본성적 활동이기에 철학은 이성을 지닌 인간만의 활동이다.

그리스어로 지혜에 대한 사랑이라는 의미를 가지고 있는 철학[2)]은 한 마디로 정의하기 어렵다(Raphael, 1987 : 11). 옛날의 철학자들은 철학을 사물의 궁극이나 제일원리에 대한 탐구(Brennan, 1982 : 13 참조)라고 생각하였다. 한편 철학에 접근하는 방식을 통해 철학을 이해하기도 한다. 우선 분석적 방법으로 논리나 언어에 관한 기초개념이나 과학의 기초개념들에 대한 분석에 전념해야 한다는 것이다. 둘째는 형이상학적 방법으로 사물의 본성을 일반성과 심오성을 지니고 있는 용어로 설명하여야 한다는 것이다. 셋째는 도덕에 관한 가르침으로서의 철학인데 도덕적 가치와 미적 가치를 탐구하여 인간의 행위와 행동의 기준 및 가치에 대한 원리를 제시하여야 한다는 것이다(Brennan, 1982 : 15-18). 한편 '가치와 당위의 근본원리에 대한 체계적인 탐구'(김태길, 1987 : 21) 또는 '종교나 신화와 구별되는 이성과 이론에 바탕을 둔 인간에 대한 이해'(철학대사전, 1989 : 1239 참조) 등으로 정의되기도 한다. 한편 정치철학, 경제철학, 법철학 등 어떤 학문영역의 뒤에 철학이 붙을 때는 그 학문의 뿌리나 바탕, 근본문제를 탐구하는 것으로 이해된다. 철학은 일반적으로 인식론, 존재론(형이상학), 논리학, 미학, 윤리학으로 나눈다(Sahakian, 1986 : 1).[3)] 윤리학은 철학의 한 영역을 이루는 학문이다.

그리고 흔히들 철학, 그것은 무엇인가?라는 질문을 한다. 이 질문에 따

2) 철학은 그리스어로 *Φιλοσοφία*인데, 이는 지혜를 의미하는 *σοφια*와 사랑을 의미하는 *φιλος*의 합성어이다(철학대사전, 1989 : 1239).

3) 인식론은 지식의 습득방법, 존재론은 실재의 본질, 논리학은 사유의 과정과 법칙, 미학은 아름다움의 의미와 경험을 다룬다(Sahakian, 1986 : 1).

르면 철학이 이미 완결된 상품처럼 느껴진다. 즉, 철학이 어떤 완결된 상품으로 더이상 어떤 변화와 발전이 없는 것으로 마치 공룡의 화석을 살펴보듯이 이미 완결된 것을 되짚어 보는 것이 철학으로 여겨진다. 그런데 진리를 탐구하는 것은 살아 있는 인간의 이성적 행위이다. 이런 행위는 화석처럼 굳어버린 것이 아니라 끊임없이 변화하고 발전하는 역동성을 지니고 있다. 그래서 우리는 철학은 무엇인가라는 질문을 철학의 역동성에 맞는 질문으로 바꾸어야 한다. 그것은 현재분사를 사용하여 '철학, 그것은 무엇인가'라는 질문이 될 것이다. 이제 그 해답을 찾아보자.

'철학적 사변', '학문'을 의미하는 라틴어 'Theoria'라는 말은 '보다', '구경하다'라는 의미를 지닌 그리스어(희랍어) 'θεωρια', 'θεωρειν'이라는 말에서 유래하였다. 즉, 철학하는 것은 어원적으로 생각하며, 보는 것을 뜻한다. 이렇게 볼 때 철학은 보는 것을 의미한다. 그런데 보는 것에는 단계가 있다. 첫째, '바라보다', '구경하다'는 단계로 경치를 보는 것처럼 막연하게 어떤 사물을 바라보는 단계이다. 둘째, '눈여겨보는' 단계이다. 어떤 것이 다른 것에 비하여 두드러진 점을 살펴보는 것이다. 이 단계에서 개별적인 것이 두드러지고 전체는 그 배경을 이루게 된다. 셋째, '들여다보다', '꿰뚫어 보다'는 단계는 속 내용, 참된 내용을 보는 단계이다. 이때 우리는 사물의 참된 모습을 보게 된다. 둘째 단계처럼 개별적인 것을 보나 그 단계에서는 겉모습만 보는 것으로 관심을 가지고 보는 단계를 넘어서서 분석하는 단계로 나아가는 것이다. 이와 같이 철학하는 것은 생각하는 것이며, 생각하는 것은 보는 것이다. 또 본다는 것은 대화를 한다는 것이다. 따라서 철학하는 것은 우리가 일상에서 보는 것, 만나는 것들의 참된 모습을 보는 것이다. 이 참된 모습을 보는 것을 배우고, 우리가 보는 것이 한계가 있음을 인정하고 남들이 본 것을 받아들임으로써 우리 자신의 시야를 넓히는 것이다.

또한 철학을 왜 하게 되는가?라는 질문은 '왜 우리는 생각하게 되는가?'라는 물음으로 바꿀 수 있을 것이다. 사람이 철학한다는 것은 곧 사람이 생각해 보려는 것이다. 생각해 보려는 것은 우선 그것을 모르기 때문이다. 즉, 모르는 어떤 것을 알아보기 위해서 들여다보고 생각하게 된다. 그러나 우리는 그것이 무엇인지 전혀 모르면서 어떤 것을 문제 삼지는 않는다. 따라서 우리는 그것에 대해 무엇인가를 알고 있는 것에 대해 알아보려고 하고 생각해 보려고 노력한다. 따라서 우리는 알기 때문에 생각하게 되고, 그것에 대해 모르기 때문에 생각하게 된다. 즉, 우리는 우리가 알더라도 철저하게 알지 못하기 때문에 어떤 것을 생각하게 된다.

Eros 신을 찬양하는 하는 말을 해보자고 Agathon이 제안하자 Socrates는 "내가 하는 말은 내가 생각해 낸 말이 아니라 내가 들었다. 이집트의 만티네에 있는 사제 Diotima로부터 들었다"고 하면서 한 가지 이야기를 하였다. 제우스가 딸의 잔치에서 풍요의 신인 Poros가 술에 취해 제우스의 뜰에서 잠을 자고 있었다. 이때 결핍의 신인 Pemia가 Poros와 관계를 맺게 되고 그 결과 Eros라는 아들을 낳게 된다. 따라서 풍요와 결핍의 아들인 Eros는 항상 모자라며 풍요로운 것이 무엇인가를 알게 된다. Eros는 지혜(sophia)를 가지고 있지 않지만 먼발치에서 항상 동경하고 추구하고 있기에 그는 항상 과정 속에 있다. 이 Eros는 지혜를 추구하다와 관계가 있으며 바로 철학자를 말한다. 우리가 철학이라고 하는 말은 희랍어 φιλεΐν(추구하다)와 σοφiα(지혜)라는 말의 합성어이다. 따라서 Philosophia은 sophos(지, 知)라는 말과 달리 철학, 지혜를 추구하는 것을 가리키는 말이다. 한편 Philosophos라는 말은 지식을 소유하므로 자칭(知者)이라고 하는 사람과는 달리 인식(知)을 사랑하는 자를 일컫는 말이다. 철학자란 말의 이러한 의미는 오늘날까지 유지되어 오고 있거니와, 하여간 진리의 소유자가 아니라 진리의 탐구야말로 철학의 본질인 것이다.
→ 철학을 하는 이유는 지혜에 대한 인간의 갈망에서 나온 것으로 우리가 가진 전이해를 바탕으로 하여 새로운 것, 근원적인 것에로 나아가려는 지혜에 대한 사랑 때문이다(플라톤의 심포지온 중에서).

2) 철학의 특성

철학이 생각하는 것이라면 무엇을 생각할 것인가라는 문제가 대두한다.

어떤 이는 철학에는 독특한 대상이 따로 없다고 한다. 달리 말해서 철학만이 따로 다루는 고유한 분야가 없다고 한다. 이 말을 뒤집어 생각하면 모든 것이 철학의 대상이 될 수 있다는 말이 된다. 즉, 우리는 모든 것에 대해서 생각해 볼 수 있다. 단, 그것이 주어져 있으며 그것이 자기를 드러내고 있는 한 그러하다.

그러면 어떻게 하는 것이 철학하는 것이 되게 하는가? 어떻게 생각하는 것이 철학하는 것이 되게 하는가? 그 답은 '도대체'라는 말에 달려 있다. 이 말을 넣어서 질문을 하고 그 해답을 찾아간다면 철학하는 것이 된다. 달리 말해서 '도대체 이것이 무엇인가?'라고 물어놓고 생각해 보는 것이 철학을 하는 것이다. 물리학, 생물학은 각자의 분야에 속하는 것을 다루지만 '도대체'라는 질문을 하지는 않는다.

무엇에 대하여 철학을 하게 되겠는가? 달리 말해서 무엇을 눈앞에 갖다 두고 '도대체'라고 묻게 될 것인가? 이것은 철학의 대상에 대한 질문이다. 무엇을 생각해 볼 것인가? 우리는 아무것이나 생각해 보지는 않는다. 우리는 생각해 볼 만한 것에 대해서 생각하게 되고 생각해 보아야만 할 것에 대해 생각해야 한다. 무엇이 생각해 볼 만한 것이고 무엇을 생각해 보아야만 하는 것인가? 이는 시대를 누린 사상가를 찾아가서 무엇이 생각해 볼 만한 것이고 무엇이 생각해 보아야만 하는 것이냐고 물어야 한다.

오늘날 사람들이 생각해 보는가라는 문제는 오늘날 철학자들이 다루는 문제들을 살펴보면 될 것이다. 철학자들이 다루는 문제들은 '안다는 것이 무엇인가?', '있다는 것이 무엇인가?', '인간이란 무엇인가?', '올바르다는 것은 무엇인가?', '신은 존재하는가?' 그리고 '신은 누구인가?'라는 것들이다.

철학하는 것은 먼저 언어를 사용한다. 이때 우리의 생각을 어떻게 바르게 이끌 수 있는가를 살펴보는 것이 논리학이다. 여기서는 연역법과 귀납법, 논리의 진위 판별 등에 대하여 다루게 된다.

우리는 '안다는 것은 무엇인가?'라는 문제를 다루는 것을 인식론(認識論)

이라 부른다. 여기서 인식이란 사람이 무엇을 아는 활동을 말한다. 인간은 무엇을 앎으로써 더욱 사람답게 성장한다. 그러기에 인간 삶에서 인식은 매우 중요하다. 인간이 무엇을 알게 될 때 무엇을 인식하는 사람을 주체라 하고 알려지는 사물을 인식 대상 혹은 객체라 한다. 주체는 감각과 지성을 통해서 대상을 인식하게 된다. 그리고 이렇게 인식한 것이 올바를 때에 진리라 하며, 그렇지 못할 때 오류라 한다. 이렇게 인간의 인식과정 혹은 무엇을 알아가는 활동에 대하여 생각해 보는 것이 인식론의 대상이다.

우리는 세상을 살아가면서 있는 많은 것을 접하며 살아간다. 그렇다면 있다는 것은 무엇인가? 왜 없지 않고 있는 것인가를 생각해 보는 것이 형이상학(形而上學: 존재론)이다. 형태를 이루는 것 그 이상에 대하여 생각해 보는 것이 형이상학이다. 여기서 있다는 것이 무엇인가? 있다는 것의 초월적 특성, 있음의 내적 구성원리, 원인론, 세계 존재의 궁극적인 근거에 대하여 생각해 본다.

또한 인간이 생각해 볼 만한 것은 인간 자체이다. 세상의 모든 존재 중 오직 인간만이 자신을 문제 삼고, 자신이 무엇인지를 묻는다. 인간에 대하여 생각해 보는 것은 인간이 자신에 대하여 숙고와 반성을 해보는 것이라 할 수 있다. 여기서 인간은 자신을 다른 동물과 비교해 보면서 자신을 이해할 수 있으며, 또 문화의 창조자이고 피조자인 인간의 모습과 인간 삶의 목적과 의미를 생각해 봄으로써 인간 자신에 대한 이해를 넓혀갈 수 있다. 이 같이 인간을 문제 삼고 인간에 대해 탐구해 보는 것을 인간학이라 한다.

인간은 어떻게 살아야 하는가? 인간이 살아가면서 선을 선택하고 악을 멀리해야 한다는 것을 터득하게 된다. 그러면 무엇이 선이고 무엇이 악인가? 등 인간의 행동기준과 관련된 윤리 규범의 기준과 여러 가지 윤리문제들, 아울러 개인뿐 아니라 사회체제를 살펴보는 사회윤리, 인간행동의 주관적 기준이 되는 양심 등에 대하여 살펴보는 윤리학 역시 철학의 한 부류에 속한다.

끝으로 인간은 자신이 보고, 느끼고, 인식할 수 있는 문제만을 생각해 볼 수 있는 것이 아니라 이것을 넘어서는 것에 대하여 생각해 볼 수 있다.

<철학의 분류>
우선 분석적 방법으로 논리나 언어에 관한 기초개념이나 과학의 기초개념들에 대한 분석에 전념해야 한다는 것이다. 둘째는 형이상학적 방법으로 사물의 본성을 일반성과 심오성을 지니고 있는 용어로 설명하여야 한다는 것이다. 세 번째는 도덕에 관한 가르침으로서의 철학인데 도덕적 가치와 미적 가치를 탐구하여 인간의 행위와 행동의 기준 및 가치에 대한 원리를 제시하여야 한다는 것이다(Brennan, 1982 : 15-18).

2. 시대별 윤리사상

지금까지 철학에 대한 일반적 이해를 고찰하였다. 본 장에서는 사회복지 윤리와 철학을 이해하기에 앞서 시대별로 철학자의 윤리사상을 살펴보고자 한다.

1) 고대철학(자)과 윤리학

(1) 소크라테스(Socrates, B.C. 470~399)의 앎과 가치

소크라테스의 사고의 중심이 된 것은 인간이다. 인간 중에서도 진리와 가치가 그를 위해서 존재하는 그런 인간이었다. 그는 사람들이 제 자신을 잘 알고 있는가(「너 자신을 알아라」), 진리가 무엇이며 앎이 무엇인가를 알고 있는지, 또 인간의 가치를 이미 꿰뚫어 보고 파악하고 있는지 등에 관해서 이야기했다. 그는 사람들이 하는 말을 붙들고 늘어져 “너희는 도대체 그 말의 뜻이 무엇이라고 생각하느냐?”, “그 말에서 무엇을 생각하느냐?”, “그것을 어떻게 증명하려고 하느냐?” 등의 질문을 통하여 스스로의 주장에 잘못이 있음을 깨닫게 함으로써 자신을 반성하고 혼란한 생각을 정리할 수 있게 도와주었다. 그의 이러한 방법을 '산파술'(産婆術. Hebammenkunst 또는 Maieutik)이라고 한다.

소크라테스를 통해 알아야 하는 것은 그의 본질(존재) 전체 속에서 진리가 무엇이며, 가치가 무엇인가 하는 것을 구체적으로 체험하게 된다. 그의 철학은 실존적인 철학이었다.

- **소크라테스에게 있어서 앎** : 우리들이 인식을 할 때에는 경험이나 하나하나의 구체적인 사례에서 출발하여, 이 개인적인 사례의 독자적인 성질을 연구하는데, 이때에 우리는 항상 동일한 것에 부딪치게 되며, 또 꼭 같은 특성을 띠고 있는 것을 이끌어 낸다. 우리는 이것을 보편개념이라고 한다.
- **가치** : 가치의 문제에 있어서 그에게 중요한 것은 물질적(내용적)인 측면이다. 그는 내용상으로 보아 선(善)이 무엇인가, 특히 윤리적인 선은 무엇인가 하는 것을 알고자 한다. 그에게 있어서는 가치의 문제가 곧 윤리의 문제다. → 가치론(axiology)

윤리문제를 보기 위해 먼저 윤리적인 선에 관해 잘못된 견해를 제거해야 한다. 우리는 선(αγαθόν) 등으로서의 공리주의(功利主義)적인 뜻으로 이해할 수 있거나, 또는 유쾌한 것, 성향(性向)이나 욕망에 알맞은 것 등으로서의 쾌락주의적인 뜻으로 이해할 수 있거나, 혹은 군주적인 인간의 우월성과 권리주의와 자연주의는 최종적인 대답이 되지 않는다.

① 앎으로서의 선

'아는 자는 현명하고, 아는 자는 선하다.' 이 말은 〈국가〉의 제1권에 나오는 간단하고 적절한 말이다. 이 말은 아리스토텔레스와도 일치한다. 아리스토텔레스에 의하면 소크라테스는 '모든 덕은 통찰(洞察=앎) 안에서 성립된다'(주지주의)고 믿고 있었다고 한다(니코마코스윤리학 6권 13장). 사람들은 윤리적인 가치개념을 이렇게 해석한 것을 주지주의(主知主義)라고 했다. 이것은 무슨 뜻인가? 계몽주의 시대의 윤리학과 교육학은 이런 '소크라테스주의'를 기치(旗幟)로 내걸고, '덕은 앎(지식)이다'를 '앎은 덕이다'로 바꿔 말할 수 있는 동일판단(同一判斷)으로 생각하고, 앎과 계몽만으로 사람들을 교육할 수 있다고 믿었다.

② 행복주의

소크라테스의 윤리적인 가치개념은 기술(techne)에서 유래된 것이기 때문에, 관계가치(relationswert)의 성격을 띠고 있다. 왜냐하면 모든 기술적인 가치개념은 목적을 달성하는 데 쓰임새가 있는 것을 뜻하기 때문이다. "네가 나에게 어떤 것에 쓰여질 수 없는 한 가지의 가치를 알고 있느냐고 묻는다면, 나는 그런 것은 알지 못하며, 또 알려고도 하지 않는다"고 하는 특징 있는 말을 크세노폰은 전하고 있다. 소크라테스가 욕망과 성향을 윤리적인 원리로서 거부했다고 하더라도 또 행복하기 위해 필요한 것은 덕이지 외적인 재산이 아니라는 현자(賢者)의 자족(自足)을 가르쳤다.

(2) 플라톤(Platon, B.C. 427~347)의 이데아

소크라테스에 대한 부당한 판결(죽임을 당함)을 보고 난 뒤에 그는 자기 자신에게 다음과 같이 말하고 있다. "그때 나는 대단한 현기증을 느꼈다. 그래서 나는 마침내 현재의 모든 국가들의 제도가 좋지 않다고 확신하게 되었다. 그리고 이때 나는 내가 진정한 철학을 키워나가는 것으로 되돌아오고 있다는 것을 알았다. 뒤에 와서, 공적인 생활에 있어서나 개인에게 있어서 정당한 것이라고 말할 수 있을 모든 것들에 대한 인식의 근원은 철학이라고 찬양할 수 있게 되었다. 그래서 나는, 순수하고 참된 철학의 대표자가 국가의 지배자로 되거나, 혹은 국가 통치권의 소유자가 신의 섭리에 따라, 참된 철학을 열심히 연구하기로 결심하기까지에는, 인류가 이러한 고민에서 풀려날 수 없다고 선언한다." 따라서 그의 철학은 진리에로 나아가는 길이기를 원함과 동시에, 개인적인 생활이나 공적인 생활에 있어서 선으로 나아가는 길이 되기를 원했다.

① **앎(지식)으로서의 선** : 플라톤은 덕에 대한 앎을 권장하고 있다. 덕에 대한 앎은 선에 대해서 아는 것이기 때문에 일반적인 앎과 다른 것이다. 물론 '선'이라는 말만으로는 아무런 소용도 없다. 이런 것은 「국가」(Politeia)에 분명하게 언급되어 있다. 플라톤은 항상 이런 것을 알고 있었다. 그래서 소크라테스를 주인공으로 삼는 대화편들이 그의 회의적인 아포리아(Aporia)로 끝나 있다. 그는 앎과 능력이 항상 선이라는 주장을 부정하였다.
그는 단순한 앎과 능력을 'πανουργία', 즉 모든 것을 다 해낼 수 있는 자격이라고 규정하고 있다. 업적과 권력만을 생각하고 있는 그런 세계관에서는 제일 교활한 자가 실제로 제일인자와 가장 높은 사람으로 된다. 그리고 거짓말을 가장 잘하는 자가 선전(宣傳)장관으로 될 수가 있으며, 또 되어야 한다.

② **목적으로서의 선** : '지식 자체는 윤리적으로 중립적이다. 우리는 이 지식을 어떻게든 할 수가 있다'는 것이다. 그러나 우리들이 거짓말로도 될 수 있고 정직함으로도 될 수 있는 앎과 능력을 악이나 또는 선이라고 평가할 때에는 어떤 다른 것, 즉 마음가짐(心情, ἦθος)이 끼어들게 마련이다. 그러나 이 마음가짐은 의지의 태도이고, 다시 이 마음가짐이 가치가 있는가 없는가 하는 것은 의지가 향하고 있는 목표와 목적에 달려 있다. 이 목적들이 선하면 마음가짐, 앎 및 능력도 선하다. 그에게 있어서는 목적이 윤리적 선을 결정하는 최종적인 기준(시금석)이다.

③ **에로스(Eros)로서의 선** : 「심포지온」에서 철학적인 가치문제를 에로스 개념과 결부시켜 설명하고 있다. 인간은 에로스 속에서 아름다움

(美)과 선을 열광적으로 붙드는데, 그 이유는 이것들(美와 善)이 인간에게 고유한 것(οἰκεῖον)이기 때문이요, 인간의 원형적(原型的)인 본성(ἀρχαία φύσις)이기 때문이요, 사람들이 자기 자신을 사랑하는 것처럼 사랑하고, 따라서 우리들을 행복하게 해주고 기쁘게 해주는 본래적인 '나', 즉 보다 나은 '나'이기 때문인 것이다. 우리들을 행복하게 해주는 것을 선이라고 보는 것은 자명하다. 그러나 이런 것이 행복주의나 쾌락주의를 뜻하는 것은 아니다. 인간의 자연적이고, 방자한 욕구능력에 뿌리박고 있는 도덕을 거부한다. 플라톤은 모든 에로스를 다 높이 평가한 것이 아니라 그 스스로도 가치 있는 것으로 되는 그런 에로스만 긍정하고 있다.

근원적인 미는 우리들이 그것을 사랑하기 때문에 가치가 있는 것이 아니라, 반대로 가치가 있는 것이기 때문에 우리들이 사랑하는 것이다. 이 근원적인 미는 우리들에게는 선험적(a priori)이며, 항상 존재하는 것이며, 생성과 소멸이 없으며, 증가되지도 감소되지도 않으며, 다른 존재자에 의해 한정지어지거나 기초지어지지도 않으며, '꼭 한 가지 모양의 선'으로서 완전히 자체 속에만 머물러 있다. 따라서 윤리적인 선은 수요와 공급에 좌우되는 시장가치와 같은 그런 가치가 아니다.

④ **진리의 대상으로서 이데아** : '이데아'는 두 가지의 뜻을 지니고 있다. 이데아는 첫째는 한 가지의 사상(주관적인 이데아)이고, 둘째는 우리들이 생각을 하는 대상(객관적인 이데아)이다. 우리들이 진리의 근원에 관해서 말할 때는 첫 번째 뜻의 이데아에 관한 말을 하고 있는 것이다. 우리들이 지금처럼 진리의 대상의 세계를 눈앞에 두고 있을 때에는 두 번째 뜻의 이데아에 관한 말을 하는 것이 된다. 플라톤의 이데아는 비공간적 · 무시간적이고, 변치 않는 어떤 것이며, 사고만이 접근할 수 있는 어떤 것이다. 이러한 이데아의 실재성(현실)은 오히려 일종

의 관념적인 실재성이다. 관념적인 실재성이 무엇인가 하는 것은 수학과 논리학의 타당관련(妥當關聯)을 다룰 때 어느 정도까지는 알 수가 있다. 그래서 플라톤은 관념적인 현실을 본래적인 현실, 즉 존재자 중의 존재(ὄντως ὄν)라고 본다. 따라서 관념적인 현실인 이데아의 세계는 보다 더 강한 현실이다. 그래서 플라톤은 이데아의 세계(κόσμος νοητός, mundus inelligidilis)와 눈으로 볼 수 있는 세계(τόπος ὁρατός, mundus sensibilis)를 구별하고, 이데아의 세계만을 참되고 본래적인 세계라 보고, 눈으로 볼 수 있는 세계를 존재와 무의 한복판에 서 있는 모상(模像)이라고만 본다. 이 이데아적인 존재가 보다 강한 현실이며, '참되고', '본래적인' 존재이며, 이것이 있음으로써 다른 존재들이 존재를 갖게 되며, 존재에 관여한다고 말하고 있다.

(3) 아리스토텔레스(Aristoteles, B.C. 384~322)의 덕

아리스토텔레스는 지식에 관한 본격적인 학문, 즉 논리학을 문제 삼았다. 아리스토텔레스가 논리학에게 제기한 길은 오늘날에 있어서도 답습되고 있다. "논리학이 아리스토텔레스 이후 한 걸음의 발전도, 한 걸음의 후퇴도 하지 않았다"는 칸트의 말은 이런 것을 잘 나타내 주고 있다. 아리스토텔레스의 논리학은 인간의 사고와 언어를 분석한다. 그는 정신도 일정한 구조를 지니고 있으며, 여러 가지 요소들과 기본적인 기능들로 이루어져 있다. 그 궁극적인 요소들은 개념, 판단 및 추리 등에 있다고 보았다.

개념이란 참도 아니요, 거짓도 아니다. 이것은 분명한 사실이다. 개념은 항상 보편적이며, 한결같이 있는 것과 필연적인 것, 간단히 말해서 본질적인 것을 파악한다. 개념이 본질적인 것, 즉 실체를 표현하는 것이며, 그러기에 개념은 진술 기능을 가지고 있다. 개념이 본질을 파악한다고 한다면, 개념은 진리가 된다.

올바르게 형성된 개념을 정의(ὁρισμός)라 한다. 정의란 본질을 드러내는 말이다. 정의는 본질적인 어떤 것을 다른 모든 존재자들로부터 완전히 떼어

놓고, 그 독자적인 성질 그대로가 통찰될 수 있도록, 한 대상의 본질을 확정지으려 한다. 따라서 정의는 유(類)와 종차(種差)를 지적함으로써 생긴다.

아리스토텔레스는 정의를 논할 때 유(Gattung)와 종(Art)이라는 개념을 사용한다. 그러나 유와 종이 무엇인가에 대하여 설명을 하지 않았다. 아리스토텔레스는 어떻게 하면 유에 이를 수 있는가 하는 것을 가르치고 있다. 즉, 여러 가지 서로 다른 대상들에게 공통적인 동등한 것을 이끌어 내는 것이라고 가르친다. 아리스토텔레스가 정의는 항상 직접적인 최근 유를 지적해 내야 한다고 요구한다면, 이것은 아리스토텔레스가 분할(나눔)할 때에 중간의 항을 무시해서는 안 된다는 것을 강조하는 플라톤을 따르고 있는 것이다. 다만, 종차라는 용어가 새로이 사용되고 있을 뿐이다.

① **앎** : 아리스토텔레스에게 있어서의 학문은 항상 지식과 진리만을 위한 학문, 즉 학문을 위한 학문이라는 사실을 먼저 들춰내기가 일쑤다. 그에게 있어서는 그 어떤 실용(實用)을 위해 쓰이는 것이 아니다. 실용을 돌보는 과제는 기술(techne), 경험(emperia), 현명한 생각(phronesis) 등이 맡는다. 그러나 순수한 학문, 특히 지식의 이상적인 경우로서의 철학에 있어서의 학문이란 항상 진리에 대한 순수하고 이론적인 직관이며, 자족적이다. 따라서 학문(진리직관)은 인간의 진정한 자유의 징표이며, 어떤 신적인 것이요, 사람을 무한히 행복하게 해주는 것이다. 그런데 이 모든 것은 아리스토텔레스에게 있어서는 자명한 것이었다. 오히려 훨씬 더 중요한 것은, 그에게 있어서의 학문의 본질이란, 그것이 앎(episteme), 정신(nous) 또는 지혜(sophia)라고 불리든 또는 그 무엇이라고 불리든 간에, 본질관계를 꿰뚫어 보는 것, 즉 분석 · 연역 · 직관 등으로서의 고대의 뜻의 '본질직관'이라는 것을 알아내는 것이다. 이것이 학문은 근본적으로 보자면 삼단논법, 즉 그의 말대로 하자면, "근거를 지우는 정신의 태도"(scientia argumentativa)라고 하는(니코마코스윤리학, 6권 7장, 1139 b 31), 그의 이론

의 참뜻이다.

아리스토텔레스는 플라톤에서 떨어져 나오는 것처럼 보인다. 플라톤에게 있어서는 본질개념들은 선천적이었다. 보편적인 것은 개별적인 것보다 이른 것이었다. 왜냐하면 개별적인 것은 보편적인 것을 통해서 비로소 읽히고 이해되기 때문이다. 그러나 아리스토텔레스는 우리 인간들의 인식에게는 개별적인 것이 먼저 알려지고, 이 개별적인 것을 바탕으로 해서 보편적인 것을 알게 된다고 선언한다. 개념과 정의는 삼단논법적인 지식의 원리들이다. 그러나 이것들이 인식의 궁극적인 원천은 아니다. 이 궁극적인 원천은 오히려 경험이다. "우리들이 경험(epagoge=귀납)의 도움을 받아 최초의 것을 인식해야 한다는 것은 분명하다"(분석론 후편 2권 19장, 100 b 4.) 또는 "보편자는 항상 개별적인 사물들에서 생겨난다"(니코마코스윤리학, 6권 2장, 1143 b 4). 아리스토텔레스에게 있어서는 모든 인식이 감각적인 지각에서부터 시작된다.

② **선(행복)** : 아리스토텔레스는 존재자의 가치의 서열에 따라, 쾌락의 서열을 정하게 된다. 맨 위에는 순수한 사고와 결합되어 있는 쾌락이 있고, 그 밑에는 윤리적인 덕과 결합되어 있는 쾌락이 있다. 그리고 맨 밑에는 감각적 · 육체적인 쾌락이 있는데, 이런 쾌락은 필연적인 것이고 또 본성 자체에 의해 정해진 길과 정도에 따라 움직이는 쾌락이다.

③ **덕론** : 이지적(理智的)인 덕과 윤리적인 덕

이지적인 덕은 지혜, 이성 및 지식 등에서 볼 수 있는 바와 같은 순수한 지성의 완전성이며, 여기서는 다 알고 있는 바와 마찬가지로 진리에 대한 순수한 직관을 위해, 인식을 위한 인식이 중요하며(이론적인 이성), 윤리적인 덕은 기술과 사려나 현명함의 완전성이며, 여기서는 응용적인 지식이 중요하게 마련이다.

이 덕들은 용기 · 자제(自制) · 관대 · 고결함 · 도량이 큰 것 · 명예심 · 온화함 · 성실 · 우아함 · 정의(正義) 및 우정 등으로, 그 특성에 따라 현상학적으로 성실하게 서술할 때 새로운 현실을 보다 정확하고 보다 포괄적으로 묘사하고 있다.

윤리학의 이론에는 '의지론(意志論)'이라는 하나의 새로운 장(章)이 쓰여지게 되었다(니코마코스윤리학, 3권 1-8장). 즉, 의지의 행위(行爲) 자체를 뜻한다는 말로 특징지을 수 있다. 모든 윤리적인 행위는 본질적으로 이런 것이 아닐 수 없다. 그래서 윤리적인 행위는 특수한 인간의 행위나 성인(成人)의 행위 이상의 것, 즉 자유로운 선택에 의한 행위여야 한다.

④ **국가의 과제** : 국가는 한 가지의 발전의 맨 끝에 있는 것이다. 자연적으로 보자면 개인, 가족이나 씨족 및 촌락(村落) 등이 국가보다 이른 것이다. 이렇게 시간적으로 보다 이른 공동체들은 고립되어 있어 적에 대해서 약하고, 노동 · 교역 · 경제적인 면에서는 충분하지가 못하기 때문에, 이것들이 살아남기 위해 하나의 이익사회, 즉 국가로 결합하게 된다. "인간은 본성적으로 사회적인 존재다"(정치학, 1권 2장 1235 a 2). 인간의 이념은 처음부터 인간이 본성적으로 국가를 형성하도록 이루어져 있다. 또 개인적 및 가족적인 존재에게는 이미 국가에 집중되는 그런 경향이 깃들어 있는데, 이런 것은 우연적인 것이 아니라, 일종의 본질적인 존재 구조인 것이다. 아리스토텔레스는 인간이 본성적으로 사회에 끼어들도록 되어 있다는 강력한 증거를 언어에서 찾고 있다.

아리스토텔레스는 국내의 모든 폭력정치에도 당연히 반대한다. 사람들은 보다 더 큰 것을 달성하기 위해서는 아무것도 뒤돌아보지 않고 전진하고, 때로는 의롭지 못한 일도 해야 한다고 생각하고 있는 것 같다고 그는 말한다. 바로 이러한 생각이 인간의 모든 질서를 심각하게 뒤흔들어 놓는 거친 권력투쟁으로 이끌어 간다는 것이다. 오직 두 가지의 전제조건하에서만 폭력정치가 허용될 수 있는데 그 한 가지의 조건은 삶의 가장 높은 의의와 가치가 약탈과 폭력에 휩쓸릴 때요, 그 두 번째 조건은 남들에 대해 정말로 우월한 사람이 있을 때이다.

(4) 헬레니즘과 로마의 철학

헬레니즘기에 이르러서는 개별 과학들이 각기 분화하여 독립을 하게 된다. 그런데 항상 새로운 위대한 것만 꿈꾸고 있던 외부의 현실들은 인간에게 행복과 구원을 가져다주기는커녕, 오히려 폐허만 만들어 내었다. 그래서 이 시대에는 윤리학이 중요시되었다.

① 스토아 철학(B.C. 300년경)의 윤리학

스토아학파에게 있어서는 철학이 무엇인가? 그들은 다음과 같이 정의하고 있다. 철학이란 신적인 것과 인간적인 것에 관한 학문이며, 논리학과 자연학, 윤리학으로 나누어진다. 스토아학파의 윤리학은 다음의 내용으로 구성되어 있다.

■ 인간의 영혼생활

인간은 육체뿐만 아니라 영혼도 가지고 있다. 영혼이라는 말은 여러 가지 뜻을 지니고 있다. 첫째로 영혼은 인간에게 자기운동, 따라서 생명을 부여하는 바의 것이다. 둘째로, 영혼은 또 신체-영혼-이성이라고 하는 세 부분의 한 가지 항인데, 이런 구별은 영양적-감각적-이성적인 능력이라고 하는 플라톤적 · 아리스토텔레스적인 구별에 해당되는 것이다. 더 나아가서 영혼은 '지도적인 영혼의 부분', 즉 이성만을 뜻할 수도 있다. 그리고 마지막으로, 영혼은 전체로서 함께 작용하는 위와 같은 기능을 총칭(總稱)하는 것일 수도 있다. 그러나 영혼은 항상 '프네우마'(Pneuma)이며, 프네우마로서의 영혼은 불과 공기가 합쳐져서 이룩된 것이다.

영혼은 신체의 일정한 부분의 구석에 자리잡고 있는 것이 아니라, 온몸을

뻗쳐 있으며, 오직 예외적인 경우에만 심장에 자리잡고 있으며, 또 이상적인 영혼인 경우에만 머리에 자리를 잡고 있다.

즉, 한편으로는 영혼이 물질적인 것이면서도 다시 그런 것이 아니며, 또 한편으로는 감각적인 것이면서도, 다시 정신이다.

이성적인 영혼이 인간을 지배해야만 한다고 하는, 스토아학파의 전체적인 도덕의 기초이다. 바로 그래서 이성적인 영혼의 명칭이 '지도적인 영혼'인 것이다.

이러한 견해에 있어서의 삶에 관한 가치는 분명하다. 그리고 이러한 견해는 불후의 철학이다. 격정에 사로잡혀 있는 사람에게, '이성적으로 되라!'고 충고하는 우리들의 관습 속에, 오늘날 아직까지지도 고대의 특히 스토아학파의 심리학이 살아남아 있는 것이다.

윤리적인 원리의 문제

윤리의 원리에 관한 문제이다. 윤리적인 선은 어디에 있는가? 이런 물음에 대해 본성에 따르는 생활이라는 개념을 만들어 냈다. 우리는 보통 이 규범을 삶의 목적(τέλος, finis)이라고 한다. 한 가지의 다른 공식은 '선이란, 우리들에게 덧붙여지는 것, 또는 몸소 마련된 것(καθήκον, officium)이다'라고 하는 것이다. 인간은 이성적인 존재이기 때문에, 모든 사람에게 몸소 마련되어 있는 것(Katheon)은, '인간의 이성적인 본성에 들어맞는, 충분한 이유가 있는 행위이다.' 이 밖에, "덕은 올바른 이성이다"(ὀρθὸς λόϒος, ratio recta)라든지 또는 "덕은 통찰(인식)이다"라고 하는 따위의 여러 가지 설명은 모두 형식적으로 그 한계만을 규정하는 것으로서 우리들이 인간성의 내용이나 올바른 이성이 무엇인가 하는 것을 부르고 있는 동안에는 공허한 것에 지나지 않는다.

인간은 본성적으로 근본적인 선 또는 오이케이오시스(Oikeiosis)를 지니고 있다고 보았다. 근본적인 선 또는 오이케이오시스란 인간 본성의 근원적인 충동, 즉 감각적으로 스스로를 지각하는 데서 출발하여 자아에게 향하는 충동을 이끌어 내려는 경향을 말한다. 자기 자신에 대한 관계로 발전해 나가는, 이런 자기 자신에 대한 지각에 있어서는 우리는 자아를 '우리들에게 속하는 것'이라고 느끼게 되며 그 다음에는 여기서부터 오이케이오시스가 가족, 정치공동체 그리고 마침내는 전 인류에게로 퍼져나간다. 즉, 자아와 사회에 있어서의 자아의 화장을 가능케 하는 모든 것과 이로운 것을 취하고 해로운 것을 멀리하는 것이 모든 방향에로 퍼져나가게 된다. 따라서 오이케이오시스란 '주는 것'(Zueig-nung)이다. 스토아학파가 말하는 오이케이오시스는 감각적인 자기지각에서 충동적으로 생긴 오이케이오시스임이 분명하다. 그런데 여기서는 인간의 본성이 자연주의적으로 이해되고 있다. 후기 스토아학파 시대에 테아이테토스에 관한 주해서를 쓴 사람도(저자 불명), 자주 말해지고 있는 오이케이오시스를 '자연(물리)적인 것'에 지나지 않으며, 초월적인 원리가 아니라고 분명히 말하고 있다.

이론이성과 실천이성은 당위(Sollen)와 가치를 떠맡게 되었다. 그래서 스토아학파의 윤리학은 근본적으로는 존재의 윤리학이나, 일반적으로 말해지고 있는 바와 마찬가지로, 또 그렇게 말하는 것이 더 좋겠다고 생각되는 바와 마찬가지로 의무라고 하는 계기 또는 존재의 규범에 있어서 이루어지는 심정이라는 계기를 특별히 강조하고 있다. 왜냐하면 심정윤리학(Gesin-nungsethik)은 일종의 존재윤리학(Seinsethik)일 수도 있기 때문이다. 우리는 스토아학파의 윤리학파의 윤리적인 깊이를 그 이론에서보다도 그 실천적인 규칙에서 더 잘 알 수가 있다.

실정법 전체의 기준으로서 작용하고 있는 일종의 불문법, 즉 자연법에 그 근원을 가지고 있다. 자연법이란 보편적이고 세계이성과 동일한 세계법칙에 지나지 않는다. 이런 신념은 스토아학파의 확고한 교조들 중의 한 가지다.

자연법은 본성적으로 보편적인 이성(All-Vernuft, κοινὸς λόϒος)이라는 개념에 뿌리박고 있다. 우리 인간들은 모두 이 보편적인 이성에 관여하고 있기 때문에 모든 사람이 서로 평등하며, 모두가 평등한 권리를 가지며,

따라서 또 이 보편적인 이성에 합당하게 행동하게 된다는 것이다.

인간은 법칙과 이성에 의해서 통제되고, 자연에 따른 삶을 해나감으로써, 행복을 발견한다. 스토아학파의 도덕도 행복주의적인 용어의 옷을 입고 있다. 그러나 어디까지나 옷만 그렇다. 왜냐하면 이 사람들의 도덕의 내용은 행복주의와 반대되는 것이기 때문이다. 즉, 참되고 유일한 행복은 덕에서만 찾아진다.

실천적인 도덕론

첫 번째의 요청은 행위생활에 관한 것이다. 스토아학도는 의지의 인간이다.

"괴로움을 참고 견디고, 쾌락을 버려라!"(ἀνέχου καὶ ἀπέχου : sustine et abstine)라는 것이 스토아의 덕론 전체의 표어이다. '뜻이 있는 곳에는 길이 있다'고 하는 것도 역시 스토아학도의 말일 것이다. '우리에게 필요한 것은 무엇인가? 무엇이 만물을 질서지우는가? 그것은 의지다. 무엇이 인간을 기근과 함정과 몰락에서 구원해 주는가? 그것도 의지다. 인간에게는 이보다 더 강한 어떤 것이 있는가?' 바로 철학은 말이나 이론에 있는 것이 아니라, 삶과 행위에 있는 것이다. '너는 네가 철학자라고 말해서는 안 되며, 아는 사람들과 더불어 여러 문제에 관해 많이 지껄여서도 안 된다. 그러지 말고 너의 통찰(인식)에서 생긴 것을 실험하라! 예컨대 식사를 할 때에는 식사를 하는 방법에 관해서 말을 하지 말고, 자기에게 배당된 것을 먹어라!' 이러한 일에 알맞은 구체적이고 실천적인 처방을 세네카는 다음과 같이 기록해 두고 있다. "정상적(규칙적)으로 일을 하고 있는 사람은 어리석은 짓을 할 시간이 없다. 일을 하는 것은, 게으름의 악덕을 내버리기 위한 가장 확실한 수단이다."

스토아학도는 의지의 인간이기 때문에, 또한 성격을 지닌 인간이기도 하다. 자기의 본질과 행위를 철저하게 일관(一貫)시키는 것이 항상 최고의 의무들 중의 하나라고 보여지고 있다.

이러한 행위(실천)의 삶을 가능하게 해주는 제일 좋은 것은, 우리들이 공공생활에 참여하는 것이다. 스토아학도는 덕이 있는 사람으로 되려고 한다면 고독 속에 처박혀 있어서는 안 되고, 활동적인 생활(vita activa)을 하려고 결단하지 않으면 안 된다. 이런 점에 있어서는 스토아 학도는 예외적으로 항상 개인주의자인 키니코스 학도나, '숨어서 살아라!'고 하는 원칙을 따르는 에피쿠로스 학도들과 다르다. 그런데 스토아 학도는 인간이 사회적인 존재이며, 또 인간이 자기 자신을 찾으려면 동시에 남들도 찾아야 한다는 것을 잘 알고 있었다.

덕론에서 계속해서 반복되는 두 번째의 요구는 아파티아에 대한 권고다. 이 두 번째의 요구는 첫 번째 요구의 전제조건이다. 덕과 본성에 알맞은 행위의 길이 방해받지 않기 위해서는 격정이 침묵을 지키지 않으면 안 된다. 스토아 학도도 역시 감정이 있는 인간이었으며, 쾌락의 꾐과 불쾌한 것에 관한 저항을 알고 있었다. 그러나 그는 정열에 지고 말지는 않는다. "저는 부딪치는 모든 파도를 부수어버리는 바위 같아야 한다. 바위는 서 있다. 그러나 파도들은 부서지다가 지친다"(마르쿠스 아우렐리우스, 4권 49장)

이런 덕론 전체를 요약하는 개념이 현자이다. 현자(Sophos)는 지나칠 만큼 열렬히 찬미된다. 현자는 모든 덕을 다 갖추고 있으며, 항상 올바르게 행위한다.

② 에피쿠로스(Epikouros, B.C. 314~270)의 윤리학

에피쿠로스학도들은 스토아학도들의 숙적(宿敵)이다.

쾌락주의

에피쿠로스는 모든 선과 아름다움은 배(腹)와 관계가 있다고 말한다. "배는 행복과 관련된 모든 것의 척도이다." 사람들은 위장을 다치지 않도록, 그리고 정말로 즐길 수 있도록, 먹고 마시는 것에 신경을 쓰는 것 이상으로, 문화나 국민들의 복지를 위해 노력해서는 안 된다는 것이다. 에피쿠로스 자신도 다음과 같이 말하고 있다. "모든 선의 근원과 뿌리는 위장이다. 그리고 지혜와 정신적으로 높은 모든 것들도 역시 위장에 그 바탕을 두고 있다."

삶의 지혜

'죽음은 우리들과 상관없는 것이다' – 우리들은 살아 있는 한, 죽음이란 없다. 그리고 일단 죽음이 다가오면, 우리들이 이미 있지를 않다 – 라고 하는 어리석은 증명의 배후에는, 오직 긍정적인 것만 보고, 그 하루 동안이라도 정말로 그것을 이용하는 삶에 대한 기쁜 긍정이라고 하는 매우 값진 것이 감춰져 있다. "이 하루를 즐겨라"라고 하는 고대 로마 시인 호라시우스의 말은 삶을 즐길 때의 탐욕스러운 불만에서가 아니라 삶의 가치에 대한 개방적인 태도에서 나온다는 것이다.

2) 중세철학과 윤리학

철학은 종교적인 신앙과 결합되어 있었고 또 종교적인 신앙은 철학과 결합되어 있었다.

철학은 철학 독자의 학문이 된 것이 아니라 신학의 바탕 위에 서 있었으며 신앙의 내용에 이바지했다. 페트루스 다미아니(Petrus Damiani)의 '철학은 신학의 하녀이다'(Ancila Theologial)라는 공식이 지배하던 시대였다. 그래서 중세는 '철학이 없는 암흑기'라는 평가를 후대에 하게 됨으로써 중세를 암흑의 시대로 간주하던 풍조가 형성되었다.

(1) 교부철학

교부(教父)들의 철학은 철학자들의 연구가 아니라 오히려 영신지도자, 설교가, 성서해석자, 신학자 및 호교가들의 저술에 바탕을 두고 있다. 이들의 저술은 그리스도교의 선교를 목적으로 삼았지만 사실상 철학에 해당하고 당연히 철학적인 방법으로 파악되지 않으면 안 될 문제들을 다루도록 강요받고 있다.

- **그리스 계통** : 그리스도교적인 신앙의 철학을 추구했을 뿐 아니라 일종의 삶의 철학도 있다(유스티누스, 클레멘스, 발렌티누스 등).
- **라틴 계통** : 교부철학이 점차로 문제시한 것은 ① 신앙과 지식과의 관계, ② 신의 인식, ③ 신의 본질과 작용, ④ 로고스, ⑤ 창조, ⑥ 인간, ⑦ 영혼, ⑧ 윤리적 질서 등이다(펠릭스, 옥타비우스 등).

교부철학의 윤리는 신 중심으로 이루어졌다고 할 수 있다.

① **선** : 선을 향하는 것을 신을 닮으라. 플라톤의 윤리학이 그리스도교에 수용 윤리의 기본으로 삼는다. 교부철학에서 윤리학을 철학적으로 기초지을 때 플라톤의 근본사상으로 되돌아간다.

> Platon : 신을 닮으라.
> 성 서 : 하늘에 계시는 너희 아버지가 완전한 것처럼 너희도 완전하라.

② **양심** : 에펙테토스는 'Syneidesis(양심)'의 개념을 파악했으며, 키케로는 'conscientionn'라는 용어를 처음 사용하였다. 바오로는 스토아학파의 통속철학에서 양심의 개념을 이어받았으며 교부들은 이런 영향을 받아 양심은 도덕에서 지배적인 위치를 차지하게 되었으며 이 양심은 객관적인 자연법칙을 주관적으로 표현한 것이고 동시에 신의 의향이기도 하다.

(2) 아우구스티누스(Augustinus, 354~430)의 윤리

아우구스티누스(Augustinus)는 교부철학 자체이며 그의 사상이 중세기를 훨씬 넘어서서까지 살아 있기에 사람들은 그를 서양의 스승이라고 부른다. 그는 모든 시대 그리스도교 철학의 기둥 중의 하나이다.

① 윤리적인 것의 원리

아우구스티누스에 있어서는 신의 정신 안에 있는 영원한 근거(rationes alterna)가 의식과 존재의 기초가 된다. 또한 영원한 근거는 윤리의 기초이기도 하다.

영원한 법칙

영원한 근거가 윤리학과 관련될 때 영원한 법칙이라고도 불린다. 영원한 법칙은 자연의 질서를 잘 지키라고 명령하고, 자연의 질서를 파괴하는 것을 금지하는 신의 계획 또는 신의 의지이다.

영원한 법칙은 존재의 질서 전체를 자체 내에 포함하게 된다. 이때 존재란 자연의 존재(lex naturalis, 자연법칙), 관념적인 존재(lex rationis, 사고의 법칙), 규범으로서의 존재(lex voluntatis, 의지법칙, ordo amoris, 사랑의 질서) 등을 포함한 의미이며 각 부분을 잘라낸 것으로 영원법 아래 속하게 된다. 그런데 아우구스티누스는 윤리적인 법칙을 중시하며 이것을 영원법이라고 한다. 그래서 그에서 있어서는 관념적인 질서 전체로서의 영원법이 윤리의 원리이다. 그리고 이 영원법이 내용적으로 신의 본질, 즉 신의 지혜와 일치되기 때문에 아우구스티누스는 신이 윤리적인 선의 궁극원리라고 말할 수 있다.

모든 참된 것이 신을 통해서 참되고 모든 존재자들이 신을 통해 존재를 갖게 되는 것과 마찬가지로 모든 선을 신을 통해서 선인 것이다.

신의 의지

아우구스티누스는 고대의 윤리를 보완한다. 즉, 신의 지혜 이외에 신의 의지도 원리로 받아들인다. 신의 의지는 신의 지혜 및 신의 본질 자체와 일치하는 것이다. 신의 본질은 변치 않으며 우리 자신의 존재도 이것을 통해서 생기며 우리들을 강압하는 냉정한 권력도 아니다.

② 자유

아우구스티누스는 인간의 자유가 위협당하고 있지 않다고 생각한다. 영원법은 이성이 없는 자연에서만 인과적 결정으로 되고 정신적인 존재의 영역에서는 관념적인 당위규범으로 되기 때문이다. 이 당위규범이 뜻을 가지려고 할 때 자유를 전제로 삼는다.

③ 윤리적인 행위

인간의 자유를 행동하게 하는 것은 지성과 의지이다. 아우구스티누스 전 세대에서는 지성을 우위에 두었으나 아우구스티누스는 의지를 우위에 둔다. 즉, 아우구스티누스의 인격에 있어서는 의지가 뛰어나며 이 의지가 실존적인 것으로 된다. 그에게 있어서 윤리적인 것이란 의지이며 또는 그가 말하고 있는 사랑이다. 의지가 전체적인 인간이다. "의지는 항상 있다. 실제로 영혼의 움직임이란 의지 이외의 아무것도 아니다." 아우구스티누스에게 있어서 윤리적인 행위는 의지와 사랑이라고 불리는 인간의 심정 깊은 곳의 기능으로서 생기는 것이다. 윤리적인 것의 핵심이 사랑이기 때문에 "*Dilige et quod vis fac*(사랑하시오. 그리고 당신들이 원하는 것을 하시오)"라고 하는 명확한 공식이 성립한다. 그리고 아우구스티누스는 인식의 요소를 포함하지 않은 사랑이란 없으며 정서적인 관련이 없는 이성도 없다. "진리를 알고 있는 사람은 변하지 않는 빛에 관해서도 알고 있다. 그리고 변치 않는 빛을 알고 있는 사람은 영원에 관해서도 알고 있다. 사랑은 영원을 알고 있다"고 한다.

④ 행복

아우구스티누스는 삶의 목표와 완성이 행복 속에 주어져 있다고 여겼다. 그는 행복에 관한 고대 이론을 이용하면서 윤리적인 것을 의지와 사랑이라고 봄으로써 새로운 선을 그려 넣었다. 그래서 그는 행복이란 사고의 사고가 아니라 의지가 그 목표와 일치할 때 사랑이 충족되는 것이라고 한다.

⑤ 평화

아우구스티누스가 거듭 되돌아오곤 하는 가장 좋아하는 사상은 평화의 이념이다. 평화는 신국의 위대한 목표이며 또 개별적인 삶의 목표이기도 하다. 그의 평화의 개념은 완전성이기도 하고 동시에 행복이기도 한 궁극적인 목표로 실현되는 것을 뜻한다. 즉, 모든 투쟁과 노력은 주이신 하느님 안에서의 영원한 안식으로 나아가는 것이다.

(3) 스콜라 철학과 윤리학

스콜라 철학은 두 가지 측면으로 개념화할 수 있다.

- **광의** : 카알 대제(A.C. 8C)로부터 르네상스(A.C. 14~16C)에 이르기까지의 중세기의 여러 학교에서 독자적인 성격을 띠게 되었던 철학적 · 신학적 사변이라고 이해되는데 이런 사변은 무엇보다 대전서(summa)와 문제집(Quaestiones) 등에 실려 있다. 이 학교들이란 처음에는 주교좌 성당과 수도원의 부속학교들이었으나 뒤에 와서는 대학으로 된 것들이다.

- **협의** : 중세시대의 사고를 가리키는 말로서 중세시대의 사고란 학파에 따른 개념적-합리적인 방법을 가리키는 것은 아니나 예컨대 신비주의처럼 형이상학적 및 종교적인 바탕 위에 서 있는 것이다. 또 아라비아적 유대적 철학과 이 시기에 본래적인 스콜라학과 접촉을 하는 한에 있어서 스콜라 철학이라고 이해될 수 있다.

① 스콜라학의 정신

권위와 이성

스콜라학의 정신은 권위(Auctoritas)와 이성(Ratio), 즉 전통과 이 전통에 젖어 있는 사고라고 하는 두 가지 요소 안에서 전개되었다. 직감은 스콜라적인 방법의 한 가지 요소이다. 이런 권위들은 성경과 교부들과 공의회의 선언이며 철학에도 있었다. 그러나 공인된 권위자들의 명제들이 꼭 일치하는 것은 아니었다. 예컨대 아우구스티누스는 아리스토텔레스와 완전히 다른 것을 말했기 때문에 스콜라적인 방법의 두 번째 동기가 저절로 생기게 된다. 이것이 합리적인 사고이다. 이 합리적인 사고는 개념을 분석함으로써 전해져 내려오고 있는 가르침들에게 뜻을 부여하고 이 가르침들의 타당성을 보다 더 정확하게 정하고 가능한 한 이것을 일치시키려고 애쓴다.

장점과 약점

스콜라 사상가는 자기의 주관적인 것을 만들어 내지는 않았다. 사람들은 지나치게 수용적이고 비역사적이며 무비판적이었다. 그래서 개념과 문제들에 있어서 여러 가지 서로 다른 사고 방향들이 중첩되고 뒤섞여 있게 되어 여러 가지 층을 그대로 전승되어 오게 하는 장점이 있다. 그래서 스콜라학은 정신의 거대한 박물관으로 된다.

② **안셀무스**(Anselmus von Canterbury, 1033~1109)

안셀무스(Anselmus)는 전적으로 아우구스티누스에 의해 길러진 사상가이다. 안셀무스가 스콜라 철학에서 길을 열어준 「신앙은 지성을 요구한다」라는 표어도 아우구스티누스에의 정신에서 생겨난 것이다. 그러나 아우구스티누스에게 있어서 한 가지 위대한 사상이었던 바를 안셀무스는 하나의 학파를 형성하는 방법으로 자세하게 설명하고 발전시켰다. 즉, 신앙의 조항들이 합리적으로, 논리적 관점에 따라 그 내용과 관련이 조명되고 하나의 체계를 갖추게 되었으며 이 체계는 어떤 것을 다른 것에서 연혁해 내고 보다 깊은 근거로부터 이해할 수 있게 해주며 신앙의 유산을 논리적으로 구성하려 한다. 그래서 그는 "나는 믿기 위해서 알려고 하지 않고 알 수 있기 위해 믿는다"라고 선언하였다.

③ **페트루스 아벨라르두스**(Petrus Abaelardus, 1079~1142)

페트루스 아벨라르두스는 개성과 파란만장한 생애와 활동력과 분방한 사고에 의해 특출한 인물이다. 그는 교회법학자가 창안하고 라온의 안셀무스가 사용한 서로 모순되는 권위들을 대립시키는 방법을 변증법적으로 발전시켰다. → Sic et Non의 근본사상

윤리학

당시 민족 대이동의 소용돌이, 게르만 민족의 형성, 앵글로색슨족의 침입으로 사회가 혼란해지자 강력한 법률이 요구되었으며, 이러한 법이 시행되자 도덕이 빛을 잃게 되었다. 이러한 시대적 상황에서 아벨라르두스는 도덕을 다시 심정의 문제로 만들려고 의지(intentio consensus)와 행위(opus)를 분명히 구분지었다. 그는 선과 악이 심정과 동의에 달려 있다고 한다면 죄를 짓는 행위는 본질이 없다고 주장한다. 또한 그는 우리들은 한 가지 행위가 그 자체 안에 어떤 선한 것을 내포하고 있기 때문에 그 행위를 선하다고 하는 것이 아니라 그 행위가 선한 의도에서 행해졌기 때문에 선하다고 주장함으로써 의지를 강조했다.

④ 토마스 아퀴나스(Thomas Aquinas, 1224~1274)의 윤리

토마스 아퀴나스는 스콜라 학파의 진정한 창시자이며 아리스토텔레스의 사상을 통합한 인물로서 중세철학의 대가라고 불린다. 그의 윤리는 "어떻게 살아야 하는가?"에 대한 것이다.

그의 윤리학의 핵심은 선에 관한 개념이다. 선은 이중관계를 가지고 있는데 존재론적인 관계와 인격적인 관계가 그것이다. 따라서 선이 윤리학의 원리인 것이다.

존재와 가치

존재와 선은 바꾸어 놓을 수 있다. 선은 맨 먼저 존재와 더불어 나타난다. 선은 실제로는 존재와 동일하다. 즉, 존재와 선을 바꿔 놓을 수 있다는 것이다. 따라서 존재론적으로 선한 것을 말한다.

인간의 선

인간의 선은 각 개인이 인간의 본성과 이념에 알맞게끔 존재하고 행동하

는 데 있다. 따라서 인간 본성은 도덕의 존재론적 원리이다. 인간 본성은 신으로부터 오는 것이며 인간의 본성은 이성적이어야 하며 올바른 이성은 양심 이외의 아무것도 아니다. 따라서 윤리의 원리인 자연법은 그보다 더 높은 영원한 법 밑에 속하게 되고 우리들의 본성은 이성적인 것으로 영원법에 참여하고 있다.

인격적인 선

- 원리의 통찰 : 윤리적 선천주의와 자연적인 윤리법칙
- 윤리적 선천주의 : 윤리의 참된 원리들은 인간의 본성 안에 있으며 인간의 이성과 이성의 올바름 안에 있으며 이성에 새겨져 있으며 모든 인간에게 알려져 있고 신의 가치와 진리에 참여하고 있음을 뜻한다.
- 자연적인 윤리법칙 : 토마스 아퀴나스는 이성적인 피조물 측에서 신의 법칙에 관여하는 것으로 정의하였다. 즉, 윤리학의 최고 공리는 선을 행하고 악을 피하라고 하는 것이다. 그리고 양심은 인간 최고의 원리이며 이미 주어져 있다는 것이다. 여기에서 이상적인 인간성이 생겨난다.

의지의 자유

토마스 아퀴나스의 윤리학의 근본전제는 의지의 자유이다. 그는 의지의 자유가 영원법과 신의 섭리에 의해 위협받지 않는다고 보았다. 즉, 인간에 대해서 영원한 법칙과 규칙이 명령의 성격을 띠게 되며 윤리적인 타당성이 절대적인 경우에도 물리적인 강요를 동반하지 못한다.

행복

고대인들과 중세인들은 인간의 삶을 목적론적으로 이해한다. 토마스 아퀴나스의 도덕은 행복주의에서 시작하여 행복주의로 끝난다. 그는 도덕에서 주관적인 경향이 중요한 역할을 다하고 있는 곳은 아무 데도 없으며 모든 원리들이 다 선천적이며 객관적이다. 그래서 그의 행복주의는 다른 것들과 비교될 수도 없을 높은 가치, 즉 윤리적인 가치 자체를 전하기 위한 것이다.

3) 근대(세)철학과 윤리학

인간은 사물에 대해서 "왜?"라는 질문과 자기가 추구하고자 하는 목적을 설정하고 그 대답을 추구할 때 철학을 하게 된다. → 철학의 동기 : 생각의 다양성, 그래서 철학은 삶과 역사와 현실에 대한 결정적이고 완전한 설명을 시도하고 철학은 바로 역사적 상황이 인간 삶을 위해 말하고 있는 요구를 반영하기에 철학은 인간 역사의 한 결정적 순간에서 현실(실재)에 대한 조명이다.

예 **희랍철학** : 신화 중심의 종교심, 형이상학, 인식론, 윤리 등
중세철학 : 초자연적인 것, 인간과 신과의 관계, 미래의 삶, 영원한 구원 등

그리고 천재적인 철학자가 역사적 상황을 바꾸기도 한다.

예 플라톤과 아리스토텔레스, 아벨라르두스와 베르나르두스, 토마스 아퀴나스와 보나벤투라 등

따라서 철학은 다양한 역사적 상황과 사상가들 개개인의 인격적 특성을 함께 연구해야 올바른 이해를 할 수 있다.

16~18세기의 근대는 정치적, 경제적, 사회적으로 복잡한 상황에 놓여 있었다. 이 시기의 철학은 시대적 상황에 적절한 이유를 설명했으며 역사적 사건에 개입하여 사건의 이상적 동기를 제공하고 의미를 주어 해석하는 일을 하였다. 따라서 중심과제는 자연철학, 자연신학, 인식론, 심리학(영혼), 윤리(자유와 법), 형이상학(존재) 등에 관한 것이었다.

시대별 특징을 고찰하면, 16세기에는 자연주의적 철학, 종교적 사변, 사회 설명 등이며, 17세기에는 방법의 문제와 인식가치에 대한 문제가 지배적이다. 이 시기에는 철학적 두 조류를 형성하는데, 감각적 경험보다는 이성의 능력에만 전적으로 의존하는 합리주의(Rationalism, 데카르트, 스피노자 등)와 감각적 경험을 인간 인식의 유일한 기반으로 보는 경험주의(Empirism,

로크, 흄 등)이다. 그리고 18세기는 계몽주의(Enlightenment : Illuminism, 볼테르, 뉴톤, 볼프 등)로서 합리주의와 경험주의를 종합한 시기였다. 한편 근대철학자로서 초월적 철학자로 불리는 칸트가 있다.

이 시기의 철학은 르네상스의 근대의 인간 의식 안에 성숙한 인간과 사물에 대한 새로운 인식, 새로운 전망과 새로운 이상들이 잘 정의된 개념으로 바꾸는 일을 하였다. 그리고 인문주의적 사고와 철학적 처신을 하는 것이 유행됨에 따라 아리스토텔레스와 에피쿠로스의 사상이 참된 것으로 제시됨에 따라 철학은 신학에서 벗어나 충만한 자유를 누리게 되었다.

(1) 스피노자(Spinoza, 1632-1677)의 윤리

스피노자 철학의 윤리는 기하학적 성격을 나타낸다. 그의 철학에는 두 가지 목적이 있다. 첫째는 윤리인데, 선하게 살고 행복을 얻는 것이며, 둘째는 수학적 성격으로 객관적 목적을 위해 수학적 · 과학적 방법으로 서술하는 것이다. 그리고 그의 윤리학에서는 8가지를 정의하고 있다. ① 자기원인이란 그 본질이 존재를 포함하는 것이다. ② 같은 본성의 다른 것에 의해 제한될 수 있는 것을 자기 유에 있어서 유한하다. ③ 실체란 자기 안에 있고, 자기 자신을 통해서 파악된 것이다. ④ 속성이란 지성이 실체의 본질을 구성하는 것으로 실체를 지각하는 것이다. ⑤ 양태(樣態)란 다른 것 안에 존재하고 다른 것을 통해 생각되는 것이다. ⑥ 신이란 절대로 무한한 존재 또는 무한한 속성들이다. ⑦ 자유란 자기 자신에 의해서만 행동을 결정하는 것이다. ⑧ 영원성이란 실존하는 것 자체를 의미한다.

그에 의하면 선이란 자기보존에 유익한 것이고 자기보존에 손상을 입히는 것은 악이며 유용한 것을 탐색하는 것이 이성의 근본규범이 된다. 이성은 자연을 거슬러서 강요하는 일이 없지만 각자가 자기 자신을 사랑하고 자기에게 유용한 것을 탐색하는 것을 강요하기에 선과 악은 상대적이다.

(2) 홉스(Thomas Hobbes, 1588~1679)의 윤리

홉스는 데카르트와 많은 점에서 다르다. 그의 철학에는 영국의 경험론이 드러난다. 그의 윤리학은 유명론적이며 쾌락주의적이다. 인간의 관념적인 것들은 자기인식과 완전히 일치하지만 이것은 감각적인 질서에 있기에 관념적인 것들도 신체적인 만족의 영역을 넘어갈 수 없으며 모든 감각이 주체 안에서 쾌감과 고통을 결정하기에 만족을 주면 선이고 고통을 주면 악이 된다. 선과 악은 사람마다 다르며 인간의 최고 목적은 가장 큰 양의 만족을 얻는 것이다. 따라서 홉스의 윤리학의 궁극원리는 쾌락주의와 개인주의이다. → Leviathan(국가론)을 보라.

(3) 칸트(Kant, 1724~1804)의 윤리

칸트는 비판적인 관념론자의 창시자이고 독일의 위대한 철학자이며 근세 전체의 위대한 철학자이다.

그는 윤리학자로서 윤리적인 자유를 강조하였다. 윤리적인 자유는 어떤 조건하에서도 구원되어야 한다는 것이다. '자연은 적어도 자유에서 생겨난 인과관계에 모순되지 않으며, 이것이야말로 우리들이 해낼 수 있었고, 또 이것만이 우리들의 관심을 끈 유일한 것'이라는 것을 우리들에게 보여주는 것이다. 따라서 칸트는 자유를 자연과 모순되지 않는 것이라고 이해했다고 할 수 있다. 그가 말하고 있는 자유는 의지의 자유이다.

또한 그는 영국의 행복주의(쾌락주의)와 공리주의(만족)에 대항했던 사람이다. 행복주의와 공리주의는 윤리적인 선의 뜻을 잘못 해석했을 뿐만 아니라, 경험주의와 심리주의의 경향에 따르면서 윤리학이 사회학이 되도록 하려고 하기도 하였다. 이러한 상황에서 도덕적인 선의 순수성과 절대성을 다시 구원해 낸 학자가 칸트였다.

칸트는 윤리학을 자연주의로부터 떼어내고, 로고스(Logos)를 심각한 문제로 삼는다. 그에 의하면, 도덕법칙이 '주어진 것'이라는 당위와 자유이다.

첫째로 당위는 일종의 필연성과 결합하는 방식을 나타낸다. 이성이 명령하는 당위는 이념들에 따라 생길 필연적인 것이라고 선언한다. 둘째로 자유는 현상이 아니라, 이성 자체의 선천적인 사실이다. 이 사실은 어떤 절대적인 것으로서 현존하고 있다. 그에게 있어서 당위와 자유는 인간의 본질과 하나로 되어 있다.

■ 당위와 자유를 갖춘 이성

윤리적인 이성은 법칙을 부여할 때, 스스로의 본성에 따라 실천적이다. 그럼에도 불구하고 도덕법칙은 그 자체로서 확립되어 있다. 도덕적인 법칙은 인간에게 그 자체에 대한 보편주의를 드러내 보여준다.

■ 도덕의식

칸트 철학에서 형식주의, 선천주의, 엄숙주의, 자율 등은 기본적이다. 그에게 있어 근본법칙은 "너의 의지의 원칙이 항상 동시에 보편적인 입법의 원리로서 타당할 수 있도록 행위하라"고 하는 것이다.

칸트의 윤리학은 분명한 의무윤리학으로 된다. 우리는 의무를 규정할 때에, 그것을 통해 의지가 세계 안에서도 또 세계를 넘어서서도 선으로 되는, 그런 의지의 형식규정에 마주치게 된다. 그런데 의무는 남의 호감을 살 만한 좋은 것은 아무것도 내포하고 있지 않다. 의무는 복종하기를 요구하고 법칙을 내세우고, 경향을 침묵케 하고, 의지에 거슬릴지라도, 마음 안에 존경을 불러일으킨다. 이렇게 해서 의무는 인간이 자기 자신에게만 부여할 수 있을 그런 가치의 필연적인 조건으로 된다. 의무 때문에 행한 행위에만, 그리고 오직 이것에만 모든 도덕이 다 들어 있다. 그래서 경향이나 우연 때문에 객관적으로 올바른 것을 행한 행위는 합법적이지 않다.

4) 현대철학과 윤리학

19~21C의 시기이다. 정치적으로는 프랑스 혁명이 있었으며, 자유-정의-

평등에 관한 사상이 전파되었으며, 두 차례에 걸친 세계대전의 영향으로 실존사상(인간이 자기 존재를 다시 생각하는 사상)의 대두와 정치, 경제 등에서 상호의존성을 인식하기 시작하였다. 사회적으로는 개인주의보다는 사회화가 확장되어 갔다. 그리고 문화적으로는 유럽의 그리스도교적 문화가 위기를 겪었으며, 모든 것이 비판의 대상이 되었다.

현대의 사회적, 정치적 변화에 따라 이전 시대와는 다른 새로운 인간상을 형성하게 되었다. 변화되는 세계에 의하여 인간은 내적으로 변화되어 가게 되었다. 그리고 계몽주의 시대 이후 인간은 자기 내면에서 오지 않는 확신이나 진리를 거부하고 전승된 모든 것에 대해 반감을 가지고 있다.

따라서 현대인은 신 없이 자기 자신이 모든 문제를 해결함으로써 종교를 피상적인 것으로 보았으며, 무신론이 지배적인 경향이다. 실천적 사색과 평상심에는 관심이 없고 행동에로 지향한다. 그리고 과학기술의 발전 때문에 미래에 대해 낙관적이고 안심하는 견해를 가지고 있다.

모든 것은 흘러가는 것으로 봄으로써 영구적인 불확실성과 불안정한 감각을 갖게 되면서 인간상은 방향감각이 없는 사람이 되었다. 그러므로 현대인은 방향감각이 없고 불안정한 사람들이며, 모든 것이 변화하며 그중 변화하지 않는 것은 자기 자신밖에 없다고 생각하기에 선과 악, 진리와 오류, 미와 추, 정직과 부정직 등을 구별할 줄 모르고 산다.

인간은 근대 이후 철학의 대상이 되었다. 근대에는 주로 개인적으로 인간을 다루었고 인간의 의식을 다루었다. 즉, 인간을 사고하는 인간으로 봄으로써 인식 문제를 주로 다루었다. 현대는 인간을 사회적으로 보며 사변적인 것보다는 실천적인 인간을 다루었으며 인식 문제가 아니라 언어와 문화, 놀이 등을 다루었다.

현대는 세계화 시대이다. 세계가 좁아짐에 따라 철학은 여러 가지 사상이 서로 교차하면서 발달하는데, 몇 가지 특징이 나타난다. 첫째로 칸트의 선험적 사변을 계승하는 독일 관념론이며, 둘째로 관념론의 반작용으로 실증주의가 대두되었으며, 셋째로 2차 세계대전 이후 실존주의의 대두이다.

(1) 헤겔(G. W. Hegel, 1770~1831)의 윤리학

헤겔은 칸트의 이론을 비판하였다. 그는 칸트의 철학적 조망을 받아들일 수 없다고 했으며 칸트의 모든 윤리법칙들과 원리들이 인간을 비관적으로 보는 루터주의에서 나온 것이고, 개인을 보편적 윤리규범에 지배당하는 새로운 노예 상태로 고정해 놓았다는 것이다. 또한 그는 인간은 법과 의무의 관념에서 벗어나 자발적으로 선을 행하기를 바랐다. 그래서 인간은 보편적 구체가 되어야 한다고 생각하였다.

(2) 실증주의자들(18세기 이후)

실증주의는 프랑스, 영국, 독일, 이탈리아 등을 대표하며 계몽주의, 낭만주의, 유물론과 관계를 맺고 있다. 특징은 경험의 가치를 중시하며, 자연과학을 우선으로 하며, 발전에 대한 감각을 가지고 있다. 따라서 실증주의는 자연에 대한 인간의 지배를 확장하고자 하며 실증주의 방법을 실험적 방법이고, 인간에 대한 정확한 인식을 갖고자 한다. 대표학자에는 콩트, 다윈, 스펜서, 존 밀 등이다. → 과학적 방법만을 주장(오류)

(3) 쇼펜하우어(A. Schopenhauer, 1788~1860)의 윤리학

쇼펜하우어는 헤겔을 비판하였다. 인간의 윤리생활은 자기의 고유한 개인성을 포기하는 것이고, 하나의 고유한 인격성을 가지고자 하는 요구와 개인적 행복을 열망하고자 하는 구실을 포기하는 것이며, 보편적 의지의 순수한 표현으로 자기를 반성하는 것이다. 윤리생활이란 예술, 동정, 극기 등을 매개로 개인주의에서 정신이 해방되는 것이다(개인주의 극복). → 비관론은 관념론의 반동

(4) 키에르케고르(S. Kierkegaard, 1813~1855)의 윤리학

키에르케고르는 실존주의자로서 헤겔을 체계적으로 비판하였다. 그에게 있어 인간은 자기 존재양식에 따라 존재를 가지고 있다. 인간은 되어가고

있고 완성되어 가고 있는데 인간 자신은 이 과정에서 책임이 있다. 그는 인간 발전의 세 가지 단계를 설명하였다. 첫째로 심미적 단계(쾌락적 놀이)이다. 이 단계의 인간은 어떤 의무나 책임, 목적성이 없는 개인이며, 외적 실재를 옹호하고 일시적인 것에 마음을 쏟는다. 부와 명예와 쾌락에 몰두하여 자기 자신을 통제하지 못하고 의식(양심)을 회피한다. 둘째로 윤리적 단계(투쟁과 승리)이다. 이 단계의 인간은 의무를 갖고 사는 자이고, 신중하고 성실하게 사는 개인이다. 즉, 당위성으로만 살아간다. 셋째로 종교적 단계(고난 - 부활)이다. 이 단계의 인간은 당위성을 넘어서서 신앙으로 살게 된다.

키에르케고르와 더불어 실존주의 철학자들은 윤리문제를 체계적으로 다루지 않고 부분적으로 다루었다. 실존주의가 윤리에 관해서 던지는 질문은 대체로 인격적으로 자유로이 존재하는 인간을 윤리적으로 묶어 붙을 수 있는가라는 질문이다. 왜냐하면 윤리적 속박 속에서도 인간은 자유로워야 하기 때문이다.

(5) 니체(F. Nietzsche, 1844~1890)의 윤리학

니체는 헤겔과 쇼펜하우어를 비판하였다. 그는 헤겔을 비판하면서 의지 안에서의 인간의 내면성을 강조하였고, 쇼펜하우어를 비판하면서 인간은 자기 자신을 긍정해야 하며, 인간 본성이 실현할 수 있는 모든 가치를 충만하게 실현하도록 해야 한다고 주장한다. 그리고 인간이 신의 의지에 굴복하는 한 어떠한 가치를 발전시킬 수 없다고 주장하였다(비신화화). 오늘날 그의 윤리학은 윤리의 탈선에 대한 공격으로 본다. 그의 사상은 전통도덕이 화석화되어 비윤리적인 것이 되었다는 것을 알았으며 새로운 윤리의 열려진 천상에로 향한 희미한 노력 속에 모든 윤리가 가능하다는 것을 알았다.

(6) 베르그송(H. Bergson, 1859~1941)의 윤리학

베르그송은 스펜서의 영향을 받은 철학자이다. 그는 도덕(윤리)에 있어서 두 가지 종류를 제시하였다. 첫째로, 닫힌 도덕이다. 사회의 압력을 통해서 성립되며 사회적 관습을 보존하는 데 주력하고 비인격적이다. 둘째로, 열린 도덕이다. 인격적 주체의 창조적 의지에 바탕을 두고 있다. 이 같은 도덕은 생의 근원에 대한 직접적인 파악에서 연유되며 사랑의 품속으로 모든 인간의 생활을 감싸 들인다.

(7) 실용주의(20세기 초)의 윤리사상

실용주의는 현대의 주요 윤리학설 중의 하나이다. 본 내용에서는 주요 학자들의 사상만 제시하며, 윤리학의 이해 부분에서 자세히 다룰 것이다.

① **윌리엄 제임스**(W. James, 1848~1910)

미국의 실용주의 창시자이다. 실용주의는 "일차적으로 눈에 띄는 사물이나 원리, 범주 또는 필연성이라고 일컫는 것은 도외시하고 궁극적으로 나타나는 사물이나 그 결과와 실상을 주목하려는 입장"이다. 즉, 어떤 사물의 유용성이나 가치 또는 일정한 성과가 진리평가의 기준이 된다. 실용주의는 사물의 궁극적인 본질을 문제시(형이상학)하려는 것이 아니다. 제임스는 하나의 표상이 얼마나 현금가치가 있는가?를 묻는다. 그는 "실제적으로 얻어지는 결과에 의하여 가치가 인정될 수 있는 것만이 참이다"고 하였다.

② **존 듀이**(J. Dewey, 1859~1952)

존 듀이는 제임스보다 더욱 미국적이다. 그는 전적으로 자연과학과 실제적인 경험의 문제에만 관심을 기울였고 이 영역을 초월하는 일체의 것은 배제하였다. 이론이란 오직 행동을 위한 도구이며 따라서 사상도 도구로서의 가치를 지녀야 한다. → 도구주의(Instrumentalism)

③ **뒤르켐**(G. Durkheim, 1858~1917)

뒤르켐은 단체의식을 강조하였는데, 개개인의 입장의 공통성에서 생기는 것이지만 규범적 의무를 짐 지우는 사회적 압력으로 효과를 나타내서 지키지 않는 경우에는 제재를 가하기도 하는 의식이다.

3. 사회복지학과 철학

과학의 기본목적은 사회현상과 자연현상을 포함한 모든 현상을 설명하는 이론을 제시하는 것으로, 과학자들은 사물의 현상에 관심을 갖고 현존하는 사물의 특성을 밝히는 데 만족하지만, 철학은 탐구적이고 반성적인 태도에 의하여 개별과학처럼 경험의 특정 영역만을 대상으로 하지 않고 개별과학이 정립한 지식을 존중하며, 또 그러한 지식을 동원하여 더욱 근본적인 물음을 제기한다. 철학은 모든 존재하는 것을 대상으로 하기 때문에 무엇이라고 정의하기 어렵다. 그러나 철학은 삶의 진리를 추구하고 해석하는 데 근본적인 관심을 가지고 있기에 넓은 의미로 보면 인간학(人間學)이라 할 수 있다.

사회복지학은 인간학이다. 인간학으로서의 사회복지학은 인간에 대한 생존과정상의 실존을 사유한다. 또 사회과학적 입장에서의 사회복지학은 인간의 실존을 추구하는 순수과학이다.

철학이 근원에 대한 '물음'에서 시작된다면 사회과학으로서 사회복지학을 연구할 때도 우리는 철학적 물음에서 시작해야 한다. 왜냐하면 사회복지학은 사회과학의 한 분야이며 철학은 모든 학문의 기초이기 때문이다.

그러나 '어떠한 이유에서 철학이 모든 학문의 기초가 되는가' 또는 '철학적 물음은 사회과학 연구방법과 어떠한 관계가 있는가' 혹은 '사회복지학과 철학은 어떻게 관련하며 형성되는가' 등의 의문이 생기게 된다. 이에 철학적 의문에 대한 '물음'을 사회복지학에 응용해 본다. 즉, 우리가 평소 논문을 읽고 발표를 들을 때 이 논문과 저 발표는 '문제의식'이 없다느니 혹은 있다느니 하는데 여기에서 의문이 생긴다. 우선 문제란 무엇이며 의식이란 무엇인가, 인간에 있어 문제란 무엇을 의미하며 문제의식이란 무엇인가, 또 문제의식은 어떻게 형성하는가, 그리고 문제의식이 있고 없고를 판단하는 기준은 무엇인가, 또한 기준 설정은 어떻게 하는가, 더욱이 문제의식과 문제제기는 어떠한 관계이며 그 전개과정은 어떻게 진행하는가 또는 그것을 설명하는 도구는 무엇인지 등등이 항상 연구의 당면 문제로 대두된다.

그리고 철학이나 과학에 대한 '물음'을 어디까지, 언제까지 계속해야 하는지, 그 끝은 어디이며 무엇인가, 연구자가 자연과 사회현상을 발견하고 그 법칙을 설명하려 할 때 존재론, 인식론, 가치론 중 이느 부문으로부터 접근하여 추구하는 것이 가장 적합하고 합리적인가, 또 인간은 사회적 사실을 어디까지 얼마만큼 심리적으로 이해하고 표현할 수 있을까, 인간은 무엇에 의해 존재하고 무엇에 의해 움직이는가, 인간은 어떠한 것에 가치를 두고 인간은 무엇에 의해 죽고 사는가, 이러한 현실에서 인간의 생명, 생활, 생존, 실존과 복지란 결국 무엇인가, 결국엔 죽는데 행복하게 오래 살면 그것이 복지인가, 인간의 절망을 무엇으로 극복하며 초월할 수 있는가, 이와 같은 사항이 철학의 기초적인 문제이며 사회복지학에 있어서도 근본적인 과제라고 할 수 있다.

사회복지란 무엇이며 왜 사회복지를 연구하고 실천할 때 철학이 필요한가, 필요하다면 그 이유는 어디에 있는가, 예를 들어 다른 학문영역에서는 정치철학, 법철학, 사회철학, 역사철학, 교육철학 등이 있으나 사회복지학에서는 복지철학 내지 사회복지철학은 그리 활발히 연구되지 않아 그 존재가 희미하다. 그러나 사회복지학에서도 철학정신은 이미 존재한다.

현실적으로는 사회복지정책 및 기술이 실시되고 있으며 우리는 평소 생활에서 무언가 생각하고 행동할 때 타인의 생명과 인격을 존중하며 타인과 공생해 왔기 때문에 이러한 생활정신에는 확실히 개인의 생존과 타인과의 공존 공생철학이 있다. 인간과 사회의 생명, 인권, 평화에 대한 생존의 존엄성이 곧 사회복지학에 있어 철학정신인 것이다. 또한 사회복지학이 지향하는 가치에서도 철학정신이 내재되어 있으며 실천하고 있다. 그것은 ① 사회복지학은 개인이 어떻게 인간답게 살아야 할지를 고민하며 그 길을 찾고 있다. 사회복지학은 인간으로서 개인인 나는 누구인가, 우주

세계 속의 사회란 무엇인가라는 물음을 제기하고 끝까지 그 문제와 해답을 찾으며 해결하려고 노력한다. ② 사회복지학 정신은 인간 개인의 주체적 생존과 생활의 자기결정을 최우선으로 한다. 인간은 생명과 생활의 근원을 알고 그곳에서 발생하는 문제를 주체적으로 자각하고 자기생존에 대해 주체적 판단을 내린다. 즉, 자기실존에 대한 본인의 자기실현을 향상시킨다. ③ 사회복지학 정신은 한시적인 안정 희망을 추구하는 것이 아니라 항상적으로 삶의 복지를 희구하고 있다. 인류의 희망과 생존은 역사적 · 사회적 속성이지만 인간의 생존복지는 인류가 존재하는 한 영원히 복지를 희망하기 때문에 초역사적이고 초월적이며 비적시적이다. 그러므로 사회복지학 정신은 인간 생존의 근원을 찾고 문제를 해결하며 복지를 구현하는 실천 노력이다. 사회복지와 철학의 관계를 보면 복지와 철학은 인간의 생존과 정상의 실천과 정신이다. 즉, 철학은 정신이고 복지는 실천이다. 정신과 실천이 있음으로써 비로소 인간들의 생존과 실존을 향상시켜 주는 것이다. 그러므로 우리가 사회적 · 문화적 생존을 실현하기 위해서는 목적과 행위에 있어 방향을 설정하는 철학이 필요하다. 그래서 사회복지철학 연구의 의의가 여기에 있다.

인간이란 무엇이고 사회, 세계, 자연은 무엇인가, 또 인생, 문제, 희망, 복지란 무엇이며 삶과 죽음에 있어서의 사회복지는 어떠한 것인가에 대한 과학적 지식을 밝혀내야 한다.

인생에 있어 생존과정상의 복지란 무엇이며 사회는 인간의 복지를 무엇으로 충족시키겠는가, 사회는 인간들을 어떠한 것에 가치 있다고 느끼며 살다가 불안하지 않고 행복하게 죽도록 만들어 줄 것인가, 인간의 생(生)과 사(死)의 삶을 연구하는 것이 사회복지학이며 인간이 인간의 존엄성을 가지고 생존 실존하도록 운동하는 정신이 사회복지철학이다.

인간은 죽음이라는 어쩔 수 없는 인생의 한계상황을 가지고 있다. 인간의 모든 행위는 궁극적으로는 결국 살기 위해서, 그 사회에서 생존하기 위해서, 가치 있게 실존하기 위해서 활동하고 있다. 생활도 결국 생명을 보존하기 위해서 먹고사는 것이라고 본다.

사회복지철학연구의 의의는 인간존엄성을 가지고 사회복지를 실천하는 것에 있다. 사회복지철학정신은 불안한 인간들에게 존재 의미를 갖게 하고 실존가치를 인식하게 하여 문화적 생활을 하게 한다. 사회복지철학은 생존자로서 생존자 일반원리의 철학이다.

사회복지사상은 사회적 관점에서 복지를 분석하는 것이고 사회복지철학은 인간적 측면에서 복지를 설명하고 있는 것이다. 그래서 사회복지철학은 평화, 인권, 안정, 희망을 목표로 하는 인간의 사회적 공존 공생정신이며 생존과 실존의 신념체계라고 개념을 규정한다.

사회복지철학관은 인간관의 확립에 있다. 즉, 인간이 존재 인식 가치의 근본이기 때문에 인간을 어떻게 보고 생각하는가에 따라 인간복지가 달라진다. 사회복지철학은 인간의 생존 실존철학이어야 한다.

사회복지철학연구의 과제는 인간과 사회와 복지를 어떻게 보는가에 달려 있다. 또 사회복지철학도 복지에서 철학을 볼 것인가 아니면 철학에서 복지를 볼 것인가에 따라 그 성격이 다르게 나타난다. 그러나 철학과 복지의 관계를 보면 철학은 정신이고 복지는 실천이기 때문에 경험과학, 실천과학으로서 인간에 대한 과학성은 같다. 그러므로 사회복지학을 인간의 생존, 실존을 연구하는 순수과학으로서의 복지학의 이론과 실천 그리고 철학을 구축하며 완성해야 한다.

생각해 볼 거리

1 윤리학에 관한 철학의 흐름을 생각해 보자.

2 철학의 역사에서 윤리학의 핵심은 무엇인지 생각해 보자.

3 사회복지철학은 도대체 무엇인가?에 대해 토론해 보자.

Chapter 02

윤리학의 배경

사회복지에서 왜 철학, 즉 가치와 윤리가 중요한가?에 관한 질문은 사회복지의 가치관 및 세계관의 방향을 의식하고자 하는 것이다. 사회복지 현장에서 업무를 담당하는 실천가들(사회복지사)에게는 무엇보다도 중요한 질문이 아닐 수 없다. 왜냐하면 사회복지는 가치와 관련된 가치지향적 영역이기 때문이다. 그리고 실천 현장에서의 결정과정에는 참여하는 사람들의 철학적이고 도덕적인 판단의 성격을 지니고 있기 때문이다. 이런 물음을 통해서 사회복지의 나아갈 방향을 모색하며, 실천가들의 자기성찰을 도우며, 대상자들의 삶을 변화시키며 사회의 변화(transformation) 등을 가져올 수 있는 패러다임을 제시하게 될 것이다. 따라서 본 장에서는 윤리학에 관한 정의가 필요할 것으로 보인다. 그러므로 윤리학을 설명하는 준거로서 윤리학의 이해, 사회복지와 윤리 중심 등으로 초점을 둔다.

1. 윤리학의 이해

윤리학(ethics) 혹은 도덕철학(moral philosophy)이라고 불리는 학문체계에 대해서는 연구자에 따라 매우 다양한 정의가 있을 수 있지만 가장 간결한 것으로는 도덕철학을 철학의 분과학문으로서 도덕(morality)에 관한 철학적 연구(philosophical study)라고 정의하는 것이다. 즉, 도덕이라고 하는 연구 대상을 철학적인 방법으로 연구하는 것이다.

그런데 흔히 별다른 구별 없이 사용되고 있는 윤리학과 도덕철학이라는 명칭은 거의 동일한 내용을 지칭하는 상이한 용어라고 간주해도 별다른 문제는 없을 것 같다. 왜냐하면 어원적으로 볼 때, 현재 윤리학이라고 번역되고 있는 'ethics'라는 용어는 원래 인격을 연구하는 학문을 의미하는 그리스어 'ethike'(ethos가 어원)에서 유래한 것이다. 그런데 서구의 역사적 중심이 그리스에서 로마로 넘어 오면서 'ethike'가 라틴어로 옮겨지면서 인간의 습관이나 예절을 가리키는 라틴어 'mores(mos가 어원)'로 번역되었고 이를 학문적으로 연구(philosophical studying)한다는 의미에서 후에 'moral philosophy'로 변형되었기 때문이다.

1) 윤리학의 정의

윤리, 또는 윤리학을 의미하는 'ethics'는 희랍어 'ethos'에서 온 말이다. 'ethos'는 다음과 같은 의미가 있다.

첫째, 일반적으로 복수로 사용되어 친숙한 체재지, 주거지, 주택, 고향 등을 의미한다.
둘째, 역시 일반적으로 복수로 사용되며 습관, 풍속, 관습 등의 뜻을 가진다.
셋째, 단수로 사용되어 윤리적 의식, 윤리적 신념이나 태도, 도덕성 등의 의미가 있다.

반면 도덕을 뜻하는 'moral'은 라틴어 'mos'에서 파생하였는데 풍속, 관례, 습관 등을 의미한다고 한다. 두 단어가 기본적으로는 같은 의미임을 알 수 있다. 어원을 통해 보면 윤리적 행위란 풍속을 따르는 행동을 말한다(철학대사전, 1989 : 994-995). 그러므로 윤리학은 일차적으로 도덕에 관한 학문으로 이해할 수 있다. 하지만 보다 넓은 의미에서 윤리학은 '행위 일반의 원리에 관한 학'으로 이해하여 '실천철학'과 동일하게 취급한다. 즉, 인간의 행위의 원리를 탐구하는 학문 분야이다.

그런데 인간 행위는 일반적으로 자신의 가치관이나 생각, 이념에 좌우되는 성향이 있다. 그렇다면 윤리학은 인간이 가지고 있는 규범이나 가치, 즉 옳고 그름, 좋음과 나쁨, 마땅히 해야 할 것과 하지 말아야 할 것 등에 대한 판단과 선택 그리고 그 기준에 대한 철학적 탐구라고 말할 수 있다. 이런 탐구가 필요한 것은 앞에서 언급했듯이 사람은 타인과 함께 살아가는 존재이고 타인을 통해서만 온전한 사람이 될 수 있으며, 타인과 함께 사회를 이루고 그 사회 안에서 협동을 통해 살아가고 협동의 결과를 얻기 위해 서로 다투는 모순된 존재이기 때문이다. 만약 윤리를 통한 올바른 행동규범에 대한 논의와 이를 통한 윤리규범이 존재하지 않는다면 인간사회는 존재하지 않을 것이다. "윤리 없이는 사회가 존재할 수 없고 사회 없이는 인간이 존재할 수 없다."

니콜라이 하르트만(Nicolai Hartmann, 1996 : 27-32)은 윤리적 근본문제를 다음과 같은 두 가지로 말한다. 첫째는 '무엇을 해야 할 것인가'이고, 둘째는 '인생과 세계에 있어서 가치 있는 것은 무엇인가'이다. 전자는 당연행위(Tunsollen)로 사람은 자신의 행위와 태도의 의의를 알아야 한다는 것이다. 후자는 보다 중요하다. 왜냐하면 무엇이 가치 있는지를 모르고서는 무엇을 마땅히 해야 할 것인지를 알 수 없기 때문이다. 그러므로 사회복지를 윤리학이라는 눈을 통해 본다는 것은 사회복지에 있어 무엇이 진정 중요한 가치인가를 밝히는 작업이라고 할 수 있겠다.

도덕철학이며 실천철학으로서의 윤리학이 이론적 탐구인가 아니면 실천적인 탐구인가? 윤리학은 직접적인 의미에서 실천적인 탐구는 아니라고 할 수 있다. 윤리학은 우리가 마땅히 해야 할 것이 무엇인지를 직접적으로 말할 수 없으며 또 말하려고 하지도 않는다. 그럼에도 순전히 이론적인 것도 아니다. 윤리학은 사람들이 어떤 것을 받아들여서는 안 된다는 것을 보여줄 수 있고 이것은 실제로 유용하다. 더 나아가 개인들이 보다 실천적인 문제에 관한 그들 자신의 결정을 내리는 데 도움을 준다. 이런 의미에서 윤리학은 실천적이다.

결론적으로 말해 윤리학은 인간이 해야 할 행동에 대해 이래라 저래라 하는 가르침을 주는 것이 아니라 어떤 지침과도 같은 것을 주는 것이다. 그러므로 윤리학은 인간의 책임능력을 높여주는 것을 목표로 한다(Hartmann, 1996 : 28-29). 이제 우리는 이렇게 말할 수 있다. 사회복지 윤리학의 정립은 사회복지정책의 입안자나 실행자에게, 사회복지실천을 행하는 사람들에게 책임능력을 높여줄 뿐 아니라 올바른 결정과 행위에 도움을 준다.[1)]

2) 윤리학의 분류

현대인은 전통적인 도덕이나 윤리를 거부한다. 전통은 오래되고 낡은 것이며, 오랜 세월 동안 꾸준히 흘러 내려오는 영속적인 것이라는 데 의미가 있다. 현대의 새로운 윤리규범은 새로운 도덕규범과 전통과의 관계를 토대로 새로이 종합하는 것으로 시작되어야 한다.

윤리학은 도덕에 관하여 연구하는 학문이다. 즉, 어떤 행위가 옳은 행위이며, 어떤 결정이 올바른 결정이라고 설명하는 것은 윤리학의 과제가 된다. 이를 위해서는 무엇이 옳고 그른가에 대한 근거를 설명할 수 있어야 한다. 따라서 윤리학은 당위의 학문으로서 행위에 관한 규범의 학문이라 할 수 있다.

(1) 기술윤리학

도덕현상에 관한 학문으로 도덕적 규범이 역사적으로 크게 변천해 왔다는 사실과 도덕은 문화와 민족과 사회체제를 달리함에 따라서 다르며, 또한

1) 본 저서의 내용과 연결시켜 이해하면 다음과 같다. 사회복지 윤리학적인 접근이 사회의 부정의와 불평등을 받아들여서는 안 된다는 것을 보여 줄 수 있다. 이렇게 정의로운 분배를 말할 수는 있지만 마땅히 이만큼 해야 한다는 실천적인 지침을 줄 수는 없다. 하지만 우리로 하여금 보다 정의로운 분배에 대한 결정에 도움을 준다.

도덕에서 유일하며 절대적인 것이 있을 수 없다는 상대주의 윤리이다.

(2) 규범윤리학

도덕의 본질에 관한 학문으로 도덕의 보편적인 원리를 연구하며 윤리철학 또는 도덕철학이라 한다.

① **목적주의 윤리학** : 행위의 옳고 그름, 도덕적 의무 등은 어디까지나 행위의 목적이나 결과의 좋고 빠름에 비추어 판단해야 한다.
② **법칙주의 윤리학** : 의무론적 윤리학이라고도 한다. 인간에게는 마땅히 실천해야 할 도덕적 의무가 있는 것이다.

그리고 윤리학은 윤리도덕에 관한 철학적 학문이다. 윤리(ethica)란 아리스토텔레스가 처음 사용했으며, 하나의 인간집합체가 장소적으로 형성되면 자연히 이 집합 내에 하나의 생활 질서 및 지배적인 풍습이 발생한다는 뜻으로 사용되었으며 본래 습관 또는 관습, 풍습, 벌을 뜻하였다. 현대에서의 윤리의 의미는 확대되었는데, 개인, 민족, 단체, 시대, 문화 등에 대한 도덕적 표상의 뿌리와 실제적으로 행하여지는 윤리적 행위 자세 그리고 공인된 규범 등 광범위하게 사용된다.

3) 윤리학의 범주

윤리학에서 도덕적 판단의 대상은 세 가지로 구분된다. 첫째는 개인의 행위나 행실이고, 둘째는 사회제도나 규칙이고, 셋째는 개인의 존재나 성격, 품성이다. 이들 행위, 제도, 존재에 대해 윤리학의 세 가지 가치규범, 즉 선(善), 정(定), 덕(德)이라는 가치이념을 사용할 수 있다. 윤리학의 핵심용어로 선과 악, 정과 사, 미덕과 악덕이 각각 대조적으로 사용되고 있다. 이 세 가지 가치이념은 무엇이 바람직하고, 무엇이 바람직하지 않은가를 판단하는 기본 가치용어이다. 따라서 각각의 가치이념들을 통일된 개념으로 사용할 필요가 있다.

첫째, 윤리학에서 선은 수단적 선(instrumental good)과 내재적 선(intrinsic good)으로 구별된다. 전자는 기능과 관련하여, 일정한 기능을 수행하는 데 수단으로서 가치를 평가하는 것이며, 목적과 수단의 관계에서 기술적 판단에 해당된다. 후자는 그 자체로 좋은 것, 추구해야 할 목적으로서 좋은 것이다. 행복한 삶(well-being)은 내재적 선을 표현하는 포괄적인 말이다. 그렇다고 이 선의 개념을 곧바로 정(定)으로 해석할 수는 없다.

둘째, 정의 가치이념은 개인의 존재, 행위, 사회적 제도의 세 가지 대상에 모두 통용되는 가치규범이다. 이 이념은 일반적으로 도덕적 평가를 위한 가치규범으로 널리 통용된다. 그러나 본질적으로 정은 특정 제도가 도덕적으로 바람직한가를 평가하는 데 가장 중요한 기준인데, 일반적으로는 사회제도에 영향을 미치는 개인의 존재나 행위까지도 정의 기준을 사용하는 경향이 있다.

셋째, 덕의 가치이념은 개인의 존재나 성격에 관한 평가기준이다. 그리스 철학의 특징이기도 한 '탁월'의 개념이 이에 해당한다. 탁월에 관한 대표적인 학자는 아리스토텔레스이다. 이 개념을 한마디로 단정짓는다는 것은 어렵지만 이렇게 설명할 수 있겠다. "탁월(주의)은 행복한 삶을 통해 인간 본성을 이루는 모든 능력, 자질, 특성이 발전하고, 이를 통하여 인간적 탁월, 인간적 번영, 자기실현을 달성하는 것, 즉 행복한 삶에 관한 객관적 이론이다." 따라서 덕이나 탁월의 개념은 첫째와 둘째의 정당성을 평가하는 데 사용된다. 모두 스톡(stock)으로서 우수한 개인의 존재로부터 개인적 선이나 정의로운 사회제도가 파생하기 때문이다.

이상에서 본 바와 같이, 우리는 서로 다른 윤리적 기준들이 윤리학 체계 내에 조화롭게 배치되도록 각 이론들의 올바른 위상을 정해 줄 필요가 있다. 즉, 행동에는 선을, 제도적 규칙에는 정을, 인간의 존재에는 덕을 자리매김하는 것이다.

4) 윤리적 가치

윤리학에서는 도덕적인 평가가 중요하다. 그 평가는 일정한 기준에 근거해야 하고, 그 기준이 윤리적 가치(ethical values) 혹은 도덕적 가치(moral values)이다. 앞에서 제시한 선과 악, 정과 사, 미덕과 악덕 등은 주요 가치 기준이다. 윤리적 가치는 수많은 가치 중 하나이기 때문에, 가치일반과 다른 윤리적 가치의 특수성을 명확하게 할 필요가 있다.

가치는 몇 가지로 구별하여 분류할 수 있겠다. 생활영역별(경제적 가치, 이론적 가치, 미적 가치, 정치적 가치, 윤리적 가치, 사회적 가치, 종교적 가치 등), 가치 소지자별(인간적 가치, 사물적 가치, 개인적 가치, 집단적 가치 등), 가치 상호 간의 관계별(지속적-잠시적 가치, 목적-수단 가치, 보유-연관 가치, 절대적-상대적 가치, 주관적-객관적 가치 등) 등으로 분류할 수 있는데, 높은 가치는 낮은 가치를 통해서 중개된다. 그러나 기초적 가치가 높은 가치보다 더 중요한 것은 아니다.

가치는 윤리와 긴밀한 관계를 가지고 있지만, 두 가지 점에서 차이가 있다. 윤리적 가치는 사회 전반에 보편화가 가능해야 하는데, 윤리 이외의 가치는 개인의 선호를 반영하는 것이기 때문에 타인들에게까지 강요되지 않는다는 것이다. 즉, 윤리 외적 가치는 다양한 주관적 가치에 불과하다. 그리고 윤리적 가치는 그 자체가 궁극적인 가치판단 기준이고, 사회생활을 규율하는 데 그 이상의 가치기준은 없다. 윤리적 가치는 여러 가지가 서로 대립하고 경합하는 경우에 그 우선순위를 결정한다.

가치의 문제에 있어서는 앎의 문제에 있어서와 반대가 된다. 여기에서 그에게 중요한 것은 물질적(내용적)인 측면이다. 그는 내용상으로 보아 선(善)이 무엇인가, 특히 윤리적인 선은 무엇인가 하는 것을 알고자 한다. 그에게 있어서는 가치의 문제가 곧 윤리의 문제다.

윤리문제를 보기 위해 먼저 윤리적인 선에 관해 잘못된 견해를 제거해야 한다. 우리는 선(αγαθόν) 등으로서의 공리주의(功利主義)적인 뜻으로 이해할 수 있거나 또는 유쾌한 것, 성향(性向)이나 욕망에 알맞은 것 등으로서의 쾌락주의적인 뜻으로 이해할 수 있거나 혹은 군주적인 인간의 우월성과 권리주의와 자연주의는 최종적인 대답이 되지 않는다.

앎으로서의 선

"아는 자는 현명하고, 아는 자는 선하다." 이 말은 아리스토텔레스와도 일치한다. 아리스토텔레스에 의하면 소크라테스는 "모든 덕은 통찰(洞察=앎) 안에서 성립된다"(주지주의)고 믿고 있었다고 한다(니코마코스 윤리학, 6권 13장). 사람들은 윤리적인 가치개념을 이렇게 해석한 것을 주지주의(主知主義)라고 했다. 이것은 무슨 뜻인가? 계몽주의 시대의 윤리학과 교육학은 이런 '소크라테스주의'를 기치(旗幟)로 내걸고, '덕은 앎(지식)이다'를 '앎은 덕이다'로 바꿔 말할 수 있는 동일판단(同一判斷)으로 생각하고, 앎과 계몽만으로 사람들을 교육할 수 있다고 믿었다. 그것은 바로 덕은 가르칠 수 있다고 하는 것이다.

행복주의

소크라테스의 윤리적인 가치개념은 기술(technique)에서 유래된 것이기 때문에, 관계가치(relationswert)의 성격을 띠고 있다. 왜냐하면 모든 기술적인 가치개념은 목적을 달성하는 데 쓰임새가 있는 것을 뜻하기 때문이다. '네가 나에게 어떤 것에 쓰여질 수 없는 한 가지의 가치를 알고 있느냐고 묻는다면, 나는 그런 것은 알지 못하며, 또 알려고도 하지 않는다'고 하는 특징 있는 말을 크세노폰은 전하고 있다(『회상』, 3권 8장 3). 소크라테스가 욕망과 성향을 윤리적인 원리로서 거부했다고 하더라도 또 행복하기 위해 필요한 것은 덕이지 외적인 재산이 아니라는 현자(賢者)의 자족(自足)을 가르쳤다.

윤리학의 이론에는 의지론(意志論)이라는 하나의 새로운 장(章)이 쓰여지게 되었다(니코마코스 윤리학, 3권 1~8장). 즉 의지의 행위(行爲) 자체를 뜻한다는 말로 특징지을 수 있다. 모든 윤리적인 행위는 본질적으로 이런 것이 아닐 수 없다. 그래서 윤리적인 행위는 특수한 인간의 행위나 성인(成人)의 행위 이상의 것, 즉 자유로운 선택에 의한 행위여야 한다.

행복한 생활은 덕 있는 생활이라 생각된다. 그런데 덕 있는 생활이란 노력을 요하는 것이요, 오락적인 것이 아니다. 그리고 노력을 필요로 하는 것들은 재미있는 오락적인 것들보다 더 좋으며, 또 무엇이든지 두 가지 것 가운데 보다 좋은 쪽의 활동이 좀 더 노력을 요구하는 것이다. 그러나 보다 좋은 쪽의 활동은 그대로 보다 좋은 활동이요, 또 보다 많은 행복의 성질을 띠고 있는 것이다. 육체적인 오락은 누구나가 - 심지어 노예도 - 가장 좋은 사람 못지않게 즐길 수 있다. 그러나 노예도 인간적인 생활을 가지고 있다면 모르지만 아무도 노예가 행복하다고는 생각하지 않는다(니코마코스 윤리학, 10권 6장).

2. 사회복지와 윤리의 관계

1) 사회복지에서의 윤리적 배경

사회복지에서의 윤리적인 측면에 관한 학문적인 용어는 부재한 상태라고 할 수 있다. 사회복지 윤리학에 관한 다양한 용어의 사용에서 알 수 있다.

- 사회복지 가치 및 윤리학(social work values and ethics) - Reamer(1998)
- 사회복지 윤리학(social work ethics) - Kugelman(1992), Wells(1986), Levy(1976), Keith-Lucas(1977)
- 사회복지 도덕철학(moral philosophy in social work) - Imre(1988), Siporin(1982)
- 사회복지 윤리 의사결정론(ethical decision-making in social work) - Matisson (2000), Lowenberg-Dolgoff(1996), Callahan(1988), Joseph(1985)
- 윤리적 사정평가론(ethical assessment) - Lewis(1984)

그리고 1970년대 중반 이후 사회복지 윤리에 대한 대표적이면서 대별되는 개념이 정의되었다.

첫 번째는 다양한 배경을 가진 사회복지사들이 자신이 행하는 복잡다단한 실천 분야에서 직면할 수 있는 다양한 윤리적 쟁점들에 대해 올바른 판단을 내릴 수 있도록 하는 체계적인 준거틀이다.

두 번째는 구체적 전문직 형태로 개념규정(how to)이다. 사회복지실천가들로 하여금 무엇이 올바른 윤리적 실천방법인가를 인식할 수 있게 도와주며, 전문적인 사회복지실천 상황(현장)에서 초래되는 윤리적 측면들과 관련된 올바른 실천행위를 결정하고 행동에 옮길 수 있는 방법이다. 이를 바탕으로 김기덕(2002)은 『사회복지 윤리학』을 다음과 같이 정의하고 있다.

> 사회복지의 기본적 사명과 그에 근거한 제반 실천활동의 도덕적 측면들에 대한 개념, 원칙, 이론 등을 정립하고 이를 정당화하고자 하는 체계적인 노력이다.
>
> 출처 : 김기덕(2002).

리머(Reamer, 1998)는 사회복지 윤리학이라는 하나의 완성된 학문체계를 염두에 두고, 이 체계 구성 부분들을 중심으로 다음과 같이 구분하기도 하였다.

① 사회복지의 기본가치 및 원칙, ② 사회복지 분야에 발생하는 윤리적 갈등(딜레마)의 본질과 성격, ③ 윤리적 의사결정, ④ 사회복지실천과정에서 발생하는 윤리적 과실과 위법행위, ⑤ 사회복지 윤리의 교육과 전파 등 또한 리머(Reamer)는 사회복지발달사 측면에서 윤리적 중요성을 강조한다.

■ 첫 번째 단계 : 19세기 후반의 형식적 직업으로서의 사회사업단계

이 시기에 사회사업은 사회복지사의 윤리나 도덕성에 대한 것보다 클라이언트의 도덕성, 성실성을 강화시키고 빈곤에 대응하는 등의 온정주의적 시도로서 클라이언트를 도덕적 결함이 있는 자로 취급하여 그들을 교정하는 것이 사회복지의 근본적 의무였다.

■ 두 번째 단계 : 20세기 초

사회복지의 가치와 목표가 주택, 건강, 위생, 고용, 빈곤, 교육 등의 사회문제와 관련된 개혁으로 전환되는 시기, 당시 활발히 진행되는 진보주의에 발맞춰 빈곤이 클라이언트들의 도덕성 문제보다는 사회문제에 초점을 두면서 전문직이 표방해야 할 가치에 의문을 제기하였다. 점점 시간이 지나면서 임상사회사업, 심리치료, 사회복지정책과 행정, 지역사회조직이나 사회개혁과 같은 사회복지의 미래에 대한 논쟁으로 변해갔다.

■ 세 번째 단계 : 1940~1950년대 후반

사회복지사들의 윤리와 도덕성에 관심을 두었던 시기다. 1919년에는 윤리학의 전문규칙을 만들기 위한 시도가 있었으며, 1922년 미국가족복지연합은 윤리적 문제에 대한 윤리위원회를 소집했다. 또한 1947년 미국사회사업가 대표회의는 윤리강령을 채택하였는데, 존엄, 윤리성, 인간에 대한 가치, 자율성, 존경, 정의, 평등과 같은 가치에 관심을 가졌다.

■ 네 번째 단계

사회복지가 사회정의, 권리, 개혁 등의 윤리적 구조에 관심을 보인 시기로 1960년 처음으로 NASW가 사회복지 윤리강령을 채택, 1976년 레비가 『사회사업 윤리』를 출판하였다.

2) 사회복지학과 윤리학

윤리학은 철학의 한 분야이며 사회복지학은 사회과학의 한 분야임을 인식해야 한다. 철학은 사회과학이 자신의 연구를 과학적으로 수행해 나가는 과정에서 직면할 수 있는 장애물을 제거하는 역할을 하듯이, 윤리학은 사회복지학이 지향하는 문제의 해답을 찾아가는 방향을 제공한다고 하겠다. 따라서 사회복지학에서 '왜 가치, 도덕, 윤리 등의 주제들을 체계적으로 논의할 필요가 있는 것일까?'라는 질문을 세 가지 측면에서 고찰해 볼 수 있다.

첫째, 존재론(ontology : 실체론)적 측면에서는 사회복지의 사회적 존재 성격에서 윤리적 논의의 정당성을 도출해 내며, 사회복지를 다른 학문이나 전문직과 구별할 수 있는 가장 근본적 범주가 바로 '도덕'이라는 것이다.

이런 입장의 경향으로 사회복지사명과 본질 도출을 위해 역사적 접근방법 구사, 현재 사회복지전문직의 비도덕적 경향에 대한 비판을 할 수 있기 때문이다. 현재 미국 사회복지실천활동이 갖는 가장 중심적 특성을 사회복지사 혹은 사회복지기관이 클라이언트와 맺은 전문직 관계라고 보고, 클라이언트와의 전문적 관계가 갖는 존재론적 특성으로부터 윤리적 논의의 필요성에 대한 정당성을 도출하고 있다.

둘째, 인식론(epistemology : 지식)적 측면에서는 사회복지라는 실체가 가지는 존재론적 성격이 본질적으로 윤리적인 것이라면 이러한 대상을 파악하고 연구하기 위해 요구되는 인식의 방법 및 수단 역시 당연히 윤리적이어야 한다는 것이다.

사회복지는 경험주의에 근거한 사회과학적 지식구축 방법만으로는 충분히 파악할 수 없는 인간관계를 둘러싼 '의미 있는 신념체계'라는 고유한 영역을 가지고 있으며 이러한 현상을 분석하고 연구할 수 있는 인식도구가 요청된다는 주장을 일관되게 하고 있음을 알아야 한다.

셋째, 사회복지학 분야의 논리적 추론방식이 가지는 오류를 지적하면서 간접적으로 윤리학의 존재근거를 정당화하는 입장이다. 사회복지 분야의 윤리적 본질을 간과하고 단순히 경험적인 사실들로 환원될 수 있는 변수들만으로 구성된 분석모델을 사용하여 진행되는 논리적 추론은 본질적으로 환원주의의 오류를 범할 수밖에 없다.[2)]

2) 환원주의란 어떠한 현상을 설명할 수 있는 원인으로 간주되는 개념이나 변수를 무리하게 제한함으로써 초래되는 논리적 오류를 말한다. 예를 들어, 인간의 모든 행위를 경제적 변수라는 단 하나의 문제로 설명할 수 있다는 생각은 경제 환원주의(economics reductionism)라고 불린다. 이러한 환원주의는 기본적으로 '옥캄의 면도날'이라고 불리는 특정한 인식론적 입장에 근거하고 있다. 즉, 옥캄은 어떤 현상에 대해 하나의 원인을 가정함으로써 충분히 설명할 수 있다면 그 이상의 가정은 본질적으로 필요 없는 것으로 면도칼로 잘라내야 한다는 것이다.

이상의 세 가지 측면을 고려해서 사회복지와 윤리를 다음 몇 가지 지향성으로 설명한다.

① **온정주의적 지향**(Paternalistic Orientation)

우애방문단과 자선조직협회의 회원들이 확산되었던 19세기 후반과 20세기 초에 가장 뚜렷하게 나타났다. 이것은 사회복지전문직의 임무가 클라이언트를 덕을 쌓을 수 있도록 이끌어 정직을 향상시키고 국가나 개인의 재정지원에서 벗어나 일을 할 수 있도록 하는 것이라는 가정을 기초로 한다. 주요 목적은 기아, 노숙, 실업 그리고 빈곤한 자들의 내적 자원을 끌어내어 생산적 삶을 살도록 하는 것이다. 즉, 사회적 기능이 약화되고, 어려움에 처한 사람들을 돕는다.

② **사회정의적 지향**(Social Justice Orientation)

이 관점에 따르면 의존은 근본적으로 문화와 경제적 삶의 구조적 결함이다. 빈곤, 실업, 범죄, 정신질환은 도덕적 지각을 잃어버린 문화의 소산이다. 시간이 지나 자본주의의 결점과 인종차별 그리고 다른 형태의 억압들은 하층민들에게 상처를 주었다. 이러한 재난들은 긍정적 행위, 기회 균등, 부의 분배, 인간복리와 서비스와 같은 것들을 추구하는 기본적 사회변화에 의해 해결될 수 있다. 누진적인 세금, 자유로운 기업정신, 대기업은 공정과 관대, 동정에 의해 성립된 보호에 의해 재배치되어야 한다. 인보관 운동에 참여한 사회복지사, 뉴딜정책, 가난과의 전쟁 등은 이러한 관점을 반영한다(Davis, 1967).

③ **종교적 지향**(Religious Orientation)

온정주의와 사회정의 관점의 특징은 사회복지가치와 윤리에 대한 종교적 관점에서 나타나고 있다는 것이다. 이 관점에서 전문직의 주요 임무는 그들의 종교적 신념을 뜻하는 사회복지로 전환하는 것이다(Constable, 1983 ;

Marty, 1987). 예를 들어, 박애(博愛)는 개인과 신, 이웃 간의 기독교적 사랑을 반영한 것이다.

④ 임상적 지향(Clinical Orientation)

가장 최근에 개별사회사업, 가족사회사업, 집단사회사업에서 일어난 윤리적 딜레마에 비중을 둔 것으로 사회사업에서 가치와 윤리 부분에 대한 반영이다. 1970년대 후반에 나타난 이러한 현상은 전문직 윤리에 대한 관심의 동시대적 흐름이다. 여기에서 중요한 점은 클라이언트의 비밀보장(제3자 보호에 대한 의무, 정보누출, 클라이언트의 기록 접근성), 특권화된 의사소통, 정보에 근거한 동의, 온건주의 이익의 갈등, 밀고, 법의 준수, 기관의 규칙에 관한 논의이다. 특히 이 관점의 특징은 윤리적 결정과 전문적 사명의 갈등해결이다. 가치 충돌과 윤리적 딜레마를 강조한 이 관점은 클라이언트와 사회복지사의 가치관계에 대한 관심을 지속시키는 부분에 근간을 둔다.

⑤ 방어적 지향(Defensive Orientation)

최근 사회복지의 가치와 윤리에서 중요시되는 부분은 방어적 태도가 무엇을 지칭하는 것인가를 설명하는 것이다. 개별 클라이언트, 가족, 지역사회, 각계각층의 사회조직원을 포함한 클라이언트의 이익에 대하여 윤리적 실천을 증진하는 것을 강조하고 있는 임상적 관점에 비하여, 방어적 관점은 실천가의 보호에 초점을 두고 있다. 이는 다양한 형태의 과실과 부정행위에 대한 주장과 의무와 증가하고 있는 소송의 위험에 근거한다(Reamer, 1945).

⑥ 초도덕적 지향(Amoralistic Orientation)

사회복지 가치와 윤리의 적절한 위치에 대한 시각들은 가치개념이나 규범적 개념을 배제하는 것이 특징인 초도덕적 관점에 의해 조절된다. 이러한 시각은 인간을 다루는 기술을 우선으로 하는 사회복지사들이 도덕이 배제된 과학으로 실천에 접근할 때 나타난다. 정신의학의 범람으로 많은 사회복지실천가들이 윤리와 가치적 언어를 기피하였고 인간 행동의 신비를 명확히 해줄 것이라고 믿은 정신역학적 용어를 대용하였던 것이 그 예이다. 그러나 그들의 작업은 가치로부터 자유롭지 못했다. 정신역학적 구조, 혹은 그 밖의 다른 이론들도 가치를 구성한다. 그들의 작업은 전통적 사회복지의 가치로서 간주되는 것들에 의해 지배받지 않았다. 정신치료기술, 프로그램 평가, 비용편익분석과 같은 가치중립적 연구를 전략으로 하는 오늘날 사회복지사들 또한 마찬가지이다.

최근 들어 윤리적 행동을 실천으로 통합시키는 것을 설명할 수 있는 지식이 하나로 결부된 윤리모델과 이론의 계발이 한창이다.

사회복지학과 윤리학은 가치적 측면에서 연관성을 지니고 있다. 사회복지학에서의 가치는 첫째, 인간의 존엄성인데, 모든 사람은 존중해야 할 본래적인 존엄성을 지닌 독특한 개인이라는 것이다. 둘째, 클라이언트의 자기결정권으로서 개인은 자신의 삶을 적극적으로 주도하는 자율적인 인간이기 때문에 사회복지사는 클라이언트가 자신의 문제를 스스로 결정할 수 있도록 허용해야 한다는 것이다. 셋째, 사회연대성의 원리인데, 이웃의 복지에 대한 관심과 배려를 의미한다. 즉, 인간은 누구나 홀로 살아갈 수 없고 공동체 구성원인 다른 사람이나 단체와 관련을 맺고 운명을 나누는 삶을 살고 있다. 이러한 삶에서 사회의 구성원으로서 개인이나 단체가 다른 구성원들과의 관계에서 지녀야 할 태도가 바로 연대성이다.

이상과 같은 맥락에서 윤리학을 보면 첫째는 목적 자체로서의 인간관으로 설명할 수 있겠다. 인간은 단지 수단의 존재가 아니라 항상 목적으로 대해야 한다는 것이다. 둘째는 의지와 자율인데, 인간은 이성을 갖고 있는 존재이기에 그들의 집합체인 사회(공동체)의 조화를 위해서 외부의 강제로서가 아닌 자신들이 스스로 규칙(율)을 규정하고 결정할 수 있는 자율적인 사람들의 집단을 의미한다. 셋째는 유대성의 원리이다. 개인은 상호의존적이며 서로 간에 사회적 책임을 진다는 것이다.

참고자료 2-1

하버드에서 가장 인기 있는 강의가 철학이라고요?

미국 하버드 대학에서 가장 인기 있는 강의는 마이클 샌델 교수의 정치철학이다. 다 합쳐야 7,000명이 안 되는 하버드 대학 학부생 중에서 수강생이 800명에 이른다. 이 강의의 주제는 정의로운 세계를 만드는 관점과 방법의 도덕적 토대다. 하지만 관념이 아니라 현실을 다룬다. 플라톤, 로크, 밀, 칸트 등의 고전을 읽고 그들의 철학이 지금 여기의 현실 세계에 어떻게 작용하는지 강의하고 토론한다. 소득 불균형, 대리모, 동성애자 결혼 등 사회적으로 예민한 주제를 놓고 학생들은 열띤 토론으로 강의실을 달군다. 강의실에서 미진했던 토론은 기숙사에서 밤늦게까지 연장되는 경우가 다반사다.

한국 대학에서 인문학은 고사 직전이다. 실용과 시장 경쟁력을 추구한답시고 많은 강의가 이미 폐지되었고, 일부 대학은 철학과를 아예 없애려고 한다. 미국에서 철학 전공이 인기라는 외신의 보도는 한국의 대학에 충격이었을 것이다. 철학의 인기는 미국만의 일이 아니다. 영국에서는 신입사원 선발에서 철학 전공자들이 우대받는다는 가디언 지의 보도가 있었다. 기업들이 현재 원하는 것은 단편적 지식이나 기술이 아니라 세계를 선입견 없이 파악해서 열린 시각으로 접근하는 인재라는 것이다.

과학 기술 발전과 급격한 정보화는 지식 체계를 근본적으로 바꾸어 놓았다. 표피적인 지식은 인터넷에 다 있다. 논리적 사고력과 치밀한 분석력, 그리고 총체적 통찰력을 가진 사람이 진정한 인재다. 그래서 철학이 인기인 것이다. 그리고 철학은 가장 중요한 커뮤니케이션 능력인 명료한 말하기와 글쓰기 능력을 훈련시킨다. 사업가나 변호사 지망생들까지 철학을 공부하는 이유가 바로 여기에 있다.

그것만이 전부가 아니다. 미국이나 영국에서 철학 강의가 누리는 인기는 21세기가 인간성에 대한 새로운 패러다임을 요청하고 있다는 신호다. 기어를 한 단계 올린 정신문화가 과학 발전과 정보화에 부응하는 새로운 패러다임을 이미 만들어 내고 있다. 애플 컴퓨터의 창업자인 스티브 잡스가 좋은 예다. 매킨토시 컴퓨터를 만들어 내 컴퓨터를 인간화시켰던 그가 최근에는 아이팟으로 세계를 석권하여 젊은이들이 그가 옷 입는 것까지 모방하는 우상이 되었다.

돈이 없어 리드 칼리지를 다니다 말았지만 그는 플라톤, 호머로부터 시작되어 카프카에 이르는 그 대학의 고전 독서 프로그램이 애플 컴퓨터의 오늘을 만든 힘이라고 말하면서 거액을 기부했다. 리드 칼리지는 공부가 엄하기로 유명하지만 점수로 평가하지 않아서 학점이 없다. 전공이 따로 없고 학생들이 자유롭게 자신의 주제를 정해 공부하기 때문이다. 그 학교는 소지품 도난이 없는 것으로도 유명한데 교육의 근본이 어디에 있는지를 잘 말해준다. 스티브 잡스는 그 학교에서 동양철학을 깊이 공부했다. 매킨토시 컴퓨터와 아이팟의 디자인 감각은 대학 시절의 서예 강좌에서 배운 것이었다고 실토했다. 그는 최근 윌리엄 블레이크의 시에 깊이 빠져 있다고 한다.

스티브 잡스를 배출한 리드 칼리지 같은 소규모의, 그러나 진정한 탐구를 도와주는 리버럴 아츠 칼리지가 미국에는 100여 군데나 있다. 거기에는 남들에겐 바보 같아 보일지라도 자신만의 주제를 붙잡고 공부에 목마른 학생들이 가득하다. 초등학교부터 대학까지 줄 세우기와 점수 경쟁에 시달리는 한국의 학생들 중에서 스티브 잡스 같은 인물이 나오기를 바랄 수 있을까? 스탠퍼드 대학 졸업식에 청바지를 입고 나와 연설한 스티브 잡스는 축사에서 이렇게 말했다. "인생은 단 한 번뿐이다. 남의 인생을 살지 마라. 너의 목마름을 추구해라. 바보 같아도 좋다." 바로 이런 태도가 대학에서 철학을 공부하게 만들고 인문학 강의를 듣게 만든다. 인문학은 주인의 학문인 것이다. 한국의 대학도 인생의 주인을 길러야 한다.

출처 : 이영준 하버드대 한국문학 강사(조선일보, 2008. 4. 26).

참고자료 2-2

도덕은 이성의 산물인가, 감성의 산물인가?

인류를 만물의 영장으로 만든 요소의 하나로 도덕적 본성을 꼽는다. 사람에게 선과 악, 옳고 그름을 판별하는 능력이 없었다면 여느 짐승들처럼 야비하고 잔혹했을 것이다. 철학자들은 윤리적 판단이 이성과 감성 어느 쪽에 의해 가능한 것인지를 놓고 오랫동안 다투었으나 해답을 얻지 못했다. 관념론자인 독일의 임마누엘 칸트는 옳고 그름은 합리적으로 판단된다고 주장한 반면, 경험론자인 영국의 데이비드 흄은 "도덕은 판단되기보다는 느껴지는 것"이라고 주장했다.

이성과 감성이 윤리적 판단에 미치는 영향을 분석하는 과학자들이 선호하는 시나리오는 '트롤리 문제(trolley problem)'이다. 트롤리는 손으로 작동되는 전차이다. 트롤리 문제는 두 개의 시나리오로 구성된다. 하나는 트롤리의 선로를 변경하는 시나리오이다. 트롤리가 달리는 선로 위에 다섯 명이 서 있다. 트롤리가 그대로 질주하면 모두 죽게 된다. 트롤리의 선로를 바꿔주면 모두 살릴 수 있다. 하지만 다른 선로 위에 한 사람이 서 있다. 트롤리의 선로를 변경하면 그 사람은 죽을 수밖에 없다. 다른 하나의 시나리오는 트롤리 앞으로 한 사람을 밀어 넣는 것이다. 선로 위의 다섯 명을 구하기 위해 사람의 몸으로 트롤리를 가로막아 정지시키는 경우이다. 두 시나리오는 트롤리를 저지하는 방법이 다르지만 다섯 명을 살리기 위해 한 사람을 희생시킨다는 점에서는 매한가지이다.

하버드대 심리학자인 조슈아 그린은 사람들이 트롤리 문제의 딜레마에 대처하는 심리 상태를 연구했다. 실험대상자 거의 모두가 첫 번째 시나리오에는 공감했으나 두 번째 시나리오는 반대했다. 다섯 명을 살리기 위해 트롤리의 선로를 바꿀 수는 있지만 트롤리 앞으로 사람을 떠밀어 죽게 할 수는 없다고 대답한 것이다. 결과가 같은 두 시나리오 중에서 한 개는 동의하고 다른 한 개는 거부하는 이유를 알아보기 위해 그린은 대상자들의 뇌 속을 기능성 자기공명영상(fMRI) 장치로 들여다보았다. 두 번째 시나리오가 첫 번째 시나리오보다 더 강력하게 정서와 관련된 부위를 활성화시키는 것으로 나타났다. 2001년 『사이언스』 9월 14일자에 발표한 논문에서 그린은 이성이 윤리적 판단을 좌우한다는 대다수 철학자들의 주장과 달리 감정이 중요한 역할을 한다고 말했다. 정서가 예상외로 윤리적 문제에 지대한 영향을 미친다는 사실을 과학적으로 밝혀낸 최초의 연구로 평가된다.

2007년 아이오와대의 신경과학자인 마이클 쾨니그스는 트롤리 문제가 포함된 네 종류의 시나리오를 사용하여 윤리적 판단을 내릴 때 뇌 안에서 일어나는 반응을 연구했다. 실험대상자 중에는 복내측 전전두피질(VMPC)이 손상된 환자도 섞여 있었다. 대뇌피질의 앞쪽에 위치한 VMPC는 공감, 동정, 수치, 죄책감 같은 사회적 정서 반응과 관련된다. 같은 해 『네이처』 4월 19일자에 발표한 논문에서 쾨니그스는 VMPC가 손상된 사람들이 도덕적 딜레마에 처했을 때 좀 더 실용적인 선택, 곧 소수보다 다수에게 이익이 되는 쪽을 선호하는 것으로 나타났다고 밝혔다. 예컨대, VMPC 환자들은 정상적인 사람들보다 트롤리 문제의 두 번째 시나리오를 3배 더 쉽게 받아들였다. 이런 냉혹한 반응이 나타난 까닭은 VMPC 손상으로 사회적 정서 기능이 약화됨과 아울러 실리를 따지는 이성적 기능이 더욱 활성화되었기 때문이라고 볼 수 있다. 요컨대, 윤리적 판단은 VMPC에서 제어되는 도덕 감정의 영향을 받고 있는 것이다.

하버드대의 인지심리학자인 마크 하우저는 2006년 8월 펴낸 '도덕적 마음'(Moral Mind)에서 사람은 태어날 때부터 선과 악을 판별하는 도덕관념을 갖고 있다고 주장했다. 하버드대의 진화심리학자인 스티븐 핑커는 지난 1월 13일자 『뉴욕타임스 매거진』의 커버스토리로 실린 도덕 본성에 관한 글에서 도덕 유전자가 존재할 만한 상황 증거는 있다고 거들었다.

출처 : 조선일보(2008. 3. 7).

생각해 볼 거리

1 철학과 사회과학의 연관성에 대해서 토론해 보자.

2 학문의 패러다임이 존재하는가? 『과학혁명의 구조』의 저자인 토마스 쿤이 제시한 패러다임에 관하여 생각해 보자.

3 취업 중심으로 인해서 대학에서 순수학문(철학)의 부재 현상이 일어나고 있다. 어떻게 생각하는가?

4 사회복지가치와 윤리란 도대체 무엇인가?에 대해 토론해 보자.

Chapter 03

윤리학의 이론

1. 윤리학의 다양한 쟁점들

윤리학은 시대의 흐름에 따라 다양하게 논의되어 오고 있다. 다음의 다양한 관점은 윤리학의 논의를 엿볼 수 있다.

1) 윤리적 상대주의와 문화적 상대주의

① **윤리적 상대주의** : 도덕에는 어떤 객관적이고 보편적인 표준이나 원리가 있는 것이 아니라 그것은 단순한 관습에 불과하며 선악(善惡)의 개념도 주관적이어서 나에게 유리하고 즐거운 것이 선이고 옳다고 보는 것이다.

② **윤리적 회의주의** : 규범적 주장 자체를 부인하지는 않지만 그것을 간단히 규정할 수 없다고 보면서, 윤리학의 성립 가능성을 거부한다.

③ **윤리적 허무주의** : 윤리의 상실이 아니라 윤리에서의 무관심, 윤리적 인간에의 무관심이라고 할 수 있겠다. 즉, 옳은 것도 없고 옳지 않은 것도 없다는 것이다.

2) 개인윤리와 사회윤리

① **개인윤리** : 인간 삶에 있어 발생하는 윤리적 문제를 궁극적으로 개인의 양심 및 도덕적 행위의 부족과 관련된다고 보며, 도덕적 부패와 타락의 원인을 사회구성원 개개인의 양심불량이나 규범의 미준수에서 찾는다.

② **사회윤리** : 윤리적 문제는 단순히 개인 차원의 문제가 아니라 사회구조나 제도의 부실과 관련된다고 보며, 윤리 파괴의 원인을 사회제도나 구조 또는 정책의 문제에서 본다.

3) 목적론(Teleology)적 자연관, 섭리의 자연관, 기계론적 자연관

① **목적론적 자연관** : 인간 행위는 자연현상과 마찬가지로 어떤 목적을 위해 이루어진다고 본다(목적론적 윤리성의 원조).

② **섭리의 자연관** : 인간 세상의 모든 것은 신의 의지, 즉 인간의 이성이 아닌 신의 이성에 의해 질서가 잡히고 정돈된다(인간은 모두 죄인이라는 원죄설). 그리고 5~15세기까지 약 천 년간 인간의 정신세계를 지배하였다.

③ **기계론적 자연관** : '수학원리'를 말하며, 우주를 움직이는 것은 목적이나 신의 섭리가 아니라 기계적 운동법칙이다. 자연주의 윤리학 또는 윤리적 자연주의가 대두되었다. 그리고 코페르니쿠스의 지동설 발표(1543), 뉴턴의 수학원리 발표(1687) 등 약 1세기 반 동안 서양의 정신세계에는 과학이 확고히 자리 잡게 되었다. 따라서 삼라만상을 움직이는 것은 목적이나 신의 섭리가 아니라 기계적 운동법칙이라는 생각이 지배하였다.

4) 법칙론과 목적론

① **법칙론** : 인과법칙, 인위적 실정법 또는 보편적 도덕법에 따라 행위의 옳고 그름을 판단하는 행위이다.

② **목적론** : 주체가 세운 이상적 목적, 예컨대 쾌락, 행복, 공리, 최고선을 판단기준으로 삼고 목적을 실현하기 위해 취한 자발적 행위가 그 목적을 위해 좋은 수단이 되면 선하다고 평가하는 입장이다.

우리가 흔히 어떤 행위를 두고 판단할 때, 옳다/그르다라고 표현하면 법칙론적인 반면 좋다/나쁘다라는 말로 표현하면 목적론적이다.

5) 성악설(性惡說)과 성선설(性善說)

(1) 성악설과 그 관점

인간은 자신 속에 내재한 깊은 욕구와 내적 고취감을 신뢰할 수 없으며 대인관계에서 갈등 사실을 발견할 수밖에 없는 존재이다. 그러나 인간의 공격성, 이기성, 반사회적 특징이 본능적이라는 사실을 입증할 만한 증거가 빈약하다.

- **유태교와 기독교** : 원죄(原罪). 교회 참여와 신의 율법을 통해 구제 가능하다.
- **홉스** : 자연 상태의 인간은 속속들이 반사회적 사회계약을 통해 구제 가능하다.
- **순자(荀子)**[1] : 본질적으로 악함. 맹자와 마찬가지로 인간의 본성을 선천

1) 공자나 맹자에 비해 생존 시에는 상당한 영광을 누렸으나 사후 평가가 달라짐. 조나라 출생(덕망 있는 학자로 인정. 시기하는 사람들로부터 참소를 당함) → 제나라(법가사상이 통치이념. 덕을 강조하는 순자 사상이 받아들여지지 않음) → 조나라에 잠시 머물다가 초나라 춘신군 밑에서 난릉지역을 맡아 다스리며 자신의 철학을 처음으로 구체적으로 실천

적인 것으로 규정하였지만, 인간의 도덕적 측면에 주목한 맹자와 달리 순자는 배고프면 먹고 싶고, 추우면 따뜻하게 하고 싶고, 피곤하면 쉬고 싶은 인간의 자연적이고 생리적 욕구에 주목한다. 이 욕구는 귀가 좋은 소리를 듣고 싶어 하고 눈이 좋은 빛깔을 보고 싶어 하는 감각기관의 이기적 욕구와도 통한다. 이러한 생리적 욕구에 바탕한 이기심이 누구나에게 있다고 본다. 물론 피곤하면 쉬고 싶은 게 본성인데도 다른 사람을 배려하는 착한 행위를 하기도 하는데, 이러한 착한 행위는 어디서 오는가? 순자는 인간의 마음작용을 성(性), 정(情), 려(慮), 위(僞)의 4부분[2)]으로 나눈다. 이는 마음이 움직이는 순서이기도 한다. 본성대로 가면 결과가 악하고, 본성을 거스르는 의지적 실천대로 가면 선하다. 성은 악이고, 위는 선으로 순자의 철학은 곧 어떻게 하면 의지적 실천을 통해 본성이 가져올 악한 결과를 변화시켜 갈 것인가의 문제였다. 순자의 철학은 의지에 기초한 실천철학이다. 위(僞)=人+爲. 인간 중심적이며 인간의 의지적 노력에 대한 확신 → 동양의 프로메테우스이다. 맹자가 인(仁)의 도덕은 인간에게 선천적으로 주어진 것이라고 보았던 것과는 다르다. 의지적 노력을 제도화하려고 한 것이 예(禮)이며, 교육과 예를 통해 본성을 절제할 수 있다고 보고 예에 의한 통치를 강조, 예를 통해 인간 행위를 공리주의적 입장에서 규제하려고 한다(의식과 예절을 통해).

- 구체적이며 현실적인 예의제도를 통한 타율적 규제, 통치자의 권위를 보강해 준 측면이 있다(시대적 상황이 전국시대 말기인 것과 관련).

---

2) 성 : 사람의 가장 기본적인 부분으로서 삶의 자연스러운 본질이자 날 때부터 가지고 있는 본성. 배고프면 먹고 싶고, 목마르면 마시고 싶고, 피곤하면 쉬고 싶은 생리적 본성
정 : 밖에 있는 사물들과 만나서 생기게 되는 감정. 좋다, 나쁘다, 노엽다, 슬프다, 즐겁다 등
려 : 구체적인 감정이 생긴 뒤에 어떻게 할 것인가를 선택하는 문제. 사람의 사고작용
위 : 선택이 끝난 후 실행해 나가는 의지적 실천

(2) 성선설과 그 관점

인간 행위를 자기실현 또는 자기완성을 향한 활동으로 간주한다. 그러나 인간의 선한 본성을 완성할 수 있는 사회구조를 명백하게 제시하지 못하고 있다.

- **루소의 교육원리** : 타고난 본성이 선하다.
- **노자(老子)** : 무위(無慾)의 상태로 돌아가 소박한 생활을 요구. 최고의 덕을 지닌 인간이 곧 본래 모습의 인간으로 그 사람은 어린아이와 흡사하다. 원초적 인간은 평등한 관계일 뿐 아니라 이기적이지 않고 양보하며 겸손하다. 공자(孔子)는 '사람의 삶은 본래 곧은 것'이라고 하였으나, 노자는 '본래 부드럽고 약한 것'이라고 하면서 모든 살아 있는 것들은 부드럽고 약하며, 죽음에 가까워질수록 단단해지고 강해진다고 한다.
- **맹자의 인성론** : 인간은 타고날 때부터 선한 본성을 가지고 태어난다.

6) 동기론(Motivism)과 결과론(Consequentialism)

행위에 대한 선악판단의 기준을 어디에 두는가?(성선설/성악설과 밀접히 연관)

① **동기론** : 행위에 대한 선악(善惡)을 평가하는 도덕적 판단에 있어 행위의 동기를 평가기준으로 본다. 그리고 성선설 주장자들은 동기론의 지지자가 되기 쉽다. 또한 행위자 자신의 인격을 존중하는 입장이다. 그러나 문화수준이 떨어지는 사회에서는 현실성이 떨어지는 단점이 있다.

② **결과론** : 행위에 대한 선악(善惡)을 평가하는 도덕적 판단에 있어 결과에 둔다. 그리고 동기는 의지를 움직이는 감정이기 때문에 도덕성이 없다. 단점으로는 의인이나 윤리적 행위가 경시되거나 약화되어 인간성이 소외된다는 것이다.

7) 자연주의(Naturalism)와 직관주의(Intuitionism)

(1) 자연주의(귀납법에 의거한 경험론을 윤리학으로 접목)

17세기 이후 기계론적 자연관이 지배적이었고, 자연과학적 방법이 윤리학에도 영향을 주었다. 기계론적 자연관이 윤리학에 적용된 것이 자연주의 윤리학, 윤리적 자연주의이며, 도덕적 관념이 자연적 원천에서 도출된다고 보고, 그 원천을 찾아내려고 노력하였다. 따라서 도덕적 관념의 원천에 대해 찾고자 하였다. 스피노자나 홉스, 흄, 스펜서 등이 대표적 학자이다.

(2) 직관주의(연역법에 의거한 합리론을 윤리학으로 접목)

도덕적 관념이나 의무는 어떤 것에서 도출되는 것이 아니라 주어지는 것이다. 따라서 어떤 행동을 보았을 때 그 자체로서 직관되는 것이며, 인간은 선과 악을 선험적으로 인식할 수 있는 능력을 소지하고 있다고 본다. 그러나 무엇이 직관의 인식 기능을 하는가에 관해서는 직관주의자들 사이에 다양한 견해가 존재한다.

2. 윤리학의 두 흐름 : 목적론적 윤리이론과 의무론적 윤리이론

일반적으로 윤리학은 다음과 같이 분류된다.

첫째, 기술윤리학이다. 이는 역사적이고 과학적인 면에서의 서술적이고 경험적인 탐구이다. 주로 인류학자, 역사학자, 심리학자와 사회학자에 의해 행해진다. 연구목적은 도덕현상을 설명하며 윤리적 문제에 관련된 인간성에 관한 이론의 전개에 있다.

둘째, 규범윤리학이다. 옳은 것이 무엇인지, 선한 것, 의무가 무엇인가를 물어 규범적 판단을 내리는 것이다.

셋째, 메타윤리학이다. 이는 가치판단이나 규범을 옹호하지 않는다. 오히려 논리적, 인식론적, 의미론적 문제를 제기하고 그에 답한다. 도덕적 가치를 내리는 말이나 문장의 의미와 기능을 탐구한다. 인간의 윤리문제나 윤리행위가 아니라 그에 대한 말을 연구하는 것이다.

우리와 직접적으로 관계된 윤리학의 분야는 규범윤리학이다. 규범윤리학은 이론 규범윤리학과 응용 규범윤리학으로 나눈다. 후자에 사회윤리학이 있다. 사회윤리학은 종래의 규범윤리학이 개인 윤리적 성향을 갖는 것과 대조적으로 주로 집단, 사회, 국가의 체제나 구조의 윤리성에 주목한다. 대표적인 저서가 롤즈의 『Theory of Justice(정의론)』(1971)과 R. 노직의 『Anarchy, State, and Utopia』(1974)이다.[3)]

규범윤리학의 주된 두 개념은 좋음(선, the good)과 옳음(정, the right)이다.[4)] 규범윤리학은 이 두 개념 중 어느 것에 중심을 두느냐에 따라 목적론적(teleological) 윤리이론과 의무론적(deontological) 윤리이론으로 나뉜다. 차이점은 옳은 행위를 옳은 행위로 만드는 것이 무엇인가라는 물음에 각각 어떻게 대답하는가에 달려 있다. 목적론적 윤리이론을 대표하는 것은 공리주의이고, 의무론적 윤리이론을 대표하는 것은 칸트의 윤리이론이다.

1) 목적론적 윤리이론

목적론적 윤리이론은 무엇이 옳고 그르며 의무가 되는가에 대한 궁극적인 기준이나 척도는 행위에 의해 산출되는 도덕과 무관한 가치[5)]라고 주장한다. 어떤 행위가 옳은 행위이기 위해서는 그 행위의 결과가 악보다는 선을 보다 많이 산출하여야 한다. 여기서 중요한 것은 이것을 판단하는 기준

3) 이 두 저서에 대해서는 뒤에서 자세히 다루게 될 것이다.

4) 좋음, 선(善)과 옳음, 정(正)이라는 용어는 가능하면 한글인 좋음과 옳음을 사용할 것이나 필요에 따라 선이나 정이란 용어도 사용할 것이다.

5) 도덕적(moral), 비도덕적(immoral), 도덕과 무관한(nonmoral)은 구별할 필요가 있다. 일반적으로 '비도덕'은 '도덕적으로 옳지 않은'이란 의미를 가지고 '도덕과 무관한'이란 말 그대로 '도덕적으로 옳고 그른 것에 관계없는'이라는 의미로 사용한다.

이나 척도가 도덕과 무관한 가치여야 한다는 것이다. 그렇지 않다면 이 기준이나 척도의 도덕적 가치를 따져야 하는 순환에 빠지기 때문이다(Frankena, 1984 : 26-27). 결국 목적론적 윤리이론은 결과주의로 귀결된다. 즉, 행위의 옳고 그름은 행위하는 사람의 의도와 관계없이 그 행위의 결과에 따라 판단해야 한다는 것이다.

목적(telos)이라는 측면에서 모든 사물을 해석하고, 모든 것이 목적에 따라 움직인다는 세계관을 본격적으로 제시한 최초의 사상가는 아리스토텔레스이다. 그의 이러한 목적론적 접근방식은 그 후 2천 년 동안 서양사상을 지배하여 오늘날의 철학자들까지도 인간의 행위와 관련해서 '인간 행동은 어떤 선을 목표 삼는 것으로' 이해해야 한다고 말한다. 목적론적 윤리이론은 합리성이라는 이상을 구현하는 것으로 생각되어 강한 직관적인 호소력을 갖는다. 도덕에 있어 합리성이란 선을 극대화하는 것이다. 옳음은 이런 좋음을 극대화하는 것으로 규정된다.

목적론적 윤리이론은 선을 규정하는 도덕과 무관한 가치가 무엇인가에 따라 여러 가지로 나뉜다. 대표적인 학설들이 쾌락주의, 윤리적 이기주의, 공리주의이다. 첫째, 쾌락주의(양적 쾌락이든, 질적 쾌락이든 또는 물질적 쾌락이든 정신적 쾌락이든)는 쾌락만이 유일한 도덕적 판단기준이라고 한다. 쾌락주의는 긴 역사적 연원을 가지고 있어 고대 희랍에 근거를 두고 있다.[6] 공리주의는 근대에 부활한 쾌락주의이다. 둘째, 윤리적 이기주의는 개인의 유일한 의무는 자신에게 좋은 것을 가능한 한 많이 증가시키는 것이라고 한다(Taylor, 1985 : 51). 모든 사람은 자기 자신의 이득을 추구하는 것이 가장 도덕적이다.[7] 셋째, 공리주의라고도 불리는 윤리적 보편주의이다. 공리주

Aristoteles(B.C.3 84~B.C. 322)

고대 그리스의 철학자. 플라톤의 제자이다. 플라톤이 초감각적인 이데아의 세계를 존중한 것에 대해 아리스토텔레스는 인간에게 가까운, 감각되는 자연물을 존중하고 이를 지배하는 원인들의 인식을 구하는 현실주의 입장을 취하였다.

Epikouros(B.C. 342?~B.C. 271)

고대 그리스의 철학자. 철학은 개인의 쾌락, 즉 행복을 찾는 수단을 연구하는 것이라고 하였다. 그는 학문이건 도덕이건 모두가 쾌락이라는 목적을 위한 수단에 불과하다고 했다.

6) 쾌락주의는 아리스토텔레스가 행복을 최고선이라고 말한 이래 에피쿠로스학파(Cyrene학파)에서 그 꽃을 피웠다. 물론 에피쿠로스학파가 말하는 쾌락주의는 행복을 쾌락을 획득하고 고통을 피하는 것으로 설명하여 아리스토텔레스가 삶의 철학으로는 부적합하다고 말한 그것이다(Arrington, 2003 : 160). 이런 쾌락주의가 벤담을 위시한 공리주의에서 다시 힘을 얻었다.

7) 반면 심리적 이기주의는 인간은 모두 언제나 자기 자신의 이득이나 복리를 추구하거나 혹은 자기 자신에게 악을 뺀 최대 선을 가져올 것이라 생각하는 바를 행하도록 되어 있다는 것이다. 윤리학적 이기주의는 일반적으로 심리학적 이기주의를 전제하고 있다(Frankena, 1984 : 37-38).

의는 사회 전체에 최대한의 보편적인 선을 가져다주는 행위를 도덕적인 것으로 본다.

2) 의무론적 윤리이론

의무론적 윤리이론은 좋음을 옳음과는 상관없이 규정하지 않으며 옳음을 좋음의 극대화로 해석하지 않는 입장이다. 어떤 행위가 올바른지는 '어떤' 행위가 초래하는 결과로 판단하는 것이 아니라, '행위 그 자체로', 혹은 그 행위가 하나의 사례로서 속할 수 있는 '어떠한 규칙 그 자체'에 내재되어 있는 어떤 본질적인 '속성'에 의해 결정되는 것이다.

의무론적 윤리이론은 도덕적으로 올바른 행위를 판단하는 기초가 되는 가장 기본적인 단위를 무엇으로 보는가에 따라 달라진다. 행위의무론은 개별 행위 그 자체에 초점을 맞추어 도덕적인 판단을 한다. 반면 규칙의무론은 해당 개별 행위보다는 이 행위가 하나의 사례로서 포함되는 규칙에 주목한다(김기덕, 2002 : 76). 칸트의 윤리학은 대표적인 규칙의무론에 속한다. 규칙의무론이라는 맥락에서 칸트의 윤리이론을 이해할 때는 정언명령(categorical imperative)[8]의 제1형식을 주로 다루게 된다. 정언명법의 제1형식은 "당신이 보편타당한 법칙이 되기를 동시에 바랄 수 있는 격률에 따라 행위하라"이다(Frankena, 1984 : 55 ; Ricken, 2006 : 191).[9] 행위자가 깊이 숙고하지 않고 자기 자신에게 중요하기 때문에 자신의 것으로 만드는 격률(준칙)은 주관적이다. 이런 격률이 객관적 실천준칙이 되기 위해서는 그 격률이 보편적 형식을 가지고 있어 모든 사람에게 규범화될 수 있는지를 물어야

8) 정언명령은 하나의 행위가 그 자체로서, 다른 목적과 관계없이 실천적으로 요구되는 것이고, 가언명법(hypotheticalimperative)은 행위자가 추구하는 목적을 위한 수단으로 필요한 행위를 말한다(Ricken, 2006 : 187-188).

9) 정언명령의 제2형식은 "네가 인간성을 네 자신의 인격에서든 다른 사람의 인격에서든 언제나 동시에 목적으로 여기고, 어떤 경우에도 단지 수단으로 여기지 않는 방식으로 행위하라"이다. 제3형식은 "모든 격률이 자기의 고유한 법 제정에서 자연의 왕국, 즉 가능적인 목적 왕국에 서로 일치해야 한다."이다(Ricken, 2006 : 191).

한다. 그러므로 사람의 행위가 보편타당성을 유지해야 윤리적 명령이 될 수 있다. 거짓 약속이라는 것을 예로 들면, 어떤 사람이 거짓 약속을 해서는 안 되는 이유는 필요에 따라 약속을 어기게 되므로 '약속을 한다는 것'이 하나의 보편타당한 규칙으로서의 의미가 없어지기 때문이다. 결국 칸트에 의하면 거짓 약속을 하는 것은 그르다는 결론에 이른다.

롤즈의 공정으로서의 정의론은 의무론적 윤리이론에 바탕을 두고 있다. 왜냐하면 그의 정의론은 선을 극대화하는 것이 정의로운 제도라고 주장하지 않기 때문이다(롤즈, 2003 : 68). 롤즈가 자신의 정의론을 목적론적 윤리이론이 아닌 의무론적 윤리이론에 입각해 전개하는 것은 목적론적 윤리이론의 대표격인 공리주의에 반대하는 입장을 취하는 동시에 자신의 정의론을 순수 절차적 정의로서 다루기 때문이다.

선과 정의 우월관계라는 측면에서 선을 정보다 우선시하는 것은(목적론적 윤리이론 : 공리주의) 결국 인간의 욕구를 최대로 충족시키는 효율성을 사회규범으로 세우는 것이다. 반면 정을 선보다 우선하는 입장(의무론적 윤리이론 : 칸트의 정의론)은 선의 추구는 기본적으로 중요하지만 정은 어떠한 선보다도 우위에 있다고 간주한다(塩野谷祐一, 2006 : 86-87).

참고자료 3-1

우리나라가 선진국이 되려면 기본이 서야 하는데, 윤리적 기본이…

우리 사회는 갈등이 쉽게 확대 재생산되는 취약한 사회통합의 기반을 갖고 있다. 과거부터 축적된 '불신(不信)', 현재에 대한 '불만(不滿)', 그리고 미래에 대한 막연한 '불안(不安)'이라는 '3불(不)'의 어두운 그림자가 한국 사회를 뒤덮고 있다.

돌이켜보면 지난 60여 년은 해방과 건국, 전쟁의 혼란 속에서도 국가 정체성을 지켜냈고, 고도성장으로 배고픔을 벗어났으며, 민주화를 거쳐 선진국의 문턱까지 온 성공의 역사였다. 하지만 정작 가장 큰 수혜자여야 할 국민들은 그다지 행복하지 않다.

'불신'은 과거 권위주의 해체의 유산이다. 민주화는 권위주의를 해체했고, 정보화는 특권의 어두운 구석을 없앴지만, 지금은 필요한 권위조차 사라졌다. 언제부턴가 대통령도 희화화되었고, 대의제도와 정부, 사법체제에 대한 심각한 불신이 쌓이면서 갈등을 해소할 원천적 권위까지 실종되었다. 대학과 언론, 종교의 권위뿐 아니라 한때 드높았던 노조와 시민단체에 대한 신뢰도 추락했다. 총체적인 불신사회가 된 것이다.

범세계적 여론조사인 세계가치관조사(World Values Survey)의 지표를 보자. "일반적으로 대부분의 사람을 믿을 수 있다고 생각하는가?"라는 설문에서 한국은 "그렇다"는 응답률이 1982년 36%를 기록한 이후 1990년 33.6%, 1996년 30.3%로 낮아졌다. 외환위기 이후인 2001년에는 27.3%까지 하락했다. 제도에 대한 불신이 커지다 보니, 소소한 불만도 극단적인 갈등이나 적대적인 이념 갈등으로 표출됐다. 불신의 대가로, 공유해야 할 질서의 토대를 잃은 것이다.

'불만'은 현실에 대한 눈높이가 맞지 않아서다. 고도성장 시대에 높아진 국민들의 기대심리는 외환위기 이후 '저성장―불완전 고용 시대'로 접어들어서도 수그러들지 않았다. 그 결과 과도한 교육열 등 과잉 경쟁 현상이 나타났다. '불안'의 원인은 불확실한 미래 때문이다. 급속한 기술 진보와 글로벌하게 얽힌 경제, 미국발 금융위기로 촉발된 실물경제 위기, 고령화와 저출산이라는 삼각 파고는 새로운 사회위험을 심화시켰다. 노동시장의 불확실성이 극대화됐고, 하루아침에 중산층에서 몰락한 신빈곤층이 생겨나기 시작했다. 노동시장에 진입하지 못하고 주변을 배회하는 청년 실업자들이 누적되는 반면, 모두가 기피하는 어려운 일을 대신할 외국인 노동자와 외국인 신부들이 한국을 다문화 사회로 변모시키고 있다. 그 결과, 공동체에 대한 귀속감이 약화되면서 이민 희망자가 늘고 있다. 심각한 증상에는 해법도 근본적이어야 한다. 게임의 규칙을 존중하지 않는 운동 경기가 난장판으로 귀결되듯, 투명성이 작동하지 않는 사회에서는 규칙 준수보다 막무가내식 떼법이나 폭력이 앞선다. 법치 확립 캠페인이 정착되려면 지도층의 솔선수범이 앞서야 한다. 걸핏하면 권력형 범죄에 대해 사면·복권하는 일부터 없애야 한다. 사회적인 서약도 필요하다. 우리가 정한 규칙, 우리가 선출한 대표, 그리고 합의한 내용을 지키면서 합리적이고 절차적 권위를 세워나가야 한다. 그렇게 해야 선진국이 될 수 있다.

출처 : 이재열 서울대 사회학과 교수(조선일보, 2009. 2. 16 A12).

3. 윤리학에서의 이기주의

이기주의 윤리이론에는 심리적 이기주의와 윤리적 이기주의가 있다.[10)]심리적 이기주의란 모든 사람은 본래 자기 자신의 이익만을 추구하도록 되어 있다는 주장이다. 인간이 '이타적'으로 행동하도록 기대하는 것은 비이성적이다. 인간의 본성은 원래 그렇게 되어 있기 때문에 사람들은 자기에게 이익이 되는 경우에만 다른 사람의 요구에 응하게 된다. 그러므로 순수한 이타주의는 하나의 신화이다.

인간이 정말 철저하게 이기적일까? 물론 우리 모두가 자신의 행복이나 이익에 관심이 크다는 사실을 의심하는 사람은 없다. 그러나 우리는 다른 사람의 행복에도 적어도 어느 정도까지는 관심이 있다는 사실 또한 믿고 있다. 만일 심리적 이기주의가 사실이라면 이것은 환상에 불과하다. 하지만 이것 또한 우리의 일반적인 개념이나 직관과는 모순된다. 심리적 이기주의자인 홉스는 인간이 가지고 있는 자비심은 "인간이 자기의 능력을 증명하는 가운데 얻게 되는 하나의 즐거움"이고, 동정심은 "타인의 재난에 대한 인식에서 생겨난 우리 자신의 미래에 대한 재난의 상상이나 픽션"이라고 말한다. 심리적 이기주의가 말하는 바를 한마디로 하면 사람이 하는 이타적인 행위란 단지 자신이 가장 원하는 일을 하거나(결국 이기적 동기) 자신의 명예나 즐거움 등 자신의 어떤 만족감을 얻기 위해서 하는 행위라는 것이다. 그렇다면 마더 테레사와 같은 성인이나 또 누구도 모르게 봉사나 기부를 하는 그들의 행동은 무엇이란 말인가!

심리적 이기주의가 주장하는 바에 대해 간단히 반론을 제기해 보자. 첫째, 사람이 행하는 일이 꼭 자신이 가장 원하는 일이기 때문에 한다고 가정해야 하는가? 그리고 그런 행위를 한다는 사실이 '이기적'이라고 불려야 하는가? 예를 들면, 철수가 1만 원을 가지고 영화관에 가는 대신 기부를

10) 이 부분은 레이첼즈(1989)의 『도덕철학』에서 도움을 받았다.

했다면 그는 단지 자신이 하고 싶은 일을 했을 따름이지 '비이기적'이라는 칭찬을 받아야 할 이유도 없다. 둘째, 철수가 자신이 좋아하는 영화 관람을 포기하고 다른 사람의 어려움에 응했다는 사실로 그는 비이기적이 된다. 이기적인가 아닌가는 내가 무엇을 원하는가에 달려 있기 때문이다. 만약 철수가 오로지 자기 자신의 이익만을 위하여(칭찬 듣는 것만 생각해서) 행동했다면 그것은 이기적일 것이다. 하지만 그가 다른 사람이 행복해지는 것을 원하고 있고 그래서 행동했다면 그 행동은 이기적이지 않다. 셋째, 인간의 이타적 행위가 오로지 만족감이나 명예심으로만 행동한다면 철수는 기부를 하지 않았을 것이다. 왜냐하면 철수가 기부를 함으로써 '만족감'을 얻는다는 자체가 이미 그가 온전히 '이기적'이지 않다는 것을 보여주기 때문이다.

오늘날 심리적 이기주의는 실패한 이론이라는 것에 대부분의 철학자와 심리학자들이 동의한다. 왜 사람은 자신의 행복과 타인의 행복 모두를 바라는 순수한 마음이 있다는 것을 거부해야 하는가? 부모의 사랑은 순수 이타적이라고 할 수는 없어도 분명 그것이 이타적이라는 사실을 부정할 사람은 없을 것이다. 자신과 타인이 함께 행복해지기를 바라는 것에는 어떤 논리적 모순도 없다. 하나만 가질 수 있다는 흑백논리는 분명 지나치다.

윤리적 이기주의는 규범윤리학의 두 흐름 중 목적론적 윤리학에 속한다. 심리적 이기주의가 사람은 정말로 자신의 이익만을 추구한다고 말하는 반면 윤리적 이기주의는 사람은 자기 자신의 이익만을 추구해야 한다고 말한다. 심리적 이기주의는 인간의 본성에 관한 설명이고 윤리적 이기주의는 하나의 규범적 이론, 즉 인간은 어떻게 행동해야만 하는가에 대한 이론이다. 우리가 실제로 어떻게 행동하는가와 상관없이 우리는 우리 자신에게 좋은 최선의 행동을 하는 것 외에 다른 어떤 도덕적 의무도 없다고 주장한다.

윤리적 이기주의에 대한 오해 몇 가지를 지적해 보자. 첫째, 윤리적 이기주의는 사람들은 타인의 이익과 마찬가지로 자신의 이익도 증진시켜야 한다고 말하지 않는다. 그들은 오로지 자신의 이익에만 관심을 가진다. 둘째, 윤리적 이기주의자들은 다른 사람을 돕는 행위를 피해야 한다고 말하지 않는다. 많은 경우 타인의 이득이 나에게도 이득이 될 수 있으므로 자신에게 이득이 된다면 싫든 좋든 다른 사람을 도울 수 있다. 셋째, 자신의 이익을 추구함에 있어 지금 당장 최고의 이득을 주는 행위를 해야 한다고 말하지 않는다(내일 수업이 있음에도 불구하고 술에 만취되는 것이 지금 나의 가장 큰 이득이라고 생각하는 경우를 상상해 보자). 오히려 사람은 장기적인 안목에서 자신에게 실제로 최선의 이익이 되는 것을 행해야 한다고 말한다. 그들은 이기심을 옹호하지만 어리석음을 옹호하지는 않는다.

윤리적 이기주의는 그리 인기 있는 이론은 아니지만 계속적으로 윤리학을 따라 다니는 스토커적인 이론이다. 윤리적 이기주의는 논리적이거나 심오한 이론이 아님에도 반박은 간단하지 않다. 여기서는 윤리학적으로 핵심적인 논점 하나만 보기로 한다. 누군가가 자신의 이익이나 권리를 다른 이들의 그것보다 우선시할 수 있는 합리적인 이유가 있을까?

"우리는 사람들을 다르게 취급하는 것을 정당화시킬 수 있는 방법이 오직 우리가 차별대우를 정당화시킬 수 있는 어떤 사실적인 차이가 그들 사이에 존재하는 있는 경우에만 가능하다." 예를 들어, 어떤 사람은 대학입학이 허용되고 어떤 사람은 허용되지 않는 것은 두 사람의 고등학교 내신 성적과 수능시험이라는 것에 의해 정당화될 수 있다. 만약 특정 지역 출신이기에, 피부색이 다르기에 입학이 받아들여지지 않는다면 이는 순전히 자의적이다. 결국 윤리적 이기주의도 이와 똑같은 형태의 도덕이론이다. 그것은 사람을 두 개의 범주로 나누어, 즉 우리 자신과 다른 사람으로 나누어 첫째 집단의 이익을 둘째 집단의 이익보다 더 중요시 여기는 것이다. 그러나 '내'가 둘째 집단이 아니고 첫째 집단에 있어야 한다는 것을 무엇으로 정당화할 수 있는가? 나를 특별히 만드는 것이 도대체 무엇인가? 내가 이유가 어떻든 그렇게 특별나다면, 만약 어떤 누군가가 자신을 그렇게 대접하고 나를 다르게 취급할 때 그에게 그런 행동은 정당하지 않다고 말할 수 있는가? 이에 대해 대답할 수 없기에 윤리적 이기주의는 하나의 자의적인 학설이 되는 것이다. 우리는 우리 자신의 이익에 관심을 가져야 하는 똑같은 이유로 다른 사람들의 이익에도 관심을 가져야 한다.

4. 윤리학에서의 공리주의

목적론적 윤리이론을 대표하는 것은 공리주의이다. 공리주의 윤리학은 최고의 가치이념을 쾌락 또는 행복이라는 선에 두고 있다. 공리주의가 말하는 최대행복 원리는 결국 효율을 통해 효용의 극대화라는 자본주의 경제의 기초가 되었다. 공리주의는 정의를 배신한다는 치명적인 약점에도 불구하고 오랫동안 많은 사람의 지지를 받아온 윤리학설이다. 특히 공리주의가 경제에 준 영향은 절대적이다.

1) 목적으로서 좋음의 의미

목적론적 윤리이론은 우리 행위의 판단기준으로 좋음을 말한다. 좋은 결과를 가져오는 행위가 옳은 행위라는 것이다. 그렇다면 이 좋음을 무엇에 두어야 할 것인가를 논해야 한다. 좋음에 대한 논의는 윤리학의 역사만큼 그 연원이 깊다. 목적으로서의 좋음을 본격적으로 다룬 철학자는 아리스토텔레스이다. 그는 바로 그 목적을 위해 다른 모든 목적을 추구하게 되는 그러한 목적, 즉 '궁극 목적'이 과연 존재하는가 하는 질문을 던졌다. 만약 궁극 목적이 없다면 목적이 무한 소급되는데 아리스토텔레스는 이런 무한 소급을 부정하며 우리가 그 자체로서 욕구하며 다른 어떤 것 때문에 욕구하지 않는 어떤 유일한 것이 존재한다고 생각한다. 그 궁극 목적을 '최고 좋음'이라고 말한다. 그러면 최고선은 무엇인가? 그것은 '행복(그리스어로 eudaimonia)'이다(Arrington, 2003 : 115-117). 아리스토텔레스 이래로 윤리적 행위에 대한 궁극적 판단기준을 좋음이라고 보는 목적론적 윤리이론과 쾌락(행복)주의가 오랫동안 서양 윤리학 사상을 지배하였다. 좋음이 궁극의 목적이 되는 이런 윤리이론의 근대적 부활이 공리주의이다.[11)]

좋음은 일반적으로 도덕과 연관된 좋음과 도덕과 무관한 좋음으로 구분할 수 있다. 도덕과 연관된 좋음은 도덕적 가치와 의무에 관한 언명이며 결국 옳고 그름에 관계한다. 여기서 언급하는 공리주의는 좋음을 도덕과 무관한 것이라 말한다. 도덕과 무관한 가치에 대한 규범이론이 도덕과 연관은 맺는 이유는 우리가 행하거나 행하기를 제안하는 것이 좋은 결과를 가져올 것인지 혹은 나쁜 결과를 가져올 것인지를 깊이 생각해 봄 없이 도덕적으로 옳거나 그른 것으로 결정할 수도 없으며 결정해서도 안 되기 때문이다.

William K. Frankena
(1908~1994)
미국의 윤리철학자. 윤리를 의무윤리와 덕 윤리로 나누고 이 둘의 상보성에 대해 주장하였다. 첫 번째로 '의무윤리'란 어떤 행위에 대해 그것이 도덕적으로 옳다 그르다. 책임 또는 의무가 있다 없다, 마땅히 해야 한다 또는 안 된다는 등으로 판단하는 경우를 말한다. 즉 행동에 대한 탐구를 통해 원리(형식) 중심의 윤리학이다.

프란케나(Frankena, 1984 : 144-145)는 좋은(선)이란 말의 용법을 다음과 같이 분류한다.

Ⅰ. 도덕적 가치들=도덕적 근거에서 좋은 것
Ⅱ. 도덕과 무관한 가치들
  A. 공리적 가치=다른 목적을 위한 유용성으로 인해 좋은 것들
  B. 외재적 가치=좋은 것에 대한 수단이 됨으로써 좋은 것들
  C. 본래적 가치=그것을 감상하는 경험이 좋거나 그 자체로서 보람된 것이어서 좋은 것들
  D. 내재적 가치=그 자체로서 좋거나 그 자체에 내재하는 성질로 인해 좋은 것들
  E. 기여적 가치=그것이 내재적으로 좋은 삶에 기여하거나 그 부분이 됨으로써 좋은 것들
  F. 최종적 가치=전반적으로 좋은 것들

11) 공리주의가 에피쿠로스학파의 쾌락주의와 다른 것은 공리주의가 최대행복의 원리와 함께 최대다수의 원리를 내세운다는 것이다. 이런 점에서 공리주의는 개인적 쾌락주의가 아니라 사회적 쾌락주의이다.

'좋은'에 대한 용법 중 좋음과 옳음이라는 측면에서, 즉 도덕적 판단이 개입하는 경우와 그렇지 않은 경우의 용어 사용에 대해서 구별할 필요가 있다. 일반적으로 '좋은'은 좋은 자동차, 좋은 학교와 같이 윤리적 판단이 개입되지 않은 채 수단이나 기능이라는 측면에서 사용된다. 반면 윤리적 판단이 개입되어 있으면 '좋은' 행동이라는 표현을 사용하여 '옳은'이라는 표현과 동의어로 사용하곤 한다. 하지만 이런 사용은 잘못된 것이라 할 수 있다. 프란케나는 이럴 경우 '좋은'이 '옳은'과는 다른 의미라고 말한다. 즉, 옳은 행위란 도덕적으로 옳고 그렇기에 마땅히 행해야 한다는 의미이고, 좋은 행동이라 할 때 그것은 좋은 품성을 가졌다거나 좋은 동기였다는 것 또는 좋은 결과를 가져온다는 의미이다. 그는 전자(옳은 행위)를 도덕적 책임판단 또는 의무판단이라 부르고, 후자를 도덕적 품성판단 또는 덕성판단이라 부른다.[12]

2) 공리주의 인간관 및 사회관

David Hume(1711~1776)

영국의 철학자. 그의 인식론은, J. 로크에서 비롯된 '내재적 인식 비판'의 입장과 I. 뉴턴 자연학의 실험 · 관찰의 방법을 응용했다. 인간 본성 및 그 근본법칙과 그것에 의존하는 여러 학문의 근거를 해명하는 일이었다. 홉스의 계약설을 비판하고 공리주의를 지향한다.

모든 도덕이론은 각 이론대로의 인간관과 사회관을 전제로 한다. 인간을 어떻게 이해하고 그런 인간이 모인 사회를 무엇으로 이해하는가에 따라 다른 도덕이론을 주장하게 된다. 예를 들면, 인간을 이성적인 존재로 이해하는 경우와 인간의 감성이나 욕망을 강조하는 경우 다른 도덕이론을 내세울 수밖에 없다.

공리주의 이론에 결정적인 기여를 한 흄(D. Hume, 1711~1776)은 경험과학과 도덕철학 양자에 있어서의 이성 개념에 비판적 태도를 보인다. 흄은 이성은 인간에게 행동할 방식을 제시해 주지 않으며 도덕적으로 중립적이고

12) 근래 들어 몸매가 '착하다', 가격이 '착하다'라는 표현을 사용하고 있다. 몸매가 좋은 사람은 '착하다'는 뜻인가? 가격이 낮은 물건을 파는 사람은 '착한' 사람이란 의미인가? 좋음이 옳음과 마구잡이로 사용되는 것을 목적론 윤리이론과 의무론적 윤리이론이 합쳐진 퓨전 이론으로 이해해야 할까? 언어 사용이 시대 조류를 반영한다고 할 때 이런 표현이 목적으로서의 선만 달성되면 옳고 그른 것은 중요하지 않다는 생각을 반영하는 것이 아니기를 바란다. 이런 사조를 보고 고등학교 과정에서 철학교육이 필요하다는 결론을 내린다면 필자의 지나친 비약이나 쓸데없는 걱정일까?

단지 열정(또는 정념)에 복종할 뿐이라고 보았다. 이성은 도구적 합리성이라는 제한된 영역 안에서만 중요성을 인정받을 뿐이며 인간은 본질적으로 합리적 존재라기보다는 열정, 필요, 이해관계의 존재로 더 잘 정의될 수 있다는 것이다. 흄의 사회이론에서 중심적인 위치를 차지하며, 모든 인간 행동의 가장 중요한 측면 중의 하나는 동정심이다. 흄은 (사회의)공통의 이익과 효용은 옳고 그름의 기준을 낳는데, 이런 효용을 받아들이도록 하는 것이 이기심이 아니라 동정심이라고 한다. 최소한 때때로라도 인간은 다른 사람들에 대한 동정심을 드러내며 그들의 복지에 관심을 보이는데 이는 이기주의자가 주장하는 냉담한 무관심과는 전혀 다른 감정이다. 이처럼 동정심은 사람들로 하여금 타인들의 감정에 민감하게 만들고, 공동체에 응집력을 부여하여 가치의 상대적인 통일성을 유지시킨다. 흄의 철학은 거의 대부분 공리주의에 수용되어 그 근간이 되었다.

공리주의의 인간관은 효용주의에 바탕을 두고 있다. 효용주의는 인간을 단지 효용의 생산자로 간주되고 효용생산의 효율성을 가치기준으로 삼는다. 이런 인간상은 일정한 욕망체계를 가진 고립된 도구로서의 합리적인 경제인이다. 공리주의가 인간을 평가할 때 이렇게 효용이라는 하나의 기준을 사용함으로써 인간이 갖는 다양한 필요를 고려하지 못한다는 비판이 있다.

공리주의가 총량에만 관심을 쏟는 이유는 사회를 하나의 큰 개체로 보는 사회관에 기인한다. 공리주의적 관점에서 보면 개인은 사회와 독립된 존재가 아니라 전체의 일부일 뿐이다. 물론 이기주의와 달리 공리주의가 자신의 효용만이 아니라 타인의 효용도 동등하게 고려한다는 의미에서는 이타적인 요소를 지닌 가치원리이다. 하지만 효용의 사회적 합계만으로는 개인의 독립성, 권리와 복지가 무시되는 것을 막을 수 없다. 사회를 하나의 거대한 개체로 보며 그 구성원의 사회적 연대를 위해서 동정심에 호소하는 공리주의의 사회관과 인간관으로는 사회복지의 이론을 구할 수 없다.

3) 공리주의 이론

도덕의 판단기준으로 보다 많은 선의 산출이나 보다 적은 악의 산출을 추구하는 목적론적 윤리이론 중 대표적인 것이 공리주의(utilitarianism)이다.[13] 공리주의에 있어 옳은 행위란 행복을 증대시키기 위해 기여하는 정도에 비례해서 옳은 것이 되고, 행복에 반대되는 것을 산출하는 데 기여하는 정도에 비례해서 그릇된 것이 된다. 이것이 '공리(utility)'[14] 또는 '최대행복'의 원리이다. 결국 얻어지는 행복이 크면 클수록 그 행위의 윤리적 가치가 크다는 것이다.

공리주의 이론의 선구자는 흄이라고 할 수 있으나 최초의 본격적인 공리주의자는 벤담(J. Bentham, 1748~1832)이다. 그는 사회복지의 증진을 위해 헌신한 사람으로도 유명한데, 공리의 원리와 함께 최대행복의 원리를 주장하였다. 벤담의 공리주의는 쾌락은 한 가지 종류밖에 없으며 양적으로만 차이가 있을 뿐이지 질적인 차이가 없다고 주장하여 양적 쾌락주의라고 불린다. 양적 쾌락주의를 주장하는 벤담에게는 당연한 귀결로서 쾌락의 양을 수학적으로 측정할 수 있고 계산할 수 있어야 한다. 그는 강도, 지속성, 확실성, 근접성, 생산성, 순수성, 범위 등 일곱 가지 기준[15]을 가지고 쾌락 계산법을 제시하였다. 벤담은 쾌락의 양을 계산하는 과정에서 "누구나 한 사람으로 고려되어야 하고, 어느 누구도 한 사람 이상으로 고려되어서는 안 된다"는 원칙을 천명한다. 당시 진보적 개혁사상이었던 공리주의로서는 이런 평등주의가 당연한 전제였다.

밀(J. S Mill, 1806~1873)은 벤담의 제자이며 그의 사상의 계승자이지만 스승의 양적 쾌락주의에 반기를 들었다. 그는 쾌락은 양뿐만 아니라 질도

Jeremy Bentham(1748~1832)
영국의 철학자. 영미의 사상적 전통이 되고 있는 공리주의의 철학의 창시자로서 법의 목적은 최대다수의 최대행복이라는 공리에 봉사하는 것이라고 하였다.

John Stuart Mill(1806~1873)
영국 연상심리학의 대표자. 공리주의자. 쾌락의 질적 차이를 인정하며 정신적 쾌락을 육체적이고 감각적 쾌락보다 고상하다고 여겼다.

13) 공리주의가 목적론적 윤리이론인 한 그들이 말하는 악과 선은 도덕과 무관한 악과 선을 의미한다.
14) utility는 효용, 공리, 유용 등으로 번역되고 있다.
15) 강도는 얼마나 강한가? 지속성은 얼마나 오래 지속되는가? 확실성은 일어날 가능성이 얼마나 높은가? 근접성은 얼마나 가까운 장래에 일어나는가? 생산성은 또 다른 쾌락을 낳을 수 있는가? 순수성은 고통을 배제할 수 있는가? 범위는 영향 받는 사람의 수를 말한다.

중요하다고 말하여, 질적 공리주의라고 불린다. 즉, 질적으로 높은 쾌락은 소량이라도 질적으로 낮은 다량의 쾌락보다 더 바람직하다는 것이다. 그 결과 밀은 "만족한 돼지보다는 불만족한 사람이 낫고, 만족한 바보천치보다는 불만족한 소크라테스가 되는 것이 낫다"고 말한다. 이렇게 말할 수 있는 것은 돼지나 바보천지는 각자 자신의 입장만을 알고 있지만 이들에 비교되는 상대방(소크라테스)은 양쪽 모두를 알고 있기 때문이다. 이런 행복에 대한 질의 강조는 평등주의라는 입장에서 보면 퇴조를 의미한다. 돼지와 인간의 질적 차이를 정당화할 수 있다면, 밀이 직접 언급했듯이 바보천치의 행복보다는 소크라테스의 행복이 낫기에, 지적인 인간과 그렇지 못한 인간과의 차별도 정당화될 수 있기 때문이다. 그 결과, 보다 지적인 사람의 판단을 그렇지 못한 사람은 따라야만 한다는 결론에 이르게 된다.

더군다나 더 심각한 문제는 소크라테스가 과연 돼지나 바보가 된다는 것이 어떤 것인지 실제로 안다고 정말로 말할 수 있는가이다. 소크라테스는 단지 자신의 입장에서 돼지나 바보를 생각해 본 것뿐이지 돼지나 바보가 되어 보지는 못한다. 결국 소크라테스의 행복과 돼지나 바보의 행복은 비교 가능하다고 할 수 없다. 그런 면에서 쾌락이나 행복의 양을 계산한다는 공리주의의 입장에 밀보다는 벤담이 더욱 철저한 것 같다.

시지윅(H. Sidgwick, 1838~1900)은 개인적인 행복추구와 사회 전체의 행복 사이에 야기되는 문제점을 해결하는 데 노력한 사상가이다. 그는 궁극적인 좋음(최고선)이 인간의 공통된 목표인 행복의 증진에 있다고 주장하며 자신의 이론체계가 보편주의적인 쾌락주의라고 이름 붙였다. 이들 세 사람을 일반적으로 고전주의 공리학자들이라고 부른다.

4) 행위 공리주의와 규칙 공리주의

모든 공리주의자들에게 효용의 원칙(원문은 '유용성의 원리'이다)은 인간 행위의 옳음과 그름을 판단하는 궁극적인 척도이다. 그러나 이 척도를 적용할 때 우리는 개별적 행위에 직접 적용할 것인가 아니면 행위의 규칙에만 제한적으로 적용시켜서 행위규칙으로 하여금 개별적 행위가 옳은가 그른가를 결정하도록 할 것인가?

전자의 경우를 행위 공리주의, 후자의 경우를 규칙 공리주의라 한다. 행위 공리주의는 도덕적인 행위란 구체적인 행위에 의해 판단되어야 한다고 말한다. “내가 이런 상황에서 이런 행위를 한다면 어떤 결과를 가져올 것인가”가 문제이다. 옳은 행위란 어떤 사람이 할 수 있는 행위 중 최대의 효용을 지닌 행위이다. 반면 규칙 공리주의자들은 도덕에 있어 규칙의 중요성을 강조한다. 효용의 평가대상이 되는 것은 개별적인 행위가 아니라 어떤 종류의 행위를 요구하는 규칙 또는 관행이라고 주장한다. 두 경우 다 공리주의인 만큼 판단의 최종 기준은 효용의 원칙이다. 행위의 결과를 따라 가든 행위를 규정하는 규칙을 따라 가든 그 결과가 최대의 효용을 산출해야 한다.

행위 공리주의자들이 규칙 공리주의를 거부하는 이유는 무엇인가? 검지 않은 까마귀가 한 마리라도 있을 경우 ‘모든 까마귀가 다 검다’라는 것은 틀린 것이듯, 특정한 경우 진실을 말하는 것이 최대의 일반 복지를 가져오지 않을 수 있다면 참말을 해야 한다는 규칙에 의거해서 행동하는 것은 옳은 것일 수 없다(Frankena, 1984 : 63-64). 그러면 행위 공리주의자들은 규칙을 어떻게 받아들이고 있는가? 그들은 도덕규칙을 대체로 과거에 최대의 효용을 산출한 것으로 알려진 행동을 귀납적으로 일반화하거나 또는 통계적으로 확률화한 것으로 이해한다. 따라서 도덕규칙을 어김으로써 주어진 상황에서 효용을 극대화한다는 것이 분명할 때를 제외하고는 도덕규칙을 어겨서는 안 된다.

규칙 공리주의는 어떤 특정 행위가 문제의 상황에서 최선의 결과를 가져오는가를 묻지 않고 참말을 하라는 것과 같은 어떤 규칙에 호소한다. 어떤 규칙이 모든 사람에게 최대의 일반적 좋음을 가져다 줄 것인가를 물어 규칙을 결정한다. 달리 말해 문제는 어떤 행위가 최대의 공리를 갖는가가 아니고 어떤 규칙이 최대의 공리를 갖는가이다(Frankena, 1984 : 71). 예를 들면, 모든 살인자는 법에 의해 처벌을 받아야 한다는 규칙은 규칙 공리주의자에게 타당한 규칙이다. 왜냐하면 이러한 규칙이 사람의 행위를 규제한 결과가 규제하지 않은 결과보다 더 유용하기 때문이다(Taylor, 1985 : 97).

행위 공리주의와 규칙 공리주의는 각기 일리가 있다. 행위 공리주의자는 행위의 일반회에 반대한다. 행위의 일반화는 과거의 경험에 바탕을 둔 지침으로서 도움이 될 수는 있다. 하지만 과거의 행동에 의해 일반화된 규칙이 현재의 구체적인 행위에 최대의 효용을 가져다준다는 보장이 없다. 이러한 입장은 벤담이나 무어(G. E. Moore, 1873~1958)를 거쳐 스마트와 플렛처에게 지지를 받고 있다. 특히 플렛처는 이러한 입장을 '상황윤리'라고 부르는데, 행위 공리주의도 일종의 상황윤리라 할 수 있다.

George Edward Moore
(1873~1958)
영국의 철학자. 케임브리지 학파를 대표한다. 선의 비정의성과 그 자연주의적 오류 등에 대한 문제 제기로 '메타 윤리학'의 선구가 되었다. 또한 탐미적 공리주의를 규범윤리로서 주장하고 있다.

반면 규칙 공리주의자들은 일반적인 규칙이 구체적인 상황에서 최대한의 효용을 가져다주지 않는다고 해도 의미가 있다고 말한다. 이는 두 가지 근거를 가지고 있다. 첫째는 사람이 경험적으로 모든 경우에 모든 행동을 개별적으로 판단해서 살아가는 것은 아니라는 것이다. 둘째는 도덕이 가져야 하는 보편적용성에 대한 강조이다. 도덕이 가지는 공공성을 염두에 둔다면 구체적 상황에서 자신이 선택한 행위가 다른 모든 사람에게 선택되었을 때 장기적으로 어떤 결과를 가져올 것인가를 고려해야 한다는 것이다.

5) 공리주의의 유용성

공리주의는 철학자, 경제학자, 그리고 인간의 행위의 결정에 관해 체계를 세우려는 다른 사람들에게 대단한 호소력을 가진 이론이다. 이 이론은 무수한 도전을 받아왔음에도 불구하고 사람들에 의해 넓게 수용되어 나갔다. 공리주의의 장점은 다음과 같다.

첫째, 공리주의의 최대 매력은 행복(쾌락)이라는 단일 기준을 가지고 개인과 사회에 관한 일체의 현실적인 가치판단이 가능하다는 점에 있다. 최대한의 행복(효용)을 가져오는 행위를 선택하면 된다.

둘째, 공리주의 이론은 매우 탄력적이고 어떤 상황에서도 적용될 수 있는 잠재력이 있다. 어떤 상황, 조건, 행위의 주체가 누구이든지 단지 가장 좋은 결과를 가져오는 것이 무엇인지에 대해서만 생각하면 된다.

셋째, 이 이론이 보통 사람들도 모두 쉽게 공감할 수 있는 매우 상식적이라는 것이다. 즐거움을 가져오는 것은 선이고 고통을 초래하는 것은 악이라는 주장은 매우 그럴듯한 이론이다.

넷째, 무엇보다도 이 이론이 도덕적 판단과 관련한 단순히 하나의 형식적인 체계가 아니라 실질적인 내용을 제공하고 있다는 점이다. 의무론적 윤리이론이 제시하는 윤리원칙들이 일반적 원칙을 제공하는 데 비해 고전적 공리주의가 제시하는 윤리원칙은 매우 실질적이다. “선한 것은 취하고 악한 것은 부정하라.”

다섯째, 도덕규칙이 인간의 행위를 제약하면서 그것이 없을 경우보다 더 큰 행복이나 쾌락을 산출하는 것으로 입증되지 않는다면 정당화될 수 없다. 그렇기에 한 사회가 유용성을 그 사회의 기본적 도덕으로 사용하지 않는다면 비합리성의 전형이 될 것이다. 그러므로 공리주의는 가능한 한 가장 합리적인 방법으로 한 사회의 도덕률을 그것을 따라 사는 사람들에게 정당화할 필요성을 만족시키는 규범윤리 체계이다.

참고자료 3-2

'에이리언'에게 잡아 먹히지 않고 살아남기

저자는 영화 「에이리언(Alien)」의 이야기를 빌려와 재미있는 이야기를 전개하고 있다.

지구를 점령한 외계인은 더이상 지구인을 사냥하지 않고 대량으로 사육하여 안정적으로 식량원을 공급받는다. 그들의 표현에 따르면 목축시기로 넘어간 것이다.

외계인을 피하여 도피 중인 지구인들이 어떻게 외계인들로부터 사람들을 구할 수 있을지 대책회의를 한다. 그들은 에이리언의 지도자가 대화로 문제를 해결한다는 정보를 접하고 그들을 찾아가 대화를 시도하기로 한다. 과연 IQ가 900이 넘는 에이리언 지도자와 지구인들 사이에서 대화를 통해 식인의 문제가 해결될 수 있을까?

인간 대표들은 에이리언 지도자와 대화를 시도한다. 그들은 지구의 주인이 인간이기에 에이리언은 지구를 떠나주기 원한다. 하지만 역사학자 에이리언이 지구의 역사 50억 년 중 인간이 산 것은 1백만 년에서 400만 년 사이이고 오히려 바퀴벌레가 지구에서 가장 오래 생존한 생명체 중 하나임을 지도자에게 밝힌다. 에이리언 지도자는 어찌하여 지구에 가장 늦게 나타난 인간이 지구의 주인 행세를 하는가를 묻는다. 인간 대표들은 '인간이 만물의 영장'이고 도구를 이용하며 사회를 이루고 사는 '지능'이 가장 높은 생명체이기 때문이라고 답한다. 이에 역사학자 에이리언은 인간의 지능지수가 겨우 100에 불과하다고 말한다. 에이리언 지도자는 지능이 높아 지구의 주인 행세를 한다면 지능지수가 900에 이르는 자기들이 지구의 주인이라고 말한다.

인간 대표들은 화제를 돌려 사람을 잡아먹는 문제를 이야기한다. 인간을 사육하고 인간을 잡아먹는 행위를 중지해 달라고 청한다. 이제 두 대표들의 대화를 직접 들어보자.

인간 대표 : 인간을 잡아먹는 행위는 옳지 않습니다.

지도자 에이리언 : 왜 옳지 않죠? 이해가 가지 않습니다.

인간 대표 : 우리 인간들은 죽고 싶지 않습니다. 죽는 것은 아주 고통스럽습니다.

지도자 에이리언 : 아, 걱정 마세요. 우리는 전혀 고통 없이 도살하는 방법을 시행하고 있습니다.

인간 대표 : 도살과정은 고통스럽지 않을지 모르지만 도살당할 미래를 아는 것만으로도 사람들은 불안해합니다. 그것은 굉장한 고통이지요. 이유 없이 고통을 주는 것은 옳지 않습니다.

공리주의의 주제인 고통과 '행복', 희망 등에 대해 두 대표의 대화가 지속된다. 대화의 마지막은 이렇게 끝난다.

인간 대표 : 생각해 보세요. 아침에 사랑하는 가족들과 함께 지낼 수 있다는 희망을 가지고 잠들었는데 갑자기 죽는다면 그 희망은 어떻게 되겠습니까?

지도자 에이리언 : 듣고 보니 그러네요. 저희 에이리언만 그런 희망을 가지고 있는 줄 알았는데 사람들도 그렇군요. 살고자 하는 욕망이 있는 존재를 죽이는 것은 그 존재가 에이리언이든 사람이든 상관없이 옳지 않은 일이죠. 당장 인간 도살을 중지시키도록 하겠습니다.

이렇게 해피엔딩으로 끝날 것 같던 정상회담은 만찬을 통해 비극적으로 끝난다. 지도자 에이리언의 식사 초대에 인간 대표는 사람고기가 아니면 아무것이나 좋다고 말한다. 소고기, 돼지고기 또는 양고기나 닭고기도. 이제 에이리언 지도자가 인간 대표에게 되묻는다. 소나 돼지는 고통을 느끼지 않느냐고. 인간 대표는 고통 없이 도살한다고 말한다. 소나 돼지는 살고자 하는 욕망이 없냐고. 역사학자 에이리언은 그들도 그 죽음 때문에 슬퍼한다고 대답한다. 인간 대표는 위험을 느끼고 답한다. '인간은 동물과 다르다고, 우리는 감정도 있고 사회도 이루고 그들보다 지능도 높고…' 지도자 에이리언은 에이리언도 지구인에 비해 지능이 아주 높다고 말한다. 인간 대표는 몇 가지 변명을 하다가 마지막으로 인간과 동물은 종이 다르다고 답한다. 그러자 지도자 에이리언은 "우리 에이리언과 사람도 종이 다릅니다. 그러니 우리는 사람을 잡아먹어도 됩니다."

물론 에이리언의 저녁식사 재료로는 이들 인간 대표가 선택되었다.

만약 우리보다 뛰어난 외계인이 있어 우리 인간을 잡아먹는다면 과연 어떤 논리로 그들로부터 지구인을 구할 수 있을까? 우리가 소나 돼지, 양이나 닭을 잡아먹는 한 과연 그들에게 우리를 구원해 달라고 요구할 수 있을까? 우리는 과연 공평한가?

현대의 뛰어난 공리주의자 피터 싱어[16]는 동물에게 고통을 주는 행위를 반대하고 단지 동물인가 사람인가에 따라 차별적 대우를 하는 것이 옳지 않다고 주장한다. 그는 이런 이유로 채식과 기부를 생활화하여 자신의 철학을 실천으로 옮기고 있다.

출처 : 최훈 지음, 『매사에 공평하라 벤담 & 싱어』에서.

16) 오스트레일리아 멜버른 출생의 철학자이다. 실용 윤리의 전문가이며 선호 공리주의와 무신론의 관점을 가지고 윤리적 문제에 접근한다. 프린스턴 대학의 생명윤리학과의 교수로 재직 중이다. 학문적 성취 외에도 그의 저서인 『동물 해방』으로 잘 알려져 있으며 이 책은 동물권 운동을 하는 사람의 지침서로 알려져 있다. 그의 저서 『동물 해방』이 담고 있는 관점과 생명윤리학에 대한 새로운 관점은 많은 관심을 받았으며 논란의 대상이 되기도 한다.

6) 공리주의 비판

공리주의에 대한 비판은 다양하다. 반공리주의 논증은 그 수도 많고 또 매우 설득력이 있다. 하지만 현대의 공리주의자들은 반공리주의적 논증들은 오직 수정되어야 할 필요가 있다는 것을 보여주는 것에 불과하다고 주장한다. 공리주의에 대한 비판 중 가장 대표적인 것 몇 가지만 보자.

첫째, 옳은 행위를 낳게 하는 선이 오직 행복(쾌락) 하나뿐만은 아니다. 레이첼스는 행복에 대한 공리주의의 잘못된 생각을 지적한다. 우리가 무엇을 좋아하는 것은 그것들이 행복을 가져다주기 때문에 그것들을 좋아하는 것이 아니다. 다른 것들은 오직 행복을 가져오는 데 도움을 주는 수단으로 여겨지는 데 반해 행복은 그 자체로서 선하고 추구해야 할 유일한 것이 아니다. 오히려 행복이란 독립적으로 그리고 그 자체의 권리에 의해 선한 것으로서 인정하는 사물들을 얻었을 때 수반하여 얻어지는 대응물이다.

둘째, 결과만이 중요한 것은 아니다. 목적론적 윤리이론의 계열인 공리주의에게 있어 결과주의는 필수적인 부분이다. 옳은 행위를 결정하기 위해 결과 이외에 고려해야 할 또 다른 사항이 있다면 공리주의의 논리는 무너지게 된다. 권리와 자유 등 다른 비효용적인 가치도 중요하다. 공리주의는 단지 그것들이 효용에 영향을 미치는 정도까지만 간접적으로 가치가 매겨진다. 행복도 중요하지만 행복한 노예일 필요는 없다.

셋째, 공리주의의 기본 원리인 최대다수의 최대행복은 그렇게 간단히 결합될 수 있는 것이 아니다. 쾌락주의는 극단적으로 밀고 나가면 개인적 쾌락주의이며 이는 이기주의에로 나아가는 경향이 있다. 그러나 최대다수의 원리는 이타주의라는 윤리감에 기초를 두고 있다. 따라서 극단적으로 말하면 최대다수와 최대행복이라는 상반되는 원리가 모순을 내포한 채 결합되어 있는 것이다.

넷째, 공리주의, 특히 행위 공리주의에 대한 비판 중 하나는 인간이 어떻게 특수한 행위의 모든 결과에 대해 다 알 수 있는가이다. 우리는 우리의 특수한 행위의 결과가 무엇인가를 모르기에 규칙을 필요로 하는 것이다. 도덕이나 법의 가장 두드러진 특징이 행동의 결과가 어떻든 상관없이 지켜야 할 규칙으로 구성되어 있다는 것이다.

다섯째, 공리주의에 대한 가장 큰 비판은 정의라는 관점에서 제기된다. 즉, 공리주의는 기본적으로 정의와 양립할 수 없는 불공정한 윤리체계라는 것이다. 공리주의는 행복의 총량에만 관심을 기울이기에 행복의 분배의 불평등을 무시하는 경향이 있다. 공리주의는 아무리 불평등하게 분배된다고 해도 총계만이 중요하다. 공리주의가 중요하게 내세우는 평등주의적인 관점이 내재적 모순으로 의미를 잃는다. 또 공리주의는 미래의 결과에만 중요성을 두고 과거에 의존하는 원리들(공적에 따른 정의, 약속을 지키는 것, 감사) 또는 시간과 무관한 것(진실을 말하는 것, 평등과 필요에 근거한 정의의 개념)은 고려하지 않는데, 이것은 불공정하다. 그 결과 공리주의는 소수집단의 행복을 무시하고 개인 간의 차이를 신중하게 다루지 않음으로써 인간의 존엄성에 부합하지 않는 결과를 가져오는 구조를 지닌다.

7) 공리주의에서 파레토(Pareto) 효율까지[17)]

고전경제학파의 한계를 자각하고 이를 극복하는 새로운 경제윤리를 제시한 사람은 밀이다. 밀은 부의 분배문제는 사회의 관습이나 제도의 문제이며 그것은 정치적 수단에 의하여 수정을 가할 여지가 있다고 보았다. 밀은 벤담이 말하는 '최대다수의 최대행복' 원리에 회의를 느끼고 분배과정에서 생긴 부의 불평등은 여러 가지 사회불안과 사회악의 원천이 된다고 보아 이것을 시정하는 것이 최대다수의 최대행복을 증대하는 결과가 된다고 하였다. 이런 면에서 밀은 복지국가의 이념에 보다 접근하고 있음을 알

17) 이 절은 황경식(1978 : 87-96)을 중심으로 서술한 것이다.

수 있다.

하지만 밀은 그것을 실현하는 수단으로서 국가의 적극적인 개입보다는 사회성원들이 기독교 정신에 눈을 뜸으로써 진정한 공리주의자가 되어야 한다는 심정의 변화에 기대를 걸었다. 공리주의자는 행위자 자신의 행복이 아니라 관계된 모든 사람의 행복을 정당한 행위의 기준으로 삼고 있기에 행위를 할 때에는 자신의 이해관계에 상관없이 자비로운 제3자처럼 엄정 중립을 지켜야 하는 것이 요구된다. 그 결과 "타인에게 바라는 바를 타인에게도 베풀어라", "네 이웃을 네 몸과 같이 사랑하라"는 그리스도교의 황금률 속에 공리주의의 이상을 발견하였다.

공리주의에서 후생(복지, welfare)경제학으로 넘어가는 길을 제시한 사람은 케임브리지의 공리주의 도덕철학자 시지윅이다. 그는 '부'라는 용어를 두 가지 의미로 구분하였다. 첫째는 시장 가격으로 평가된 재화의 총액이다. 두 번째는 개인들의 효용 - 오늘날의 후생 - 의 합계로서의 부이다. 그는 둘은 다를 수 있다고 하였다. 그 예가 자유재[18)]인데 이것은 개인의 효용은 높이지만 가격이 제로라는 것 때문에 첫 번째 부 개념에는 포함되지 않는다. 시지윅은 이렇게 부의 두 개념을 구분한 첫 번째 사람이었고, 이를 통해 후생경제학을 일반 경제학과 구별되는 것으로 사고할 수 있게 되었다. 그러나 그는 특수한 경우가 아니면 부가 시장가격으로 측정되어야 한다고 말함으로써 후생경제학의 접근법을 정당화하는 근거를 제시하였다. 즉, 생산을 먼저 분석하고 그런 다음 부의 분배를 분석하는 식으로 복지의 문제가 다루어진 것이다.

Arthur Cecil Pigou(1877~1959)
영국의 경제학자

정치적 개입을 통해 경제적 불평등을 극복하고 평등을 실현하는 길을 밀과 다른 방법으로 풀어나간 사람이 피구(A. C. Pigou)이다. 피구는 후생경제학이라는 이름을 처음 사용하였는데, 그의 후생경제학은 분배윤리의 문

18) 자유재(free goods)는 희소성 없기에 가격을 지불하지 않고 이용할 수 있는 것을 말한다. 전통적으로 공기, 물 등을 거론해 왔다. 하지만 이제는 이들도 경제재로 바뀌어가고 있다. 특히 물의 경우는 '생수'라는 물을 가격을 지불하고 사먹는 것을 당연히 여기게 되었다.

제를 수정자본주의 입장에서 해결하려는 시도로서 생겨났다. 여기서 후생(welfare)은 재화나 용역을 사용하여 얻을 수 있는 만족 혹은 불만족의 상태이며 그중에서 특히 화폐라는 척도로써 측정할 수 있는 부분을 경제적 후생이라 하였다. 후생경제학은 본질적으로 공리주의의 윤리를 경제적으로 구체화한 것이다.

파레토 기준이나 개념은 현실세계의 정책 변화 - 사실상 언제나 일부 사람들에게는 편익을, 일부 사람들에게는 손해를 끼친다 - 에 대한 어떤 지침도 제공하지 못한다.

경제적 불평등에 대한 정치적 개입을 통해 평등을 실현하는 길을 밀과 다른 방법으로 풀어나간 사람이 피구이다. 피구의 후생경제학은 분배윤리의 문제를 수정자본주의 입장에서 해결하려는 시도로서 생겨났다. 여기서 후생은 재화나 용역을 사용하여 얻을 수 있는 만족 혹은 불만족의 상태이며 그중에서 특히 화폐라는 척도로써 측정할 수 있는 부분을 경제적 후생이라 하였다. 후생경제학은 본질적으로 공리주의의 윤리를 경제적으로 구체화한 것이다.

피구의 후생경제학이 후학들에 의해 비판받아 신후생경제학이 탄생하였다. 신후생경제학은 파레토의 최적[19] 이론에 기초를 두고 있다. 현재 경제학에서 말하는 효율은 파레토 최적을 의미한다. 파레토 원리도 효용주의의 일종이며 결과주의에 속한다. 하지만 사람들 사이에 효용을 비교가 불가능하다고 전제하고 있어 효용의 집계주의는 거부한다. 센(1999a : 56)에 의하면 파레토 효율은 효용의 분배에 대한 고려 없이 효용공간에서 효율성만을 다룬다는 측면에서 아주 부적절하다고 말한다. 즉, 분석의 초점이 효용에만 국한되기 때문이다.

공리주의와 후생경제학에서 전개하는 분배의 윤리적 기초는 동일하다.

19) 파레토 최적은 "다른 사람이 나빠지는 것 없이 어떤 사람도 좋아질 수 없는 상태" 또는 "한 사람이 더 좋아지기 위해서는 다른 사람이 더 나빠지는 결과를 초래할 수밖에 없는 상태"를 말한다(지은구, 2005 : 84). 보다 자세한 내용은 센(1999a : 54-64), 황경식(1978) 참조

후생경제학은 공리주의를 이론적으로 보다 정밀화하였으나 기본전제는 공리주의의 연장선상에서 성립하는 것이다. 결국 목적론적 윤리체계로서의 공리주의에 대한 비판은 후생경제학에도 유효하며 효율에 대한 비판이기도 하다.

5. 사회계약론

Thomas Hobbes(1588~1679)

영국의 경험론의 철학자. 성악설을 전제로, 각자의 이익을 위해서 사람은 계약으로써 국가를 만들어 '자연권(自然權)'을 제한하고, 국가를 대표하는 의지에 그것을 양도하여 복종해야 한다고 보았다. 그리고 전제군주제를 이상적인 국가형태라고 생각하였다.

사회계약론이라는 윤리이론의 창시자는 홉스(T. Hobbes, 1588~1679)이다. 그에 따르면 우리의 도덕적 의무는 우리 인간들이 자신의 생존을 유지하고 더욱 만족스러운 삶에 도달하기 위해 상호 간에 맺은 계약으로부터 생겨난다. 홉스의 이론을 이해하기 위해서는 '자연 상태'[20]를 이해할 필요가 있다. 홉스는 『리바이어던』에서 자연 상태에 대해 다음과 같이 쓰고 있다.

> 거기에는 그 결과가 불분명하기 때문에 산업이 발달할 곳이 없으며, 결과적으로 지구에는 어떤 문화도 존재하지 않는다. 항해도 없고 바다로 수송할 상품도 필요 없다. 편리한 건물도, 많은 힘을 필요로 하는 움직이고 이전하는 도구도 없다. 지구 표면에 관한 지식도, 시간에 관한 설명도, 예술도, 문화도 그리고 사회도 없다. 그 가운데서도 제일 나쁜 것은 끊임없는 공포와 폭력적 죽음에의 위험이다. 그리고 인간의 삶은 고독하고 빈곤하며, 더럽고 야만적이며 짧다.

결국 홉스에 따르면 자연 상태에서의 삶은 '만인에 대한 만인의 투쟁'이다. 자연 상태에서의 삶이 왜 이렇게 나쁜가? 그것은 사람들이 악하기 때문이 아니라 오히려 몇 가지 인간의 생활 조건의 기본적 사실 때문에 그러하다. 홉스는 자연 상태가 이렇게 되는 데에는 몇 가지 이유가 있다. 첫째는 시민사회를 벗어나면 우리가 타고난 욕구가 서로 충돌하게 되는데, 특히

20) 자연 상태는 가상적인 상태이지 현실의 상태가 아니다. 우리 조상들이 처음에는 자연 상태에서 살다가 그 후에 국가가 형성되었다고 말하는 것이 아니다. 인간은 국가와 같은 어떤 조직 안에서 태어나며 또 그 안에서 성장한다. 결국 홉스의 자연 상태는 일종의 '사고실험'의 결과인 것이다. 롤즈의 원초적 입장과 무지의 베일도 이런 '사고실험'의 결과이다.

우리가 욕구하는 것이 충분히 주어져 있지 않기에 끊임없이 경쟁하지 않을 수 없다. "사람들은 자기의 것을 추구하는 과정에서 서로를 파괴하거나 굴복시키려고 노력하게 된다." 결국 필요한 물건이나 재화는 충분하지 않기에 이러한 희소성으로 인해 결국 적대감과 투쟁으로 이어진다.

둘째는 이런 팽팽한 긴장 사이에서 나의 이웃도 나와 마찬가지의 상황과 생각에 놓여 있고 십중팔구는 내가 원하는 것을 빼앗으려고 할 것이라는 것을 알기에 나는 내 이웃을 의심하게 된다. 홉스는 이것을 불신이라고 부른다. 우리가 불신이라고 부르는 이런 상황은 우리로 하여금 안전을 보장해 주는 일련의 전략들을 생각해 내도록 만든다. 다른 사람들을 불신하는 것이 당연한 경우에 우리는 그들을 먼저 공격하여 적들이 우리를 정복하기에 앞서 우리가 그들을 정복하여야만 한다.

세 번째로 우리는 모두 자신에 대한 평판에 대하여 대단한 관심을 가지고 있는데 이 사실 또한 자연 상태에서 문제를 일으키는 원인이 된다. 우리는 우리의 허영과 명예를 추구하려는 욕구가 우리를 만인에 대한 만인의 경쟁 상태로 몰아가는 것이다.

자연 상태에서의 인간의 삶이 급속도로 매우 비참해진다는 것은 분명한 사실이다. 그토록 거친 무정부 상태에서 죽음이 항상 우리 가까이 잠복해 있다면 삶의 가능성은 매우 희박해진다. 이런 상태는 단순한 하나의 가상이 아니다. 홉스는 이것이 시민 반란 기간 중 정부가 붕괴할 때 실제로 일어난 사실이라고 지적한다. 사람들은 필사적으로 식료품을 저장하고, 스스로 무장하여 이웃이 침범하지 못하도록 폐쇄해 버린다. 이제 서로 무장하고 불신에 휩싸여 끊임없이 죽기를 각오하고 싸우는 처지에 놓이게 된다. 그러면 우리는 어떻게 자연 상태에서 벗어날 수 있는 길을 찾을 수 있는가?

자연 상태를 피하기 위해서는 사람들이 서로 협력하는 길을 마련하는 것이다. 협동과 분업으로 필수품의 양이 증가하면 그것을 필요로 하는 모든 사람에게 분배할 수 있다. 그런 상태를 위해서는 두 가지 조건이 필요하다. 첫째는 사람들이 서로 피해를 입히지 않는다는 보장이 있어야 한다. 둘째는 사람들은 서로가 계약을 지키리라는 점을 신뢰할 수 있어야 한다. 이를 확신할 수 있다면 모든 사람이 자연 상태에 있을 때 누릴 수 있는 것보다 훨씬 행복해질 수 있는 사회가 발달할 수 있다. 그런데 이러한 일이 가능하려면 정부가 세워져야 한다는 것이 홉스의 주장이다. 왜냐하면 사람들이 공격의 위협을 최소한으로 받으며 살 수 있고, 서로 간에 맺은 약속을 지키지 않으면 안 되도록 보장해 주는 것은 바로 법, 경찰, 그리고 법원의 체제를 갖추고 있는 정부이기 때문이다.

그러므로 자연 상태를 피하기 위해 사람들은 상호 간의 관계를 규제할 법률의 수립에 동의해야 하며, 그들은 한 기구, 즉 국가의 설립에 동의해야 한다. 그리고 국가는 그 규칙들을 강제로 지키게 하는 데 필요한 힘을 가지고 있어야 한다. 홉스는 이를 위해서는 시민들의 동의가 실제로 존재하여야 하며 그 동의가 사회생활을 가능하게 만든다. 모든 시민이 한 부분으로 속하게 하는 이 동의가 바로 사회계약이다.

사회계약이론은 국가의 성립과 목적을 설명하는 데 유용하지만 도덕의 본질을 설명해 주기도 한다. 홉스 이후 사회계약이론과 가장 가까운 것으로 인정받는 사상가는 루소(J. J. Rousseau, 1712~1778)이다. 그의 이론에 의하면 우리가 다른 사람들과 더불어 문명화된 관계에 들어갈 때 우리는 전혀 다른 종류의 피조물이 된다고 한다. 자연 상태에서 문명 상태로 이행한 사람에게 요구되는 것은 사적이고 자기중심적인 경향성을 버리고 모든 사람의 행복을 똑같이 공정하게 증진시키는 규칙들을 따를 것을 요구한다. 그러나 그가 그것을 할 수 있는 것은 다른 사람들도 같은 일을 하기로 동의했기 때문이며, 그것은 그 '계약'의 본질이다. 그러므로 도덕의 사회계약이론을 다음과 같이 요약할 수 있다. "도덕이란 사람들이 어떻게 서로를 대우해야 할 것인가를 지배하는 일단의 규칙 안에 존재한다. 그리고 이성적 인간은 상호 이익을 위해 다른 사람들도 똑같이 그 규칙들을 따른다는 조건 아래 그 규칙들을 받아들이기로 합의한 것이다."

J. J. Rousseau(1712~1778)

프랑스 계몽주의를 대표하는 사상가

루소는 사회계약론의 주창자로 사회계약이론에서 핵심적인 것은 자연 상태의 인간은 자신의 모든 힘과 주권을 군주나 어떤 특정한 개인에게가 아니라 공동체 성원 모두에게 양도한다는 생각이었다.

사회계약론의 주된 매력은 무엇인가? 도덕은 단순히 관습이나 장점의 문제가 아니다. 그것은 객관적 기반을 가지고 있다. 도덕은 이성적 인간들이 그들의 상호 이익을 위해 받아들이기로 합의한 규칙들의 집합이다. 우리는 합리적으로 검토하여 그 규칙들이 무엇인지 정할 수 있고, 개개의 행위가 그 규칙들에 일치하는지를 살핌으로써 개별 행위가 도덕적으로 받아들일 만한 것인지를 결정지을 수 있다.

6. 칸트의 윤리학

의무론적 윤리이론을 극단으로 밀어붙인 사람은 칸트(I. Kant, 1724~1804)이다. 칸트는 도덕이란 절대적 규칙, 즉 예외는 결코 허용되지 않으므로 결과가 어떠하든 상관없이 따라야 할 절대적 규칙의 문제라고 믿은 거의 유일한 학자이다. 그의 윤리이론은 전 시대 유럽을 풍미했던 흄이나 스미스 등과 같은 경험주의자들의 윤리관에 반동으로 일어난 것으로 이해할 수 있다. 경험주의자들은 도덕이란 순전히 인간 본성, 특히 감정과 욕망의 사물이라고 말하였다. 더구나 그들은 도덕 그 자체가 가지고 있는 존재가치를 부정하고 도덕을 행복이나 효용과 같은 도덕과 무관한(nonmoral) 가치의 생산에 얼마나 기여하는가를 통하여 판단함으로써 도덕을 도구적인 것으로 파악하였다. 칸트는 이러한 이론에 방대하여 인간의 감정이나 욕망이 아닌 오직 이성의 의지에 근거한 절대적이고 보편적인 도덕원칙을 세우려 하였다. 칸트는 인간이 동물적 존재라는 지위를 벗어나 인간의 지위에 설 수 있는 것은 인간 안에 도덕법칙이 존재하기 때문이라고 한다. 그리고 이 도덕법칙의 근원은 바로 이성이다.

Immanuel Kant(1724~1804)
독일의 철학자. 비판철학을 수립하고 합리주의와 경험주의의 종합을 도모한 근대 최대의 철학자이다.

이성에 근거하여 보편적이고 절대적인 윤리이론을 정립하고자 하는 칸트에게 있어 가장 기초적인 개념은 선의지(good will)이다. 칸트의 윤리이론이 제시되는 『도덕 형이상학의 기초』라는 저서는 다음과 같은 문장으로 시작한다. "이 세상 안에서, 아니 그 밖에서조차도 무조건적으로 선한 것으로서 선의지 이외에는 다른 어떤 것도 생각할 수 없다." 선의지란 무조건적으로 선한 유일한 것이다. 다른 모든 것은, 예를 들면 지성이나 용기 등 어떤 것도 때때로 잘못 사용될 수도 있고 사악한 것이 될 수도 있다. 심지어 행복조차도 무조건 선하지는 않다. 인간에게 이성이 주어진 것은 인간이 이런 선의지에 도달하도록 돕기 위해서이다.

선의지에 기초한 의무들은 두 가지 형태로 드러난다. 하나는 정언명령(categorical imperatives)이고 다른 하나는 가언명령(hypothetical imperatives)이다. 가언명령이란 우리가 행할 의무들에 관계되는 소원을 가지고 있다는 '전제하에서' 우리가 해야 할 일이 무엇인가를 말해주는 것이다. 즉, 어떤 목적을 위해 수단으로서 그 행위를 명령하는 형태이다. 예를 들면, 만일 당신이 보다 영어를 잘하고 싶다면 당신은 영어 공부를 열심히 해야 한다. 이 명령은 영어를 잘 하고 싶은 사람에게만 적용되는 행동원칙이다. 이 행위의 '당위'의 강제력은 우리가 그 소원을 버리기만 하면 그 힘으로부터 벗어날 수 있다. 그러므로 영어를 잘 하기를 원하지 않는다면 그 순간 그는 영어 공부를 할 의무에서 벗어나는 것이다. 이런 명령은 진정한 보편적 도덕명령이 될 수 없다. 왜냐하면 이 명령은 자체적으로 선한 것이 아니라 영어를 잘 하려는 목적에 대해 하나의 수단으로 종속되기 때문이다.

이에 반해 진정한 도덕적 의무들은 특정한 소원에 의존해 있지 않다. 그것은 무엇 때문에 이런 저런 행위를 하라는 것이 아니라 '무조건'적으로 행하라는 의무이다. 이것을 칸트는 정언명령이라고 부른다. 그렇기에 정언명령은 그 자체로 본질적으로 옳은 것이다. 가언명령이 가능한 것은 우리가 욕구들을 가지고 있기 때문이듯이 정언명령은 우리가 이성을 가지고 있기 때문에 가능하다. 이성이 명령하는 이 도덕적 의무는 보편적이다. 칸트는 이 정언명령을 다음과 같이 말한다. "당신은 그것이 동시에 하나의 보편적 법칙이 되기를 요청할 수 있는 그러한 준칙(maxim)에 따라서만 행동하라."

거짓말하지 말라는 정언명령을 이 보편적 원리에 의거해 설명해 보자. 예를 들어, 자기가 돈을 갚을 능력이 없으면서도 돈을 갚을 수 있다고 거짓 약속을 하고 돈을 빌리려고 할 경우 이 행위가 보편적이 될 수 없다. 왜냐하면 그것은 스스로 그 규칙을 깨뜨리는 것이 되기 때문이다. 일단 이것이 하나의 보편적 행위가 될 경우 아무도 그와 같은 약속을 믿지 않을 것이고 그 결과 아무도 이 규칙 때문에 돈을 빌려 쓰는 일이 불가능해질 것이기 때문이다. 그러므로 도덕적 행위를 한다는 것은 자신의 행위를 보편적 법칙들에 타당한 도덕 규칙을 따라 행한다는 의미이다.

칸트의 이런 절대적인 의무론이 윤리학계에 미친 영향은 대단하다. 그럼에도 불구하고 칸트의 이론에는 몇 가지 문제점이 있다. 우선 칸트가 윤리이론을 정립하는 데 있어 지나치게 이성에 의존했다는 것이다. 도덕원칙이 왜 이성에만 의지해야 하는가? 이성의 작용이 온전하지 못한 장애인이나 어린이들은 도덕적으로 온전하지 못한 존재들이란 말인가? 이런 질문들에 만족할 만한 대답을 제시하기 위해서는 이성 이외의 다른 도덕적 판단에 대한 인식기초를 제시하여야 할 것이다(Pojman, 2002 : 151).

또 다른 문제점은 절대적 도덕 규칙들 간에 서로 갈등하는 경우 어떻게 해결해야 하는가이다. 예를 들면, 일제 치하 3·1운동 후 일본군에게 쫓기던 한 조선인이 우리 집의 창고에 숨어들었다고 하자. 뒤이어 일본군이 와서 조선인을 보았는가, 숨겨 주지는 않았는가를 묻는다고 하자. 과연 나는 무엇이라고 대답해야 하는가? 거짓말을 하든지, 사실을 알려주어 조선인이 고문과 옥고에 처해지게 하든지 둘 중 하나를 해야 한다. "거짓말은 나쁘다"는 규칙과 "무죄한 사람(그는 단지 만세를 불렀을 뿐인데)을 감옥에 가게 하고 고문을 당하게 하는 것은 나쁘다"는 두 규칙은 둘 다 따라야 할 규칙이다. 만약 둘 중 하나만이 절대적인 규칙이라고 주장한다면 이런 갈등은 피할 수 있다. 하지만 모든 경우 이런 식으로 피할 수는 없다. 절대적인 규칙이 오직 하나만이 아닐 것이기에.

칸트의 절대적인 도덕 규칙은 그 영향력에 비해 설득력이 떨어져 보인다. 그리고 그의 이런 학설을 계승한 학자들도 찾아보기 어렵다. 그럼에도 불구하고 칸트의 윤리이론이 우리에게 주는 의미는 적지 않다. 칸트 윤리이론의 의미는 다른 사람에게는 금지되어 있는 것이 자신에게만은 허용된다거나(다른 사람이 남의 답안을 보면 부정행위, 내가 보면 요령!) 자신의 이익이 다른 사람의 이익보다 더 중요하다고 생각할 수 없다는 의미를 보여준다. 내가 너의 자동차를 쓰면 괜찮고, 네가 나의 차를 쓰면 안 된다고 말할 수는 없다(보편성의 원칙을 보라!). 도덕원리는 우리를 '일관성' 있게 행동할 것을 말한다(Rachels, 1989).

참고자료 3-3

원칙의 윤리학과 돌봄의 윤리학

갈등의 핵심은 "어떤 특정한 종류의 사람이 되는 것"과 "의무를 이행하는 것" 간의 현저한 차이이다. 덕 이론에 의하면 도덕적인 인간이 되는 것은 특정한 성격상의 자질(특성 및 인격)을 지니는 것이다. 친절하고, 관대하며, 용기가 있으며, 정의롭고, 신중한 등의 자질들이다. 반면 의무론은 공정한 의무를 강조한다. 보통 도덕적 행위자를 "이성에 귀를 기울이고, 자신이 해야 할 옳은 일을 추정해서 그 일을 하는 존재"로 기술한다. 덕 이론을 옹호하는 주된 논의 가운데 하나는, 덕 이론이 공적 생활과 사적 생활의 가치를 조화시키는 데에 적합한 것으로 보인다는 것이다. 이 두 영역에서는 서로 다른 미덕이 요구된다. 공적 생활에서는 정의와 자비가 요구되는 반면, 사적 생활의 미덕에는 사랑과 돌봄이 포함된다. 따라서 돌봄의 윤리학은 덕 이론의 한 부분인 것으로 판명된다.

출처 : 제임스 레이첼즈(2006). 도덕철학의 기초, 나눔의 집.

생각해 볼 거리

1 윤리학의 이론들이 지니고 있는 장점과 단점에 대해서 비교해 보자.

2 정책에서 가치이념들을 예를 들어 윤리학 이론들로 토론해 보자.

3 현대의 주요 윤리학설은 무엇인지 토론해 보자.

4 가치의 주관성과 객관성에 관해 토론해 보자.

5 사회복지와 윤리이론들의 관계성에 대해서 토론해 보자.

Part 02

사회복지가치로서 사회정의

Chapter 04

사회복지 윤리의 기초와 필요성

1. 사회복지의 윤리학적 구조[1)]

우리는 앞에서 윤리학 중에서 옳은 것이 무엇인지, 선한 것, 의무가 무엇인가를 물어 규범적 판단을 내리는 윤리학의 분야가 규범윤리학이고 규범윤리학의 주된 두 개념은 좋음과 옳음이라고 말했다. 그리고 이 두 개념 중 어느 것에 중심을 두는가에 따라 공리주의로 대표되는 목적론적 윤리이론과 칸트 윤리이론으로 대표되는 의무론적 윤리이론으로 나뉜다는 것을 이미 보았다. 이제 규범윤리학에 대해 좀 더 자세히 다루어 보자.

규범윤리학에서는 도덕적 판단의 대상을 세 가지로 분류한다. "첫째는 개인의 행위나 행실이고, 둘째는 사회제도나 규칙이고, 셋째는 개인의 존재나 성격, 품성이다." 우선 개인의 행위를 보자. 윤리학의 대상으로서 인간의 행위는 '선'(좋음, the good)을 지향하고 선으로 평가된다. 여기서 선은 도덕적 선과 관계가 없다. 그 행위가 착하다, 악하다의 문제를 말하는 것이 아니라는 뜻이다. 단순히 인간을 위해서 무엇이 참으로 좋은 것인가 하는 것으로서의 선이다. 이것에는 쾌락, 행복, 복지, 건강, 부 등이 있을 수 있다.

1) 이 절은 일본의 경제학자 시오노야 유이치(塩野谷祐一, 2006)의 절대적인 도움을 받았다. 경제학자가 사회보장의 윤리적 기초를 심도 있게 다루고 있는 것을 볼 때 일본의 학문적 깊이와 넓이에 부러움과 부끄러움을 느낀다.

둘째, 인간이 이루는 사회제도는 일반적으로 '정'(옳음, the right)으로 평가한다. 정은 특정 제도가 도덕적으로 바람직한가를 평가하는 데 가장 중요한 기준이다.

셋째, 개인의 존재나 성격을 평가하는 기준은 '덕'(the virtue)이다. 이렇게 인간의 행위, 사회제도, 존재는 선, 정, 덕이라는 가치이념과 대응한다(표 4-1 참조).

결국 이 세 가지 가치규범 중 어느 것에 중점을 두는가에 따라 윤리학의 관점, 즉 윤리이론이 결정된다. 전통적으로 공리주의 윤리이론은 선을 최고가치로 삼는다. 그렇기에 행복 또는 쾌락이 최고의 행위판단 기준이 되는 것이다. 칸트학파 윤리학은 정을 최고의 가치로 여긴다. 결국 그들은 인간이 행위를 할 때는 무엇이 나에게 좋을 것인가가 아니라 무엇이 옳은가 또는 내가 무엇을 해야 하는가(의무)를 기준으로 삼아야 한다고 주장한다. 반면 아리스토텔레스 윤리학 정신을 잇는 학자들은 덕을 최고의 가치로 규정한다. 이들은 인간의 덕을 키워주는 것이 행동의 기준이라고 말한다.

선, 정, 덕은 추상적 · 철학적 기본 가치이념이기에 도덕이론이나 사회이론의 영역에서 사용하기 위해서는 개념의 전환이 필요하다. 선, 정, 덕을 조작적 · 실천적 개념으로 전환하면 〈표 4-1〉에서 보듯이 효율, 정의, 탁월이 된다.

〈표 4-1〉 윤리학의 체계

윤리학	기본적 가치언어	조작적 가치언어	궁극적 목적
공리주의	선(좋음)	효율	효용
칸트 윤리학	정(옳음)	정의	권리
아리스토텔레스 윤리학	덕	탁월	능력

참고 : 塩野谷祐一(2006), p. 47을 필자가 응용 · 변경

한 걸음만 더 나아가 보자. 이 효율, 정의, 탁월의 가치개념은 과연 무엇을 목적으로 하는가? 각각 효용, 권리, 능력이라는 궁극적 목적을 향해 나아

간다. 즉, 효율은 효용의 극대화라는 궁극적 목적을 향하고, 그것은 선으로 평가된다. 정의는 권리를 향해 나아가고, 정으로 평가된다. 인간 존재의 바람직한 모습(탁월성)은 능력이나 인간 본성을 최대로 함양하고 발휘하는 것에서 찾고, 그것을 평가하는 기준은 덕이다. 하나만 설명해 보자. 우리가 효율을 말하는 것은 효용의 극대화를 위한 것이다. 한정된 자원으로 최대의 효용을 얻으려면 효율적이어야 한다. 그런데 최대의 효용이란 것이 바로 내가 좋아하는 것에 의해 평가되는 것이다. 내가 행복을 좋아해서 행복을 추구한다면 행복이 극대화되어야 하고 이를 위해서는 효율적이어야 하는 것이다.

세 가치를 윤리이론과 연결시키면 다음과 같다. 선-효율-효용-공리주의, 정-정의-권리-칸트학파 윤리학, 덕-탁월-능력-아리스토텔레스 윤리학이 된다.

본 저서에서 관심을 가지고 다루는 것은 윤리이론으로서의 공리주의와 칸트의 윤리이론, 그리고 사회복지의 판단가치로서의 사회정의, 사회정의론 중 공리주의 정의론과 롤즈 정의론 비교 및 효율과 정의(평등)의 윤리학적 비교를 통해 사회복지 윤리학의 본질을 탐구하는 것이다. 사회복지의 제1가치로서의 정의에 따라 한국 사회복지정책의 현실을 분석하는 것도 중요한 과제 중 하나이다. 그리고 품위 있는 사회복지를 바라며 덕과 탁월에 대해 간단히 언급할 것이다. 여기서 윤리학으로서의 공리주의와 롤즈의 정의론을 다룬다는 것은 사회복지를 통해 이루어지는지를 선과 정이라는 윤리학의 두 기본가치를 통해 바라본다는 의미이다. 공리주의가 선을 위해 효율을 추구하는 것이 사회복지적 가치로서의 분배라는 측면에서 어떤 의미인가를 확인하는 것이고, 롤즈의 정의론이 말하는 정이 분배에서 어떤 의미가 있는가를 확인하는 것이다. 이를 통해 사회복지 윤리학의 '기둥'이 정립될 수 있을 것이다.

마지막으로 한 가지 언급할 것은 효율, 정의, 탁월을 말하면서 자유라는 본질적인 가치에 대해 말하지 않았다는 것이다. 이에 대해서는 塩野谷祐一

(2006 : 48)의 글을 빌리기로 한다.

> "자유란 가치규범은 효율의 윤리학, 정의의 윤리학, 덕의 윤리학 등 모든 윤리학 체계에 불가결한 조건이다. 효용을 극대화하기 위해서는 선택의 자유가 필요하고, 사회제도가 개인의 권리를 보장하기 위해서는 소극적, 적극적 자유가 필요하며, 능력을 발휘하기 위해서는 자기실현을 위한 자유가 필요하다. 그러나 자유의 구체적 개념은 효율, 정의, 덕에서 무엇을 중점적으로 추구하느냐에 따라 다르기 때문에 각 윤리학 체계를 특징짓는 기준으로 사용하기에는 적당하지 않다."

즉, 윤리학에서 자유는 가치규범의 기초이고 필요불가결한 요소이지만 개념의 다양성으로 인해 가치기준의 하나로 삼기에는 부적절하다. 정의와 평등을 다룰 때 자유에 대해서도 간단히 언급될 것이다.

2. 사회복지 윤리의 인간관과 사회관

각 윤리이론은 각자가 가지고 있는 인간관에서 출발한다. 사회복지 윤리학도 그 자신의 인간관이 필요하다. 위에서 논의한 윤리학 체계인 선-효율-효용, 정-정의-권리, 덕-탁월-능력을 염두에 두고 설정하기로 한다. 사회복지는 인간의 존엄성에서 출발한다.[2] 사회복지의 가치로 첫손에 꼽히는 것이 인간의 존엄성이다. 사회복지가 인간의 존엄성을 실현하는 것이라면, 우선 인간은 최소한의 생활보장을 통해 인간다운 생활을 하는 '개인'이다.[3] 둘째, 인간은 공정한 사회에서 타인과 함께 살아가야 하는 '사회인'이

2) 인간의 존엄성에 대한 가장 정중한 선언은 칸트에 의해 실현되었다. 그는 "인간은 목적 자체로서 존재하며 수단으로 존재하지 아니한다"고 말한다(Arrington, 2003 : 432). 세계인권선언 제22조에서는 사회보장에 대한 권리를 선언하면서 "사람은 자신의 존엄을 실현시킬 경제적, 사회적, 문화적 권리를 지닌다"고 말한다. 또 한국의 헌법 제10조에서는 "모든 국민은 인간으로서의 존엄과 가치를 가진다"고 한다.

3) 세계인권선언 제22조 : "모든 인간은 사회의 일원으로서 사회보장을 받을 권리를 가지고 있으며 또한 국가적 노력과 국제적 협력을 통하여, 그리고 각국의 조직 및 자원에 맞추어 자신의 존엄과 자유로운 인격의 발전을 실현시킬 수 있는 경제적 · 사회적 · 문화적 권리를 향유한다."

다. 셋째, 더 나아가 인간은 자신의 능력(가치)을 인정받아 품위 있게 살아가는 '문화인'이다. 최소한의 인간다운 생활이 보장되기 위해서는 사회의 재화(goods)[4]는 효율성을 통해 커져야 한다. 공정한 사회는 정의에 기초를 둔 (커진 재화의) 분배에 의존한다. 품위 있는 삶을 추구하는 문화인은 자신의 능력과 탁월을 거침없이 발휘할 수 있어야 한다.

사회복지 윤리의 인간관이 어떻게 사회복지 윤리학과 연관을 맺고 있는가? 윤리학의 세 영역은 앞에서 살펴본 바와 같이 선, 정, 덕이고 이 윤리적 가치는 효율과 정의, 탁월과 연결된다. 개인으로서의 인간은 경제적 영역에서 효율을 통해 자신의 선을 추구하는 인간이다. 사회복지는 사회보험을 통한 사회적 위험의 분산과 사회적 위험의 공동부담을 통해 이런 개인이 안심하고 살아갈 수 있는 제도와 환경을 조성한다.

사회인으로서의 인간은 사회영역에서 정의에 바탕을 두고 사회적 연대성을 통해 공존을 추구하는 인간이다. 사회복지는 온전한 개인으로 살아가기 어려운 소외되거나 배제된 사람들에게 사회정의에 바탕을 둔 분배를 통해 그가 자신이 속한 사회 안에서 온전히 살아갈 수 있는 힘과 기회를 제공한다.

그리고 문화인으로서의 인간은 자신이 살아가는 문화적 환경을 통해 자신의 잠재능력을 발휘함으로써 품위 있는 삶을 살아가는 인간이다. 사회복지는 사회 안에서 소외되거나 배제된 사람에 대한 배려를 넘어, 사회적 위험의 분산이나 공동부담을 통한 사회통합을 지나 개개인이 자아실현을 이룰 수 있는 환경을 제공해 줄 수 있어야 한다.

사회복지 윤리학을 논함에 있어 효율과 정의, 탁월 중에서 첫 번째를 차지하는 것은 정의이다.[5] 정의는 사회제도에 관계된 것이며 본질적으로

헌법 제34조 제1항 : "모든 국민은 인간다운 생활을 할 권리를 가진다."
사회보장기본법 제2조 : "사회보장은 모든 국민이 인간다운 생활을 영위할 수 있도록 최저생활을 영위하고…"

4) 선(good)과 재화(goods)는 한 단어에서 유래한다.

5) 塩野谷祐一(2006)은 가치규범으로서의 통합화를 꾀한다. 통합과정에서 선보다는 덕을, 덕보다는 정을

분배문제에 대응하는 것이기 때문이다. 사회복지가 사회적 · 경제적 불평등에 대응하는 것이라면 정의는 사회복지에 대한 강력한 이론적 근거이다. 그렇기에 사회복지 윤리학은 정의에서 출발하는 동시에 정의가 우선시되어야 한다.

사회복지가 취하는 사회관은 어떤 것이어야 하는가? 사회를 바라보는 시각은 사회의 구성요소들이나 구성원들 사이의 관계를 기본적으로 조화롭고 통일된 것으로 보는가 아니면 심한 갈등과 마찰을 내포하고 있는 것으로 보는가에 따라 기능론적 관점과 갈등론적 관점으로 대별할 수 있다. 콩트(A. Comte, 1798~1857), 뒤르켐(E. Durkheim, 1858~1917), 파슨스로 이어지는 사회유기체론 및 구조 기능주의자들은 사회의 구성 부분들끼리의 관계를 조화로운 상호의존의 관계로 보았다. 특히 뒤르켐과 파슨스는 만일 연대의식과 통일된 가치관이 깨어지는 경우 그 사회는 더이상 존립하지 못하는 것으로 보았다. 반면 짐멜(G. Simmel)은 상호작용의 형식 가운데 협동, 경쟁 이외에도 갈등, 즉 갈등적 상호작용을 매우 중요한 형식으로 간주하였다. 베버(M. Weber, 1864~1920)는 조화보다는 갈등적 관점을 더 강하게 취하고 있다. 특히 마르크스(K. H. Marx, 1818~1883)는 갈등론적 관점을 대표하는 학자이다. 그는 경제적인 영역, 즉 생산관계에 있어 계급적 갈등뿐 아니라 상부구조적 생활영역들에서 이루어지는 사회적 관계도 갈등적인 것으로 파악한다.

사회복지는 사회를 갈등적인 차원이 아니라 기능적인 차원에서 바라보고자 한다. 사람은 사회 안에서 사회적 상호작용으로 살아가고 사회는 연대의식과 상호작용이 없을 경우 사회로서의 기능을 잃을 것이다. 하지만

Auguste Comte(1798~1857)
프랑스의 철학자. 실증주의의 시조로 사회학을 창시하였다.

Emile Durkheim(1858~1917)
프랑스 사회학자 · 교육자. 근대 사회학의 창시자로 프랑스 사회학에 커다란 영향을 미쳤으며 뒤르켐 학파를 형성하였다.

Max Weber(1864~1920)
독일의 사회학자이며 경제학자. 사회적 제사상에 관한 방대한 과학적 연구에 의하여 현대 최대의 사회과학자로 지목되고 있다.

Karl Heinrich Marx(1818~1883)
독일의 경제학자 · 정치학자 · 철학자. 독일 관념론, 공상적 사회주의 및 고전 경제학을 비판하여 과학적 사회주의를 창시하였다.

우선하여, 정을 최고의 가치규범으로 자리매김한다(49쪽). 하지만 사회보장의 윤리적 기초에서는 탁월을 앞세워, 효율보다는 정의, 정의보다는 탁월을 우선시한다. 塩野谷祐一의 순서는 가치판단에 따른 것으로 보인다. 왜냐하면 사회보장은 '기초적 필요'(수단 : 효율과 정의)를 충족하여 '자기실현의 기회'(목적 : 탁월)를 보장하기 위한 것이기 때문이다. 수단보다 목적을 앞세우는, 즉 수단적 가치보다 내재적 가치를 우선시하는 윤리학 전통에 따른 것이다. 하지만 본 논문에서 탁월보다 정의를 앞세우는 것은 가치 자체의 우선순위가 아니라 구체적인 사회복지정책을 수립하고 분석함에 있어 보다 현실적인 가치에 중심을 두기 때문이다.

사회를 구성하는 다양한 사람들의 복잡한 욕구와 필요에 따른 갈등은 불가피하다. 사회복지는 이런 사회 내의 갈등과 충돌을 극복하고 사회적 연대의식과 통합을 이루기 위한 기능이라고 할 수 있다.

3. 사회복지 윤리학의 필요성

윤리학이 규범과 기준, 즉 인간 행동의 옳고 그름, 좋음과 나쁨, 마땅히 해야 할 것과 하지 말아야 할 것 등의 판단과 선택 그리고 그 기준을 제공해 준다면, 인간의 행동에는 윤리적 판단이 필요하다. 사회복지를 위한 결정이나 판단, 행동 등 모든 것은 당연히 인간의 행위이다. 이것이 인간 행동인 한 윤리적 판단이 요구된다. 즉, 사회복지 윤리학[6]이 필요한 것이다. 사회복지 윤리학은 바로 사회복지와 관련된 인간 행동에 대한 윤리적 판단을 제공해 주기 위한 것이다. 동시에 인간 행동에 의해 만들어지고 행해지는 사회복지정책에 대한 판단의 기준도 제공해 준다.

위에서 언급한 바와 같이 사회복지가 자본주의의 실패를 교정하기 위한 제도적 장치라면 사회복지는 가치지향적인 학문일 수밖에 없다. 분배를 위한 기준을 제시할 때 가치가 개입하지 않을 수 없기 때문이다. 개인의

6) 사회복지 윤리학에 대한 명칭과 개념 문제는 김기덕(2002 : 115-118)을 참고하기 바람. 현재 우리나라에서는 사회복지에 대한 윤리학적 접근이 미미한 관계로 합의된 명칭이 없다. 일반적으로 사회복지관련 학부에서는 '사회복지 윤리와 철학'이라는 제목으로 과목이 개설되어 있기도 한데, 내용이 주로 서양 철학사상과 사회복지를 연결하는 동시에 사회복지실천에 요구되는 사회복지사의 윤리적 행위에 대해 다룬다. 제목이 '사회복지 윤리학'으로 나온 김기덕(2002)의 책은 전반부에 윤리학 이론을 다루고 후반부에 사회정의 등 사회복지 가치에 대한 윤리적 접근과 실천에 있어 사회복지사의 의사결정을 위한 윤리문제를 다루고 있다. 저자들은 이 책을 저술하면서 '사회복지 윤리학'과 '사회복지철학'이라는 두 용어를 가지고 고민을 하였다. 한편으로는 이 책이 일반적으로 '사회복지 윤리와 철학'이라고 나온 저서와는 달리, 사회복지에 대한 규범이나 철학(윤리학)적 논의와 함께 거시적인 정책의 윤리학적 기초에 대한 논의에 중점을 두기에 사회복지철학이라는 용어를 고려하였다. 더군다나 정치철학이나 경제철학이란 용어가 각 학문의 규범을 다루는 분야이기에 이런 의미에서 사회복지철학이란 용어를 생각하였다. 하지만 사회복지가 실천을 지향하고 사회복지사의 행동(정책적 행동이든 실천적 행동이든)에 대한 윤리적 기초를 제공한다는 의미에서 '철학'이라는 용어보다는 좀더 구체적이고 실천적인 '윤리학'이라는 용어를 선택하여 사회복지 윤리학으로 확정하였다.

능력이나 노력, 또는 우연적 운이나 타고난 재능 등에 의해 일차적으로 분배된 자원의 공정성을 판단하는 열쇠가 정의이다. 그리고 이런 일차 분배된 자원을 사회구성원이 용인할 수 있는 정도에 맞추어 재분배한다고 할 때 그 재분배 행위(정책)에 요구되는 것이 정의이다.

사실 사회복지에 대한 정당화는 일반적으로 두 가지 방법으로 이루어져 왔다. 하나는 복지를 하나의 권리로, 마샬이 말한 시민권으로 편입시키려는 것이고 다른 하나는 정의와 연결시켜 정당화하려는 것이다(고세훈, 2000 : 22). 사회복지로 이루어지는 재분배가 정의와 결부되어 정당화된다면 사회복지에서 이에 대한 윤리학적 접근, 곧 사회복지 윤리학이 필요한 것은 너무도 당연하다.

Thomas Humphrey Marshall(1893~1981)
영국의 사회학자. 마샬의 시민권(재산권, 계약의 자유, 신체의 자유, 종교의 자유, 사상과 표현의 자유, 집회 및 결사의 자유 등의 자유권, 선거권 및 참정권의 정치권, 국가로부터 최소한의 생계를 보장받을 수 있는 사회권)

김기덕(2002 : 122-127)은 사회복지 분야에서 가치와 도덕, 윤리 등의 주제들이 체계적으로 연구되어야 하는 이유, 사회복지 윤리학이 독립적으로 존재해야 하는 이유를 네 가지 방향에서 정당화하고 있다. 그중 중요한 것을 언급하면 다음과 같다. 첫째, 존재론적 측면에서의 정당화로 사회복지는 그 탄생에서부터 부여받은 사명과 기능이 본질적으로 가치, 도덕, 윤리적이라는 것이다. 즉, 사회복지를 다른 학문 혹은 전문직과 구별할 수 있는 가장 근본적인 범주가 바로 도덕이라는 것이다. 둘째는 인식론적 정당화로 사회복지가 존재론적으로 윤리적인 것이라면 이러한 대상을 파악하고 연구하기 위하여 요구되는 인식의 방법 및 수단 역시 당연히 윤리적이어야 한다는 주장이다. 그러므로 사회복지 윤리학이 사회복지 분야에서 필요한 이유는 다음과 같이 요약될 수 있다. 인간 행동이 윤리에 의해 판단되어야 한다는 일반적인 이유에 바탕을 두는 동시에, 사회복지의 존재이유와 그 기능이 윤리를 필요로 한다는 것, 그리고 이런 사회복지를 연구하기 위해서는 역시 윤리적인 연구방법이 필요하다는 것이다.

이러한 필요성에도 불구하고 사회복지 윤리학의 역사는 일천하다. 가장 앞선 미국의 경우도 사회복지철학과 윤리에 대한 학문적인 관심이 고조된 것이 1970년대 중반의 일이고 한국의 경우 시작도 하지 않았다고 해도 과언이 아닐 정도이다. 윤리학 또는 도덕철학의 일부로 인식되어 오던 경제학이 도덕철학자였던 스미스(A. Smith, 1723~1790) 이래 독립된 하나의 사회과학으로 인정받았다. 200년이 넘는 경제학의 역사에서 전통경제학은 언제나 효율성을 궁극적인 가치로 여겨왔다. 경제에 있어 윤리적인 면을 연구하는 규범경제학은 여전히 비주류에 속한다.[7] 경제학이 이럴진대 한 세기의 역사도 되지 않는 사회복지학에서 사회복지 윤리학에 대한 연구가 부족한 것은 당연한 듯하다. 사회복지학이 실천으로부터 시작하였고, 그동안 학문의 한 영역으로서 뿌리 내리는 것에 주력해 왔기 때문이다.

Adam Smith(1723~1790)
영국의 정치경제학자 · 도덕철학자로 고전경제학의 창시자. 근대 경제학, 마르크스 경제학의 출발점이 된 『국부론』을 저술하였다. 경제행위는 '보이지 않는 손'에 의해 종국적으로는 공공복지에 기여하게 된다고 생각하였으며 예정조화설을 주장하였다.

영국의 경우 사회복지가 주로 능률, 실현성, 실천 등에 집중한 나머지 당위성에 대한 것은 형식적인 언급에 그쳤다. 미국의 경우 사회복지 내에서 '윤리강령(code of ethics)'을 둘러싼 열띤 논쟁이 있었던 1920년대에 사회복지 윤리학에 대한 관심이 시작되었다. 하지만 거시적 차원의 논의는 롤즈의 『정의론』이 출간된 1971년 이후의 일이다. 한국의 경우 사회복지학의 역사가 짧은 만큼 사회복지 윤리학에 대한 관심은 일천할 뿐 아니라 전공자가 따로 있지도 않다. 이제 사회복지 분야에서도 사회복지 윤리학이 한 영역으로 당당히 자리 잡을 때가 되었다고 판단된다. 지금이 바로 그때이다!

4. 사회복지 윤리학의 이념

위에서 언급한 윤리이론과 사회복지에 대한 설명을 토대로 사회복지 윤리학에 유용한 윤리이념을 도출해 보자. 첫째, 사회복지는 개인의 경제활동에 의해 일차적으로 분배된 자원의 공정한 재분배에 관여한다. 그렇기

7) 노벨경제학상이 1968년 제정되어 1969년 첫 수상자가 나왔는데 규범경제학으로 이 상을 수상한 첫 사람은 인도 출신의 경제학자 Amartya K. Sen으로 1998년의 일이다.

에 사회복지 윤리학의 윤리이념은 효율보다는 정의가 앞서야 한다. 둘째, 목적론적 윤리이론(공리주의)은 과정이나 동기보다는 결과를 중요시함을 살펴보았다. 사회복지가 정의에 바탕을 둔 공정한 분배를 추구하려면 일차적으로 공정한 절차와 과정, 그리고 원칙을 중요시하는 의무론적 윤리이론에 철학적 바탕을 두어야 한다. 셋째, 사회복지가 정의로운 분배에 일차적인 중요성을 두고 있으나 사회복지도 사회제도의 하나인 만큼 사회 전체 자원의 증가나 효율적인 분배를 소홀히 할 수는 없다. 그렇기에 사회복지 윤리학에서는 정의를 보완하는 수단적 가치로서의 효율과 효용의 가치도 인정할 수 있어야 한다. 넷째, 사회복지가 인간 개인과 사회 공동체의 향상에 기여할 수 있어야 한다. 인간 '존재'와 그의 능력에 대해 관심을 갖는 덕의 윤리학을 통한 품위와 문화가 사회복지 윤리학의 윤리이념이 될 것이다.

이러한 사회복지 윤리학의 윤리이념은 사회복지를 위해 다음과 같은 역할을 할 수 있을 것이다. 우선 정의라는 가치와 기준을 통해 사회복지가 올바른 분배와 공정한 사회를 만드는 데 기여할 수 있다.

둘째, 과정과 동기, 원칙의 강조는 목적을 절대화하는 결과주의에 따른 사회적 비용을 줄일 수 있다. 윤리적 행동, 사회적 의무(noblesse oblige) 등이 갖는 사회적 순기능을 강화할 수 있다.

셋째, 수단적 가치로서의 효율과 효용에 대한 인정은 사회복지와 경제의 간극을 줄이는 동시에 지속가능한 사회복지, 복지와 경제의 상생에 기여를 할 수 있을 것이다.

넷째, 사회에서 보잘것없는 사람에 대한 배려와 이를 넘어 각 개인의 품위와 존엄성을 지켜주는 윤리이념은 의미와 품격을 통해 사회복지실천의 수준을 한 단계 올려 줄 수 있을 것이다.

참고자료 4-1

사회복지가 진보의 전유물은 아니지만 사회복지는 진보적이어야 한다

흐르는 구름이 해를 가릴 수는 없다. 비록 온통 구름에 싸여 희뿌연 하늘이 계속되는 겨울 들녘이라 해도 머리를 들면 구름 너머 창공에는 찬란한 태양이 들녘의 모든 생명을 위해 존재하고 있음을 부정할 수 없다. 시간이 지나면 눈부신 태양의 진실은 드러나기 마련이다.

진보(progressive). 인류를 진전시켜 왔던 하나의 동력이건만 우리나라에선 어느덧 희화화된 존재가 되고 있다. 정녕 이 땅에선 한 번도 제대로 지배적 가치가 되어 본 적 없었던 이것이, 어느새 낡고 고루한 이름으로 퇴색하고 있는 것은 비극이다.

19세기 이후 서구 선진국들의 발전사를 보자면, 인간이 천부적으로 지니고 있는 자유와 인권을 위해서는 현실을 지배하고 있는 질서 · 제도에 강력히 저항한 것이 진보였고, 이로 인해 많은 충돌과 분란을 만들어 왔으나 결코 소모적이지는 않았다. 그러한 충돌의 역사 속에서 '분배적 정의'와 '평등'의 진가가 드러나고 비로소 상류계급에 집중되었던 부의 역사가 뒤바뀔 수 있었다. 그러한 분란의 역사 속에서 '공동체'와 '연대'의 이름으로 안정과 질서의 이데올로기를 앞세워 소수의 가치를 위해 다수의 권리가 억압되어 왔던 질곡의 역사가 시정될 수 있었다. 그러나 우리나라에서는 진정한 보수가 없었던 것처럼 진정한 진보도 없었던 가운데, 어느새 진보는 빛바랜 유물로 전락하는 형국이다.

복지(welfare). 사회구성원들 모두의 '행복한 상태'를 개개인의 노력이 아니라 사회적 차원에서 보장해 주려는 집단적이고 제도적인 노력의 산물. 그러나 이것 역시 우리나라에선 지극히 왜곡되거나 유치찬란의 개념으로 얼어붙은 지 너무 오래다. 동정과 시혜를 복지의 기본 가치로 이해하는 우매한 지식인. 가난한 하위계층에게 '공짜 점심'에 대한 근성을 키워 사회의 암이 될 것이 지극히 우려스러워 최소한의 사회적 부를 쪼개주는 제도로 복지의 본질을 이해하는 천박한 정치인. 복지가 성장을 저해하고 복지에 대한 지출은 비생산적이라는 19세기 인식 수준에 머문 대중, 이들 모두 학습과 경험으로 극복되어야 할 대상이다.

개인의 노력으로 극복해 낼 수 없는 사회와 시장의 장벽이 있다는 엄연한 현대사의 진리가 유독 우리나라에서만은 수용되지 않고, 복지보다는 여전히 성장만이 내세워지는 이 허망한 기류가 우리 사회의 야만성을 지속시켜 준다. 자유와 평등, 인간의 소중함에 대한 가치를 구현하는 새로운 질서에 대한 희망이 제시되지 않을 정도로 진보의 가치가 누더기가 되었기에 우리 사회의 폭력성은 지속된다. 개발이익의 논리로 도심의 엄연한 상권이 철시되고 어엿한 주택가의 생활터전이 포클레인으로 갈아엎어지고 그 안에서 폭력과 야만이 난무하는 이 현실도 따지고 보면 우리 사회에 진보와 복지의 가치가 크기도 전에 시들어버린 화초가 되었기에 벌어질 수 있는 일이다.

작은 시냇물로 시작된 강물이 낮은 곳을 찾아 흘러가면서 대지를 적신 후 모이기를 반복하다 보면 결국 거대한 바다에 이르듯이, 진보의 진정한 가치는 복지제도를 통해 극대화되고 대중화된다. 복지가 보수의 가치 아래 난도질되고 왜소하게 뒤틀어지는 것에 비해, '진정한' 진보의 가치와 결합된 '진정한' 복지만이 우리 사회에 드리워진 반인간, 반생명, 반사회의 면모를 거두는 길이다.

복지의 강을 따라 배 저어 가노라면 진보의 바다가 열리는 이치는 구름에 가렸으나 해가 있다는 사실만큼 엄연한 진리다. 이 땅에 거대한 복지의 강물이 흘러가게 하는 일은 이 시대에 아직도 진보의 가치를 포기하지 않은 이들의 책무다.

출처 : 이태수(2009). 꽃동네 현도사회복지대 교수.

생각해 볼 거리

1 다른 학문도 마찬가지지만, 특히 사회복지학에서의 윤리적 접근은 대단히 중요하다. 현장의 기관들에서 윤리적 판단기준을 어떻게 세우고 있는지 생각해 보자.

2 정의? 자유? 어떤 면에서 중요한가를 토론해 보자.

3 사회복지 윤리학과 사회복지철학에 대해 개념 정립을 해보자.

Chapter 05

사회복지 윤리와 정의론

사회정의는 사회복지에 있어 핵심적인 가치 중 하나이다. 윤리학이 개인의 행위에 대해 규정할 경우 공리주의적인 입장(목적론적 입장)을 취한다면 자신의 행동이 가져오는 결과의 선(행복이나 쾌락)과 악(불쾌나 고통)의 양에 따라 판단하게 될 것이다. 의무론적 입장(칸트의 윤리학)을 취한다면 그 행동의 결과와 무관하게 올바른 규칙이나 규범을 따르게 될 것이다. 그런데 사람들이 공동체를 이루고 사는 사회에서는 개인의 행위나 공동체의 선택(예를 들면, 사회복지정책의 선택)이 어떤 기준에 의해 정해져야 하는가의 문제가 발생한다. 이런 결정에 의해 누군가는 선을 얻을 것이고 누구는 반대의 경우에 처하게 될 것이기 때문이다. 그러므로 사회정의는 한 사회에서 선과 악을 어떻게 올바르게 분배할 것인가에 관한 합리적인 기준을 의미하는 범주이다(김기덕, 2002 : 233).

1. 정의의 정의(Definition)

정의의 개념은 단순하지 않다. 그것은 평등과 밀접히 결부되어 있으며 동시에 자유와의 연관성도 고려하여야 한다. 어떤 의미에서 정의는 평등과 자유의 적절한 배합에 관한 것이다. 이런 의미에서 인간의 역사는 '자유와 평등의 동시적 확보'의 역사이고, 정의를 구현하기 위한 역사이다. 정의와 평등, 자유가 고대 그리스에서부터 논의되어 온 것은 사실이나 보다 현실적이고 실천적으로 논의되기 시작한 것은 근대 이후의 일이다. 사회복지와 연관지어 생각해 볼 때 사회복지 윤리나 철학에서 정의와 평등, 자유는 거론하지 않을 수 없는 가치들이다.

정의는 사회덕목들 중 가장 기본적인 것이다. 사회정의는 개인들 간의 상대적 처우의 문제라고 간결하게 정의할 수 있으나 정의를 개념 정리한다는 것은 매우 어렵다. 왜냐하면 정의란 더이상 소급하여 올라갈 수 없는 윤리학, 법철학, 사회철학의 기본개념이자 정치적, 사회적, 종교적, 법적 생활의 기본개념이기 때문이다. 또 그것은 시대에 따라 학자마다, 학문영역에 따라, 그리고 사회마다 다르게 쓰고 있기 때문이다.

정의는 고대 그리스에서부터 논의되었다. 소크라테스는 정의를 법과 동일하게 본다. 플라톤은 덕을 예지 · 용기 · 절제 등으로 삼분하였는데, 이 삼덕의 조화를 정의(dikaiosyne)라고 하였다. 고대 서양에서 정의에 대해 가장 논리적으로 설명한 사람은 아리스토텔레스이다. 그는 정의를 단지 개인적인 최고 덕이라기보다는 각자가 실현해야 할 사회적 덕이라고 하였다.

아리스토텔레스는 정의를 보편적 의미와 특수적 의미로 구분하였다. 보편적 의미의 정의는 법을 지키는 것, 즉 준법을 말한다. 이런 의미의 정의 개념은 사회복지에서는 관심사가 아니다. 특수적 의미의 정의는 평균적 정의와 배분적 정의로 구분하였다. 전자는 절대적 · 산술적 평등, 후자는 상대적 · 비례적 평등, 즉 형평의 원리이다. 결국 아리스토텔레스는 정의를

Socrates(B.C.469~B.C.399)

고대 그리스의 철학자. 자신과 자기 근거에 대한 물음이 철학의 주제가 되었다. 이런 의미에서 소크라테스는 내면(영혼의 차원) 철학의 시조라 할 수 있다.

Platon(?B.C.428~?B.C.347)

소크라테스의 제자로, 아카데미아를 개설하여 생애를 교육에 바쳤다. 『대화편』을 쓰고, 초월적인 이데아가 참실재라고 하는 사고방식을 전개하였다. 철학자가 통치하는 이상국가의 사상으로 유명하다.

평등과 연결시켜 말한다. 반면 로마의 사상가이며 정치가인 키케로는 "각자에게 자기 것을 귀속시키는 것이야말로 최고의 정의이다"라고 하였다.

성서와 중세 그리스도교에 나타나는 정의에 대한 개념을 간단히 살펴보자.[1)] 신앙을 바탕으로 써진 성서는 기본적으로 정의를 하느님과의 관계에서 고찰한다. 구약에서는 정의가 율법과 연결되는 경향이 있어 정의를 법규범과 일치하는 것으로 전제한다. 신학에서의 정의는 하느님이 선물로 주시는 구원의 선물이며, 인간의 사회적 활동을 다스리는 것이 아니라 하느님과의 올바른 관계를 표기하는 것이다. 중세 스콜라 철학자 토마스 아퀴나스에 의하면 정의는 각자에게 그의 권리를 귀속시키려는 불변적이며 항구한 의지이다. 이러한 아퀴나스의 정의는 아리스토텔레스의 개념이나 로마법의 정신을 따르는 것이다.

정의에 대한 개념정의 중 가장 많이 언급되는 것이 시지윅의 정의 원칙이다. "두 사람을 다르게 처우할 수 있다는 합리적인 근거로서의 본성 혹은 상황이 특별히 존재하지 않는 이상 단지 두 사람이 다른 사람이라는 이유만으로 차별하여 처우하는 것은 정당하지 못하다." 한편 이상적 공리주의자인 라쉬달은 '형평에 관한 공리'라는 이름으로 시지윅의 것보다는 다소 구체적인 사회정의에 관한 정식을 제시하고 있다. 형평이란 "한 개인이 선을 다른 사람의 유사한 선과 본질적으로 동등한 가치를 가진 것으로 간주하는" 것이라고 한다. 라쉬달의 개념이 시지윅에 비해 선이라는 구체적인 비교기준을 제시했다는 점에서는 한 걸음 더 나아갔지만 두 정식 모두 보다 구체적인 선이나 본성, 상황에 대한 언급이 부족하다. 페렐만(C. Perelman,

Henry Sidgwick(1838~1900)

영국의 철학자 · 윤리학자 · 사회철학자. J. S. 밀의 영향을 받아 공리주의의 입장에 섰다. 칸트철학을 발전시켜 '이성적 인애(理性的仁愛)'를 설파했다. 이기주의와 이타주의의 조화를 꾀하였다.

Hastings Rashdall(1858~1890)

영국의 철학자. 이상적 공리주의자. 순수한 윤리학적 이타주의자는 옳은 행위나 규칙이란 타인의 선을 최대한 증진시키는 것이라고 주장하였다.

Chaïm Perelman(1912~1984)

폴란드의 법철학자.

1) 개인이나 집단이 하는 행위에는 명시적이고 대의명분적인 것도 중요하지만 드러나지 않는 요소, 예를 들면 직관적 느낌, 관습이나 생활화된 신앙 같은 것들도 무시할 수 없다. 한국의 경우 개인적으로 그리스도교를 믿든, 불교를 믿든 한국인 고유의 습성으로 남아 있는 샤머니즘적인 요소나 유교적 요소는 개인이나 공동체의 행위나 가치관에 커다란 영향을 미치고 있다(무속이 한국 불교에 끼친 영향에 대해서는 최광식(1981) ; 한국 무교의 전반적인 연구는 유동식(1975) ; 한국무교에 대한 제 문제에 대해서는 황필호(2002) 참조). 마찬가지로 서양인들도 개인적으로 공동체적으로 어떤 행위나 결정을 할 때 그의 정치적 성향에 따라, 그의 사회적 계층이나 계급에 따라, 어느 나라 국민인가에 따라 다른 가치관과 윤리관을 가지고 행동할 것이다. 하지만 그들 안에 살아 있는 집단 무의식, 습성, 신앙적 배경, 또 무엇이라고 하든 그리스도교적인 기본 배경이 그들의 다른 영역의 다양성이나 이질성과 관계없이 영향을 미칠 것으로 생각된다. 예를 들면, 베버(2006)는 금욕적 프로테스탄트 윤리가 자본주의 정신에 끼친 영향에 대해 설명한다.

1986a : 21)은 이런 식의 개념정의를 형식적 또는 추상적 개념정의라고 한다. 형식적으로 말하자면 정의란 "동일한 본질 범주에 속하는 존재들은 동일하게 대우받아야만 한다는 행동의 원칙"이다.

그러나 이런 개념규정으로 분배적 정의의 의미를 다 담아낼 수는 없다. 그래서 분배적 정의에 대한 2차적 개념규정이 필요한데 이것이 사회정의에 대한 구체적 정의이다. 형식적 정의가 '동일한 범주의 사람을 동일하게 대접하는 것'이라면 구체적 정의는 '동일한 범주의 사람들을 어떤 기준에 의해 규정할 것인가' 하는 것이다. 결국 이것은 동일하지 않은 범주의 사람은 차별적으로 다룬다는 것을 의미하며 이 경우 정당한 근거에 기반하는 차등은 용납될 수 있다는 것을 전제로 한다. 이처럼 정당화될 수 있는 불평등이 존재하며, 평등은 어떤 경우에 있어서나 충족되어야 하는 것이 아니다. 하지만 정의에 의해 이해되지 않는, 정당화되지 않는 불평등은 자의적인 것, 정당하지 못한 것이다.

사회정의를 이렇게 1차적 정의와 2차적 정의로 나누어 설명하면 형식적 정의에 의해 모든 사람은 평등한 대우를 받게 된다. 그리고 구체적 정의에 의해 동일한 범주의 사람이 동일하게 대접을 받기에 다른 범주의 사람이 받는 차등은 정의로운 대접이 된다. 이런 경우 차등이 공정하다는 것을 증명해야 하는 부담이 있다. 차등의 대우가 공정하다는 증명을 달리 표현하면 분배기준에 대한 정당화이고, 이런 정당화이론이 사회정의론이다. 그러므로 사회정의는 기본적으로 평등에 기초하여 개념정의되어야 하며 구체적인 측면에서 공정한 분배기준에 의해 상호보완적으로 이루어져야 한다.

그런데 동등하게 같은 것은 같게 대하고 다른 것은 다르게 대한다는 말이 그리 간단한 것은 아니다. 예를 들면, 사람들을 동등하게 대우한다는 것이 그들을 획일적으로 대우하는 것을 의미하지는 않는다. 다른 조건이 같다면(ceteris paribus) 동등하게 대우받아야 한다는 의미이다. 예를 들면, 같은 직장에서는 같은 임금을 지불하는 경우를 생각해 보자. 이것이 평등인가? 각각의 나이나 가족 수, 그의 능력이나 기여, 직위에 따른 다른 대우는 부당한 것인가? 모든 것을 무시하고 같은 임금이 정당하다고 주장한다면 다른 입장에서는 그 자체가 불공평한 것이 될 것이다. 누구는 혼자 살고, 누구는 자녀와 부모까지 6명이 함께 사는데 다른 가족 구성원은 수입이 없다면 동일한 임금이 오히려 불평등을 초래할 것이다. 그러면 모든 것을 고려한 다양한 임금이 정당한가? 하지만 모두가 합의하는 그런 기준은 존재하지 않는다. 한편 사람들을 동등하게 대우하라는 의미를 사회복지적인 측면에서 보면 사람들은 모두 어떤 최소한의 생활수준(그 기준은 시대에 따라, 사회에 따라 다를 수밖에 없다)까지는 동등한 대우를 받아야 한다는 의미의 평등이다. 정의는 평등을 핵심으로 삼지만 이처럼 평등을 어떻게 이해하느냐에 따라 그 내용이 달라진다.

2. 정의와 평등, 자유

평등(equality)은 사회복지(정책)의 중요한 가치 중의 하나로서 사회정의의 초석이 된다. 평등에 대한 이론은 아리스토텔레스에서 출발한다. 그는 평등을 수량적 평등과 비례적 평등으로 구분하였다. 수량적 평등은 일반적으로 결과의 평등이라고 불리는데, 모든 사람을 동등하게 대접한다는 의미이다. 즉, 사람들의 욕구나 능력을 무시하고 사회적 자원(아리스토텔레스에게 있어서는 명예와 부)을 똑같이 나누는 것을 말한다. 비례적 평등은 유사한 사람에게는 유사한 대접을 해주는 것이다. 즉, 각자의 실적이나 공적, 능력이나 기여에 따라 사회적 자원을 다르게 분배하는 것이다. 이때 기준은 비례적이고 기하학적이다. 이를 일반적으로 형평(또는 공평, equity)이라 한다. 평등을 말할 때 이 두 개념은 혼동과 혼란을 가져올 수 있다. 개념상의 혼란을 방지하기 위해 수량적 평등은 평등이라는 용어를 사용하고 비례적 평등은 형평이라는 용어를 사용하는 것이 적합할 것이다.

비례적 평등인 형평은 공평한 대우라는 관습적인 의미를 가지고 있다.

공평한 대우라는 개념에는 비례적 요소가 포함된다. 즉, 반만 일했으면 보수도 반만 받으라는 것이다. 정의가 평등과 직결된다고 했을 때 형평의 가치를 어떻게 받아들여야 할 것인가가 문제이다. 즉, 정의를 논함에 있어 형평을 어떤 식으로 대접할 것인가? 페렐만은 정의의 형식적 정의(definition)를 "동일한 본질 범주에 속하는 존재들은 동일하게 대우받아야만 한다는 행동의 원칙"이라고 하였다. 형평은 형식적 정의의 시행이 불가능하다고 생각되는 경우에 형식적 정의에 대한 필수 불가결의 보완물이며 불평등을 감소시켜 주는 경향을 갖는다. 그러므로 형평은 동일한 범주에 속하는 사람들을 지나치게 불평등하게 다루지 않으려는 경향이다.

형평이 이루어지는 곳에서는 평등이 이루어질 수 없다. 평등과 형평, 둘은 모순적인가? 하나를 선택해야 하는가? 그렇지 않다. 비유적으로 말하면 모든 살인자는 벌을 받아야 한다. 이것이 평등이고 정의이다. 하지만 모든 살인자가 똑같은 벌은 받을 필요는 없다. 만약 그(그녀)가 미성년자라면 성년인 그(그녀)와 다른 벌을 받는다. 이것이 형평이다.

수량적 평등인 결과의 평등은 엄격한 의미에서는 현실적으로 불가능하다. 다만, 민주주의를 표방하는 거의 모든 나라에서는 (일정 연령 이상의) 모든 사람은 똑같이 한 표라는 권리를 행사한다는 의미에서 정치적인 절대적 평등을 이루고 있다. 형식적인 의미일 수 있지만 법 앞에서의 평등도 결과적 평등을 이룬 경우이다. 사회적 · 경제적 영역의 평등이 이루어지지 않은 상황에서 이런 정치적 · 법적인 평등이 어떤 의미를 가지는가에 대한 논란이 있을 수 있다. 이런 논란은 분명 롤즈 정의론의 한 가지 약점으로 언급되고 있다.

평등의 세 번째 개념은 기회의 균등이라는 의미의 평등이다. 기회의 균등은 "동일한 수준의 재능과 능력을 가진 사람들로서 그것을 사용할 동일한 의향을 가진 사람들은 사회체제 내에서의 그들의 최초의 지위에 관계없이 동일한 성공의 전망을 가져야 한다는 것이다." 동일한 능력과 재능을 가진 사람들이 자신의 능력과 재능을 발휘하여 그들의 성, 인종, 종교,

출신배경 등과 같은 자의적인 것과 관계없이 동일한 보상과 성공을 갖게 되는 것은 꼭 필요하다. 위에서 말한 결과의 평등이 현실적으로 이루어질 수 없는 상황에서 공정한 기회 균등의 보장은 중요하다.

기회 균등의 유용성은 첫째, 기회 균등이 일종의 절차적 정의를 이룬다는 것이다. 절차상의 정의로움은 결과의 불평등에 대한 용인의 수준을 높여준다. 둘째, 기회 균등의 원칙은 효율성과 양립한다. 재능의 계발과 배분에 있어서 효율성이 보장되는 것이다. 셋째, 자신이 통제하고 결정할 수 없는 외부적 환경에 대해서는 책임을 물어서는 안 되며, 따라서 사회가 그것의 결과에 대해 책임을 물어서는 안 된다는 것이다.

기회 균등의 실현을 위해 무엇보다 중요한 것은 교육기회의 균등이다. 롤즈는 이를 위해 "보다 적은 천부적 자질을 가진 사람과 보다 불리한 사회적 지위에서 태어난 사람에게 적어도 더 많은 관심을 … 예를 들어, 최소한 저학년 동안이라도 교육에 더 많은 재원을 소비할 것"을 요구한다. 동시에 최소 수혜자를 포함한 시민들의 개인적 · 사회적 생활을 윤택하게 하는 가치에 따라 교육의 재원이 할당되어야 한다. 그리고 "사회가 진보함에 따라 이러한 … 고려사항은 점점 더 중요한 것이 된다." 하지만 가족제도가 존재하는 한 완전한 기회의 균등이 이루어질 수 없음을 인정한다. 그럼에도 불구하고 위에서 언급했듯이 결과의 평등을 이루기가 어렵다면 기회 균등은 포기할 수 없는 요소이다.

기회 균등의 문제점은 무엇보다 인간사회에 존재하는 불평등을 피할 수 없는 것으로 여긴다는 것이다. 현실적으로 가능한가를 떠나 일단 균일한 기회가 주어졌다면 그로 인한 불평등은 용인되는 것이다. 이런 기회 균등의 원칙은 상업적 개인주의와 경쟁적 시장원리가 중심을 이루는 현대 자본주의의 기본원리이다. 그러므로 그것은 "불평등이 존재하는 사회를 정당화하기 위해" 활용될 수 있는 이념이다.

정의의 내용에 대한 이론은 있어도 정의로워야 한다는 것은 누구나 인정하듯이 "평등도 하등의 이유를 요하지 않는다. 불평등만이 이유를 요할 뿐이다.” 정의에 의해 이해되지 않는, 정당화되지 않는 불평등은 자의적인 것, 정당하지 못한 것이다. 그러나 정당화될 수 있는 불평등이 존재하며, 평등은 어떤 경우에 있어서나 충족되어야 하는 것이 아니다. 롤즈도 “모든 사회적 가치들－자유, 기회, 소득, 재산 및 자존감의 기반－은 이들 가치의 전부 또는 일부의 불평등한 분배가 모든 사람에게 이익이 되지 않는 한 평등하게 분배되어야 한다”고 하여 불평등한 분배를 인정한다. 사실 자본주의 경제에 있어서는 평등이 분배의 기준이 될 수 없다. 정의가 평등과 긴밀한 연관을 맺고 있다면 자본주의 경제체제 그 자체로서는 ‘정의’가 실현될 수 없다. 이런 약점을 보강하는 것이 복지국가이고 사회복지이다.

John Locke(1632~1704)

영국의 철학자 · 정치사상가. 계몽철학 및 경험론 철학의 원조로 사회계약론을 주장하였다.

Thomas Hobbes(1588~1679)

영국의 경험론의 철학자이며 근대자연법론의 대표자 가운데 한 사람이다.

평등을 실제적인 측면에서 논하자면 무엇에 대한 평등인가가 문제이다. 사회복지에서 평등을 논할 때도 무엇을 가지고 평등에 대해 말할 것인가를 정해야 한다. 평등의 문제는 왜 평등인가와 무엇에 대한 평등인가로 파악해야 한다. 그중 두 번째 질문에 초점을 맞춘다. 일반적으로 평등을 추구하거나 또는 평등에 반대하는 것 같은 이론들도 사실은 어떤 공간(영역)에서는 평등에 대해 말하고 있다. 그러므로 어떤 공간에서 평등을 말하는가가 핵심이다. 이런 고려 없이 무조건 평등하다는 것은 불리한 사람에게는 불평등이 되기도 한다.[2] 전통적으로 정치철학이나 사회철학 또는 경제철학에서 평등론을 논할 때는 특정 공간(예를 들면, 소득, 부, 효용) 중 하나의 평등이다. 사회복지에서 고려하는 평등의 공간은 소득과 부 그리고 건강과 교육, 노동 등 매우 다양하다. 본 책에서 관심을 갖는 것은 주로 소득과 부에 따른 평등이다.

사회정의는 어떤 의미에서 평등의 가치를 현실의 세계에서 구현하는 것이라 할 수 있다. 아리스토텔레스는 정의를 평등의 개념과 결부시켜 사용하였다. 정의로운가 아닌가는 그것이 평등을 반영하는가에 달렸다는 것이다. 정의를 평등의 개념과 결부시켜 논하는 것은 아리스토텔레스 이후의

2) 그래서 올림픽은 하계올림픽이 끝난 후 장애인 올림픽이 따로 열려 불리한 사람은 불리한 사람끼리 겨루는 것일 것이다.

전통이다. 정의와 평등의 불가분적인 관계를 볼 때 (재)분배가 핵심과제인 사회복지에 있어 평등에 대한 이해는 이처럼 대단히 중요하다.

여기에서 자유에 대해 알아보고 자유와 평등의 관계를 언급하는 것도 가치 있는 일이다. 자유[3)]는 평등, 정의, 복지 등과 함께 사회사상과 정치철학으로부터 추출될 수 있는 가장 중요한 개념들 중 하나이다. 자유에 대한 관념은 고대 그리스에서부터 존재해 왔으나 종교개혁과 르네상스 이후 본격적으로 논의되었고, 19세기에 들어 자유에 대한 연구가 절정에 달하였으며, 20세기에는 이러한 자유개념이 수정 혹은 조정과정을 거치게 되었다. 인류의 역사는 가히 '자유의식의 진보'라고 할 수 있다.

자유의 사전적 의미는 자신이 무엇을 할 수 있는, 구속되지 않은 상태를 말한다. 하지만 이런 기본적인 합의를 제외하고는 자유에 대해서도 무수히 많은 이견이 존재한다. 사실 고전적 자유주의자들에게 자유란 바로 이런 소극적(negative) 의미의 자유였다.[4)] 자유의 영역이 얼마나 넓어질 수 있는지 또는 얼마나 넓어야 하는지에 관해서는 이들 사이에 많은 이견이 있었다. 자유가 무제한일 수는 없기 때문이다. 그래서 이들은 자유가 법에 의해 제한되어야 한다고 보았다.

> "하지만 동시에 그들은 어떤 이유로도 침해되어서는 아니 될 개인 자유의 최소 영역 역시 존재해야 한다고 생각하였다. 영국의 J. 로크 및 밀, 그리고 프랑스의 콘스탄트(Estournelles de Constant) 및 토크빌(Alexis de Tocqueville)이 이 점을 특히 강조하였다."(Berlin, 2006 : 347)

Estournelles de Constant
(1852~1924)
프랑스의 외교관 · 정치가. 헤이그 만국 평화 회의대표를 지냈고, 생애의 대부분을 국제협력을 추진하는 데 바쳤다. 1909년에 노벨평화상을 받았다.

Alexis de Tocqueville
(1805~1859)
프랑스의 정치사상가. J. S. 밀 등 자유주의자와 교유하였으며, 밀에게 큰 영향을 주었다.

그러면 어느 선에서 자유의 침해될 수 없는 영역과 제한될 수 있는 영역을 나눌 것인가? 이에 대한 견해는 둘로 나뉜다. 우선 개인 생활의 영역을

3) 자유라는 말 속에는 freedom과 liberty의 두 요소가 들어 있는데, 보통은 이 둘을 같은 의미로 사용한다. 그러나 굳이 따지자면 freedom은 개인의 사생활과 연관되는 데 비해 liberty는 국가라는 정치공동체 안에서 향유하는 자유를 의미한다. 또 freedom은 어떤 사람이 주어진 상황 속에서 특정한 행동을 하게 되는 '능력'을 지칭하고, liberty는 국가와 같은 권위체제에 의해 특정 행동을 해도 좋다는 '허락'이 주어진 상태로 이해하기도 한다(서병훈, 2002 : 67).

4) 이때의 자유가 남의 간섭이 전혀 없는 상태를 의미하는 것은 아니다. 불간섭의 영역이 넓어질수록 자유의 영역이 따라서 넓어진다는 의미이다.

국가의 권위나 다른 권위가 침범하지 못하도록 하는 일이 사회 전체의 조화와 병행할 수 있다고 믿는 로크나 스미스와 같은 인간 본성에 대한 낙관적인 견해를 가진 사람들이 있다. 다른 부류는 홉스나 그의 견해에 동조하는 사람들인데, 그들은 중앙집권적 통제를 강조하였다. 그들은 인간을 그대로 두면 사회는 밀림이나 황야와 같이 되기에 각 개인이 자신의 위치를 벗어나지 않도록 중앙통제가 필요하다고 주장하였다. "하지만 한 가지 점에서는 양쪽의 견해가 일치하였다. 인간 존재의 일부분은 사회적 통제로부터 독립되어 있어야 한다는 점을 부인하는 사람이 없다."

Friedrich August von Hayek
(1899~1992)
영구의 경제학자, 정치철학자. 1974년 노벨 경제학상을 받았으며 계획경제에 반대하였고 신자유주의의 사상적 아버지로 1980년대 레이거노믹스, 대처리즘의 이념적 기반을 마련하였다.

20세기 자유주의의 대가 하이에크에 의하면 자유는 "타인의 임의적 의지에 의한 강제에 처하지 않은 상태"를 의미한다. 그는 이런 의미의 자유를 '개인적(individual or personal)' 자유라 하여 정치적 자유와 구별한다. 자유를 최고의 가치로 삼는 이들 자유주의(또는 자유지상주의)에게 있어 자유는 '희귀하고 여린 초목'이다. 그래서 그들은 권력의 집중이 자유에 대한 가장 큰 위협으로 여기고 역사가 이를 증명한다고 말한다. 그 결과 정부가 자유를 보존하는 데 필수적이지만 권력은 제한되어야 하고 분산되어야 한다. 결국 국가란 자유인에게 있어 개인의 집합체이지 개인 위에 군림하거나 개인을 초월하는 것이 아니다. 이 이론에 의하면 국가의 영역이 매우 축소된다.[5] 자유와 국가에 대한 이런 이해는 자유와 평등을 부조화와 갈등의 구조로 본다. 평등을 위해서는 국가의 역할이 필수적이기 때문이고 평등을 위한 자유의 제한이 따르기 때문이다. 평등은 정의의 핵심이고 평등과 자유가 대립적이라면 자유와 정의도 대립적일 수밖에 없다. 자유지상주의자인 노직이 근본적으로는 자유주의자이지만 평등에 무게를 싣는 롤즈의 정의론에 반대하여 자신의 정의론을 자유와 사적 재산권, 그리고 최소국가론으로 전개하는 것은 당연한 것이다. 그 결과 자유주의자들은 반평등주의자로 규정되기도 한다. 노직에 대해서는 다음에서 자세히 다룰 것이다.

5) 라셀은 이러한 국가를 방범대원 또는 교통순경에 불과하다고 비꼬았다.

자유주의의 가장 근본적인 오류는 자유의 적극적인 개념을 잊은 것이다. 좀 더 진보적인 자유주의자들은 소극적 자유뿐 아니라 적극적(positive) 자유에 대해서도 이야기한다. 적극적 자유는 "내가 어떤 사람이 될 자유 또는 어떤 일을 할 자유가 있나"라는 질문보다는 "나를 지배하는 이는 누구인가"라는 질문에서 보다 잘 부각된다고 한다. 즉, 적극적 자유는 자신의 주인이 되기를 원하는 각 개인의 소원에 뿌리를 두고 있다. 이는 인간이 자신과 주변을 보다 잘 통제할 수 있는 능력을 의미하며 이런 자유의 개념은 사회복지이론과 밀접한 연관을 가지고 있다. 더 나아가 자유의 적극적 개념은 평등과 닿아 있다.

자유주의 또는 자유지상주의자들에게는 다르겠지만 사실 자유가 인간의 유일한 목표는 아니다. 자유는 평등, 양심, 사랑, 정의, 문화, 행복, 평화 등 인간이 추구할 수 있는, 그래서 개인적으로는 자아실현에 보다 도움이 될 수 있고 사회적으로는 진정한 발전에 기여하는 여러 가치 중 하나이다. 유럽이나 미국의 신사들에게는 소극적 의미의 자유가 대단히 중요한 요소일 수 있다. 하지만 인도나 아프리카의 굶주리는 사람들에게는 생존권이 보다 중요할 것이다. 그들은 개인적 자유뿐 아니라 무엇인가를(최소한 먹을 것을 얻을 수 있는) 할 수 있는 적극적 자유가 더 절실하다. 이 자리에 사회복지가 자리 잡을 수 있는 터전이 마련되고 마샬이 말한 사회권이 빛을 발할 수 있다. 이런 의미에서 적극적 자유, 즉 무엇인가를 할 수 있는 자유는 자유 이상이다.

자유와 평등은 대립하고 충돌하는가? 자유와 평등의 갈등은 당연한 듯 보인다. 특히 자유주의자들에게는 그러하다. 자유는 개인주의와 뭉쳐 있고, 평등은 개인적 결핍이나 결함을 밖의 도움을 빌려 보충하고자 하는 속성을 가지고 있다. 따라서 국가의 개입을 필요로 한다. 국가의 개입은 필연적으로 개인의 자유를 축소하거나 방해한다고 여겨진다. 그래서 자유주의자인 프리드만은 자유에 반하는 평등에 대해 다음과 같이 비판한다. "평등주의자들은 어떤 사람에게 혜택을 주기 위해 다른 사람들로부터 '빼

Milton Friedman(1912~)
자유방임주의를 옹호하는 미국의 경제학자. 1946년부터 시카고대학교 교수로 일하고 있으며, 19세기 유럽에 풍미했던 자유주의를 주창했다. 1976년 노벨 경제학상을 받았다.

앗는' 일을 옹호할 텐데, 그들은 '정의'에 입각하여 그렇게 할 것이다." 하지만 누군가가 자유를 증가시킬 수 있도록(적극적 자유를 가질 수 있도록) 해주는 것이 - 그것이 평등이란 모습으로 드러나기가 쉽지만 - 정말로 문제인가? 물론 이로 인해 누군가의 자유의 희생은 있을 수 있다. 누군가의 어떤 자유의 희생이 절대적으로 보호되기 위해 다른 사람의 비참한 삶이 무관한 것인가? "나 자신, 내 계급 또는 내 나라가 자유를 누리는 대가로 다른 사람이 비참한 지경에 빠져야 한다면, 그런 식으로 자유를 증진하는 체제는 부도덕이며 불의이다." 타인의 자유를 늘리지도 못하면서 불평등을 줄이기 위해 자신의 자유를 희생한다면 이는 자유의 절대적 감소를 말한다. 물론 정의나 행복의 증가로 이런 감소를 보상할 수 있으나 여전히 자유는 감소한 것이다. 하지만 자유란 절대로 감소해서는 안 되는 절대적 신성의 영역은 아닐 것이다. 사실 빈곤이 개인의 자유를 제한하기에 빈곤의 제거를 위한 국가 개입은 개인의 자유를 증진시키는 것이 될 수 있다.

현대 민주주의 체제에서 금과옥조로 삼고 있는 '법 앞에서의 평등'과 '정치적 평등'은 단 한두 세기 이전에만 해도 당연한 것이 아니었다. 신분으로부터의 자유는 보호해야 할 재산을 가진 신흥 부르주아지(또는 신사) 계급을 위해 절대적으로 필요하였고, 남성 성인의 투표할 자유는 또 각자 똑같은 한 표를 행사할 평등한 권리는 자유의 과잉으로 인한 경제적 불평등을 해소하기 위한 정치적 결단이었다. 자유와 평등의 결합은 "진보를 위해 필수적인 개인적 이니셔티브와 생존을 위해 필수적인 사회적 결속을 어떻게 결합할 것인가"에 대한 해답이 될 것이다.

Amartya Sen(1933~)

빈곤문제에 관심을 두고 후생경제학과 사회적 선택 문제에 기여한 공로로 1998년도 노벨 경제학상을 받았다. 센은 인도인으로서는 여섯 번째 노벨상 수상자이자 첫 경제학상 수상자다.

센(Sen)은 평등의 공간문제를 언급하면서 자유와 평등을 대립관계로 이해하는 경우가 많으나 이는 '범주상의 오류'라고 말한다. "그것들은 양자택일의 문제가 아니다. 자유는 평등의 가능한 적용 분야에 속하고 평등은 자유의 가능한 분배 유형에 속한다." 자유가 절대적이 아니고 평등 또한 절대적이 아니라면 두 개념이 어딘가에서 만나고 타협하게 된다. 그 기준은 일반적 원칙이 아니라 시대에 따라 사회에 따라 달라질 것이다.

3. 분배정의에 대한 기준

분배정의[6]는 사회적 자원을 어떻게 분배하여야 하는 기준에 대한 것이며, 일반적으로 평등에 의거하지만 분배기준에 대한 논의는 간단하지 않다. 여기에서는 여러 학자들이나 학설이 말하는 분배기준을 확인하고 이를 정리해 보기로 한다.

공리주의자 밀(2002 : 84-89)은 정의와 부정을 구분하는 행위양식과 인사제도를 여론이라는 의견을 통해 다음의 여섯 가지로 설명하고 있다. 첫째, 권리이다. 인간은 누구나 자신의 자유, 재산, 기타 법률상 자기에게 속한 것을 보장받을 권리가 있다. 둘째, 법률적 권리에 문제가 있을 때 이를 보완하는 도덕적 권리가 있다. 셋째, 각 개인이 얻는 선 또는 악은 그가 행한 공적에 따른 것이어야 한다. 이것은 현대적 의미의 공적주의와 연결된다. 넷째, 신뢰를 배반하지 않는 것이다. 다섯째, 공평한 것이 정의이다. 여섯째, 평등이다. 이에 대해 밀은 "많은 사람의 눈에는 평등이 정의의 본질로 비쳐진다"고 한다. 결국 밀이 말하는 요소를 간추리면 권리, 공적, 형평, 평등이라는 네 요소로 볼 수 있다.

John Stuart Mill(1806~1873)
영국 연상심리학의 대표자. 공리주의자. 쾌락의 질적 차이를 인정하며 정신적 쾌락을 육체적이고 감각적 쾌락보다 고상하다고 여겼다.

사회정의의 판단기준, 즉 분배의 기준을 보다 구체적으로 제시한 사람은 N. 레스처(N. Rescher)이다. 그는 분배의 판단기준으로 일곱 가지를 제시했는데, 사람은 다음의 일곱 가지 중 하나에 맞추어 대접받아야 한다고 한다. 평등, 욕구, 능력 및 그에 따른 업적 또는 성과, 노력 또는 희생, 기여, 사회적 효용, 수요와 공급이다(Rescher, 1966 : 73-83 ; 황경식, 1986 : 23 ; 김기덕, 2002 : 234에서 재인용).

한편 페렐만(1996a)은 정의의 기준을 다음과 같은 여섯 가지로 나열한다.

6) 정의(justice)는 오랜 역사를 갖고 있으나 사회정의라는 관점에서 본격적으로 다루어진 것은 롤즈의 『정의론』이 출간된 1971년 이후이다. 현대와 와서 정의는 사회정의와 동일시될 정도이다. 본 논문이 관심을 갖는 것은 사회복지에 있어 윤리(철학)적인 접근이며, 분배에 관한 것이므로 정의와 사회정의를 같이 사용할 것이다. 여기에서는 문맥에 따라 분배정의라는 용어를 사용하고자 한다.

① 각자에게 똑같은 것을
② 각자에게 그의 공과에 따라
③ 각자에게 그 일의 결과에 따라
④ 각자에게 그의 필요에 따라
⑤ 각자에게 그의 계급(지위)에 따라
⑥ 각자에게 법이 정한 바에 따라

반면 이준구(1992 : 44-47)는 분배정의를 이루는 요소를 네 가지로 분류한다. 첫째는 권리이다. 어떤 분배상태가 정의롭기 위해서는 그 사회의 구성원 어느 누구의 정당한 권리도 침해되지 않은 상태여야 한다. 둘째는 공정성이다. 셋째는 평등성이다. 넷째는 응분의 자격이다. 응분의 자격에는 능력, 노력, 필요 등이 있다. 이는 밀의 분류와 맥을 같이 하고 있다. 밀이 말하는 공평과 이준구의 공정은 그 내용상 큰 차이가 없다. 다만, 밀은 공평을 말하면서 공평의 기준으로 한편으로는 공적을 말하고 한편으로는 공공의 이익을 말한다(Mill, 2002 : 87-88).

한편 리머(1993 : 54-58)는 분배정의의 기준을 평등, 욕구, 보상, 기여의 네 가지로 분류한다. 보상의 윤리적 정당성은 과거 특정한 집단이 받은 공정하지 못한 처우에 대한 보상으로서 현재의 부정의한 결과를 원래의 바람직한 상태로 회복하는 것이 도덕적으로 정당하다는 입장이다.

Merton Howard Miller(1923~)
미국의 경제학자. 1990년 노벨 경제학상 공동 수상. 밀러는 기업재무 분야에서 이론적 · 경험적 분석을 발전시키는 데 가장 크게 기여한 사람 가운데 하나로 평가 받는다.

또 밀러(1976)는 정의의 일반적 이론은 성취가 불가능하다고 주장하며 권리, 공적, 욕구의 세 가지 기준을 제시한다. 밀러의 정의론은 사회적 가치에 따라 그 내용이 결정된다. 즉, 시장경제를 강조하는 사회의 정의는 권리와 공적의 두 요소만이 강조될 것이고 사회적 또는 집합적 만족을 추구하는 사회는 욕구에 따른 분배가 강조될 것이다.

이상과 같은 여러 학자들의 기준과 앞 절에서 논의한 여러 분배정의에 대한 이론을 통해 분배정의에 대한 기준을 범주화해 보자. 분배의 기준, 즉 분배정의 원칙은 많은 학자들이 분류하듯이 평등에 근거한 분배,

공적(또는 형평)에 근거한 분배, 필요나 욕구에 의한 분배라는 세 가지 기준이 있을 수 있다(이혜경 외, 1998 : 19-20 ; 지은구, 2005 : 322-323 ; 황경식, 1986 ; Frankena, 1984 : 90).

1) 평등 기준

분배정의에 있어 평등 기준이란 모든 사람은 평등하게 다루어져야 정의롭다는 것이다. 평등 기준 분배관은 인간의 보편적 평등성에 기반을 두고 있다. 그런 만큼 상당한 호소력을 지니고 있다. 앞에서 기술했듯이 형식적인 의미에서 법적인, 정치적인 평등은 이루어진 것처럼 보인다. 경제적 불평등에 대한 분배가 문제이다. 평등의 개념은 상당히 애매하고 폭넓은 개념이며 그렇기에 다양한 평등주의를 생각할 수 있다. 결과의 평등, 즉 절대적 평등을 주장하는 사람은 모든 사람에게 똑같이 분배되어야 한다고 말할 수 있다. 이런 극단적인 주장은 현실 가능성에 있어서나 설득력에 있어서나 문제가 있다. 가장 극단적인 평등주의자라고 불리는 마르크스조차도 무조건적인 평등이 아니라 '욕구에 따른 분배'를 말한다.

평등을 최소한의 생활을 보장해 주는 평등으로 이해해 볼 수 있다. 즉, 모든 사람은 최소한의 생활보장까지는 누구나 평등해야 한다는 것이다. 이것은 사회복지 측면에서도 의미 있는 분배관이다. 이런 평등주의 분배관이 대체적으로 받아들여진다(Frankena, 1984 : 92-93). 물론 이런 경우에 최소한의 생활수준을 어떻게 이해할 것인가의 어려움이 있다.

평등을 지지하는 분배정의론은 롤즈로 대표되는 자유주의적 평등주의이다. 공리주의의 경우 어느 한도 내에서 평등주의적인 모습을 보이지만, 결국 총 효용에 묻혀 사라져 버린다. 평등주의 분배관이 평등만을 기준으로 요구하고 다른 것을 배제하는 것은 아니다. 롤즈의 경우 기본적으로 평등주의를 지향하고 기회의 평등을 강조하지만 공적이나 욕구도 제한적으로나마 인정한다.

평등이라는 분배기준을 사회복지정책과 연관시켜 논할 때는 결과의 평등과 기회의 균등을 말할 수 있다. 결과의 평등은 일반적으로 극단적인 의미의 평등, 즉 모든 사람이 똑같아야 한다고 말하지 않는다. 존엄성이라는 인권에 바탕을 두고 모든 사람은 같아야 한다는 것이다. 동일한 대우에 대한 인식은 제각기이다. 자유주의자들에게 있어 동일한 대우는 인간의 존엄성이라는 그 자체이다. 권리나 법을 주장하는 입장에서는 법 앞에서의 평등과 정치적 평등을 말할 수 있다. 사회복지에서는 일반적으로 어느 선까지, 즉 최저생활 수준까지는 모든 사람이 평등할 권리를 가진다고 말한다. 앞에서 밝혔듯이 온건한 평등주의자들이 말하는 평등이 바로 여기에 해당한다.

결과의 평등이 현실적으로 이루어질 수 없을 때 기회 균등은 중요한 의미를 지니고 있으며 자본주의 사회에서 강조되는 가치이다. 하지만 기회 균등은 어느 한 단계에서 이루어지고 마는 것이 아니라 계속적으로 보장되어야 한다는 어려움이 있다. 자유주의에 속하는 이데올로기가 말하는 평등은 이 기회 균등이다(이혜경 외, 1998 : 52). 이런 의미에서 기회 균등에 바탕을 둔 분배 기준은 아래에 나오는 공적에 의한 분배와 다른 기준을 적용하고 있으나 궁극에 가서는 하나로 수렴하는 기준이라 할 수 있다. 일단 기회가 균등하게 주어진다면 그 다음 이루어지는 분배는 결국 개인의 능력이나 노력, 타고난 재능 등에 의해 이루어질 것이기 때문이다.

2) 공적 기준

분배정의에 있어 공적 기준이란 개인의 공적에 근거한 분배가 정의롭다는 것이다. 공적에 근거한 분배에는 앞 절에서 언급한 공적주의 분배관이 해당한다. 또 롤즈나 자유지상주의도 제한적으로 인정한다. 자본주의 시장경제에서 공적(desert)에 따라 소득이나 부를 분배하는 것은 당연하게 보인다. 평등주의자는 개인의 공적을 무시하고 동일한 분배를 주장하고 공리주의자는 공적보다는 사회적 효용의 극대화를 실현하는 것이 올바른 분배라고 말한다. 일반적으로 공적주의자들은 다음과 같은 근거에 의해 공적이 정의를 구성하는 중요한 요소라고 한다. 첫째, 공적에 따라 보상을 하면 일반적으로 효용을 극대화할 수 있다는 것이다. 즉, 노력이나 기여에 따라 보상함으로써 인센티브 효과를 준다는 것이다. 둘째, 공적주의는 개인의 자율성과 인간의 존엄성을 존중하며, 사람들을 자신의 행동과 선택에 대해 책임을 질 수 있는 존재로 대우한다. 셋째, 파인버그(J. Feinberg)는 인간의 도덕 감정에서 공적주의의 근거를 발견한다. 사람들은 공적이 많은 사람에게 느끼는 감사와 찬사의 자연적인 표현방법이 상이나 보상이다.

Joel Feinberg(1926~2004)
미국의 경제 사회철학자

분배를 위한 공적의 기준은 일반적으로 능력, 기여, 노력이다. 능력이 분배의 기준이 될 수 있는 것은 능력과 성취 사이에 밀접한 관계가 있기 때문이다. 능력을 분배의 기준으로 삼는 것에는 많은 사람이 동의한다. 하지만 능력 자체가 자신의 공적과 관계없는 천부적인 것일 수 있고, 능력을 잘못 사용할 수 있는 가능성이나 적은 능력의 차이가 과장된 보상으로 이어지는 등의 문제점이 있다.

기여는 부의 창출에 자신이 기여한 바대로 받는 것을 의미한다. 기여에 대한 이론적 근거는 한계생산력설이다. 모든 사람은 자신이 스스로 생산한 것을 할당받으며, 각 개인은 자신의 요소가 생산한 생산물의 가치만큼을 받을 뿐이므로 착취의 가능성은 없기 때문에 이런 분배가 정의롭다는 것이다. 그러나 분배의 기준으로서의 기여의 문제점은 유전, 환경, 운 등 개인이 통제할 수 없는 요소들을 포함한다는 것이다.

노력에 의한 분배란 동일한 노력을 하는 두 사람은 산출의 차이와 관계없이 동일한 소득을 분배받아야 한다는 것이다. 인간은 자신이 선택할 수 있는 것을 책임져야 한다는 의미에서 노력은 능력이나 기여보다 공적으로 인정받기에 더 합당하다. 하지만 노력에 의한 분배기준도 몇 가지 어려운 면이 있다. 노력의 정도를 파악한다는 것의 문제점, 자신의 노력을 충분히 발휘하지 않으려는 도덕적 해이문제, 또 노력이 성과와 비례하지 않을 때 생기는 비효율성 등이 있다.

공적 기준 분배관은 개인의 자율성과 책임성을 강조하는 동시에 자원 사용의 효율성을 강조하여 시장경제체제에서 잘 작동할 수 있는 장점을 지니고 있다. 하지만 위에서 서술한 대로 공적의 기준이 되는 요소들이 나름대로 문제점을 안고 있다. 특히 기여나 노력이라는 기준의 경우 소득분배에 대해서는 적용하기에 용이하지만 부의 분배를 설명하는 데는 어려움이 있다. 공적에 따른 분배를 그대로 받아들인다면 소득과 부의 분배가 아무리 지나치더라도 그것을 허용해야 한다는 것이다. 능력이 없거나 노력을 할 수 없는 자 등 공적이 전혀 없는 사람은 빈곤 상태에 빠질 수밖에 없다. 평등주의자들의 비판 근거가 여기에 있다. 사실 개인의 공적이 자신만의 능력이나 기여, 노력에 근거하는 것은 아니다. 그것은 유전에 근거할 수도, 환경에 의거할 수도, 운이나 타인의 도움에 의거할 수도 있다. 인간이 살아가는 사회는 개인의 순수한 공적보다는 사회적 요소가 더 많이 작용할 수도 있다. 그런 의미에서 공적주의는 최저생활보장을 통한 인간 존엄성에 대한 존중을 배워 나가야 할 것이다.

그럼에도 불구하고 공적주의는 개인의 노력이나 기여, 능력에 따른 분배가 정의로운 분배이고 이런 기준에 의해 분배가 이루어져야 한다고 주장한다. 일반적으로 형평의 원리는 공적에 의한 분배에 해당한다. 형평이라는 것이 각자가 기여한 몫을 자신이 대접받을 자격에 맞게 대접받는 것을 말하기 때문이다.

공적에 의한 분배는 불평등한 결과를 인정해야 하고, 자발적인 노력을 인정하기에 그에 대해 보상을 해야 한다는 논리로 이어져 상당히 보수적인 주장으로 연결된다. 그러므로 이 원칙은 불평등 논리라 할 수 있다.

3) 욕구 기준

분배정의에 있어 욕구 기준이란 더 많은 욕구나 필요[7)]를 가진 사람에게 더 많은 몫이 돌아가야 한다는 것이다. 욕구에 의한 분배는 마르크스가 말한 바가 있다. 또 롤즈의 분배론에서도 제한적으로 사용된다. 욕구의 충족이라는 기준은 욕구를 가진 사람의 삶을 최선으로 성취하는 데 필수적인 경우 정당화될 수 있다(김기덕, 2002 : 235). 욕구를 정의와 연결하여 당연한 것으로 인정하면 권리로 이어질 것이다. 욕구가 권리가 아니라 단순히 인도적인 차원으로 이해한다면 권리가 될 수 없고 자원에 대한 청구권이 있을 수 없다(이혜경 외, 1998 : 54). 욕구나 필요에 대한 권리성은 많은 논란이 되어 왔으나 현대의 복지국가에 있어 마샬(1963 : 72 ; 김상균, 1987 : 92 재인용) 이후 사회복지에 대한 실제적인 권리가 인정되고 있다.

욕구에 따른 분배는 필요를 어떻게 이해하느냐에 따라 결정된다. 욕구는 생존이나 건강, 기본적 교육 등 기본적 욕구(basic need)와 부차적(non-basic) 욕구로 구분된다. 기본적 욕구에 대한 목록에 어떤 것이 포함되어야 하느냐는 논란의 여지가 있으나 이런 기본적 욕구의 충족을 돕는 것이 인간적 의무라는 견해는 사회정의에 대한 지배적 신념 속에 깊이 뿌리 내리고 있다. 이런 견해에 따르면 부차적 욕구는 굳이 충족시킬 필요가 없다는 것을, 더 나아가 사회정의에 어긋나는 것일 수 있다는 것을 의미한다. 이는 부차적 욕구의 충족이 공적에 따른 분배관에 어긋난다거나 그 개념이 지극히 애매하다는 이유와 현실적으로 자원의 희소성으로 이런 욕구를 다 만족시킬 수 없다는 이유 때문이다.

사회복지에서는 욕구를 절대적 욕구와 상대적 욕구로 구별한다. 절대적 욕구는 생존에 필요한 특별한 것을 의미한다. 하지만 이런 것들은 우리가 살고 있는 사회의 영향을 받는다. 이것이 상대적 욕구이다(지은구, 2005 : 324). 현대 복지국가에서 절대적 욕구는 살아가는 최소한의 것을 의미하고 상대적 욕구는 그 이상을 추구한다. 욕구나 필요를 최저수준으로 이해하면 다른 분배 기준과 큰 갈등을 일으키지 않는다. 이럴 경우 욕구 기준은 기여 기준과 큰 차이가 없다. 하지만 욕구를 전체적이고 긍정적으로 인정하면

7) 'need'는 필요 또는 욕구로 번역되고 있다. 사회복지에서는 주로 욕구라는 용어를 선호하는 듯하다. 앞으로 욕구라는 말로 통일하여 사용할 것이고 필요에 따라 필요라는 용어를 사용하기로 한다.

평등원칙에 가까워진다(이혜경, 1998 : 55). 욕구를 분배의 기준으로 말하는 것은 인간은 각자의 차이점에도 불구하고 궁극적으로 자기실현을 해야 할 존재라는 인식에 근거하고 있다. 어떤 사람이라도 기본적인 욕구를 충족함으로써 자기실현을 이룰 수 있어야 하고, 이런 점에서 모든 인간은 평등한 것이다(이재율, 1995 : 205).

필요나 욕구의 충족이라는 기준은 필요나 욕구를 가진 사람의 삶을 최선으로 성취하는 데 필수적인 경우 정당화될 수 있다. 하지만 이런 기준은 기여나 노력 등에 대한 고려가 없다는 것에 약점이 있다. 동시에 현실적으로 인간의 다양한 욕구나 필요를 개념화하고 측정, 비교한다는 것이 어렵다. 아울러 사회구성원 모두의 욕구와 필요를 충족시켜 줄 자원이 유한하다는 한계가 있다.

4. 정의 또는 평등과 효율[8)]

여기서 다룰 내용은 사회복지급여에 따른 평등과 효율[9)]의 문제이다. 평등과 효율의 문제는 복지국가가 본격화되기 이전 공리주의자 밀에 의해 정의와 효율이라는 이름으로 이미 논란이 되었다. 사회복지급여와 연관된 정의 또는 평등과 효율의 문제는 사회복지급여에 따른 노동의욕이나 저축의욕의 저하와 같은 도덕적 해이문제, 그에 따른 경제성장의 저하문제, 빈곤문화나 빈곤의 덫에 의한 빈곤의 세습화(대물림) 문제 등 실질적인 문제를 발생한다. 여기서는 본 논문에 맞게 우선 평등과 효율에 대한 간단한 윤리학적 문제를 짚어본 후 실질적인 문제를 논의해 보고자 한다.

8) 오윤수(2010 : 30-35)에서 참고

9) 여기에서는 평등과 효율, 정의와 효율의 문제를 함께 다루기로 한다. 일반적으로 사회복지에서는 평등과 효율이라는 표현을 쓰고 행정학에서는 정의라는 용어보다는 형평성이라는 용어를 좀 더 선호한다. 규범적인 측면을 다룰 때는 주로 정의와 효율로 접근한다. 정의와 평등이 같은 의미는 아니지만 앞에서 보았듯이 정의는 평등을 핵심적인 요소로 여긴다.

평등과 효율의 상충문제에 대한 논의는 역사가 깊다. 공리주의에서 이미 정의와 효용(공리)의 상충문제를 다루고 있다. 효용을 옹호하기 위해서라도 이 문제는 피해갈 수 없었던 문제였다. 윤리학 문제로 보이는 효용과 정의의 대립은 궁극적으로 분배의 문제와 연결되기에 경제학이나 정치학, 공공행정학이나 사회복지학에서도 예민한 논쟁거리로 등장한다.

사회를 이루고 살아가야 하는 것이 사람의 숙명이라면 사회를 유지하기 위한 여러 제도들이 필요하다. 이런 제도들을 넓은 의미의 사회제도라고 부른다면, 사회제도에는 경제제도와 정치제도, 그리고 복지제도[10]가 있다. 현대 복지국가에서는 이런 사회제도가 자본주의, 민주주의, 사회복지(보장)제도로 정착해 있다.

사회는 효율과 정의를 필요로 한다. 효율은 희소자원을 배분하는 원리이고, 정의는 생산성과를 분배하는 원리를 말한다. 사회에 존재하는 자원의 양은 유한하고 그것을 추구하는 인간의 욕구는 제한적이지 않다고 했을 때 자원의 효율적인 생산과 배분은 필수적이다. 동시에 산출된 자원을 공정하게 분배함으로써 함께 살아가는 사회구성원들의 통합을 통한 보다 나은 사회건설은 인류의 염원이다. 하지만 사회구성원은 자원의 크기를 크게 한다는 것에서는 이해관계가 일치하지만 한정된 자원의 분배를 둘러싸고는 이해관계가 대립한다. 자원을 크게 하는 것은 효율성의 관점에서 해결할 수 있다. 하지만 한정된 자원을 분배하는 문제는 정의의 관점에서 해결하여야 한다(塩野谷祐一, 2006 : 83-84).

그렇기에 사회제도로서의 경제는 효율에 중점을 두고 사회복지제도는 정의에 중점을 둔다. 마찬가지로 사회복지도 정의를 중요시하나 효율을 무시할 수 없다. 사회복지에서 효율보다는 정의가 우선일 수밖에 없는 이유는 사회복지가 추구하는 목적과의 정합성 때문이다. 경제는 효용의

10) 여기서 말하는 복지는 현대적인 의미의 사회복지를 말하는 것이 아니다. 고대 로마에서도 가난한 사람을 위해 싼 가격에 밀을 공급했고, 신라시대에도 기근이나 홍수 등 자연재해가 발생하면 그들을 위한 구휼이 있었다. 여기에서는 공동체를 형성하고 살아가는 사람들에게 필요한 사회통합적인 측면에서의 모든 활동을 복지로 이해한다.

극대화를 목적으로 하기에 이런 목적에 적합한 것은 효율성이다. 효용의 극대화는 효율성을 통해 달성되기 때문이다. 사회복지의 목적은 사회구성원의 최소생활을 보장하고 불평등을 해소함으로써 사회의 통합성 또는 사회적 공존의 가능성을 추구하기에 정의가 요구된다.

목적과의 정합성이란 하나의 제도나 정책 또는 법이 추구하는 바가 본질적인 목적에 부합한다는 의미이다. 경제에 있어 효율이 일차적인 가치인 것은 경제가 추구하는 목적에 부합하기 때문이고, 사회복지에 있어 평등이 효율에 앞서는 것은 사회복지가 추구하는 목적과의 정합성 때문이다. 이것은 평등이 효율보다 중요하다는 의미일 수 없다. 한 가치가 특정 제도나 정책의 목적과 더욱 어울린다는 의미이다. 예를 들어 보자. 2억짜리 고급 승용차와 2억짜리 버스가 있다. 둘의 가격은 같다. 하지만 목적과의 정합성에 따라 둘 중에 대한 선호는 달라진다. 관광을 위해 한 무리의 사람들을 태우고 다니기를 원하는 '버스 기사'는 버스를 원할 것이다.[11)] 반면 안락하고 편한 것을 선호하는 '회장님'은 고급 승용차를 원한다. 버스와 승용차 중 어느 것이 더 가치 있는가의 문제가 아니라 목적에 따라 중요도가 달라진다. 마찬가지로 평등이 효율보다 더 중요하다는 것이 아니다. 사회복지가 추구하는 목적으로서의 가치라는 측면에서 볼 때 평등이 효율보다 우선한다는 뜻이다.

사회복지는 효율적이기 위해 존재하지 않는다. 하지만 사회복지가 지속되기 위해서는 효율적이어야 한다. 우리 사회가 시장경제체제를 견지하는 한 더욱 그렇다. 결국 효율이라는 경제적 가치는 사회복지가 생존하기 위한 매우 중요한 수단적 가치이다(Frankena, 1984 : 140 ; 塩野谷祐一, 2006). 사회복지도 인간의 행위이고, 인간 제도이기 때문에 효율을 통한 경제성이 담보되어야 한다. 경제성이 담보되지 않은 인간 제도는 유지될 수 없다. 동시에 유한한 자원을 클라이언트의 무한한 욕구에 부응하기 위해서도 효율

11) 이런 경우 버스나 승용차는 목적이 아니라 돈을 벌거나 편하기 위한 수단이지 않는가하는 반론이 있을 수 있다. 하지만 평등과 효율도 그 자체가 목적이 아니라 복지를 향상시키고 행복하기 위한 수단일 것이다.

성이 요구된다. 더구나 현대에 있어 정책으로서의 사회복지는 경제정책과 불가분의 관계를 맺고 있다. 사회복지에서 효율성은 자신의 '지속성'을 위한 요건이다. 따라서 효율은 사회복지가 생존하기 위한 수단적 가치이다. 반면 앞에서 언급한 사회복지의 가치는 사회복지에 있어 목적으로서의 가치이다. 그런데 수단으로서의 가치는 목적을 이루기 위한 수단으로서만 가치가 있는 것이다(Taylor, 1985).[12)]

이제 평등(정의)과 효율에 대한 실질적인 논란에 대해 언급함으로써 분배정의에 대한 인식을 이해하는 데 도움을 받아보기로 한다. 사회복지학에서 평등과 효율의 문제를 다룰 때 평등과 대립되는 효율의 개념은 파레토 효율의 개념이다. 파레토 효율이란 사회적 자원을 나눌 때 다른 사람의 만족(효용)을 나쁘게 하지 않고는 한 사람의 만족을 좋게 할 수 없는 상태를 말한다. 파레토 효용이론은 복지경제학(후생경제학)에 사회적 만족을 해결하기 위한 이론적 틀을 제공하였다. 파레토 효율과 평등의 관계는 사회적 자원의 분배가 평등적이고 동시에 파레토 효율적이지 않는 한 대립적인 관계일 수밖에 없다. 하지만 이런 자원의 배분은 현실적으로 불가능하다(김태성, 1994 : 23). 파레토 효율의 가장 큰 비판은 분배의 문제를 완전히 등한시한다는 것이다. 바로 이 차원이 사회복지에서 가장 문제가 되는 부분이다. 파레토 효율은 평등 또는 형평과 효율을 완전히 분리함으로써, 즉 평등이나 형평을 배제하고 효율만을 강조함으로써 성장만 이루어진다면 문제가 없다는 경제우선주의에 이론적 기초를 제공하였다. 사회의 총체적 복지만

12) 이상의 것을 윤리학적인 논의를 통해서 보충해 볼 수 있다. 가치는 일반적으로 목적으로서의 가치와 수단으로서의 가치로 나눌 수 있는데, 목적으로서의 가치는 절대적 가치로서 상대적 가치인 수단적 가치보다 더 높은 가치이다(박선목, 1994). 그렇다면 사회복지가 추구하는 목적이 정해진다면 이 목적에 부합하는 가치는 목적에 도움이 되는 수단적 가치보다 앞선다고 할 수 있다. 결국 앞에서 논의된 사회복지의 핵심가치는 사회복지에 있어서 목적으로서의 가치가 될 것이고, 다른 것은 이 가치를 이루기 위한 수단으로서의 가치가 되어 전자가 후자보다 앞선다고 할 수 있다. 왜냐하면 목적으로서의 가치는 수단적 가치보다 더 높은 가치이며, 수단에 대한 가치평가는 목적에 대한 가치평가에 의존하기 때문이다(Sen. 1999: 148). 물론 이런 윤리학적 논의가 구체적인 정책이나 실천에서 바로 유용하게 적용되는 것은 아니다. 평등과 효율에 대한 무수한 논쟁이 아직도 계속되고 있다는 것이 이를 증명한다(Okun, 1975 ; Kuttner, 1984 ; Le Grand, 1991 ; 김태성, 1994 : 4 재인용 ; 이명표, 2006 ; 정기방, 2001 ; 최성은, 2007 등 참조).

증가된다면 아무리 불평등한 분배라도 용인되는 것이다(지은구, 2005 : 108). 결국 평등과 효율은 대립적일 수밖에 없다.

물론 효율에 대한 무한한 방치가 성장에 도움이 되는 것은 아니다. 효율을 통한 성장의 추구는 필연적으로 분배의 불평등을 초래할 것이고 한 사회가 용인할 수 있는 정도 이상의 불평등은 사회적 비용을 증가시켜 성장에 방해가 될 것이다. 자본주의의 발전에 따라 정부의 개입을 통한 재분배 정책이 당연히 받아들여지는 복지국가의 탄생과 발전이 역사적인 증거이다.

평등과 효율의 대립이 구체적인 모습으로 드러날 때 거론되는 첫 번째 논의가 평등과 경제성장의 대립이다(김태성, 1994 : 24-29 ; 송근원·김태성, 1995 : 239-245 참조). 경제학 또는 복지경제학이 강조하는 효율이 파레토 효율이고 기업이나 경제정책의 최우선순위가 이윤의 최대화라면 파레토 효율은 곧 경제성장과 동일시되는 개념으로 받아들여지고 있다. 평등을 위한 정책은 경제성장, 즉 사람들의 근로나 저축, 투자동기를 약화시켜 경제성장에 악영향을 미친다고 한다.[13] 현장 사회복지사들이 느끼는 분배정의와 관계된 측면은 평등과 근로동기의 약화가 주된 것으로 생각된다. 사회복지정책에 따른 근로동기의 약화에 대한 논의는 간단한 문제가 아니다. 김태성과 성경륭(1993)에 의하면 사회보험과 근로동기의 약화는 별 관계가 없다고 말한다. 반면 '집단별 평등'을 추구하는 공공부조의 경우 근로동기의 약화를 가져온다고 한다. 다만, 이런 경우는 공공부조의 비중이 적고, 그 대상이 근로 불가능한 경우가 많기에 근로동기의 약화는 두드러진 것이 아니라고 한다.

미국의 경우 일반국민들을 대상으로 할 때 높은 소득세율이 반드시 근로

13) 경제성장과 분배의 문제는 간단하게 결론이 내려지는 것이 아니다. 연구자에 따라 매우 다른 결과를 얻을 수 있기 때문이다. 김태성(2001 : 107)은 경제성장과 분배에 대한 이론적이고 실증적인 연구들을 종합해 "경제성장이 소득불평등을 완화시켜 주는 보장은 없다. … 경제성장만으로 분배의 문제가 해결된다면 더 이상 좋은 것이 없다. … 그러나 경제성장만으로 분배의 문제가 적극적으로 해결되기는 어렵고 경제성장은 적극적인 분배를 위한 필요조건에 지나지 않는다"고 말한다.

동기를 약화시키지는 않는다고 한다. 또 역소득세(negative income tax)[14)]의 경우 매우 상반된 연구결과가 나타난다. 어떤 경우 근로동기를 촉진시키기도 한다고 하는 반면 장기간에 걸친 연구결과에 의하면 적지만 근로동기를 감소시킨다는 연구결과가 있다. 하지만 AFDC의 연구결과와 연계시켜 생각할 때 사회복지정책에 의한 근로동기의 저하는 일반적인 것으로 받아들여진다. 그 결과 미국의 경우 1996년 AFDC가 폐지되고 TANF가 도입되었으며, EITC(근로소득지원체제)가 실시됨으로써 사회복지급여 혜택과 근로를 연계시켜 근로동기의 약화에 대비하고 있다(Gilbert, & Terrell, 2006 : 171-184 참조).

사회복지와 분배정의를 연결해 논의 가능한 또 다른 것은 사회복지급여에 의한 빈곤의 덫 또는 빈민문화[15)] 형성 문제이다. 분배정의를 이루려는 사회복지정책이 오히려 빈민들로 하여금 빈곤의 덫에 빠지게 해서 빈곤을 하나의 문화로 받아들여 빈곤의 세습화를 가져오지 않는가 하는 점이다. 빈민문화란 빈민집단이나 빈곤계층에서 볼 수 있는 특유의 생활양식, 태도, 가치관 등의 문화적 특질을 말한다. 즉, 빈곤을 하나의 생활양식으로 받아들여, 이 빈곤문화의 영향을 받는 한 계속 가난해질 수밖에 없다는 것이다(박석돈, 2005 : 97-98). 빈곤문화는 1960년대 루이스에 의해 소개되기 시작하였다. 그 후 빈곤문화이론에 대한 접근은 이념에 따른 논쟁을 가져왔고 1970년대 후반부터 하층계급이라는 용어와 관련되어 나타나기 시작하였다. 사회복지급여가 빈곤문화를 가져왔고 그것이 하층계급의 근원이라는 주장이 제기되었다. 이 또한 좌우 양 진영에서 여러 연구와 주장이 제

Oscar Lewis(1914~1970)
미국의 인류학자

14) 보장소득 프로그램의 한 범주로서 두 가지 특징이 있다. 첫째는 일정한 부조액을 소득이 없거나 거의 없는 가족에게 보장해 주는 것이고, 둘째는 그 가족의 소득이 증가함에 따라 이 최저 수준의 부조액을 어떻게 감소시킬 것인가를 결정하는 공식을 사용하는 것이다. 이 두 번째 특징 때문에 역소득세로 불린다(Gilbert, & Terrell, 2006 : 167).

15) 빈민문화란 빈민집단이나 빈곤계층에서 볼 수 있는 특유의 생활양식, 태도, 가치관 등의 문화적 특질을 말한다. 즉, 빈곤을 하나의 생활양식으로 받아들여, 이 빈곤문화의 영향을 받는 한 계속 가난해 질 수밖에 없다는 것이다(박석돈, 2005 : 97-98). 빈곤문화는 1960년대 Oscar Lewis에 의해 소개되기 시작하였다. 그 후 빈곤문화이론에 대한 접근은 이념에 따른 논쟁을 가져왔고 1970년대 후반부터 하층계급이라는 용어와 관련되어 나타나기 시작하였다. 사회복지급여가 빈곤문화를 가져왔고 그것이 하층계급의 근원이라는 주장이 제기되었다. 이 또한 좌우 양 진영에서 여러 연구와 주장이 제기되었다(박병현 · 최선미, 2001 : 197-201).

참고자료 5-1

사회복지를 위해 효율은 수단적 가치, 정의는 목적으로의 가치?

사회가 효율과 정의를 필요로 한다고 했을 때 사회제도로서의 경제는 효율에 중점을 두고 사회복지제도는 정의에 중점을 둔다. 경제가 효율을 중요시하나 공정한 분배를 말한다. 마찬가지로 사회복지도 정의를 중요시하나 효율을 무시할 수 없다. 사회에 존재하는 자원의 양은 유한하고 그것을 추구하는 인간의 욕구는 제한적이지 않다고 했을 때 자원의 효율적인 생산과 배분은 필수적이다. 동시에 산출된 자원을 공정하게 분배함으로써 함께 살아가는 사회구성원들의 통합을 통한 보다 나은 사회건설은 인류의 염원이다. 사회복지에서 효율보다는 정의가 우선일 수밖에 없는 이유는 사회복지가 추구하는 목적과의 정합성 때문이다. 경제가 효용의 극대화를 목적으로 하기에 이런 목적에 적합한 것은 효율성이다. 즉, 효용의 극대화는 효율성을 통해 달성되기 때문이다. 사회복지의 목적은 사회구성원의 최소생활을 보장하고 이를 통해 사회의 통합성 또는 사회적 공존의 가능성을 추구하는 것이다. 즉, 공정한 분배를 통한 불평등의 교정인 것이다. 그렇다면 사회복지에서는 목적과의 정합성으로 효율보다는 정의가 우선시되어야 한다. 그러면 사회복지 내에서는 사회복지정책이나 프로그램을 수립하고 분석하며 평가함에 있어 정의가 효율에 비해 우선시되고 있는가? 사회에서 경제와 사회복지의 경합이나 대체와 달리 사회복지 내에서는 정의가 효율에 앞서야 함에도 현실은 그렇지만은 않다. 사회복지 내에서도 만연되어 있는 공리주의적 사고, 경제적 사고가 원인이다.

일찍이 플라톤은 가치를 논하면서 목적으로서의 가치와 수단으로서의 가치를 구분하였다. 목적으로서의 가치는 그 차체로 원하는 것이다. 반면 수단으로서의 가치는 목적에 대한 수단으로서만 가치 있는 것이다. 사회복지의 목적이 공정한 분배를 통한 사회적 불평등에 대한 교정이라면 이런 목적을 위한 것이 정의는 목적적 가치를 가진다. 반면 효율은 수단적 가치이다. 아픈 이를 치료하려 치과에 가는 것은 목적인가 수단인가?

결국 사회복지에서 정의는 효율에 앞서며 이는 논란의 여지가 없다. 하지만 효율이 정의보다 필요 없거나 덜 중요하다는 의미가 아니다. 이가 아파 치과에 갈 때의 목적이 이를 치료하는 것이지 치과에 가는 것이 목적이 아니라고 치과에 가는 것이 중요하지 않거나 덜 중요하다고 말할 수는 없다. 이를 치료하기 위해서는 치과에 가야 한다. 다만, 치과에 가지 않고도 이를 치료할 수 있다면 치과에 가야 할 이유가 없다는 의미이다. 달리 말하면 사회복지에서 정의를 위해서는 효율을 문제 삼아서는 안 된다는 것을 의미한다. 즉, 효율적이든 아니든 정의는 이루어져야 한다. 다만, 사회복지를 위해 효율은 거의 언제나 필요하다. 이를 치료하기 위해 치과에 가야 하듯이.

사회가 하나의 유기체로서 기능을 하고 존재하려면 효율과 정의가 모두 필수적이다. 마치 인간의 몸이 에너지를 받아들여 효율적으로 작동하여야 함과 동시에 받아들인 에너지를 온몸 구석구석 적절하게 분배되어야 함과 마찬가지이다.

기되었다(박병현 · 최선미, 2001 : 197-201). 한국의 경우 빈곤문화나 하층계급이 없다는 것이 일반적인 견해이다. 외국과 달리 사회복지급여에 의존하여 살려고만 하는 사람도 없고, 자신이나 자식의 미래에 대한 전망이 있고 지위나 계층의 상향이동에 대한 욕구가 있기 때문이다(박석돈, 2005 : 100 ; 박병현 · 최선미, 2001 : 206). 하지만 1997년 경제위기 이후 장기실업자가 발생하고 있으며 빈민들이 밀집하여 있는 영구임대주택단지의 경우 슬럼화하는 징후가 있기에 관심을 갖고 지켜볼 필요가 있다(박병현 · 최선미, 2001 : 206).

이제 사회복지와 분배정의에 대한 이론적인 논의를 마무리해 보자. 분배정의는 사회의 자산을 어떻게 나누는 것이 올바른가에 대한 것이다. 분배의 몫이 누구에게나 똑같을 수 없다. 그렇기에 사람들이 자신의 정당한 몫을 가질 수 있고, 가질 때 이런 분배를 정의롭다고 말한다. 경제가 사회의 자산을 키우는 역할을 하는 것이라면 사회복지는 사회의 자산을 분배, 특히 재분배하는 사회적 기제이다. 좀 거칠게 표현하자면 사회의 자산이라는 파이를 키우는 역할은 경제이고 나누는 것은 사회복지이다. 사회복지의 가치가 인간의 존엄성에 바탕을 둔 평등, 사회적 연대성, 사회통합인 것은 사회 안에서 맡은 사회복지의 역할에 기인한다.

사회복지가 나누는 역할을 한다고 할 때는 그 기준이 분배정의일 수밖에 없다. 분배정의란 정당하고 공정하게 나누는 방식과 기준에 관한 것이기 때문이다. 그런데 사람들은 각자 자신의 이념이나 경제 · 사회적 위치 등에 따라 다른 가치관을 가지며 결국 다른 분배정의관을 가진다. 앞에서 살펴본 여러 정의론이 그 사실을 보여준다. 하지만 한 사회를 이루고 살아야 할 경우 어떻든 어느 정도 합의된 분배기준을 필요로 한다. 그렇지 않을 경우 서로 충돌하는 가치관이나 분배기준에 의해 사회의 불평등을 불공평하게 받아들이게 되고 사회는 불만과 혼란에 휩싸여 사회불안을 가져올 것이다.

한 사회의 구성원이 온전히 합의하는 분배기준을 정한다는 것은 거의 불가능한 일이다. 이에 앞서 원론적인 측면을 말한다면 분배정의는 결국 평등과 효율(형평), 그리고 적절성의 조화에 달려 있다고 볼 수 있다. 평등은 분배정의의 본질적인 부분이다. 평등을 어떻게 이해하는가에 따라 구체적인 모습은 달라지겠지만 인간 존엄성의 평등에 대한 확신, 자유의 평등과 법 앞에서의 평등은 포기할 수 없는 가치이다. 형평은 사람들에게 보다 강력한 동기를 부여함으로써 효율을 만들어 낸다. 한정된 자원을 늘리고 보다 풍요로운 사회를 만들기 위해서는 효율도 포기할 수 없는 요소이다. 적절성은 한 사회의 역사적, 현실적, 문화적 상황에 따라 정도는 다르겠지만 인간다운 삶을 가능하게 해주는 최소한의 것을 의미한다. 최소한의 인간적 삶이 인정되지 않는 사회라면 그것은 홉스가 말한 "만인을 위한 만인의 투쟁"인 자연 상태와 다르지 않을 것이고, 이런 사회는 아직 '사회'일 수 없다.

사회복지가 분배기준인 평등이나 형평, 적절성(욕구)과 어떤 관계인가? 앞에서 밝혔듯이 사회복지의 분배정의는 평등에 일차적인 무게를 두어야 한다. 사회복지의 가치가 인간의 존엄성에 바탕을 둔 평등이고 평등을 통한 사회통합이기 때문이다. 하지만 형평을 무시하지 않는다. 효율을 통한 사회의 풍요로움과 분배 몫의 확대도 포기할 수 없는 부분이기 때문이다. 물론 이를 위해 평등의 가치를 포기해서는 안 되는 것이 사회복지의 운명이다. 사회적 적절성, 즉 최소생활에 대한 권리는 역사적으로 사회복지의 존재 이유였다. 평등과 효율이 부딪히고 갈등을 겪을 때 보여줄 수 있는 하나의 기준이 최소생활에 대한 권리, 즉 적절성이다. 그런데 여기서 다시 순환적인 어려움에 도달한다. 적절성의 정도는 어디인가?

이것을 찾는 작업이 제10장에서 시도된다. 한마디로 말하면 그 사회를 이루는 구성원들의 생각이고 이념이고 가치이다. 비슷한 역사를 가진 나라 사이에서, 비슷한 경제 수준을 가진 나라 사이에서, 이웃한 나라 사이에서 다른 사회복지체제를 유지하는 이유, 다른 분배정의관에 따라 다른 분배기준을 가진 이유를 설명할 수 있는 가장 좋은 것이 바로 그 나라(사회)가 역사적인, 사회경제적인, 자연환경적인 것에 의해 형성한 그 사회구성원의 의식이라고 할 수 있기 때문이다.

참고자료 5-2

복지는 효율적이어야 한다?

갑돌이와 갑순이가 사막에서 헤어져 각자 헤매고 있다. 갑돌이는 다행히 작은 오아시스를 발견했지만 갑순이에겐 물이 없다. 지켜보던 신(神)이 '오아시스의 물을 한 양동이 퍼 갑순이에게 갖다 주어야 겠다'는 생각을 했다. 문제는 신의 양동이가 줄줄 새고 있다는 것이다.

여기서 갑돌이는 고소득층, 갑순이는 극빈층, 신은 정부다. '오쿤의 새는 양동이(Okun's leaky bucket)'라 불리는 이 비유는 미국의 경제학자 아서 오쿤의 저서 『평등과 효율』(1975)에서 비롯됐다.

정부의 양동이는 새기 마련이다. 간혹 엉뚱한 사람이 복지혜택을 누린다. "복지에 기생해 살겠다"는 사람도 생겨난다. 후진국에서는 행정 불투명과 관료의 부패까지 끼어든다. 모두 누수(협의)다. 넓게 보자. 제도를 만들고, 세금을 걷고, 복지수요를 파악해 나누어주는 공무원의 봉급도 결국 복지재정에서 나간다. 공무원들이 양동이 물을 갑순이와 나누는 마시는 것. 이 또한 누수(광의)다.

요즘 복지전달체계가 이슈로 떠올랐다. 금융위기로 새로운 빈곤층이 늘어나고 복지재정도 함께 커지면서 '이 돈이 정확하게 표적에 전달되는지'에 대한 관심도 커진 것이다. 이 와중에 서울 양천구, 용산구, 부산, 전남 해남군, 경기 양평군 등 곳곳에서 복지공무원들이 빈곤층에 줄 돈을 빼돌리다 적발되었다. 호화생활을 한 사례도 있었다.

그렇다고 해서 "이런 판국이니 복지지출을 줄이자"고 한다면 잘못된 접근이다. 한국의 복지는 아직도 너무 취약하다. 1인당 소득 1만 5,000달러 시점에서의 국내총생산(GDP) 대비 복지지출을 비교해 보면 북유럽이 25%, 서유럽은 22%다. 선진국 중에서 가장 낮은 미국도 15%이지만 한국은 7%다.

복지전달체계를 보강하는 계기로 삼아야 한다. 사실 우리 예산당국은 복지사업비는 쉽게 늘려주면서 복지인프라를 정비하는 일에는 인색했다. 복지공무원 1인당 복지대상자 수는 1300여 명으로 경제협력개발기구(OECD) 평균의 10배가량이다. 손은 모자라는데 복지서비스의 종류는 100개에 이르는 등 지나치게 복잡해졌다. 효율적으로 관리될 리 없다. 양동이의 구멍을 때워야 한다. 이 돈을 아끼다가는 더 많은 돈이 샌다. 결국 갑돌이–갑순이–신 모두가 불행해진다.

하긴 외국에서도 복지전달체계는 늘 문제다. 로널드 레이건 전 미국 대통령은 1976년 공화당의 대선후보 경선에서 '복지 여왕(welfare queen)'을 거론하며 민주당의 복지 확대를 맹비난했다. 복지 여왕이란 수십 명의 가공인물 이름으로 저소득층 식량 쿠폰을 받아 넉넉하게 생활하면서 캐딜락까지 끌고 다니는 여인. 복지누수의 대명사다.

사회안전망 문제에서 또 하나 잊지 말아야 할 것이 있다. '약간의 낭비'는 감수해야 한다는 점이다. 오쿤은 물었다.

"당신은 누수를 얼마까지 용인할 수 있겠는가? 10%, 50%, 75%? 경우에 따라선 99%?"

합리적인 정부라면 갑돌이의 오아시스는 넉넉한지, 갑순이의 갈증은 얼마나 심한지, 양동이는 얼마나 튼실한지 등을 두루 살펴 담는 물의 양을 결정할 것이다. 만약 많이 샌다면 그 양동이는 쓰기가 꺼려질 것이다. 하지만 갑순이가 단지 갈증을 느끼는 상태가 아니라 생명에 위협을 받고 있다면… 설혹 양동이에 상당히 문제가 있다 해도 물을 담기 시작할 것이다. 오쿤이 '누수율 99%'라는 극단적 답안까지 제시한 데는 이런 함의가 있다.

취약한 복지인프라에도 불구하고 사실 우리의 누수는 심각한 편이 아니다. 선진국에선 누수율(협의)을 5~10%로 본다. 5%까지는 용인 가능하며, 더 낮추려 하다가는 감시비용이 더 든다고 생각한다. 한국은 2~3%로 추정된다. 선량한 공무원이 압도적으로 많은 까닭일 게다.

회남자(淮南子)에 이르기를 그물로 새를 잡을 때 새는 그물 한 코에 걸려 잡힌다. 그렇지만 그물을 한 코만 쳐서는 새를 잡을 수 없다. 사회 안전의 그물도 마찬가지다. 복지는 우리 마음의 너그러움에 기초하고 있다. 만약 '한 방울의 누수도 허용하지 않겠다'는 식으로 복지파이프를 죄면 극빈계층은 생존의 벼랑으로 내몰리고 만다.

출처 : 동아일보(2009. 3. 18).

Chapter 06

공리주의 정의론

목적론적 윤리이론을 대표하는 공리주의(utilitarianism)는 우리의 행동 기준은 보다 많은 행복이나 쾌락을 산출하거나 보다 적은 불쾌나 괴로움을 산출하는 방식으로 이루어져야 한다고 말한다.[1] 공리주의에게 있어 가장 중요한 원리는 '공리(utility)' 또는 '최대행복'의 원리이다. 이것의 의미는 얻어지는 행복이 크면 클수록 그 행위의 윤리적 가치가 크다는 것이다.

최초의 공리주의자는 벤담이다. 그는 사회복지의 증진을 위해 헌신한 사람으로도 유명한데, 공리의 원리와 함께 최대행복의 원리를 주장하였다. 벤담의 공리주의는 쾌락은 한 가지 종류밖에 없으며 양적으로만 차이가 있을 뿐이지 질적인 차이가 없다고 주장하여 양적 쾌락주의라고 불린다. 그런데 벤담은 쾌락의 양을 계산하는 과정에서 "누구나 한 사람으로 고려되어야 하고, 어느 누구도 한 사람 이상으로 고려되어서는 안 된다"는 원칙을 천명한다. 당시 진보적 개혁사상이었던 공리주의로서는 이런 평등주의가 당연한 전제였다.

벤담의 제자인 밀은 양적 쾌락주의에 반기를 들었다. 그는 쾌락은 양뿐만 아니라 질도 중요하다고 말하여, 질적 공리주의라고 불린다. 그 결과 밀은 "만족한 돼지보다는 불만족한 사람이 낫고, 만족한 바보천치보다는 불만족한 소크라테스가 되는 것이 낫다"고 말한다. 이런 행복에 대한 질의

1) 공리주의 윤리이론에 대한 자세한 논의는 제3장을 참고하시오.

강조는 평등주의라는 입장에서 보면 퇴조를 의미한다. 돼지와 인간의 질적 차이를 정당화할 수 있다면, 밀이 직접 언급했듯이 바보천치의 행복보다는 소크라테스의 행복이 낫기에, 지적인 인간과 그렇지 못한 인간과의 차별도 정당화될 수 있기 때문이다. 그 결과 보다 지적인 사람의 판단을 그렇지 못한 사람은 따라야만 한다는 결론에 이르게 된다.

시즈윅은 개인적인 행복추구와 사회 전체의 행복 사이에 야기되는 문제점을 해결하는 데 노력한 사상가이다. 그는 궁극적인 좋음(최고선)이 인간의 공통된 목표인 행복의 증진에 있다고 주장하며 자신의 이론체계가 보편주의적인 쾌락주의라고 이름 붙였다. 이들 세 사람을 일반적으로 고전주의 공리학자들이라고 부른다.

밀은 개인의 행동에 대한 훌륭한 윤리적인 지침을 제시했으나 이것이 분배정의로 드러날 때 적지 않은 문제점을 가지고 있음을 3절에서 확인하였다. 밀은 이런 점을 의식하여 “모든 개인은 한 사람으로 계산되고, 그 이상으로 계산되지 않는다”라는 벤담의 공식을 재천명한다. 즉, 공리주의는 평등주의적 주장을 내포하고 있다. 각 개인의 효용함수가 동일하고 한계체감의 법칙이 적용된다고 했을 때 평등주의적 분배는 가장 효율적인 분배이다. 하지만 공리주의가 말하는 평등주의적 분배관에는 다음과 같은 문제가 있다. 우선 공리주의는 모든 사람의 효용의 총합을 중요시 여기기에 평등주의적 분배는 이런 집계주의에 매몰된다. 둘째, 각 개인의 효용함수가 동일하다는 것은 경험적으로 증명되기 어렵다. 하지만 만일 모든 사람의 효용함수가 동일하고 한계효용이 불변이라면 소득이 누구에게 분배되든지 그것은 전혀 상관없고 단지 총소득이 극대화될 때 총효용이 극대화된다. 고전경제학이 경제적 후생의 기준을 GNP 극대화에서 찾는 것이 바로 이 경우라고 할 수 있다. 그리고 한국의 성장 제일주의적 경제정책과 신자유주의적 경제정책이 바로 이 경우라고 할 수 있다. 결국 공리주의는 사회 전체의 효용만 높아진다면 그것이 효율적이라는 이유로 불평등한 분배도 옹호하게 될 것이다. 이것은 공리주의 비판에서 언급한 정의를 무시하는 것이다.

이에 대해 좀 더 자세히 다루어 보자. 공리주의는 효용주의, 결과주의, 집계주의의 세 가지 요소를 포함한다(Sen, 1999a : 63 ; 2001 : 85-86). 효용주의는 행위의 옳고 그름을 결정하는 것을 행위의 효용성에 두는 것을 말한다. 효용성은 본래적 가치(intrinsic value)[2]로서 판단하는데, 본래적 가치를 달성하는 데 유용하면 그 행위가 옳다는 것이다. 옳은 행위는 좋은 목적을 위해 유용한 효율적인 행위이다. 공리주의에게 있어 옳음은 일종의 효율성인 것이다. 도덕적 판단의 기준이 되는 본래적 가치를 벤담은 '쾌락'이라 말하고, 밀은 '행복'이라 말한다. 보다 많은 쾌락(행복)을 가져다주는 행위가 보다 더 도덕적이다. 결과로 오는 좋음이 쾌락이라는 육체적이고 낮은 질의 것이든, 행복이라는 정신적이고 보다 고차원의 것이든 상관없다. 이상적 공리주의자들은 쾌락이나 행복 이외에 사랑, 지식, 덕, 미 등이 목적으로서 좋은 것이라고 주장한다.

결과주의는 행위의 옳고 그름에 대한 판단은 오직 그 행위의 결과로 야기되는 결과의 선악에 의해서만 판단 가능하다고 말한다. 옳은 행위란 최선의 결과를 가져오는 행위이다. 결과주의가 효용주의와 결합될 때 모든 선택은 그것이 생산하는 효용에 의해 판단되어야 한다는 필요조건을 갖는다(Raphael, 1987 : 73). 결과주의가 현실적 유용성을 가지려면 여러 가지 행위의 결과를 정확하게 예측할 수 있어야 한다. 하지만 이런 일은 현실적으로 불가능하다. 그래서 몇몇 공리주의자는 먼 장래의 미세한 결과는 무시해도 좋다는 식으로 이 문제를 회피한다. 한편 최선의 결과라는 것도 이를 확인하기 위해서는 다른 대안의 결과도 알아야 하는데, 다른 대안들은 실제 결과가 존재하지 않으므로 비교 자체가 불가능하다. 결국 행위의 기준을 결과에만 의존한다는 것은 문제의 소지가 있다.

2) 본래적 가치란 어떤 것이 어떤 더 높은 목적의 수단으로서가 아니라 목적 자체로서 가지는 가치를 의미한다. 예를 들면 치과에 가는 행위는 그 자체로서 좋은 것이 아니라 건강한 치아를 갖기 원한다는 의미에서 가치 있는 행위이다. 즉 치과에 가는 것은 도구로서의 가치만을 갖는다. 만약 도구로서가 아니라 그 자체로서 가치가 파생한다면 이는 본래적 가치이다(Taylor, 1985 : 88-89).

집계주의는 효용주의와 결합되어 있다. 공리주의의 도덕 판단기준, 즉 행위의 도덕성 판단기준은 그 행위가 가져오는 효용의 사회적 집계치이다. 이는 '최대다수의 최대행복' 원리로서 표현된다. 효용의 합은 그 효용의 분배에 있어서의 불평등의 정도에 상관없이 최대가 되어야 한다. 이런 합계주의는 개개인의 효용이 서로 대체 가능함을 의미하며 이는 개인의 독립성과 개체성이 인정되지 않는 것이다. 이는 사회 전체의 효용 증대를 위해 개인은 희생될 수 있다는 점에서 공리주의는 개인의 존엄성을 충분히 보호하지 못한다.

공리주의가 추구하는 정의로운 소득분배는 어떠한지를 살펴보자. 공리주의는 사회 전체의 효용이 증가하면 그것은 정의로운 것이 된다고 한다. 그런데 만약 모든 사람의 효용함수가 동일하고 한계효용을 동일하게 체감한다면 소득분배가 평등하게 이루어질 경우 사회 전체의 효용이 가장 클 것이다. 하지만 개인의 효용함수는 동일할 수 없고 한계효용도 다르게 체감한다는 것은 직관적인 진실이다. 결국 공리주의 분배관은 평등한 분배를 주장할 수 없다. 오히려 불평등한 분배를 정당화한다고 볼 수 있다. 예를 들면, 별 욕심 없는 갑돌이가 동일한 소득으로부터 쾌락의 명수인 을돌이의 반도 안 되는 효용밖에 얻지 못한다면 공리주의는 을돌이에게 더 많은 소득을 분배할 것을 규정한다. 하지만 이는 우리의 일반적인 도덕적 직관과는 반대된다. 이런 결과는 공리주의가 총효용만을 중요시 여기기 때문이다.

그러므로 공리주의가 추구하는 분배는 기본적으로 '정의'와 양립할 수 없는 불공정한 윤리체계이다. 공리주의는 행복의 총량에만 관심을 기울이기에 행복의 분배 불평등을 무시하는 경향이 있다. 공리주의는 아무리 불평등하게 분배된다고 해도 총계만이 중요하다. 공리주의가 중요하게 내세우는 평등주의적인 관점이 내재적 모순으로 의미를 잃는다. 또 공리주의는 미래의 결과에만 중요성을 두고 과거에 의존하는 원리들(공적에 따른 정의, 약속을 지키는 것, 감사), 또는 시간과 무관한 것(진실을 말하는 것, 평등과 필요에 근거한 정의의 개념)은 고려하지 않는데, 이것은 불공정하다. 그 결과 공리주의는 소수집단의 행복을 무시하고 개인 간의 차이를 신중하게 다루지 않음으로써 인간의 존엄성에 부합하지 않는 결과를 가져오는 구조를 지닌다.

이렇게 볼 때 공리주의는 엄격히 말해 효용(선)을 극대화하는 것, 즉 효율을 추구하는 것이지 분배에 관한 것이 아니다. 어떻게 분배하라는 것을 말해주는 것이 아니다. 어떤 경우 선의 총량을 극대화하게 되면 부정의한 방식의 분배가 더 바람직한 것이 될 수 있다. 반면 정의는 선, 곧 재화를 분배하는 방식에 관한 것이다. 이처럼 사회복지가 불평등한 분배에 대한 사회 집합적인 접근이라고 했을 때 공리주의를 통한 분배, 즉 효율을 통한 효용의 극대화를 통한 분배는 사회복지가 추구하는 목적에 부합하는 분배관이 아니다. 따라서 사회복지의 이론적 기초가 될 수 없다. 이에 대해 塩野谷祐一(2006 : 95)은 "인간의 선호에는 사악한 것도 있을 것이고, 저열한 것도 있을 것이다. … 이런 맥락에서 볼 때 효용 개념은 도덕판단의 기준으로서 적합하지 않다"고 선언한다. 사회복지는 가치 지향적이고 도덕적 판단이 필요한 영역이므로 효용이나 효율을 통한 접근은 제고되어야 할 것이다.[3)]

3) 효율, 효용과 정의의 상충과 대립에 관한 것은 이미 앞에서 다루었다.

Chapter 07

롤즈의 정의론

공리주의로 대표되는 목적론적 윤리이론과 각을 이루고 있는 학설이 의무론적 윤리이론이다. 의무론적 윤리이론의 대표적인 것이 칸트의 윤리이론이다. 칸트 윤리이론은 정의를 통해 권리를 추구한다. 이때 판단기준이 정, 올바름이다. 사회정의[1]는 사회복지의 가장 본질적인 가치이고 목표이다.

오늘날 정의문제에 관한 한 롤즈의 패러다임을 떠나서는 논할 수 없다. 노직은 자신의 역저 『Anarchy, State, and Utopia』에서 롤즈의 정의론을 비판하기에 앞서 롤즈의 『정의론』을 밀의 저작들에 비견하는 저서로 치켜세운다. 롤즈는 자신의 정의론을 전개하면서 그 첫 절에 정의의 역할에 대해 말하고 있다. 정의의 원칙들은 "기본적인 사회제도 내에서 권리와 의무를 할당하는 방식을 제시해 주며 사회협동체의 이득과 부담의 적절한 분배를 결정해 준다."

John Rawls(1921~2002)

미국의 철학자. 하버드대학교 교수를 지냈다. 『정의론』에서 공리주의를 대신할 실질적인 사회정의 원리를 '공정으로서의 정의론'으로 전개했다. 가장 불리한 상황에 있는 사람들의 이익을 최대화하기 위해서는 사회경제적 불평등이 정당화된다는 '격차원리(隔差原理)'를 주장했다.

1. 정의론을 도출하기 위한 전제로서 인간관과 사회관

정의는 사회제도의 제1덕목으로, 정의에 의해 보장된 권리는 어떠한

1) 정의에 대한 논의가 롤즈에 이르러 사회정의와 같은 의미로 사용되기 시작하였다. 정의 자체가 개인의 문제가 아니라 개인 간의 그리고 사회 내의 문제이기 때문이다. 그리고 사회정의는 근본적으로 분배정의의 문제이다.

정치적 거래나 사회적 이득의 계산에도 좌우되지 않는다. 롤즈의 이런 정의관을 이해하기 위해서는 먼저 그의 인간관과 사회관에 대한 이해가 전제된다. 학자에 따라 정의관이 상이한 것은 그 정의관이 전제하는 인간관과 사회관이 다르기 때문이다.

롤즈가 말하는 인간은 '합리적 존재로서 자유롭고 평등한 도덕적 인간'이다. 합리적 존재라는 것은 합리적인 반성을 통해서 무엇이 자신의 선인지를, 다시 말하면 그가 추구할 합리적인 목적의 체계가 무엇인지를 결정할 수 있는 존재이다. 그렇기에 각자는 자기의 선이라고 생각하는 것을 증진시키고 자신의 이익과 능력을 보호하기를 바란다. 자유롭고 평등한 도덕적 인간에 대해서 塩野谷祐一(2006 : 104)은 다음과 같이 말한다.

> "도덕적 인간이 '자유롭다'는 것은 자신의 목적이나 관심에 따라 행복을 추구할 수 있으며, 동시에 자신을 스스로 개발하고 향상시킬 수 있다는 의미다. 또 도덕적 인간이 '평등하다'는 것은 모든 인간은 선과 정의를 실현할 능력을 평등하게 지니고, 사회적 협력에서 '존경과 배려를 평등하게 받을 권리'를 가진다는 의미다."

롤즈가 이러한 인간관을 전제로 하는 이유는 간단하다. 정의의 원칙을 도출하기 위한 가상적 상황인 '원초적 입장'[2)]에서 이루어질 '계약'에 정당성을 부여하기 위한 것이다.

롤즈가 말하는 사회관은 '질서정연한 사회'이다. 질서정연한 사회는 그 성원들의 선을 증진해 줄 뿐만 아니라 공공적 정의관에 의해 효율적으로 규제되는 사회이다. 이런 사회는 첫째, 다른 사람도 모두 동일한 정의의 원칙을 받아들인다는 것을 모든 이가 인정하고 있고, 둘째 사회의 기본제

2) 원초적 입장은 전통적인 사회계약론에서 말하는 자연 상태에 해당한다. 자연 상태는 사회규범이 없고 그것을 강제할 공적 기관이 없으며, 그 결과 누구나 자기가 하고 싶은 것을 할 자유를 누리는 상태를 말한다(Rachels, 1989 : 209-210). 홉스에게 있어 자연 상태는 비참하고 전쟁 상태이다. 결국 개인은 자기보존을 위해 서로를 해치지 않는다는 약속들을 하지 않으면 안 되며, 이 약속을 보증하는 강제력으로서 국가가 존재한다. 로크에 있어 자연 상태는 평화, 우호, 상호부조의 상태이다. 그러므로 국가는 시민의 생명과 자유 그리고 재산을 소극적으로 지켜주는 최소국가여야 한다(이재율, 1995 : 247).

도가 일반적으로 이러한 원칙을 충족시키고 있으며, 그 사실 또한 널리 주지되어 있는 그러한 사회이다. 롤즈의 인간관과 사회관은 한 쌍을 이룬다. '합리적 존재로서 자유롭고 평등한 도덕적 인격체로서의 인간'은 '질서정연한 사회'를 이루게 된다.

2. 롤즈의 정의론 : 공정으로서의 정의

롤즈는 공리주의 사상에 대한 대안으로 자신의 정의론을 전개한다고 말한다. 공리주의는 모든 개인이 만족의 최대 순수 잔여량을 달성하도록 사회가 편성될 경우 그 사회는 정당한 질서를 갖춘 것이며 따라서 정의롭다고 한다. 이런 사상은 무척 매력적인 것으로 보인다. 하지만 공리주의는 만족의 총량이 개인들에게 어떻게 분배되는지에 대해 간접적으로만 문제 삼는다. 더구나 다수의 보다 큰 선을 위해 소수의 자유와 권리가 훼손되는 것이 정당화될 수도 있다. 하지만 롤즈가 말하려는 정의는 어떤 사람들의 자유의 상실이 다른 사람들이 갖게 될 보다 큰 선에 의해 정당화되는 것을 부인한다.

1) 원초적 입장과 무지의 베일

사람은 각자가 자기 혼자만의 노력으로 살기보다는 사회 협동체를 이루는 것이 보다 나은 생활을 할 수 있다는 점에서 이해관계가 일치한다. 하지만 사회란 이해관계의 상충이라는 특성도 갖는다. 결국 이해관계의 상충을 해결하고 적절한 분배의 몫에 합의하는 데 필요한 어떤 원칙들의 체계가 요구된다. 이러한 원칙이 사회정의의 원칙이다. 정의의 원칙에 대한 합의를 도출하는 방법으로 롤즈는 사회계약론을 사용한다. 이는 하나의 가상적인 사회계약이다.

합의를 이루는 사람들은 자신의 이익 증진에 관심을 가진 자유롭고 합리적인 존재들이다. 이들 아무도 자신들이 타고난 우연의 결과나 사회적 여건의 우연성으로 인해 유리하거나 불리해지지 않는다는 점이 보장된다. 아무도 자신의 특정한 조건에 유리한 원칙들을 구상할 수 없다. 그 결과 그들의 합의는 공정한 것이 된다. 동시에 각자가 동등한 관계가 되는 원초적 입장은 이들 합리적인 존재들에게는 공정한 최초의 상황이 된다. 이처럼 공정한 최초의 상황에서 합의를 하기에 이를 '공정으로서의 정의(justice as fairness)'라고 부른다.

롤즈의 공정으로서의 정의론은 의무론적 윤리이론에 바탕을 두고 있다. 롤즈가 이것을 강조하는 것은 자신의 정의론이 '가장 합리적인 정의관이 공리주의 정의관이다'라고 쉽사리 생각하는 사회관에 반대된다는 것을 보여주기 위함이다. 공리주의가 채택한 목적론적 윤리이론은 좋음을 옳음과는 상관없이 규정하고 옳음은 그 좋음을 극대화하는 것으로 규정한다. 반면 공정으로서의 정의론은 의무론적 윤리이론이다. 의무론적 윤리이론은 좋음을 옳음과 상관없이 규정하지 않거나 옳음을 좋음의 극대화로 설명하지 않는다. 공정으로서의 정의는 두 번째 의미에서의 의무론에 속한다. 공정으로서의 정의론은 옳음이 좋음에 우선한다고 말한다. 따라서 옳음에 위배되는 좋음은 무가치한 것이다. 롤즈가 이것을 강조하는 이유는 명백하다. 공리주의를 받아들여 옳음을 좋음을 극대화하는 것으로 이해한다면 앞으로 전개할 차등의 원칙이 성립될 수 없다는 문제가 발생한다. 차등의 원칙은 '최소 수혜자에게 최대의 이익을 가져오는 경우에' 경제적 · 사회적 불평등이 용인될 수 있다는 원칙이다. 반면 공리주의는 '모든 사람의 이익을 가져온다면' 경제적 · 사회적 불평등이 용인될 수 있다고 말할 것이다. 하지만 의무론적 윤리이론은 이렇게 선을 극대화하는 것이 정의로운 제도라는 것을 말하지 않는다. 오히려 옳은 방식으로 작동하는 사회기본구조에 관심을 가진다.

롤즈의 공정으로서 정의는 순수 절차적 정의이다. 순수 절차적 정의의 공정성을 담보하는 것이 원초적 입장이라는 관념이다. 롤즈가 "로크, 루소 그리고 칸트에게서 흔히 알려져 있는 사회계약의 이론을 일반화하고 고도로 추상화한 것"이라고 자신 있게 명명한 공정으로서의 정의가 이루어지기 위해서는 평등하고 자유로운 가상적인 상황인 원초적 입장이 전제된다. 이런 가정은 최초의 상황에서 계약을 맺는 당사자들이 자신에게 유리한 계약을 맺는 것을 피하기 위한 것이다.

원초적 입장은 무지의 베일 속에서 합의된다. 무지의 베일은 사회구성원들에 의해 정의의 원칙이 채택되는 최초의 상황에 대한 철학적인 해석이다. 계약을 맺는 당사자들은 자신이 어떤 원초적 입장에 있는지 모르기에(무지) 자신의 이해관계를 떠나 자신의 도덕적 사고능력에 따라 판단하고 선택한다. 그는 다음과 같은 특수한 사정을 모른다고 가정한다.

> "아무도 자신의 사회적 지위나 계층상의 위치를 모르며, 누구도 자기가 어떠한 소질이나 능력, 지능, 체력 등을 천부적으로 타고났는지를 모른다는 점이다. 심지어 당사자들은 자신의 가치관이나 특수한 심리적 성향까지도 모른다고 가정한다."(롤즈, 2003 : 195-196)

그들이 아는 유일한 특수 사정은 그들의 사회가 정의의 여건[3]하에 있다는 것이다. 그들은 오로지 일반적인 고려사항들만으로 원칙들을 평가하게 된다. 당사자들이 자신의 특수 사정을 안다고 가정하면 그 결과는 임의적인 우연성에 의해 왜곡되고, 어떤 일정한 정의론을 성립시킬 수 없다. 공정한 합의가 이루어지기 위해서는 당사자들이 무지의 베일 속에 있을

3) 정의의 여건은 그 아래에서 인간의 협동체계가 가능하고도 필요한 정상적인 조건들로 설명될 수 있다. 이 조건들은 두 가지로 나눌 수 있다. 첫 번째는 객관적 요건으로 자원들이 협동체제가 필요 없을 정도로 풍족하거나 협동체를 이룰 수 없을 정도로 궁핍하지 않은 적절한 부족상태를 말한다. 두 번째는 주관적인 여건으로 협동의 주체들과 관련된 것이다. 당사자들은 비슷한 욕구와 관심을 갖거나 상호보완적인 요구를 가지지만 자원에 있어 상충하는 요구를 하게 된다. 하지만 이때 발생하는 이득에 대해 상호 무관심하다. 결국 한마디로 말하면 자원의 적절한 부족 상태 아래서 상호 무관심한 사람들이 사회적 이익에 대해 상충하는 요구를 제시할 경우 정의의 여건이 성립한다. 인간은 이런 상태에서 정의를 요구하게 된다.

것을 요구한다.

원초적 입장에서 당사자들은 합리적이고 서로 무관심하다는 특징이 있다. 그들은 자신의 욕구를 보다 많이 만족시켜 주고, 보다 성공적으로 실현시켜 줄 가능성이 큰 계획을 추구한다. 다만, 그들은 합리성에 한 가지 특수한 가정을 한다. 합리적 인간이란 시기심에 좌우되지 않는다는 것이다. 그는 다른 사람에게 손해만 입힐 수 있다면 자신의 손실도 선뜻 받아들이려는 그러한 자가 아니다. 무관심하다는 것은 당사자들이 서로 상대방의 이해관계에 관심이 없다는 뜻이다. 그들은 타인들의 이익을 위해 자신들의 이익을 기꺼이 희생하지 않는다는 것을 가정한다.[4)]

타인의 이득에 관심이 없는 인간에 대한 가정에서 도출되는 정의는 이기적이지 않을까? 롤즈는 상호 무관심과 무지의 베일이 결합하면 이타심과 동일한 의도를 성취할 수 있다고 말한다. 이런 두 조건을 결합시키면 원초적 입장에 있는 사람들은 각기 타인들의 선을 고려하지 않을 수 없기 때문이다.

2) 정의의 두 원칙

롤즈의 정의의 원칙은 제1원칙인 자유의 평등한 분배원칙과 제2원칙인 불평등의 원칙으로 이루어진다. 롤즈의 정의론은 자유와 평등이라는 두 가치 개념을 가지고 출발한다. 일반적으로 자유와 평등은 상호 대립하는 개념이다. 하지만 현실에서는 자유와 평등이 함께한다. 자유롭기만한 사회도 없고 평등만을 추구하는 사회도 없다. 일반적으로 엄격한 자유주의자들에게는 평등이 문제가 되지 않는다. 롤즈는 이런 자유주의를 넘어서려고 한다. 그 결과 롤즈의 정의론은 자유주의적 평등주의이다. 롤즈는 자유

4) 롤즈는 성인들(saints)의 집단체에서는 정의에 대한 논의는 발생하지 않을 것이라고 한다. 왜냐하면 그들은 종교가 정해준 하나의 목적을 위해 이기심 없이 일할 것이며 정당성 여부에 관한 모든 문제는 이러한 목적을 참조해서 해결될 것이기 때문이다.

와 평등의 갈등과 충돌을 조화로운 관계로 이해하고자 한다. 자유주의자들이 말하는 자유의 절대성에 반대해 평등을 말하며 정의론을 구사한다.

원초적 입장에 있는 당사자들은 자신을 위해 특정한 이익을 취할 수 있는 길도 없고 특수한 손해를 그대로 묵과할 이유도 없다. 결국 그는 사회적 기본 가치에 대한 평등한 분배를 요구하는 정의의 제1원칙에 합의하게 된다.

정의의 제1원칙

각자는 모든 사람의 유사한 자유체계와 양립할 수 있는 평등한 기본적 자유의 가장 광범위한 전체 체계에 대해 평등한 권리를 가져야 한다.

정의의 제1원칙이 평등한 자유의 원칙인 것은 롤즈의 정의론이 정치철학에서 출발하기 때문이다. 공정으로서의 정의는 '입헌 민주주의를 위한 철학적 입장'이다. 원칙에 의거해서 요구되는 평등해야 할 기본적 자유는 다음과 같다. 정치적 자유(투표의 자유와 공직을 가질 자유), 언론과 결사의 자유, 양심과 사상의 자유, 심리적 억압과 신체적 폭행 및 절단을 포함하는 인신의 자유(인신의 온전성), 사유 재산을 소유할 권리와 이유 없는 체포와 구금으로부터의 자유이다.

기본적 자유의 권리에 대한 평등에 바탕을 두고 사회경제적인 측면의 불평등이 용인되는 현실을 찾게 된다. 정의의 제2원칙은 사회경제적 기본 가치의 분배에 대한 것이다. 기본적 자유가 본질적으로 모든 사람에게 평등해야 한다는 것과 달리 재산 및 소득의 분배는 반드시 균등해야 할 필요가 없다.

정의의 제2원칙

사회적 · 경제적 불평등은 다음 두 가지, 즉 (a) 그것이 정의로운 저축 원칙과 양립하면서 최소 수혜자에게 최대 이득이 되고, (b) 공정한 기회 균등의 조건 아래 모든 사람에게 개방된 직책과 직위가 결부되도록 편성되어야 한다.

사회경제적인 불평등은 공정한 기회 균등의 원칙(b)과 차등의 원칙(a)이 채워진다는 조건하에서 용인된다. 공정한 기회 균등의 원칙은 한 사회의 개방된 직책과 직위가 모든 사람에게 실제로 보장되어야 한다. 이는 '형식적인 기회 균등'과는 다르다. 형식적 기회 균등은 동등한 법적 권리를 인정하나 이를 달성하기 위한 사회적 여건의 평등이나 유사성을 보장하기 위한 노력이 없다. 공정한 기회의 균등은 동일한 수준의 재능과 능력이 있고 유사한 동기를 가졌다면 사회 모든 계층의 사람들은 최초의 지위와 상관없이 동일한 성공의 전망을 가져야 한다는 것을 말한다. 이것이 정의로운 사회체계이다. 공정한 기회의 원칙이 갖고 있는 역할은 사회체계가 순수 절차적 정의에 의한 체제임을 보장하는 것이다. 정의를 향한 절차가 바르고 공정하면 그 결과도 마찬가지로 바르고 공정하게 되는 것이 순수 절차적 정의이다. 공정한 절차는 그것이 실제로 진실되게 수행될 때에만 그 결과에 공정성을 부여할 수 있다. 그러므로 공정한 기회의 균등 원칙이 실제로 적용되는 사회체제는 순수 절차적 정의의 체제이다.

최소 수혜자에게 최대의 이익이 보장될 경우에만 사회경제적 불평등을 허용하는 차등의 원칙은 최소 극대화의 원칙(maximin rule)이다.[5] 최소 극대화는 최소 중의 최대를 의미하는데, 이는 여러 대안 중 하나를 선택할 때에는 각 대안이 갖는 최악의 결과 중 가장 나은 대안을 선택하게 된다는 것이다. 이런 선택을 할 수밖에 없는 이유는 최초의 입장이 무지의 베일에 가려져 있기에 자신이 어떤 처지에 있는지 모르기 때문이다. 차등의 원칙이 만족되면 모든 사람의 처지가 평등한 최초의 상황에 비해 개선된다. 최소 수혜자에게 최대 이익을 보장하는 차등의 원칙은 복지국가의 이념을 형성하는 데 기여를 하였다.

5) 최소 극대화의 원칙은 불확실한 상황에서의 선택 규칙에 대한 것이다. 롤즈는 차등의 원칙이 최소 극대화의 기준으로 명명되는 것은 마치 극도의 위험 기피라는 가정에서 도출되는 것으로 잘못 말하는 것이라고 한다(롤즈, 2003 : 132-133). 물론 차등의 원칙이 위험 회피에 대한 극단적인 태도(롤즈, 2003 : 133)는 아니지만 최소 극대화의 원칙과 마찬가지로 불확실한 상황에서의 선택임은 사실이다.

정의의 원칙에는 축차적 서열(lexical order)이 있는데 이는 본질적인 중요성을 가진다. 그 첫 번째가 제1원칙의 우선성(자유의 우선성)이다. 평등한 자유의 원칙이 정의의 제2원칙보다 우선적이다. 기본적 자유와 권리는 사회적 · 경제적 이익을 위해 제한될 수 없다. 기본적 자유에 대한 권리는 사회의 기본구조는 평등한 자유의 원칙에 위배되지 않는 식으로 부와 권력의 불평등을 배정해야 한다는 것이다. 기본적 자유는 어떤 다른 것에 의해 제한될 수 없고 오직 자유 그 자체만을 위해서만 제한될 수 있다. 정의의 제2원칙은 서열상으로 효율성의 원칙이나 이득의 총량의 극대화 원칙에 우선해야 하며 두 번째 것인 공정한 기회 균등의 원칙이 차등의 원칙에 우선한다. 자유주의 전통 위에 서 있는 롤즈에게 있어서는 공정한 기회 균등이 보장되어 개인이 자신의 능력을 통해 보다 나은 처지에 이르는 것이 우선적이다. 이런 공정한 기회 균등이 적용된 이후에 최소 수혜자를 위해 차등의 원칙이 필요하다.

롤즈는 자신의 정의의 두 원칙을 전통적인 민주주의의 세 관념인 자유, 평등, 박애와 연결시켜, 자유는 제1원칙에, 평등은 제1원칙과 더불어 공정한 기회 균등에 있어서의 평등의 관념에, 박애는 차등의 원칙에 연결된다고 한다.

롤즈가 말하는 분배의 대상이 무엇인지를 살펴보자. 롤즈는 이것을 사회적 기본가치라고 표현한다. 기본가치는 합리적인 사람이면 누구나 갖고자 하는 것이다. 이것은 권리, 자유, 기회 및 소득과 재산, 자존감 등이다. 롤즈는 정의의 제1원칙을 통해 자유와 권리를 공정하게 분배하고, 제2원칙의 두 번째(b)를 통해 기회를 공정하게 분배하고, 제2원칙의 첫 번째(a)를 통해 소득과 재산을 공정하게 분배하고자 하는 것이다.

3) 차등의 원칙

롤즈는 자신이 말하는 공정한 기회의 원칙이 냉담한 업적주의 사회에로 나아간다는 반론에 맞서 차등의 원칙이 갖는 세 가지 측면을 말하고 있다.

첫째는 차등의 원칙이란 틀림없는 보상의 원칙은 아니지만 부당한 불평등은 보상을 해 주어야 한다는 것이다. 진정한 기회 균등을 위해서는 보다 적은 천부적 재능을 가진 사람이거나 불리한 사회적 지위를 가지고 태어난 사람에게 더 많은 관심을 가져야 한다. 차등의 원칙은 천부적 재능의 분배를 공동의 자산으로 생각하고 그 결과에 상관없이 이러한 분배가 주는 이익을 함께 나누어 가지는 데 합의한다는 것을 의미한다. 공정으로서의 정의에 있어서 사람들은 공동의 이익을 가져오는 경우에만 자연적・사회적 여건의 우연성을 이용하기로 약속한다. 이러한 제도가 정의로운 것이다.

둘째는 차등의 원칙이 호혜성의 원칙의 입장을 표현하고 있다는 것이다. 그것은 상호이익의 원칙이다. 천부적 재능을 가진 사람에게 유리한 체제는 그들에게 이중의 이득을 주는 체제이다. 천부적 재능을 가진 이들은 다른 사람들의 이익에 기여하지 않는 방식으로 이익을 얻는 권리를 가져서는 안 된다. 그들이 천부적 자질을 가질 응분의 자격이 있는 것은 아니기 때문이다.

차등의 원칙이 갖는 또 다른 이점은 박애의 원칙에 대한 해석을 제시한다는 것이다. 박애는 자유나 평등과 같은 민주적 권리라기보다는 어떤 마음의 태도요, 행동의 형식인 까닭에 그다지 특유한 정치적 개념으로 생각되지 않는다. 박애는 시민적 우애와 사회적 연대감도 의미한다. 차등의 원칙, 다시 말하면 보다 못한 처지에 있는 타인들에게 이익이 되지 않는 한 보다 큰 이익을 가질 것을 원하지 않는다는 원칙은 박애의 자연스러운 의미와 부합하는 것으로 생각된다. 박애의 이상은 가족을 넘어 때때로 보다 넓은 사회의 성원 간에는 현실적으로 기대하기 힘든 정감이나 감정의 유대를 포함한다.

4) 롤즈가 말하는 네 가지 사회체제

롤즈는 정의의 제2원칙의 의미를 나눈 후 네 가지 해석이 적용되는 사회를 열거하였다.

자연적 자유체제는 효율성의 원칙을 충족시키는 기본구조를 가지고 있으며 그 속에서 여러 직위들이 공개되어 있을 경우 초래할 결과에 상관없이 부와 소득, 권한과 의무가 공정하게 분배된 것으로 여기는 체제이다. 이들은 모든 사람이 어떠한 유리한 사회적 직위든 취할 수 있는 동등한 법적 권리를 갖는 형식적 기회 균등을 요구한다. 하지만 사회적 여건의 평등 내지 유사성을 보장하기 위한 노력이 없기에 현존하는 소득과 부의 분배는 천부적 재능과 능력의 누적된 결과이다. 결국 이 체제의 가장 뚜렷한 부정의는 도덕적 관점에서 볼 때 지극히 임의적인 요인들로 인하여 배분의 몫이 부당하게 좌우되는 것을 허용한다는 것이다(롤즈, 2003 : 112, 119).

자유주의적 평등체제는 재능이 있으면 출세할 수 있다는 이러한 요구조건에 공정한 기회 균등이라는 조건을 부가시킴으로써 부정의를 시정하려는 노력이다. 직위란 단지 형식적으로만 개방되어서는 안 되고 모든 사람이 그것을 얻을 수 있는 공정한 기회가 실제로 보장되어야 한다. 위에서 언급했듯이 동일한 재능과 능력을 가진 사람은 동일한 성공의 전망을 가져야 한다는 것이다. 이 체제가 의도하는 것은 사회적 우연성이나 천부적 운명의 영향을 경감시키고자 하는 것이다. 이런 입장은 자연적 자유체제보다는 나은 것으로 생각되지만 아직 결점이 있다. 아직도 능력과 재능의 천부적 배분에 의해 부나 소득의 분배가 결정되는 점이 허용된다는 것이다.

자연적 귀족주의는 사회적 우연을 규제하고자 하는 노력이 부족하다. 그러나 보다 큰 천부적 재능을 가진 사람들의 이익은 사회의 가난한 부류의 사람들의 선을 증진시키는 것에 의해 제한된다. 이 체제는 귀족적 의무(noblesse oblige)를 가지고 있어 상층의 사람들에게 보다 적게 주어지면 하층의 사람들도 보다 적게 가지게 될 경우에만 유리한 사람들의 보다 나은 처지가 정의로운 것으로 간주된다. 이런 입장도 자유주의적 입장과 마찬가지로 도덕적인 관점에서 볼 때 똑같이 자의적인 것이다.

민주주의적 평등(체제)은 공정한 기회 균등의 원칙과 차등의 원칙이 결합되어 이루어진다. 이 체제에 있어서는 최소 수혜자의 기대치가 향상되는 경우에만 보다 나은 사람들의 기대치가 높아지는 것이 정당화된다. 롤즈가 그리는 정의로운 사회가 바로 이런 사회이다.

5) 순수 절차적 정의로서의 롤즈의 정의론

의무론적 윤리이론에 바탕을 둔 롤즈의 정의론은 절차에 있어 공정성을 요구한다. 롤즈는 절차적 정의를 세 가지로 분류한다. 첫째는 완전한 절차적 정의이다. 완전한 절차적 정의는 다음의 두 가지 조건이 있다. ① 공정한 분할이 무엇인가에 대한 독립적인 기준이 있고, 이 기준이 절차에 선행하여 정해져 있다. ② 바람직한 결과를 가져올 절차를 고안할 수 있다. 롤즈는 케이크를 공정하게 나누는 것을 예로 든다. 어떤 한 사람이 케이크를 자르고 다른 사람들이 그보다 먼저 케이크를 집어 들게 하면 케이크를 자르는 사람은 자신의 몫을 최대로 하기 위해 가능하면 똑같은 크기로 자를 것이다. 반면 불완전한 절차적 정의는 올바른 결과에 대한 독립적인 기준은 있으나 그것을 보장할 만한 절차가 없다. 예를 들면, 형사재판의 경우이다. 재판에서는 죄 있는 사람이 유죄판결을 받고 죄 없는 사람이 무죄판결을 받아야 한다는 기준이 있다. 하지만 이런 결과를 위한 법과 제도가 있어도 그릇된 결과에 이를 수 있다. 이것은 인간의 잘못이라기보다는 우연한 여건들의 결합에 의한 것이다. 마지막으로 언급할 것은 순수 절차적 정의이다. 이 경우 올바른 결과에 대한 독립적인 기준이 없고 대신 바르고 공정한 절차가 있어서 이 절차만 제대로 따르면 내용에 상관없이 그 결과도 마찬가지로 바르고 공정하게 된다. 노름이 한 예이다.

롤즈는 분배의 몫의 문제를 순수 절차적 정의의 문제로 고찰한다. 노름의 예를 보면 내기하는 절차가 공정하고 이런 공정한 조건 아래서 자유롭게 가담한다면 이런 공정한 내기의 결과는 어떤 형식으로 분배되든 똑같이 공정한 것이 된다. 물론 이런 공정한 조건이 공정하게 이행되기 위한 정의로운 체계가 설립되고 공평하게 운영되어야 한다. 공정한 기회의 원칙이 갖는 역할이 바로 순수 절차적 정의의 체제임을 보장하려는 것이다. 순수 절차적 정의의 이점은 정의의 요구를 만족시키는 무수하게 다양한 여건과 상대적으로 변화하는 특정 인간의 지위를 계속 추적하지 않아도 된다는 점이다. 판단되어야 할 것은 사회의 기본구조의 체제이다. 만약 이 체제에 비판할 문제점이 없을 경우에, 즉 정의의 두 원칙을 받아들일 경우 사회정의의 문제에 있어 잡다한 정보나 복잡한 일상사는 상관없는 것으로 무시한다는 데 합의하는 것을 의미한다.

3. 롤즈의 정의론 비판

롤즈의 정의론이 갖는 일차적인 문제는 공정으로서의 정의라는 순수 절차적 정의론에 대한 것이다. 그의 정의론은 사회계약론에 바탕을 두고 있는데, 사회구성원이 무지의 베일에 가려진 원초적 입장에서 자유로운 결정을 내리게 되면 이런 절차가 공정하다는 것이다. 앞에서 설명한 노름이 그 예이다. 하지만 사람들이 과연 이 노름에 자발적으로 참여할 것인가의 문제가 있다. 공정한 노름이라고 모두가 다 그것에 참여할 이유는 없는 것이다. 동시에 노름에 참여하는 사람들이 그 노름의 규칙에 문제가 있다고 할지라도 자발적으로 참여할 수 있다는 것이다. 왜 모든 사람이 위험 때문에 노름을 하지 않는다고 할 수 있는가! 롤즈가 고도로 추상화한 원초적 입장이 비록 대단히 공정하고 그 결과도 매우 고무적일지라도 어떤 사람들은 참여하지 않을 수 있다. 또 어떤 사람은 위험을 감수하고라도 다른 조건을 선택할 수 있는 것이다.

롤즈가 전제하는 인간관은 칸트적인 도덕적 인간상이다. 즉, 자유롭고 평등한 인간이다. 동시에 자기 이익을 추구하는 합리적 존재이고 상호 간의 무관심한 존재를 전제한다. 사회계약론이 전제하는 자연 상태[6]가 비역사적인 한계점을 가지고 있듯이 롤즈가 말하는 인간관도 현실세계와 괴리가 있는 비현실적인 전제 위에 기초한다.

또 다른 측면에서의 비판은 센에 의해 이루어졌다. 롤즈는 평등을 위한 대상으로 자유와 사회적 기본가치를 거론하고 있으나, 센에 의하면 인간은 매우 다양한 존재이고 이런 인간을 위한 평등의 공간은 무수히 많아 어떤 특수한 공간의 평등을 논한다는 것은 한계가 뚜렷하다고 한다.

> "만약 모든 인간이 정확히 똑같다면 한 공간(예를 들어, 소득)의 평등이 다른 공간(예를 들면, 건강, 복지, 행복)의 평등과 일치하는 경향을 보일 것이다. 사실 한 공간의 평등이 다른 공간의 불평등과 양립하는 경향이 있다는 점은 '인간의 다양성'에서 비롯된 한 가지 결과이다."

한 걸음 더 나아가 센은 롤즈가 말하는 사회적 기본가치가 자유 일반의 구성요소가 아니라 기껏해야 자유의 수단으로, 개인이 각자 갖고 있는 다양한 선이념(idea of the good)을 추구하는 데 필요한 수단이나 자원으로 보인다고 비판한다.

센(2001 : 106-107)은 기본가치의 평등이 아니라 능력에 기반을 두고 정의평가를 내릴 것을 요구한다. 사람에 따라서는 기본가치나 자원 보유의 평등이 실제로 누리는 자유의 심각한 불평등과 공존할 수 있기 때문이다. 능력기반 정의평가에서 개인의 요구조건은 그가 가진 기본가치나 자원으로 평가되지 않고, 자신이 생각하는 삶을 자유롭게 선택할 수 있는 자유에 따라 평가된다. 이런 현실적인 자유는 개인들이 다양하며 대안적인 기능 조합들을 확보할 수 있는 '능력'으로 표현된다. 간단한 예를 들면, 어떤 장애

6) 자연 상태에 관한 이론은 홉스, 로크, 루소가 대표적인 사상가이다. 홉스는 자연 상태를 만인 대 만인의 투쟁 상태로 설정하고 있다. 로크는 자연 상태를 평화, 선의, 상호부조와 보존의 상태로 묘사한다. 루소는 자연 상태를 시민사회 형성 이전의 인간의 상태를 말하는데, 타인에 대한 법적, 도덕적 의무를 인지하지 못하는 동물적 상태로 설명하고 있다. 이들이 말하는 자연 상태는 그 내용이 부정적이든 긍정적이든 인간이 형성한 정치사회와의 대조를 위해 상정한 것이다.

인이 소득, 부, 자유 등의 기본가치를 많이 가지고 있으나 장애 때문에 능력에서 뒤질 수 있다. 사실 적당한 기본가치를 가지고 있으나 이것을 능력으로 전환시키기 힘든 어떤 특성(노령, 불구, 질병)으로 말미암아 빈곤의 삶을 살 수 있다. 능력은 곧 자유, 즉 대안적 기능집합을 달성할 수 있는 실질적인 자유 또는 다양한 생활양식을 누릴 수 있는 자유이다. 능력에 기반을 둔 정의평가는 접근방식이 다원론적이다. 위에서 말했듯이 하나의 동질적인 기준만 존재해야 한다는 주장은 평가의 범위를 크게 축소시킨다. 예를 들면, 쾌락(행복)에만 가치를 부여하고 자유, 권리, 창조성, 실제 생활조건에 직접적인 가치를 부여하지 않는 것은 공리주의의 약점이 될 수 있다. 마찬가지로 자유와 기본가치로 제한한 롤즈의 정의평가는 한계를 가지고 있다.

롤즈가 말하는 자유의 우선성에 대한 비판을 살펴보자. 자유의 우선성에 대한 비판은 일차적으로 개인적 자유가 정말로 그처럼 중요한 것인가이다. 왜 삶에서 생존의 문제가 될 수 있는 강한 경제적 요구의 지위가 개인적 자유의 지위보다 낮아야 하는가? '생존권'은 '자유권' 못지않게 중요하다. 정치적 자유의 권리를 경제적 평등보다 더 중요시한 것은 롤즈의 정의론이 이미 먹고 사는 문제가 해결된 '선진 산업국가'를 전제로[7] 한다고 볼 수 있다. 결국 보다 가난한 나라에서는 자유의 우선권이 상당부분 수정되어야 할 것이다.

자유의 우선성에 대한 또 다른 비판은 과연 자유의 우선성에 기회의 균등과 차등의 원칙이 종속된다면, 부와 소득의 불평등은 자유와 어떤 관계를 가지는가에 대한 것이다. 롤즈는 이에 대한 해답을 자유와 자유의 가치를 구분함으로써 피해간다. 빈곤이나 무지 그리고 수단의 결여로 인한 자유의 제약을 자유가 아닌 자유의 가치의 제한으로 간주하는 것이다.

7) "사람들이 굶어 죽어가고 있을 때 평등한 기본권과 자유의 형식적 체제를 확립한다는 것은 공허한 제스처에 불과한 것이다. … 그래서 롤즈가 전개할 정의의 두 원리는 … 자유와 권리의 행사가 무의미하지 않을 만큼 충분한 재화를 산출할 수 있는 사회에 적용되는 것이다."(황경식, 1984 : 59-60 ; 롤즈, 2003 : 694 참조)

> "자유는 평등한 시민이 갖는 자유의 완전한 체계에 의해 표현되는 반면, 개인과 단체에 있어 자유의 가치는 그 체계가 정해주는 형태 내에서 자신의 목적을 증진시킬 수 있는 그들의 역량에 의존하는 것이다. 평등한 자유로서의 자유는 모든 이에게 동일하므로 평등한 자유보다 작은 자유에 대한 보상의 문제는 생겨나지 않는다. 그러나 자유의 가치는 모든 이에게 다 동일하지는 않다. 어떤 자는 더 큰 권력과 부를 가지며 따라서 그들의 목표를 달성할 더 큰 수단을 갖는다."

자유의 가치는 자유실현의 수단이며 차등의 원칙에 따라 분배된다고 할 수 있다. 결국 자유는 모두에게 다 평등하나 자유의 가치는 불평등할 수 있다는 말이다. 자유는 평등하게 분배되지만 자유의 가치는 불평등하게 분배된다는 롤즈의 말은 이해되기 어렵다. "나는 대통령과 똑같이 자유롭다. 하지만 나는 대통령이 그의 자유를 행사하는 만큼 행사할 수 없다"는 것은 억지에 가깝다고 할 수 있다.

롤즈의 정의론이 인간의 욕구나 필요에 대한 고려가 충분하지 못하다는 비판이 있다. 또 최소 수혜자에 대한 배려가 지나친 나머지 부의 총량에 대한 감소를 감수해야 한다는 문제점을 가지고 있다. 하지만 롤즈의 정의론에 대한 가장 심한 비판은 "정의에 대해서는 말하고 있으되 정의로운 사회에 구체적으로 어떻게 도달할 수 있는지에 대해서는 침묵하고 있다"는 비판이다.

롤즈의 정의론에 대한 전반적인 비판이라고 할 수 있는 것은 그의 『정의론』 이후 부활한 '다른' 정의론이라 할 수 있다. 노직의 자유지상주의 정의론, 그리고 여러 공동체주의자들의 정의론이 롤즈의 정의론을 비판하면서 나타난 이론이다. 이런 의미에서 롤즈의 이론에 대한 자체 비판에 비해 다른 정의론은 비판인 동시에 롤즈에 대한 영광이라고 할 수 있다. 노직의 자유지상주의와 공동체주의에 대해서는 다음 장에서 살펴볼 것이다.

4. 사회복지와 롤즈의 정의론

롤즈의 정의론이 갖는 사회복지적 의미를 추적해 보자. 현대 복지국가는 민주정치제도를 통해 자유와 평등에 대한 동등한 권리를 보장한다. 기본권 중 생존권은 사회복지(정책)를 통해 책임진다. 사회복지정책은 경제적 불평등을 정치적 원리로서 풀어나가는 사회제도이다. 그러므로 롤즈가 말하는 분배로서의 정의는 사회복지와 불가분의 관계를 가질 수밖에 없다.

롤즈 정의론의 제1원칙은 기본적 자유에 대한 평등한 권리이다. 자유는 어떠한 상황에서도 불평등하게 분배될 수 없다는 것이다. 중요한 것은 자유의 우선성이다. 자유는 자유를 위해서가 아니라면 어떠한 경우에도 제한될 수 없다. 하지만 현실적으로 가난한 나라에서 경제적 생존권이 자유보다 덜 중요하다는 것을 증명할 수는 없다(Raphael, 1985 : 141). 그러므로 롤즈의 정의의 제1원칙이 적용되는 사회는 경제적으로 충분히 풍요로운 사회이면서 자유에 대한 우선적 가치를 인정하는 사회일 것이다.

제2원칙은 불평등의 용인에 대한 기준이다. 우선적으로 적용되는 것이 공정한 기회 균등이다. 기회 균등은 공정한 절차로서의 정의 원리가 적용되기 위한 장치이다. 공정한 기회 균등은 사회복지에서 매우 중요한 이슈이다. 하지만 기회 균등은 현실적으로 이루기가 매우 어려운 것이다. 롤즈는 가족제도를 예로 든다. 가족제도가 존재하는 한 그로 인한 우연성은 극복할 수 없다. 하지만 정의의 제1원칙이 적용되는 사회체제에서 차등의 원칙이 제대로 작용한다면 기회 균등의 불균형은 용인될 수 있고 용인될 수밖에 없다고 롤즈는 말한다(롤즈, 2003 : 654-655).

차등의 원칙은 분배에 있어 핵심적인 원리이다. 정의로운 제도의 체계에서 공정한 절차를 통해 분배가 이루어지면 분배의 결과는 바르고 공정하다. 하지만 이것이 '정의로운 사회'는 아니다. 정의로운 절차에 의해 분배가 이루어져도 사회 안에는 최소 수혜자가 생긴다. 이들은 ① 가족 및 계급적 기원이 다른 사람들보다 불리하며, ② 천부적 재능에서도 유리한 형편에 있지 못하며, ③ 살아가면서 운수나 행운에 있어서도 형편이 없는 사람들이다.[8] 이런 조건은 어떤 체제로도 막을 수 없는 천부적이거나 우연적인 것이다. 가족제도가 존재하는 한('정의'를 위해 가족제도를 없앨 수는 없다) 출생에 따른 불평등은 해결할 수 없다. 부모의 재능을 물려받는 것(좋은 것이든, 나쁜 것이든)을 막을 방법은 존재하지 않는다. 하지만 한 개인의 잘못이라기보다는 우연한 여건들의 결합에 의한 결과를 새롭게 분배할 필요가 있다. 이것이 차등의 원칙의 핵심이다. 최소 수혜자에게 최대의 이득을 보장하는 원리이다. 이는 사회복지가 추구하는 방향과 상통한다. 차등의 원칙은 출생이나 천부적 재능의 불평등도 보상되어야 한다고 한다. 그러기 위해 기회의 균등이 강조된다. 차등의 원칙을 적용하는 것은 최소 수혜자에게만 이득이 되기 때문이 아니다. 차등의 원칙이 만족되면 모든 사람이 이익을 본다(롤즈, 2003 : 128). 롤즈의 정의 원칙은 평등주의적 성격을 띠지만 동시에 차등주의적 요소도 있다. 정의의 원칙에 의해 용인되는 불평등은 그 자체가 유인책이 되어 보다 불리한 처지의 사람들의 처지를 향상시키는 데 기여하는 사회적 유용성에 의해 정당화된다(롤즈, 2003 : 213 ; 황경식, 1997 : 103). 그러나 평등이 우선적으로 선택되지 않는 경우에 정의는 일종의 효율성이 된다.

8) 롤즈는 천부적으로 타고난 재능도 사회의 공동자산으로 여겨 사회가 공유해야 한다고 말한다. 물론 그러한 재능의 차이는 정의나 부정의와는 관계가 없다. 정의의 문제는 이것을 처리하는 방식이다(롤즈, 2003 : 152-153).

참고자료 7-1

롤즈가 말하는 차등의 원칙이 현실에서 실험되었다는데!

학원이 또 한 곳 문을 닫았다. 경기도 용인 동백고등학교 맞은편 빌딩 2개 동에는 2007년만 해도 국 · 영 · 수 · 논술학원이 6개나 있었지만, 지금은 영 · 수 전문학원 2곳과 논술학원 1곳만 남아 있다. 학교 바로 옆이라 학원들이 잘 될 법도 하지만, 동백고 주변에는 아직 성공한 대학입시 학원이 없다.

그렇다고 동백고가 이름난 명문고도 아니다. 이 학교는 2007년 개교한 신생 학교다. 비평준화 지역인 동백고의 개교 당시 커트라인은 중학교 내신 200점 만점에 94점이었다. 인근 실업계 고교의 커트라인도 100점 이하는 드물었다. 2007년 1차 지원에는 모집인원(358명)에 미달하는 297명만이 지원했다. 사실상 '아무나 들어오는 학교'가 2년만에 '학원을 몰아내는 학교'가 된 것이다.

2007년 3월 부임한 김재흠 교장과 양영평 교감은 동백고에서 처음 교장 · 교감을 맡게 된 '초보'였다. 두 사람은 "첫 부임지니 열심히 하자"고 의기투합했지만, 학생들의 중학교 내신 성적을 보고는 입이 벌어졌다. 200점 만점에 평균 135점. 네 명 중 한 명꼴로 다른 인문계 고교에는 입학하기 힘든 120점 이하 성적이었다.

입학식이 끝나자마자 '문제 학생'들이 난동을 피우기 시작했다. 쉬는 시간마다 서로 주먹질과 힘겨루기를 해댔고, 인근 아파트 단지에서 "학생이 담배를 피운다", "노상방뇨한다"는 민원 전화가 걸려왔다. 교무실로 불려온 학생들은 교사에게 빈정거리거나 욕설을 내뱉었고, 나무라는 교사를 폭행하는 일까지 발생했다.

김 교장과 양 교감은 매일 아침저녁으로 대책을 논의했다. 두 사람은 우선 "교육의 목적을 학생 실력에 두자"는 데 합의를 보았다. 격주로 토요일 일과시간이 끝날 때마다 전체 교사 회의를 열어 2시간씩 학교 운영 방식에 대해 토론했다. 김 교장은 담임 교사들과 진지하게 얘기하는 술자리도 자주 가졌다.

마침내 결론이 내려졌다. 인문계 고교에 진학하기 힘든 성적이었던 하위권 25%에 모든 역량을 집중하자는 것이었다. 교사들은 중학교 과정을 제대로 배우지 못한 아이들을 위해 '하위권 학생용 보충자료'를 만들었다. "서울대를 몇 명 보냈냐"는 게 중요한 고교에서 상위권을 위한 심화학습 자료는 있어도 하위권을 위한 보충자료는 흔치 않았다.

교사들은 한 달 동안 중학교 교과서를 들여다보면서 문자식의 사칙연산이나 기본 회화 표현 등 고등학교 교육에 꼭 필요한 내용들을 따로 정리해 책으로 펴냈다. 책의 제목은 인기그룹의 이름을 본떠 '동백신기'라고 지었다. 하위권 학생들은 "유치하다"고 웃으면서도 자신들을 위한 맞춤 교재인 '동백신기'를 들고 다녔다.

하위권 아이들의 변신

2학기가 시작되면서 김 교장과 양 교감은 국 · 영 · 수 수준별 이동식 수업 '3+1'을 도입했다. '3+1'이란 학생들을 상 · 중 · 하로 나눈 뒤, 최하위권 학생들만을 따로 떼어 내어 별도의 반을 만든다는 것이었다.

'관용반'이라고 이름 붙여진 최하위권 학생들은 교실에 18명씩 모여 밀도 있는 수업을 받기 시작했다. 다른 학생들이 야간 자율학습을 하는 동안에도 '관용반' 학생들은 공짜로 특별 보충 수업을 받았고, '관용반' 학생들이 참가하는 야간 자율학습 교실에는 교사 1명이 함께 하면서 졸지 않고 집중하도록 도와줬다.

신기하게도 아이들이 달라지기 시작했다. "중 3때는 학교 끝나면 거짓말하고 PC방으로 달려갔다"던 1학년 이장균(16) 군은 스스로 야간자율학습에 지원했다. 이군은 "공부 잘하는 애들이랑 수업 들을 때는 '쪽 팔려서' 이해가 안 가도 질문하지 않았는데 요즘은 비슷한 친구들과 수업을 들으니 질문하기 쉽다"며 "진단평가에서도 성적이 오르기 시작했다"고 자랑했다.

1년에 네 번 치르는 학업성취도평가 결과에서도 이 학교의 성과가 드러난다. 무엇보다 학교가 집중적으로 공을 들였던 최하위권인 8 · 9등급 학생의 비율이 줄어들었다. 수학과목의 8 · 9등급 학생 비율은 지난 해 3월 13.0%에서 11월엔 8.6%로 줄었고, 영어과목의 8 · 9등급 학생 비율은 13.2%에서 6.3%로 내려갔다.

대신 최상위권인 1등급 학생 비율은 수학이 1.6%에서 2.9%로, 영어가 2.7%에서 3.4%로 늘어났다. 하위권 학생들이 공부하기 시작하면서 중상위권 학생들 성적도 함께 상승한 것이다.

하위권 아이들이 자신감을 찾자 학교 분위기도 좋아지기 시작했다. 학생들 간 폭력도 줄어들었고, 흡연율도 절반 이상 낮아졌다. 무엇보다 아이들과 선생님이 친해졌다.

학생들도 몰려오기 시작했다. 지난 해 12월 신입생 선발에서는 개교 이래 처음으로 1차 지원에서 경쟁률 미달을 벗어나 1.1 대 1이라는 경쟁률을 기록했다. 신입생들의 평균 내신성적도 2007년 137점에서 올해는 157점으로 올라갔다.

동백고등학교는 올 연말에 1회 학생들이 처음으로 대학입시에 뛰어든다. 양 교감은 1회 학생들의 3학년 진학을 앞두고 매일 밤늦게까지 학교에 남아 있다. 다음 주에는 학생들에게 모의 대학원서 접수를 시켜 대학 입시의 살벌함을 간접 체험시킬 계획이다.

"3년 농사의 마지막 단계에 들어간 느낌이에요. 결과요? 학생들을 믿는 수밖에요."

Chapter 08

자유지상주의 : 노직의 정의론

자유지상주의를 다루기에 앞서 간단하게나마 자유주의를 언급할 필요가 있다. 자유주의는 시대에 따라 다양한 스펙트럼을 갖는데, 초창기에는 이 용어가 로크적인 원리에 기초한 제도를 일컫는 말이었다. 즉, 국가로부터의 자유라는 매우 단순한 자유 개념에 입각해 있었다. 그러나 19세기 말 영국의 급진주의자들은 이와 다른 자유 개념을 발전시켰다. 그들은 공리주의에 입각하여 사람들을 비참과 무지로부터 해방시키려고 노력하며 이 목적을 위해 국가가 개입하여야 한다고 주장함으로써 고전적 자유주의와 다른 입장에 서게 되었다.

로크 이래 고전적 자유주의는 소극적 자유 또는 개인적 자유를 기본가치로 옹호하였다. 소극적 자유라고도 하는 개인적 자유란 "한 개인이 다른 사람들의 자의적인 의지에 의한 강제를 당하지 않는 상태"를 말한다. 개인의 자유에 대한 옹호는 현대에 와서 무엇과도 바꿀 수 없는 가치를 가지고 있다는 것은 누구나 인정하지만 공적인 영역을 위해 어느 선까지 제한될 수 있는가 하는 것은 계속되는 논란거리이다. 보수적이고 개인주의적인 가치를 중요시 여기는 사람들은 사생활의 영역을 가능한 한 넓히려 하고 있는 반면, 사회적 가치와 집합적 가치를 가진 사람들은 사적 영역을 축소하려는 경향이 있다. 현대의 법은 양심, 종교, 사상, 표현 등의 자유를 기본적 권리로 인정한다(이재율, 1995).

여하튼 고전적 자유주의의 전통에서 벗어나 정부의 개입과 복지국가를 옹호하는 자유주의가 등장하자 하이에크, 프리드만 그리고 노직 등은 고전적 자유주의적 전통을 주장하게 되었는데, 이를 자유지상주의(libertarianism)라고 부른다.

Robert Nozick(1938~2002)
미국의 대표적인 자유주의 철학자로 현대 자유지상주의를 대표한다. 자유지상주의는 공동체가 개인의 집합에 불과하며 개인을 위해서만 존재하므로 개인의 자유와 재산은 최대한 보장되어야 한다는 것이다. 인간은 생명, 재산, 자유에 대한 동등한 권리를 가지며 이 중에서 특히 자유에 대한 권리야말로 생명과 재산을 지키기 위한 가장 중요한 권리라고 하였다.

노직은 그의 저서 『Anarchy, State, and Utopia』(1974)를 통하여 자유지상주의의 불씨를 살렸다. 롤즈의 정의론과 노직의 분배정의관은 둘 다 기본적으로는 칸트적 의무론에 바탕을 두고 개인의 권리중심적인 도덕이론의 입장이다. 하지만 노직은 이 저서에서 롤즈의 자유주의적 평등주의에 반대하여 새로운 분배정의를 내세운다. 롤즈의 정의론은 개인의 기본권을 최우선으로 강조하나 공정한 기회 균등과 가장 낮은 계층에 대한 배려를 주장하여 평등이나 정의에 중점을 둔다. 하지만 노직의 자유지상주의 분배관은 자유를 핵심가치로 여기며 자발적 상호교환을 분배의 기준으로 삼는다.

이 저서의 주된 내용은 최소국가론과 소유권리론(the entitlement theory)[1]이다. 노직이 롤즈의 정의론에 대해 비판하며 자신의 분배정의관을 내세우는 것은 소유권리론을 통해서이다. 최소국가론과 소유권리론은 상호 밀접한 연관을 맺고 있다. 최소국가론은 바람직한 국가란 개인의 자유로운 획득이나 교환에 대해 간섭하거나 개인의 이익을 빼앗지 않는 국가이다. 소유권리론은 개인이 이처럼 국가의 간섭이나 강제적인 개입 없이 자유롭게 자신의 재산을 획득하고 교환할 수 있는 권리에 대한 것이다.

노직이 국가와 재산에 대해 관심을 기울인 배경은 그가 가장 중요시 여긴 개인의 권리를 보호하기 위한 것이다. 노직은 국가가 없는 자연 상태보다는 국가가 존재하는 것이 개인의 권리를 보다 잘 보호할 수 있다고 생각했다. 그는 개인의 권리를 침해하지 않는 국가야말로 가장 이상적인 국가로 여기게 된다. 개인의 권리를 보장하기 위한 또 다른 관심은 재산이다. 사람이 자신의 몸과 정신을 보호하고 유지하기 위해 가장 기본적으로 필

1) entitlement는 자격, 권리, 소유권, 소유권리론, 권한, 권원 등 여러 용어로 번역되고 있다. 여기에서는 소유권리론으로 표현하고자 한다.

요한 것은 기본적인 재산이다. 이것 없이는 신체와 정신을 건강하게 유지할 수 없기 때문이다. 부당하게 재산을 강탈당하면 자신의 몸과 정신을 지킬 수 없다. 그러므로 개인의 재산에 대한 소유권은 가장 기본적인 권리이고 보호받아야 한다. 노직의 최소국가론과 소유권리론은 결국 동전의 양면이다. 개인이 자신의 재산을 보호받기 위해서는 이를 보호해 줄 국가가 필요한 것이다. 동시에 이 국가는 개인의 권리에 대해 최소한의 관여만 하는 국가여야 한다(장동진 · 김만권, 2000).

1. 최소국가론

최소국가론은 자연 상태에서 출발하여 최소국가론으로 전개되는데, 개인의 권리를 보호하기 위해 도대체 국가가 존재할 필요가 있는가라는 질문으로 시작한다. 노직은 국가의 필요성은 자연 상태[2)]를 조사함으로써 해답을 얻을 수 있다고 한다(Nozick, 1983 : 23). 자연 상태에서는 개인의 권리와 자유가 충돌하고 분쟁이 발생했을 때 이러한 다툼을 해결하고 종결지으며 양 당사자로 하여금 다툼이 끝났음을 알게 할 확고한 방법이 없다. 자연 상태에서는 이처럼 개인이 자신의 권리들을 행사할 힘을 갖고 있지 못하고 자신보다 강한 적이 권리를 침해할 경우 처벌하거나 보상을 받아낼 수 없을 수 있다.

이제 사람들은 자연 상태에서 생기는 이런 문제를 해결하기 위해 다음 단계로 상호보호협회들을 형성한다. 여기에는 두 단계가 있다. 첫 단계는 단순 상호보호협회를 만들어 한 사람이 도움을 요청하면 모두가 응하게

2) 노직이 말하는 자연 상태는 홉스가 말하는 정글과 같은 상황이 아니다. 그는 자연 상태를 너무 비관적으로도(홉스처럼), 너무 낙관적으로도(맹신론적으로) 가정하지 않는다. 노직에게 있어 자연 상태는 "사람들이 일반적으로 도덕적인 억제를 행하고 당위에 따라 행위하는 무국가적 상황에 초점을 맞춘다"(Nozick, 1983 : 25).

만드는 것이다. 하지만 여기에는 두 가지 불편한 점이 있는데 우선 모든 사람이 항상 보호의 기능을 발휘하기 위해 대기 상태에 있어야 한다. 둘째는 어떤 회원도 자신의 권리가 침해되고 있거나 침해되었다고 주장하여 다른 회원들을 불러낼 수 있다. 두 번째 단계는 이런 불편함을 극복하기 위해 노동의 분배와 교환을 통해 일부 사람들이 보호적 기능을 수행하도록 고용되고, 보호라는 봉사를 파는 기업을 설립할 것이다.

처음에는 여러 상이한 보호협회들이나 회사들이 동일한 지역에서 봉사를 제공할 것이다. 그러나 경쟁을 통하여 지배적인 보호를 행사하는 지배적 보호협회가 등장할 것이다. 여기서 노직은 다음과 같은 질문을 한다. "지배적인 보호협회는 국가인가?" 사적인 지배협회와 최소국가의 차이를 노직은 베버의 전통을 빌어 두 가지로 설명하여 사적 지배협회가 최소국가가 아니라고 말한다. 첫째는 독점적 강제력이다. 사적 지배협회는 국가와 달리 아직도 어떤 사람들에게 그들의 권리를 행사하도록 허용하는 듯하다. 둘째는 보호의 보편성이다. 국가와 달리 사적 지배협회는 그의 영역 안의 모든 사람을 보호하지는 않는 것으로 보인다. 온전한 하나의 국가체제를 갖추려면 한 영역 안에서의 강제력의 독점이 있어야 하고 그 영역 안에 거주하는 모든 사람에게 보호를 제공하여야 한다.

개인의 권리를 보호하기 위해서는 자연 상태보다는 결국 국가가 존재하는 것이 낫다는 것이 노직의 설명이다. 그는 자연 상태에서 국가의 탄생까지를 하나의 의도된 기획으로 보지 않는다. 그것은 개인이 자신의 권리를 최대한도로 보호하려는 일련의 선택과정의 결과로 이해된다. 최소국가는 허용될 수 있는 국가로서는 가장 포괄적인 국가이다. 이처럼 권리보호가 노직의 국가 개념의 핵심이다.

노직의 최소국가론은 에스핑 앤더슨(Esping-Andersen, 1990)이 분류한 자유주의 국가에 이론적인 틀을 제공하였다. 국가에 의한 강제적 재분배는 보호되어야 할 개인의 자유와 권리를 침해하는 것이기에 재분배를 위한 국가의 개입을 반대한다. 복지국가의 기능을 인정하지만 복지국가의 역할이 최소한에 머물러야 한다고 주장한다.

노직의 최소국가론에 대한 비판은 여러 각도에서 이루어질 수 있지만 여기에서는 국가의 역할과 개인의 권리의 상충에 대해서만 이야기하기로 한다. 그는 최소국가가 발생하는 과정에서 개인의 권리를 침해하지 않을 것이라고 한다. 하지만 개인의 자연적 권리를 침해하지 않는 국가의 권력이란 것이 존재할 수 있을까? 국가란 본질적으로 개인의 권리를 제한할 수밖에 없다. 노직은 현실적인 측면에서 국가는 개인의 권리를 보호하는 역할만 하여야 한다고 말한다. 개인이 국가에게 내는 세금이나 의무는 자신의 권리를 보호받는 대가, 즉 수수료를 지불하는 것에 불과하다. 국가는 이 수수료를 받는 만큼 자신의 국민을 보호하면 된다. 마치 공공 경호업체나 경비업체의 모습을 보는 듯하다. 국가와 개인은 적절한 거리를 유지하며 자신의 할 일만을 하면 되는 것이다. 하지만 현대의 복지국가가 국민들에게 가지는 임무는 보다 포괄적이다. 단순히 개인의 권리를 보호하는 것을 넘어 개인의 노력이나 능력을 발휘하도록 환경을 조성하고 인센티브를 제공하며, 더 나아가 개인이 가질 수 있는 미래의 가능성까지도 일깨워 주는 것이 국가의 임무로 이해된다. 노직이 말하는 국가의 역할로는 이런 적극적인 역할을 가질 수 없다. 그러면 국가는 개인의 권리와 자유를 최대한 보호해 주는 것에 만족해야 하는가? 아니면 개인의 능력이나 활동을 고양시키기까지 해야 하는가? 사회복지가 생각하는 인간과 사회는 자유주의자들이 생각하는 인간이나 사회와 다르다. 사회복지는 인간이 사회를 이루고 살아가는 한 개인의 삶이 사회나 공동체에 보다 깊게 연관되어 있다고 전제한다. 그 결과 개인의 행복과 불행, 사회의 복지와 비복지는 구성원의 공동 노력에 의해 변화해야 하고 나아져야 한다고 믿는다. 그러므로 자유주의 복지국가 이념은 받아들여지기 어렵다.

2. 소유권리론

노직의 저서 『Anarchy, State, and Utopia』(1974) 제2부의 첫 장인 제7장 분배적 정의에 소유권리론이 나타난다. 노직은 여기에서 롤즈의 정의론을 비판하는 가운데 소유권리론을 주장한다. 물론 노직은 롤즈의 정의론을 비판하기에 앞서 롤즈에게 최대의 찬사를 보내는 것을 잊지 않는다.[3)] 노직의 소유권리론은 세 가지 원리로 이루어진다. 우선, 취득에 있어 정당하여야 한다. 둘째, 이전이 정당하여야 한다. 누구도 이 둘의 조건에 의하지 않고는 그 소유물에 대한 소유권리가 없다. 셋째, 소유물에 있어 불의의 교정의 원리이다. 즉, "어떤 사람이 다른 사람의 물건을 훔쳤거나 사취하거나, 그들을 노예화하거나, 그들의 생산물을 수탈하거나, 그들이 살고자 하는 바대로 살지 못하게 하거나 또는 교환에서의 자유경쟁을 방해하거나" 함으로써 과거의 불의가 존재한다면 이 불의는 교정되어야 한다는 것이다. 어떤 사람이 이런 세 원리에 의해 자신의 소유물에 대한 권리를 부여받았다면, 정당한 것이다. 만약 각 개인의 소유물이 정당하다면 소유물의 전체 집합, 즉 분배도 정당하다. 소유권리론은 소유의 문제를 정의의 문제라고 말한다. 소유와 분배는 다른 개념이지만 소유의 문제는 분배와 밀접한 관계를 가지고 있고 소유와 분배는 정의의 문제와 직결되어 있다.

노직의 소유권리론은 역사적인 분배정의이다. 우선 소유의 정의는 우선 최초의 취득에서 정당성을 인정받아야 한다. 노직은 소유물의 정당한 취득을 로크의 재산권 이론에서 빌려온다. 로크는 정당한 사유가 되기 위한 두 가지 조건을 제시하고 있다.[4)] 하나는 대상물에 적절한 노동을 가하면 소유가 발생할 수 있다는 것이고, 다른 하나는 "타인들 역시 사유할 수 있

3) 노직은 롤즈의 『정의론』이 정치 및 도덕철학 분야의 강력하고, 심오하며, 정교하고, 광범위한 주제를 다루고 있으며, 체계적인 저술이고 밀의 저작들 이래로 이 분야에서 비견되는 저서를 보지 못했다고 말한다(Nozick, 1983 : 251).

4) 로크와 노직의 소유권 문제는 제4장 제5절 2항과 5항에서 보다 자세히 다룰 것이다.

는 충분한 여유와 동질 정도의 좋은 것이 남겨져 있어야 한다"는 것이다. 후자의 것을 로크적 단서(the Lockean proviso)[5]라고 한다.

이렇게 최초의 정당한 획득이 이루어진 다음에는 소유물의 이전이 정당하게 이루어져야 한다. 이전에 있어서의 정의는 소유물을 정당하게 취득한 사람으로부터 정당하게 취득한 사람은 그 취득물에 대한 소유권이 있다. 이런 두 과정을 거친 소유물만이 정당한 소유물이 된다. 각자의 소유물이 정당하면 소유물 전체집합(분배)도 정당하다. 만약 이런 과정을 거치지 않은 소유물이 있다면 이런 소유 상태에 대해서는 불의의 교정이 있어야 한다. 노직의 소유권리론에 의하면 한 개인이 갖게 되는 합법적 유산이나 천부적 재능은 자신의 것이 된다. 하지만 롤즈에 의하면 이런 것들에 의한 분배는 도덕적 관점에서 볼 때 임의적이며 자의적이기에 이런 요인들에 의해 분배의 몫이 부당하게 좌우되어서는 안 된다. 즉, 소득이나 부의 분배가 역사적 · 사회적 행운이나 천부적 자산에 의해 이루어져서는 안 된다. 개인이 가진 천부적 재능은 사회적 공동자산이며 공동의 이익을 가져오는 경우에만 그런 우연성에 의한 이익을 이용하여야 한다. 그럴 경우에만 사회적 기본구조가 정의로운 제도가 된다.

마지막으로 위의 두 원리, 즉 정당한 취득과 정당한 이전이 이루어지지 않아 불의가 존재한다면 이 불의의 교정을 위한 조치가 필요하다. 그런데 아득한 과거로부터 내려온 불의의 결과를 어떻게 평가하고 고정할 것인가? 이에 대한 노직의 대답은 실망스럽다. 그는 이 문제를 해결할 수 있는 정교한 이론이나 논리를 알지 못한다고 '고백'한다. 다만, 그는 이 원리를 남겨두고 앞의 두 원리에 의해 대부분의 사유재산이 정당화된다고 보고 있다. 그는 "과거의 불의들이 너무나 과하거나 심각하여 이를 교정하기 위해 단기적으로 보아 포괄적인 국가를 필요로 할지도 모른다"는 것을 인정한다. 사실 선진국의 부가 과거 제국시대의 식민활동을 통해 이룩된 것이

5) 로크적 단서는 위의 조건 외에 "생활에 필요한 것 이상으로 취득하여 낭비해서는 안 된다"는 두 번째 조건이 있다(Locke, 1970 sec. 50 ; 이재율, 1995 : 162 재인용).

적지 않은 현실을 감안한다면 노직의 이런 미온적인 대처는 서구 지식인이 가지는 한계의 한 측면이라고 볼 수 있다.

이처럼 노직은 자신의 소유권리론이 역사적이고 비정형적(non-patterned)이란 측면에서 다른 분배정의론과 구별된다고 한다. 바로 이 두 기본원리가 롤즈의 정의론을 비판하는 주된 논조가 되고 있다. 소유권리론은 분배정의라는 측면에서 역사적이다. 하지만 기존 분베론은 현재 시간 단면(current time-slice) 원리를 포함하여 종국결과 원리(end-result principles) 또는 종국 상태 원리(end-state principles)라 부르는 비역사적 원리이다. 현재 시간 단면 원리에 따르면 분배에 있어 정의는 정의로운 분배에 대한 어떤 구조적 원리에 의해 판단할 때 물자들이 어떻게 분배되었는가(누가 무엇을 가졌는가)에 따라 결정된다. 공리주의와 복지(후생)경제학이 대표적인 현재 시간 단면의 원리에 의한 분배를 지지하는 학설이다. 이들에게 있어 중요한 것은 누가 무엇을 결국 갖게 되는가의 문제이다. 두 분배 상태를 비교할 때 구조적으로 동일한 두 분배 상태는 정의로울 수 있다는 것이 이 원리의 귀결이다. 즉, 내가 5개를 가지고 상대방이 10개를 갖든 내가 10개를 갖고 상대방이 5개를 갖든 분배 상태의 구조는 같다. 공리주의에 따르면 이런 두 분배는 총량이 같기에 모두 정의로울 수 있다. 공리주의의 비판에서 언급했듯이 누가 얼마를 갖든 행복의 총량을 문제 삼는 공리주의는 개인의 권리를 침해할 수 있는 여지가 있다. 노직은 이런 종국 결과의 원리에 따른 분배이론을 비역사적 원리라 부르며 공리주의, 복지(후생)경제학, 평등주의, 그리고 롤즈의 차등의 원칙 등을 여기에 포함시키고 있다.

대조적으로 분배의 정의에 있어 역사적 원리에 따르면 과거의 상황이나 사람들의 과거 행위는 사물에 대한 차별적인 소유 권리나 응분의 자격을 창조한다. 한 분배 상태에서 다른 분배 상태로 변했을 때 그 단면적인 모습이 같고, 구조적으로 동일한 분배 상태가 되었다고 해도 개인의 소유 권리나 응분의 자격을 침해하는 경우 불의가 저질러진다.

노직은 자신의 소유권리론이 정형적인 정의론이 아니라고 한다. 분배에

'도덕적 공과 또는 상점(moral merit)'이나 '사회에 대한 유용도' 또는 '도덕적 상점, 사회에 대한 유용도와 필요를 계측한 총합에 따른 분배' 등의 원리를 적용한다면 이것은 정형화된 분배이다. 이렇게 의도적으로 선택된 정형에 따른 분배는 개인의 권리를 침해할 가능성이 생긴다. 결국 남는 것은 자유(자발적 교환)이다. 노직은 당시 미국 농구의 대 스타 챔벌린(Wilt Chamberlain)의 경우를 예를 들어 이에 대한 증명을 시도한다. 만약 개인이 챔벌린이 출전하는 농구 경기를 보러 가면서 자유로이 입장료 중 25센트를 챔벌린을 위해 별도의 상자에 넣고, 그 결과 챔벌린이 누구보다도 많은 수입을 올렸다고 가정하자. 이 경우 이런 수입에 대한 소유권은 정당하고 이런 분배 상태는 불의하지 않다. 왜냐하면 각자는 자신의 소유물을 챔벌린에게 줄 것을 자유로이 선택했다. 그 결과 챔벌린은 그 돈을 가질 권리를 정당하게 얻었다. 누가 이런 상태를 정의라는 이름으로 불평할 수 있을까? 오직 자유를 통해서만 소유가 획득되고[6] 이전되며 그 결과 소유권이 발생한다.

정형적 원리에 의한 분배는 수취자 중심의 정의 이론이다. 이 이론은 누구에게 무엇을 줄 권리를 완전히 무시한다. 그 결과 분배적 정의에 관한 정형적 원리들은 재분배 행위를 필연적으로 동반하고 이런 재분배는 실제 개인의 권리의 침해를 가져온다.

노직의 자유지상주의는 국가와 개인의 거리를 최대한 유지하고 개인의 소유의 배타적 권리를 인정함으로써 개인의 권리를 보호하려는 소극적 자유의 이상을 이루려는 하나의 시도이다.[7] 최소국가와 개인의 자유에 대한 숭배는 롤즈에게 나타나는 정의와 평등의 가치를 부정하게 만든다. 노직은 롤즈의 정의론의 핵심인 원초적 입장과 차등의 원칙이 비역사적 · 정형적 기준을 가진 정의의 원리로 비판한다. 노직과 롤즈의 차이는 기본적으

6) 노동을 통한 소유권이라는 것은 도덕적으로 말하면 노동에 대한 나의 능력과 자유를 말하는 것이다.
7) 노직은 후에 자신의 자유지상주의 입장이 사회연대와 타인에 대한 배려를 결여하고 있다는 것을 인정하며 더 이상 이 입장을 견지하고 있지 않다고 밝혔다(塩野谷祐一, 2006 : 156 ; 장동진 · 김만권, 2000 : 195 참조).

로 그들이 상정하는 사회관의 차이이다. 롤즈가 염두에 둔 사회상은 '사회적 연합'[8]이고 노직의 사회상은 '사적 사회'[9]이다. 사적 사회란 각 개인이 자신의 몫을 크게 하고 개인적 목적을 실현하기 위한 사회조직을 말한다. 이 경우 국가는 개인의 권리를 최대한 보장하는 역할만 하면 된다. 복지국가의 역할은 제한적일 것이다. 반면 롤즈의 사회적 연합은 사회구성원이 합의하여 사회제도를 확립하고 사회적 협력에 의무감을 가지고 적극 참여한다. 이때 국가는 정의의 원리에 입각한 사회제도를 구축하고 운영하는 임무를 담당한다(롤즈, 2003 : 666-677 ; 塩野谷祐一, 2006 : 155-156).

롤즈에 대한 노직의 비판이나 사회상에 대한 이견에도 불구하고 두 이론에는 적지 않은 공통점이 보인다. 우선 두 이론 모두 정의의 우위를 강조하는 칸트적 의무론에 바탕을 두고 있다. 이 때문에 선에 바탕을 둔 목적론적 입장을 견지하는 공동체주의로부터 도전을 받고 있다. 이들 두 이론의 바탕인 의무론은 옳음의 문제가 선의 문제와 독립하여 있다는 것이다. 즉, 어떤 행위의 정당성이나 옳음의 판단은 그 행위의 결과(선)에 달려 있지 않다는 것이다. 그렇기 때문에 노직은 자신의 분배 정의론인 소유권리론을 전개하면서 과정상의 정당함을 누누이 강조하고 있다. 이런 측면에서 노직의 정의론도 절차(과정)상의 정의론이다. 둘째, 노직의 자유지상주의가 지향하는 국가가 자유롭고 평등한 개인의 권리를 보호하기 위한 것이라 할 때 롤즈의 정의론과 기본 동기에서는 크게 다르지 않다.[10] 셋째, 두 번째 이유와 맥을 함께 하는데, 노직과 롤즈는 그들 이론의 기초가

8) 롤즈가 전제로 한 사회관인 질서정연한 사회는 그 자체로 사회적 연합이다. 이곳에서는 정의로운 제도가 성공적으로 운영됨으로써 사회의 모든 성원들은 공동의 궁극 목표를 갖게 되며 그러한 제도적 형태는 그 자체로서 선으로 평가받게 된다(롤즈, 2003 : 674).

9) 사적 사회는 다음의 두 가지 특징을 가지고 있다. 첫째는 그것을 구성하는 개체들이 개인들이든 집단들이든 간에, 경쟁적이거나 혹은 독립적이긴 하지만 결코 상보적이지 않은 그들 자신의 사적인 목적을 갖는다. 둘째는 제도들은 거기에 가담하는 행위가 선이 아니라 부담으로 간주되는 까닭에 그 자체로서 어떤 가치를 갖는다고 생각되지 않는다. 그래서 각 개체는 사회체제를 자기의 사적인 목적에 대한 수단으로서만 평가하게 된다(롤즈, 2003 : 667).

10) 물론 평등과 정의를 중요시 여기는 롤즈의 정의론과 자유의 우선성을 강조하는 노직의 자유지상주의가 그 결과에서는 엄청난 차이를 가져온다는 것은 주지의 사실이다.

개인주의적 자유주의라는 동일한 뿌리를 가지고 있다. 이 두 사람은 개인의 자유와 권리를 가장 중요시하며 개인주의적인 철학적 기반을 두기에 공동체주의와 대립하는 측면을 가지고 있다.

롤즈 등 평등주의자들은 자유지상주의적 정의를 부정의라고 규정한다. 어느 누구도 뛰어난 재능을 가지고 태어나거나 부잣집에서 태어날 도덕적 자격을 가지고 있는 것은 아니기에 자연적 · 사회적 우연에 의해 분배 상태가 좌우되는 자유의 체계는 부정의하다. 롤즈는 재능과 재산에 대한 평등한 자연권이 모두에게 부여되어 있다고 전제한다. 그러므로 개인이 가지고 태어난 좋은 재능과 재산은 사회를 위해 사용되어야 한다고 주장한다. 이런 차이는 사회복지의 도덕적 기초에 커다란 영향을 미친다. 자유지상주의적 정의론을 바탕으로 할 경우 사회복지가 자리잡을 공간은 협소해질 수밖에 없다.

Chapter 09

공동체주의 정의론

1. 자유주의와 공동체주의

공동체주의는 1980년대에 등장한 사상체계이다. 200여 년간 맹위를 떨쳤던 자유주의는 1920년대 이후 소련을 비롯한 사회주의(공산주의)와 독일을 위시한 전체주의로 말미암아 그 힘을 많이 잃었다. 동시에 제2차 세계대전 전후 시작되어 1970년대 전반까지 사반세기를 이어온 복지국가의 확대와 전성기는 자유주의의 퇴조를 가져왔다. 하지만 1971년에 발표된 롤즈의 『정의론』은 평등주의라는 이념을 보완함으로써 새로운 기조로서의 자유주의의 부활을 알리는 신호였다. 바로 이 시기 시작된 석유파동과 신자유주의의 태동, 1974년 발표된 노직의 『Anarchy, State, and Utopia』는 자유주의 계통 사조의 부흥을 가져왔다. 이런 자유주의적 사회제도와 관행의 부적합성과 그 이론적 한계에 대한 비판으로서 등장한 것이 공동체주의이다. 대체로 아리스토텔레스와 헤겔의 전통을 부활시키는 성격이 짙은 이 사조의 대표자는 매킨타이어, 샌들, 왈저, 테일러 등이다. 공동체주의자들은 공리주의, 자유지상주의, 롤즈 등을 포함한 현대 자유주의 전반에 대한 비판을 제기하였는데, 특히 롤즈의 정의관에 비판의 초점을 맞추고 있다.

자유주의에 대한 공동체주의적 비판은 오랜 역사를 가지고 있다. 헤겔과 마르크스의 저작 속에서 자유주의의 소위 '근대적 전제들'을 거부하고 다원주의라는 관념 대신에 보다 공동체주의적인 유기체의 이상과 정신적으로 통일된 사회질서로 대체하려는 시도를 볼 수 있다. 자유주의는 다원주의와 관용이라는 두 가지 중요한 관념에 기초하는데, 이것이 민주주의 문화의 뿌리를 이룬다. 이런 다원주의와 타인에 대한 관용은 자유주의의 기초가 개인주의에 있음을 보여준다. 결국 좋은 사회란 어떤 공동의 목석이 지배하는 사회가 아니라 개인이 모여 자발적인 연합을 통한 자유 · 의무를 이루는 체계이다. 반면 공동체주의자들은 이런 자유주의의 원리에 의한 사회는 결코 진정한 의미의 사회가 아니라고 한다. 공동체에 의해 다스려지는 사회, 그리하여 공동체의 선 그 자체가 두드러지는 사회를 제안한다.

자유주의와 공동체주의의 대립에는 기본적으로 그들이 갖고 있는 인간관과 사회관의 차이에서 기인한다. 자유주의적 전통에 입각한 도덕철학은 개인을 추상적, 자율적, 원자적, 몰개성적 개인으로 상정한다. 그렇기에 사회는 이런 개인들로 구성되며, 중립적인 도덕원리가 지배해야 한다. 자유주의자들은 개인의 권리를 강조하고 개인을 가치의 궁극적인 원천으로 인식한다. 롤즈가 상정하는 무지의 장막에 둘러싸인 원초적 입장에서의 개인과 질서정연한 사회가 전형적인 모습이다.

자유주의의 이러한 인간관과 사회관에서 생겨나는 중요한 문제 중 하나는 국가의 중립성 문제이다. 국가는 특정한 삶의 방식을 증진시키려 해서는 안 된다. 즉, 국가가 특정 삶의 방식을 조장할 권리를 부정함으로써 모든 사람은 자신의 삶의 방식을 추구하는 평등한 자유를 가진다. 이 자유란 자유지상주의를 다루는 앞 절에서 언급했듯이 소극적 자유이다.

반면 공동체주의자들에게 있어 개인은 공동체 사회와 깊은 관계를 맺고 있는 '공동체적 자아(혹은 각인된 자아 embedded self)'이다. 사회를 구성하는 개인은 공동선을 공유하며 이들은 호혜, 신뢰, 연대 등 공동체 생활에 필요한 집단적인 가치가 개인의 정체성을 형성한다. 결국 인간은 공동체적 삶을 통해서만 도덕적, 정치적 주체로서 활동할 수 있고, 인간의 행동은 공동체적 맥락에서만 이해될 수 있다. 공동체주의에 있어 사회는 개인의 임의적인 모임이 아니다. 개인이 실체를 갖듯이 사회도 공통의 언어, 문화, 역사, 전통, 도덕의 영향을 받아 고유한 가치체계를 가진 실체이다(塩野谷祐一, 2006 : 163-165). 공동체주의자들에 의하면 도덕성의 보편적 원리라든지 이성에 의해 발견될 수 있는 정의 같은 것은 존재하지 않는다. 대신에 공동체에 대한 관심에 의해 다스려지는 사회, 그리하여 공동체의 선 그 자체가 두드러지는 사회를 제안한다.

자유주의와 공동체주의가 가지고 있는 인간관과 사회관의 차이는 그들이 주장하는 정의를 어디에 정초하여 어떻게 도출할 것인가 하는 논쟁을 불러일으킨다. 양 이론의 구성원리는 결국 정당성(정의)과 선의 관계를 어떻게 이해하느냐로 귀결된다. 롤즈와 노직으로 대표되는 현대 자유주의자들은 정당성 혹은 옳음의 문제가 좋음과 독립되어 있으며 옳음이 좋음에 우선한다는 의무론에 기초하고 있다. 이런 자유주의는 '의무론적(권리준거적) 이론'이다(이인숙, 1993 : 256 ; 박정순, 1999 : 267). 반면 공동체주의자들은 정당성의 문제는 가치의 문제를 떠날 수 없으며, 오히려 가치가 정당성 또는 옳음을 결정하는 원천이라고 이해한다. 이러한 입장은 일종의 목적론적 입장이다.

2. 공동체주의 정의론 : 왈저의 다원주의 정의론을 중심으로

공동체주의가 말하는 분배정의에 대한 논의를 여기에서는 롤즈가 말하는 정의의 우선성에 대한 공동체주의자들의 반론과 자유주의자들이 말하는 일원적 정의론에 대한 공동체주의자들의 다원적 정의론을 언급하는 것으로 한정하고자 한다.

롤즈는 정의를 사회제도의 제1덕목이라고 말한다. 하지만 공동체주의자들은 정의란 기껏해야 공동체적 가치의 증진과 분배를 위한 보조적 역할을 하는 것으로 본다. 정의는 오직 더 높은 공동체적 가치들이 파괴된 상황에서만 필요한 '교정적인 덕목'에 불과하다. 매킨타이어는 롤즈와 노직의 의무론적 정의관을 비판하며 "우리들에게 아무런 도움도 되지 않는다"고 비판한다. 도덕적 행위란 단지 규칙과 원칙에 대한 양심적인 고수가 아니라 선의 실현을 목표로 하는 덕의 실행에 있다는 것이다. 결국 매킨타이어는 선을 정당성에 우선시하는 덕의 윤리학이다. 롤즈에 대한 샌들의 비판도 '선에 대한 정의의 우선성'에 초점을 맞춘다. 선에 대한 정의의 우선성은 자아가 목적과 가치와 결속보다 언제나 우선한다는 자아관에 근거하고 있다고 해석한다.[1] 자아의 우선성이란 나의 목표, 야망, 욕구라는 것은 그것들 뒤에 있는 어떤 주체, 즉 '나'를 함축하는 것이며, '나'는 그 어떤 특성보다 앞서서 주어져 있다는 것이다. 하지만 이런 자아관은 신빙성이 없다고 주장한다. 왜냐하면 우리는 우리 자신을 공동체의 목적과 가치와 완전히 유리된 것으로 생각할 수 없기 때문이다. 샌들은 우리가 권리와 정의의 원칙이 아니라 오히려 공동선에 의해 더 잘 통치될 수 있다고 주장한다. 공동체주의 사회에 있어 정의는 그 사회가 실현하고자 하는 최고의 덕목이 아니라 기껏해야 하나의 교정적 덕목에 불과하고 그것의 가치는 교정해야 할 결함의 존재에 비례할 뿐이다(Sandel, 1982 : 31-32, 박정순, 1999 : 275 재인용).

Michael Sandel(1953~)
샌들은 자유주의와 공동체주의의 논쟁을 촉발시킨 학자로 롤스의 인간관에 초점을 맞추어 롤스의 정의론을 비판하였다.

롤즈의 정의론에 대한 공동체주의자들의 또 다른 비판은 분배에 적용되는 단일한 규범적 원리이다. 롤즈가 자신의 정의론을 구상하기 위한 무지의 베일은 공동체주의자들의 입장에서 보면 사회공동체적 공동 삶의 사회적 · 경제적 · 문화적 특수성과 개별성을 추상화함으로써 정의의 원칙을 도출해 내는 데 반드시 고려해야 할 것들을 오히려 차단하는 우를 범했다는 것이다. 분배에 관해서는 모든 사회, 모든 재화에 적용할 수 있는 단일한 규범적 원리가 없다(塩野谷祐一, 2006 : 166). 분배가 문제시되는 사회의 문화적

1) 공동체주의자들은 자유주의자들이 말하는 비연고적 자아(the unencumbered self)라는 개념에 반대하여 공동체적 자아(또는 각인된 자아 embedded self)를 말한다.

특수성을 고려해야 하고 해당 가치의 특수한 사회적 의미를 알아야 한다.

Michael Walzer
공동체주의의 대표적 철학자

이렇게 각 사회의 특수성을 감안한 분배정의는 왈저에게서 다원적 평등(또는 복합평등 complex equality)의 성취라는 모습으로 드러난다. 다원적 평등은 전제(tyranny)와 반대된다. 형식적인 어법으로 말하면, "다원적 평등이란 한 영역 안에서 혹은 다른 사회적 가치와 관련하여 시민이 지닌 어떠한 위치도 어떤 다른 영역 혹은 다른 가치와 관련된 그의 지위 때문에 침해당할 수 없다는 것을 의미한다"(Walzer, 1999 : 56). 다원적 평등이 이루어지기 위해서는 상이한 사회적 가치들이 단일한 방식에 의해서가 아니라 다양성과 다원적 기준에 의해서 분배되어야 한다. 왈저는 총 11개의 분배 영역을 제시하고 있다. 예를 들면, 의료와 같은 복지는 필요에 의하여, 부는 자유교환에 의하여 정치권력은 민주주의적 설득력과 시민의 지지에 의하여, 처벌과 명예는 공과에 의한 자발적 인정에 의하여, 교육은 기초적 교육이 제공된 이후에는 재능에 의하여 분배되어야 한다고 말한다. 다원적 평등에 의한 사회는 상이한 가치들이 독점적으로 소유될 수 있으나 특정한 가치가 다른 가치로 전환되지 않는 사회이다. 그의 다원적 평등론은 정의의 각 영역의 자율성이 인정되는 보다 "분권화된 민주적 사회주의"로 발전한 것이다.

왈저는 자신의 다원적 평등론이야말로 사회정의를 위한 '정당성의 원칙'이고 '비판적 원칙'이며 근본적인 사회비판을 위한 '급진적 원칙'이라고 역설한다. 왜냐하면 모든 사회적 가치들과 모든 개별 사회의 분배 영역에 대해서는 논란의 여지가 있을 수 있지만 나름대로의 기준들이 존재함에도 불구하고 이 기준들은 권력 있는 자들에 의해 종종 침해되고 가치들은 침탈되며 영역들은 침범되기 때문이다.

이런 다원적 평등은 개방적인 분배원칙으로 나아간다. "어떠한 사회적 가치 X도, X의 의미와는 상관없이 단지 누군가가 다른 가치 Y를 가지고 있다는 이유만으로 Y를 소유한 사람들에게 분배되어서는 안 된다"(Walzer, 1999 : 57). 경제적인 영역에서의 성공이 다른 영역에서 유리할 수 있는 가능성을 차단하는 것이다. 한국 사회에서 흔히 재계나 법조계에서의 성공이 정치계에서의 우세함으로 작용하는 현실을 감안해 볼 때 왈저의 주장은 나름의 가치를 가지고 있다고 여겨진다. 정의가 인간의 의해 고안된 것이라면, 그것이 오직 한 가지 방식으로 만들어질 수 있는 것은 아니다. 오히려 사회를 이루는 구성원들의 이해관계의 특수성을 감안하여야 하고 문화적 다양성과 정치적 선택을 논의하여야 한다. 그리고 이런 다양한 분배들은 자율적이어야 한다.

왈저의 다원적 평등론에 대한 비판은 철학적이고 인식론적인 측면을 비롯하여 다양한 방법으로 제기되었다. 여기서는 실질적이고 현실적인 측면에서 두 가지 문제점을 지적하기로 한다. 우선 상이한 가치들 사이의 전환을 금지하는 것은 개인의 자원이나 자질을 자율적으로 운용할 수 있는 자유를 침해하고 있다는 것이다. 그 결과 사회의 효율성을 감소시킬 수 있다. 또 왈저는 11개의 분배영역과 그 내부적 분배기준을 제시하는데, 이것이 결정적이고 완벽한 목록이라고 믿을 만한 근거는 없다. 더군다나 그가 제시하는 기준조차 얼마나 많은 사람이 동의할 것인가는 숙제이다.

왈저는 자신이 추구하는 정의론은 "우리가 선호하는 제도적 구성이 무엇이든 가난하고 약하고 억압받는 사람들에 대한 특별한 고려를 지향해야만 한다"고 말하며 이것을 약자를 위한 보편주의라고 명한다. 결국 그는 "국가는 기본적으로 복지국가이어야만 한다"고 주장한다. 그가 말하는 복지국가는 사회민주주의적 복지국가이다. 복지국가론 중 '복지국가에서 복지사회로'라는 주장이 있는데 공동체주의가 그 철학적 기초를 제공하고 있다. 롭슨은 그의 저서 『복지국가와 복지사회』(1979)의 결론에서 복지국가가 중앙정부, 공공기업, 그리고 상업적 사업에 권력이 지나치게 집중되었기에 시민들에게 무력감과 거리감을 준다고 지적한다. 진정한 복지국가는 복지사회가 전제될 때 가능하다. 복지사회는 국가의 간섭에서 벗어나 시민들이 지역이나 분야 간에 협조하고, 자신들의 생활과 업무를 조직하는 책임을 보다 더 많이 수행하는 지방분권화된 모습, 공동사회적 규제수단으로서의 양식 있는 여론의 압력과 여러 단체의 교섭력을 활발하게 하는 모습에서 찾을 수 있다(Myrdal, 1974 : 125 ; Robson, 1979 : 204-205).

제3장에서 언급했듯이 윤리학의 세 흐름 중 덕(탁월)을 추구하는 윤리학이란 측면에서 공동체주의 철학이 제공하는 사회복지는 인간의 잠재능력까지도 개발하는 '적극적 사회복지'의 개념이다(塩野谷祐一, 2006 : 409-410).

1971년 롤즈가 『정의론』을 발표한 이래 서양에서 이루어진 자유주의와 공동체주의의 논쟁의 역사는 도덕철학과 정치철학에 있어 본질적인 여러 측면의 대립을 보여준다. 자유주의는 개인주의에 기초하고 있기에 개인의 권리, 개인의 자유를 근본 가치로 생각하고 있으며 그들이 생각하는 개인은 이성적이고 도덕적인 개인이다. 사회는 이런 개인의 집합이지 그 자체로 어떤 실체를 가진 요소가 아니다. 그 결과 이런 개인이 하나의 사회를 이루고 살기 위해서는 이들을 묶는 일원적 또는 소수의 가치를 필요로 한다. 이것이 노직이나 하이에크 같은 자유(지상)주의자들에게는 자유이고 롤즈와 같은 자유주의적 평등주의자들에게는 평등한 자유와 사회적 기본가치의 적절한 분배이다. 각 개인이 하나나 소수의 가치에 대한 합의가 이루어지기 위해서는 올바름을 지향하는 절차상의 정의를 필요로 한다. 자유주의에 있어 정의라는 것은 결국 올바른 절차를 통한 자유나 사회적 기본가치 등 그 사회의 제1가치에 대한 공정한 분배를 의미한다.

반면 공동체주의자들에게 있어 최고의 가치는 공동선이며 공동체 자체이다. 개인은 공동체를 이루는 하나의 구성요소이다. 이들은 공동체의 공통목표와 문화를 통해 존재하며 하나가 된다. 사회는 단순히 개인의 집합이 아니라 새로운 실체로서 존재한다. 공동선을 향하는 한 각 개인의 가치는 아무리 다양하더라도 무관하다. 중요한 것은 다양한 개인의 가치가 공동선 또는 공동체의 가치로 수렴되는 것이다. 즉, 목적으로서의 선에 기여한다면 개별 가치가 인정된다. 이렇게 공동체라는 선을 지향하는 윤리관에서 정의라는 것은 다양한 영역에서 각 개인이 가진 능력(탁월)에 대한 인정이고, 자기의 영역에서 이룬 것이 다른 영역이 아닌 그 영역에서만 의미있고 가치 있게 받아들여져야 하는 다원적 정의이다.

참고자료 9-1

'제도적' 사회복지가 만병통치약인가?

평생고용 · 평생학습 · 평생복지를 축으로 하는 새로운 복지모델의 도입은 사회통합의 전제 조건이긴 해도 완결 조건은 아니다. 사회통합의 완결 조건은 '사회 품격'이다. 그런데 우리 사회의 품격은 오히려 뒷걸음질하고 있다. 상호 불신이 가중되고, 사회 · 정치적 갈등에 극한투쟁이나 폭력이 횡행하고 있다. 고조되는 우리 사회의 불신과 증오를 어떻게 다스릴 것인가?

'제도적 안전망'과 더불어 갖춰야 하는 것이 '정신적 안전망'이다. 불행에 처한 사람들한테 사회 전체가 도덕적 연민을 갖고 배려하는 문화, 인격적 존중으로 자존심을 해치지 않고 갈등을 해소해 사회 연대의식을 높여가는 인본주의적 생활관을 확산해야 한다.

가족 연대가 무너져 가지만, 그렇다고 연대에 대한 수요가 줄어든 것은 아니다. 그것이 사회 연대, 사회 배려로 대체되어야 하는데 우리는 아직 그 문턱을 넘어서지 못하고 있다.

유럽이나 미국 같은 선진국들에서 찾아볼 수 있는 지도층 · 상류층의 사회적 배려나 책무, 가령 학교나 사회단체 및 지역사회에 대한 봉사나 기부 문화가 우리 사회에는 너무 취약하다.

또 정치권이나 경제계를 넘어 종교계 · 학계 · 언론계의 정신적 지도층이 동시에 앞장서 역할을 해주어야 한다. 특히 정파적 이해관계로부터 비교적 자유로운 지식인들이 목소리를 높여 문제를 제기하고, 사회적 반향을 불러일으켜야 한다. 개인의 인격적 가치를 높여 국격(國格)을 높이는 신(新) 르네상스 운동이 지금 우리 사회에 절실히 필요하다.

경쟁의식도 과열 상태다. 100등 중의 50등만 해도 당당할 수 있는데, 5등인 사람은 물론, 2등조차 1등이 아니라서 불만과 패배감을 느낀다.

개인들 스스로 변화의 시대에 맞춰 기대 수준을 재조정해야 한다. 1인당 국민소득이 2만 달러쯤에 이르러 경제 성장이 둔화해 가면 파이가 무한정 커지지 않는다는 점을 자각해야 한다. 예전만큼 개인의 사회적 성공률도 높지 않고, 성공의 마진도 낮다. 더욱이 지금 같은 저성장 · 마이너스 성장 시대에는 고도 성장기, 완전 고용 시절의 사회적 기대가 온전히 실현될 리 없다.

변화된 상황을 인정하되, 패배의식에 빠지지 않고 떳떳하게 살아갈 수 있는 새로운 가치관의 '집단학습'이 있어야 한다.

과열 경쟁이나 과잉 기대가 결핍의 원천이다. 정부나 정치권도 성장과 복지를 단시일에 몽땅 줄 것처럼 부채질하는 정책적 과대 선전을 자제해야 한다. 그런 과잉 기대 심리를 과감히 파고들어 거품 빼는 역할에 언론이 나서야 한다.

출처 : 조선일보(2009. 2. 16. A12).

Chapter 10

소유권과 분배정의 : 소유권의 한계에 대한 이해

소유권(사적 재산권)은 기본적으로 사람 사이의 문제이고 사회적 관계의 문제이다. 그리고 그것이 법적 강제력을 수반하는 관계라는 측면에서 본질적으로 정치적 성격을 띠고 있다. 무인도에 사는 사람은 소유나 소유권에 대한 문제가 있을 수 없다. 또 소유권이 무조건적 절대권이라면 이 또한 논란의 여지가 매우 적을 것이다. 하지만 소유권은 함께 살아가는 사람들 간의 문제이고 사회적 문제인 만큼 그에 따르는 한계와 재분배를 위한 소유권 제한의 문제가 발생한다. 사회복지가 자본주의에 의한 불평등을 정치적 힘에 의한 재분배를 통해 완화함으로써 사회적 연대성과 공존을 추구하는 제도라면 소유권에 대한 정당성과 그 한계에 대한 논의가 필요할 것이다. 사회복지를 위한 재정이 일반조세나 소득재분배 성격을 가진 기여금에 의해 조성된다고 할 때, 이는 개인의 재산에 대한 국가 권력의 개입이며 개인 재산에 대한 침해가 될 수 있기 때문이다.

1. 소유권 개념의 발전

인간이 자신의 것을 남의 것과 구분되는 것으로 인지하여 자기 소유로 생각하는 것은 그 역사를 가름할 필요가 없을 것이다. 하지만 오늘날과 같은 사적 소유의 관념은 근대 유럽에서 국가 권력에 의해서 자본주의적 사유재산제도가 정착되면서 성립된 것이다(법무법인 수호 · 이영대, 2004 : 10). 사적 소유권에 대한 정당화 이론은 원시취득론, 노동투하론, 효용 · 효율론, 자연권론, 자유옹호론, 필요론 등 다양하다(황경식, 2006 ; 塩野谷祐一, 2006 : 239).

고대 그리스의 철학자 중 재산의 취득이나 돈에 대한 언급을 한 철학자는 찾아보기 힘들다. 플라톤은 좀 극단적이기는 하지만 통치자나 철학자는 자신의 가정마저 소유하지 않고 공동생활을 해야 한다고 말한다. 아리스토텔레스는 돈을 버는 행위를 가계에 필요한 것을 제공한다는 목적에 대한 수단으로 여긴다. 그는 마이다스 왕의 우화를 통해 돈이 수단이 아닌 목적으로 여기는 것의 어리석음을 지적한다. 아리스토텔레스에 의하면 필요를 위한 재화 취득은 자연스러운 일이나 돈 그 자체를 위해 돈을 버는 것은 부자연스럽고 그릇된 것으로 여겼다(황경식, 2006 : 11-12).

구약성서에서 사유재산권은 인정되지 않는다. 만물은 하느님의 소유로 나타난다(출애굽기 19장 5절). 특히 토지에 관한 한 그 규정은 매우 구체적이고도 강하다. 땅은 다 하느님의 소유이고 이스라엘 백성은 지파별로 그것을 하느님에게서 분배받아 사용하는 것이다. 누군가 어려움 때문에 땅을 다른 사람에게 팔았다면 그는 되돌려 땅을 살 권리가 있다. 하지만 그런 여유가 없다면 친척이 대신 사서 되돌려 주어야 하고 그런 친척마저 없다면 매 50년마다 돌아오는 희년에 땅을 되돌려 받을 수 있다. 50년마다 돌아오는 희년에는 그동안 있었던 토지 소유권의 변동을 처음으로 되돌려 주어야 한다. 땅은 그것의 주인이 하느님에게서 받은 영구 소유지이기에 사고 팔 수 없는 것이기 때문이다(레위기 25장 8~34절).[1] 이처럼 성서에 나타나는 사유재산권의 개념은 오늘날 사용되는 의미와 다르다. 즉, 영구적인 소유권의 양도는 불법이었다(윤철홍, 1995 : 7).

1) 이런 규정 때문에 토지의 가격은 그 땅의 경제적 가격만이 아니라 희년까지 얼마나 남았는가에 따라 다르다(레위기 25장 15절). 이런 희년 규정은 토지와과 성 밖의 주택, 마을에 딸린 목장에는 집에는 적용되나 성곽도시 안에 있는 주택에는 적용되지 않는다(레위기 25장 29~34절).

신약성서에 나타나는 예수의 가르침도 구약성서의 흐름에 준한다고 볼 수 있다. 예수는 구약의 율법이나 예언서의 말씀을 완성하러 왔다고 자신을 소개하고 있으며(마태오 5장 17절), 재물을 땅이 아닌 하늘에 쌓으라고 말하고 있다(마태오 6장 19절). 하늘나라에 들어가기 위해서는 재물을 다 팔아 가난한 이들에게 나누어 주어야 한다고 가르친다(마태오 19장 21절). 초기 그리스도교 공동체는 공동생활을 하였는데, 그것은 그들이 세상의 종말을 매우 현실적으로 느끼고 있었기에 가능하였다. 결국 예수의 가르침이나 초기 그리스도교에서는 소유에 대한 집착이나 개인 재산권에 대한 생각은 보이지 않는다.

로마법에 나타나는 소유권 관념은 개인주의적이며 자유주의적인 것으로 근대 이후의 자본주의적 사적 소유권에 매우 유사한 개념이다. 하지만 상린(相隣)관계에 의한 소유권 제한, 종교적 차원에 의한 제한, 공공의 이익을 위한 제한들이 있었다(윤철홍, 1995 : 29-30). 반면 고대 게르만법에서는 집단주의에 기초한 공동체의식에 부합하는 집단주의적 소유권 개념이 있었다.

중세의 신학자 토마스 아퀴나스는 아리스토텔레스의 견해를 받아들였다. 특히 그는 굶주려 죽어가는 이에게 먹을 것을 주지 않는 것은 그를 살해하는 것이나 마찬가지라고 한다. 더 나아가 그는 "필요를 참지 못해 훔치는 것은 합법적인가 어떤가?"라는 질문에 이어 이에 대한 답으로 가히 혁명적인 견해를 밝힌다. 그는 '재산에 대한 자연법적 견해'를 통해 "어떤 사람이 자신의 필요에 못 이겨 타인의 재산을 공개적으로나 비밀리에 취함으로써 이를 채우는 것은 합법적이며 이는 절도나 도둑이라고 말할 수 없다. 이웃의 절실한 필요를 구제하기 위해 타인의 재산을 비밀리에 취하는 것도 마찬가지이다"라고 했다. 결국 개인의 재산권이란 절대적인 것이 아니라 일정한 한계를 갖는다는 것이다. 특히 아퀴나스에 의하면 타인의 절대적 필요 앞에서는 그 한계가 분명하다. 누군가가 자신의 필요 이상을 가지고 있으면서 타인의 필요에 응하지 않을 때 그의 잉여 소유물은 타인의 필요를 위해 그의 의지에 관계없이 이용될 수 있다는 것이다.

근대에 들어 소유권에 대한 개념이 본격적으로 발전하게 된 것은 자본주의의 발전과 민족국가의 성립에 의해서이다. 근대적 소유권 개념도 자연법사상에 바탕을 두고 발전하였는데 최초의 근대적 자연법론자는 그로티우스였다. 그는 선점과 동의라는 개념을 소유권 개념의 기초로 삼았다. 세계는 원래 신으로 물려받은 것으로 공동소유였는데 인간이 타락하면서 사유권이 생겼다고 한다. 사적 소유권은 먼저 자신의 것으로 점유함으로써 그 권리가 시작된다. 하지만 보다 중요한 것은 모든 이들이 동의한 것으로 볼 수 있는 선점이다. 이처럼 사적 소유권을 자연법적으로 정당화시켰지만 동시에 공동소유에 바탕을 둔 권리도 인정한다. 그 첫 번째가 '필요권'이다. 곤궁에 처한 사람은 타인의 재산이나 공동의 재산을 취할 수 있다는 것이다. 둘째는 '무해사용권'이다. 타인에게 해를 입히지 않는 한 타인의 물건이라도 사용할 권한이 있다는 것이다. 물론 그로티우스의 이런 생각은 개인의 사적 소유물에 일반적으로 적용한 것이 아니라 토지와 물 등 이른바 공공재적 성격을 갖는 것에 대한 것이다. 그는 주권자들이 실정법을 통해 사적 소유권을 제한할 수 있다고 보았다. 홉스의 이론도 유사하다. 그는 원천적으로 세계를 공동소유로 본다. 선점의 권리를 인정하나 계약에 의한 국가 질서의 성립과 국가 주권자에 의한 소유권 인정을 중요시 여긴다. 홉스도 필요권을 인정하는데 자기보존의 권리가 가장 우선적이기 때문이다. 그렇기에 백성들은 주권자에게 자기보존을 청구할 수 있고 주권자는 이에 대하여 응답할 도덕적 의무가 있다.

Hugo Grotius(1583~1645)

네덜란드의 법사상가 · 국제법학자. 생리적 · 사회적인 인간 본성에 입각한 자연법론을 제창하고 국제법의 기초를 확립하였다. 자연법의 아버지 국제법의 아버지로서 높이 평가되고 있다.

그로티우스 등이 세계를 공동소유에서 출발한 것과 달리 푸펜도르프는 세계를 주인 없는 상태로 보고 여기에서 출발하여 소유권 질서가 창출한다고 말한다. 그는 선점이 사적 소유권의 발생 근거가 아니라 인간 상호간의 동의를 필요조건으로 본다. 푸펜도르프는 필요권을 직업이 없고 부자로부터 자선도 받지 못하며 국가로부터 구호를 받지 못하는 경우에만 그 권리를 인정한다. 이런 필요권의 정당화를 상호동의에서 이끌어 낸다. 즉, 무단히 굶어 죽는 것을 방치하는 제도는 그 누구도 동의하지 않을 것

Samuel Pupendorf
(1632~1694)

독일의 법사상가. 그로티우스와 홉스의 소설(所說)을 비판적으로 섭취하고 인간 본성에 관한 고찰과 사회계약론에 입각하여 법의 각 영역의 구체적인 규정을 포함한 정치(精緻)한 자연법체계를 구축했다. 독일 계몽기의 자연법론의 선도적인 역할을 하였다.

이기 때문이다. 이런 필요권은 비록 초기 형태이지만 사회복지가 말하는 최소생활에 대한 권리를 뒷받침해 줄 수 있는 이론으로 볼 수 있다.

2. 로크에 의한 소유권 정당화

근대 소유권 논의의 본격적인 출발점은 로크이다. 로크는 인간이 갖는 자신의 보존에 대한 권리에서 소유권에 대한 논의를 시작한다. 인간이 자기보존의 권리를 갖는다면 자기보존을 위해 자연이 제공하는 것에 대해서도 권리를 갖는다. 또한 하느님은 인간에게 땅을 공유물로서 주셨다고 한다. 로크는 자기보존의 권리와 자연의 공유(共有)사상에서 출발하여 개인의 소유권에 대한 정당화에 답한다. 로크가 사유권에 대한 정당화를 위해 사용하는 개념은 노동이다.

사람은 자기 자신의 몸에 대해서는 소유권을 가지고 있다. 당연히 자신의 신체에 의한 노동과 손의 작업도 자신의 것이다. 그렇다면 누군가가 공유인 자연에 자신의 노동을 가한다면 그것은 그의 것이 되고 타인의 권리가 배제된다. 여기서 로크는 그로티우스나 푸펜도르프가 사유권을 위한 필수조건으로 제시한 동의에 대해 반대한다. 타인의 동의를 받지 않았기에 아무런 권리가 없다면 인간은 이미 굶어 죽었을 것이라고 한다. 나의 소유권이 되는 것은 타인의 동의가 아니라 나의 노동에 의해서라는 것이다.

인간이 자기보존을 위해 가장 요긴한 것은 자유이다. 로크에 의하면 자유는 생명을 위협하는 위험에서부터 벗어나고, 생명을 유지하는 데 필수적인 식량을 획득하는 노동을 가능하게 한다. 식량은 소유권 개념의 중추를 이룬다. 로크에게 있어 자유는 소유물에 대한 지배권으로 표현되며 한 개인의 자유는 그가 가진 재산으로 표현된다. 결국 (정당한 전쟁에서 포로가 되어) 노예 상태가 된 노예들은 생명과 자유와 자산을 몰수당하였기에, 그 상태에서는 시민사회 일원으로 생각될 수 없다. 시민사회의 주된 목적은 재산의 모호이기 때문이다. 이처럼 로크는 인간의 본질적인 구성요소로 자유와 소유를 말한다. 이 두 요소가 자본주의의 핵심요소임은 두말할 필요가 없다.

3. 재산권의 한계

로크가 노동을 통한 소유권을 주장하고 있지만 여기에는 두 가지 제한 조건(로크적 단서, The Lockean Proviso)이 있다. 하나는 다른 사람이 사용할 수 있는 만큼 남겨 놓아야 한다는 것이다. 타인의 몫을 남겨 놓지 않고 과도하게 차지하는 것은 타인의 몫에 대한 침해인 것이다. 다른 하나는 생활에 필요한 것 이상을 취득하여서는 안 된다는 것이다.

> "그가 소유하게 된 것들이 적절히 사용되지 않고 상하게 되면, 곧 그가 소비하기 전에 과일이 썩거나 사슴고기가 상하게 되면 그는 공통의 자연법을 위반한 것으로, 처벌을 받게 된다. 그는 이웃의 몫을 침해한 것이다. 왜냐하면 그는 그가 사용할 수 있는 것 그리고 그에게 삶의 편익을 제공해 줄 수 있는 것보다 많은 것을 가질 권리를 결코 가지고 있지 않기 때문이다."(Locke, 1996 : 44)

물론 토지의 소유에 대해서도 같은 논리가 적용된다. 누군가가 토지를 사용하기 위해 울타리를 쳤더라도 울타리친 부분의 잔디가 땅 위에서 썩거나(목축을 위한 양식이 되지 못했다는 의미) 그가 심은 나무에서 열린 열매가 채취되지 않고 시들어 버리고 만다면 그 땅은 황무지로 간주되어야 하고 다른 누군가의 소유물이 될 수 있다.

로크의 단서를 보았을 때 로크는 노동이 주는 산물에 커다란 가치를 부여한다. 똑같은 1에이커의 땅이라도 노동이 투여되어 밀과 빵을 생산하는 땅과 개간되지 않는 땅은 그 가치가 엄청난 차이가 난다는 것이다. 로크는 그 가치의 차이를 100분의 1에 비유한다. 이렇게 버려진 땅의 결과 아메리카 사람의 왕은 영국의 일용 노동자보다 의식주에서는 훨씬 못살고 있다. 그런데 로크적 단서가 금이나 은에서 더 나아가 화폐와 같이 썩지 않는 것에 가치를 부여하면 문제가 발생한다. 그러한 것은 아무리 쌓아두어도 썩지 않기에 노동을 투여하였다면 이제 그 모든 것은 내 소유가 될 수 있다. 로크는 그런 것들이 노동이 아닌 (암묵적) 동의에 의해 가치를 지니게 되었고, 이런 동의의 결과 불균등하고 불평등한 분배가 이루어지게 되었다고 한다. 노동과 소유와 화폐의 관계에서 발생하는 이런 불평등을 로크는 자연스럽고 필연적인 현상으로 본다. 왜냐하면 이는 자유롭고 합리적인 인간의 본성에서 기인한 것이기 때문이다.

로크의 재산권에서는 필요권과 무해사용권은 등장하지 않는다. 그는 화폐나 금, 은의 사용에 대한 동의는 불평등을 초래하는 것으로 이해하는 한편 노동의 투여에 의한 생산물에 진정한 가치를 부여하였다. 그 결과 사람이 자신의 노동력을 부여할 수 있는 한도는 명백하므로 일반적으로 노력만 하면 남아 있는 공유의 땅에 자신의 노동력을 투입하여 삶의 편익을 구할 수 있다고 말한다. 이런 상황에서는 필요권이나 무해사용권은 한 사람으로 하여금 정당한 노동력을 투입하지 않도록 하는 요소가 될 뿐이다.

로크의 자유와 소유권 사상이 근대에 미친 영향은 지대하다. 정치적 자유의 확산과 자유주의의 발전에 기여하였고 경제적 자유의 확립과 자본주의의 정착에 도움을 주었다. 적지 않은 학자들이 그의 소유권 사상을 확대 해석해 화폐와 자본주의의 발달은 무제한적 소유권이 가능하다는 논의를 펼치기도 한다. 하지만 로크 시대의 상황과 그의 의도를 볼 때 이런 해석은 지나치다. 로크는 단지 사유화의 이득에 대한 강조를 통해 사적 소유권이 인정되어야 한다는 것을 강조하는 소박한 수준의 소유권 이론이라고 할 수 있다.

4. 헤겔의 인격설

헤겔에 있어 사적 소유권의 정당화 논거는 인격이론이라 할 수 있다. 인격성은 외부 세계에 존재하는 여러 대상을 소유하고 이용함으로써 그것을 자신의 것으로 주장할 수 있고, 이런 방식으로 사유재산의 개념이 등장한다. 개인은 어떤 구체적인 대상들을 소유함으로써 자유의 추상성과 비결정성을 극복하게 된다. 즉, 이 재산, 이 집, 이 차의 자유로운 소유자가 된다. 이런 이유로 나의 것인 내 육체를 소유하고 있는 나는 더이상 나의 육체 안에 갇힌 수동적 존재가 아니라 자유로운 존재가 된다. 그 결과 소유하는 것이 더욱 많을수록 자유의 범위와 정도는 더욱 커진다. 사유재산은 개인의 자유가 명백히 드러나고 구체화되는 방식이라고 할 수 있다(Arrington, 2003 : 466-467). 한 걸음 더 나아가 이제 사유 재산은 단지 소유의 대상을 넘어 소유자 자신의 일부로서 인격에 귀속하게 되는 것으로 간주된다.

개인의 소유물이 소유자의 인격으로까지 넘어갈 수 있는 생각은 로크와는 다른 노동에 대한 이해를 전제한다. 헤겔에 있어 노동은 단순히 욕구를 충족하기 위한 수단을 벌기 위한 소극적인 행위가 아니라 교양과 자기실현을 가능하게 하는 것이다. 결국 노동의 산물은 노동자의 인격 확대라 할 수 있다(황경식 : 2006 : 7).

5. 마르크스의 사유재산과 분배정의

마르크스의 사상을 이해하는 데 매우 중요한 개념은 소외이다. 그의 소외 개념은 헤겔의 소외 개념을 비판하는 가운데 형성되었는데 여타의 여러 문제와 맥이 닿아 있다. 마르크스의 소외 개념 중 가장 대표적인 것이 노동소외이다. 자본주의 사회에서의 노동자들은 자기 노동의 산물을 소유할 수 없다는 것이다. 이는 로크로부터 이어져 온 노동에 의한 소유권 개념에 대한 커다란 도전이 된다.

마르크스는 재산과 소외 논의를 통해 재산과 인격을 동일시하는 헤겔을 공격하였다. 마르크스에게 있어 재산은 인격의 실현이 아니라 인격의 부정이다. 재산이 없는 사람뿐 아니라 재산을 가진 자도 소외된다. 누군가가 재산을 가지고 있다는 것은 필연적으로 다른 사람은 재산을 가지고 있지 않다는 것이 된다. 결국 문제는 모든 사람에게 재산을 보장해 주어야 한다는 것이 아니라 - 마르크스에게 있어 이것은 본질적으로 불가능하고 모순이다 - 그러한 재산관계를 지양해야 한다는 것이다. 이처럼 마르크스의 철학적 출발점은 평등의 이념에 있는 것이 아니라 자기소외의 지양을 통한 인간의 자유로운 자기실현이었다. 평등은 그에게 있어 궁극적인 가치가 아니라 프롤레타리아 혁명을 위한 선동적 구호에 지나지 않았다(박호성, 1994 : 350).

George Wilhelm Friedrich Hegel(1770~1831)

독일의 철학자. 칸트 철학을 계승한 독일 관념론의 대성자이다. 18세기의 합리주의적 계몽사상의 한계를 통찰하고 '역사'가 지니는 의미에 눈을 돌린 데 의미가 있다. 또한 모든 사물의 전개(展開)를 정(正) · 반(反) · 합(合)의 3단계로 나누는 변증법(辨證法)은 그의 논리학과 철학의 핵심이다.

마르크스에게 있어 재산은 소외를 가져오는 것이기에 지양되어야 한다고 한다. 소외되지 않은 새로운 형태의 소유 재산은 개인과 공동체를 연결하게 된다는 의미를 내포하고 있다. 마르크스가 자본주의적 재산에 대해 말한 가장 강한 비판이 '공동체 지향적인 고려'를 지니지 않은 것이라고 말한 것으로 보아 사유재산제에 대해 비판적이었음을 알 수 있다. 이제 분배기준은 '능력에 따라 일하고 필요에 따라 나눈다'는 공식으로 귀결된다.

필요에 따른 분배는 필요를 어떻게 이해하느냐에 따라 결정된다. 필요는 생존이나 건강, 기본적 교육 등 기본적 필요(basic need)와 부차적(non-basic) 필요로 구분된다. 기본적 필요에 대한 목록에 어떤 것이 포함되어야 하느냐는 논란의 여지가 있으나 이런 기본적 필요의 충족을 돕는 것이 인간적 의무라는 견해는 사회정의에 대한 지배적 신념 속에 깊이 뿌리 내리고 있다(Sadurski, 1983 : 419-432 ; 황경식 : 2006 : 14 재인용). 이런 견해에 따르면 부차적 필요는 굳이 충족시킬 필요가 없다는 것을, 더 나아가 사회정의에 어긋나는 것일 수 있다는 것을 의미한다. 이는 부차적 필요의 충족이 공적에 따른 분배관에 어긋난다거나 그 개념이 지극히 애매하다는 이유(황경식, 2006 : 14)와 현실적으로 자원의 희소성으로 이런 필요를 다 만족시킬 수 없다는 이유 때문이다.

마르크스가 말한 필요는 무엇인가? 그가 염두에 두었던 것은 개인들이 느끼는 모든 현실적 필요가 아니라 합리성이나 합당성의 기준을 통과한 일부의 필요만이다. '각자에게, 그의 필요에 따라서'라는 마르크스의 말은 가능한 모든 필요를 함축하는 것이 아니며 또한 그것은 복지이념의 일반적 기조인 기본적 필요에만 국한되는 것도 아니다. 그것은 고정된 것이 아니라 인간성의 발전 결과에 따라 변화하는 동시에 물질적 풍요의 수준에 따라 변화하기도 한다. 따라서 필요의 수준은 인간성의 변화와 물질적 부에 따른 상대적 개념인 것이다(황경식, 2006 : 15).

6. 공리주의의 사유재산권

공리주의자들은 일반적으로 사유재산권을 최선의 제도로 옹호하는 경향이 있었다. 공리주의에 있어 소유권 원칙 역시 공리의 법칙에 귀속된다. 흄은 기존의 사람들이 전제했던 원천적 공동소유의 개념, 개인보전의 의무, 계약의 관념 등을 거부하고 제한된 이기심과 제한된 자원만을 전제한다. 그는 세상의 자원이 너무도 풍부해 그것에 대한 다툼이 있을 수 없거나 너무도 부족해 아무리 노력해도 개인이나 사회가 극단적인 상태를 벗어날 수 없다면, 그리고 모든 사람이 너무도 마음이 넓고 관대해 타인의 이익을 마치 자신의 이익인 양 한다면 정의와 소유권에 대한 문제가 발생하지 않을 것이라고 한다. 소유권의 가치는 그가 지닌 효용성에 있다. 소유권이 더이상 아무런 효용도 없다면 사라질 것이다. 소유권의 원칙은 개별적인 경우를 보면 유감스럽고 불합리한 결과를 낳을 수도 있으나 사회 전체를 위해 악보다는 더 큰 선을 낳는다. 흄은 절대적인 평등은 비현실적인 것이며, 그 결과는 전체 사회가 피할 수 없는 궁핍에 빠지게 하는 결과를 낳을 것이라고 한다(Arrington, 2003 : 385-386, 388).

밀은 사회의 최대의 선을 달성하는 최대의 수단은 각자에게 노동생산물을 보장해 주는 것이라고 하였는데 노동의 생산물이 아닌 토지에 대한 소유권에 대해서는 절대성을 부정하는 입장을 밝힌다.

이처럼 고전공리학자들의 사유재산제에 대한 정당화의 근거는 누구든지 자신의 노동의 열매를 자신의 것으로 인정해 주지 않는다면 열심히 일하지 않을 것이므로 소유권이 필요하다는 것으로 노동의 효용에 근거한 것이다. 공리주의자들은 노동이 필수적이지만 노동 그 자체는 불쾌하고 고통스러운 행위라고 생각했다. 만일 노동에 대해 보상이 없다면 아무도 일하지 않을 것이고 사유재산제가 노동에 대한 인센티브 제공으로 부합할 것이라고 말한다. 그런데 노동에 의한 소유권의 정당화는 노동생산물이 아닌 자연물, 예를 들면 토지에 대한 재산권의 근거는 될 수 없다. 하지만 자연물에 대해서도 배타적인 소유권이 인정되지 않는다면 자원을 효율적으로 이용하고자 하는 동기를 줄 수 없다. 공동재산제의 실패가 이를 보여준다. 공동재산제는 '모든 사람이 모든 자원, 재화, 용역의 사용권을 가지며 어느 누구도(국가조차도) 다른 사람이 사용하지 못하도록 배제할 수 없는' 재산권 제도를 말한다. 하지만 이런 제도하에서는 자원을 절약하고 효율적으로 이용해 보아야 그 편익을 개인이 누릴 수 없으므로 애써 절약하거나 효율적으로 이용하지 않을 것이다. 결국 국가에 있든 개인에 있든 재산권의 존재는 비효율을 극복하는 길이다. 그렇다면 재산권이 국가에 있는 것과 개인에 있는 경우 어느 것이 보다 자원의 효율적인 사용에 유리할까?

공리주의 관점에서는 재산권이 국가에 있는 것보다 개인에 있는 경우 각자는 효율적으로 자원을 이용하려고 최선을 다할 것이므로 사유재산제가 보다 유용하다고 본다. 공리주의적 사유재산권을 인정할 경우 재산의 분배는 최대행복을 가져오는 방식으로 이루어져야 할 것이다. 벤담에 의해 공식화된 평등한 분배에 의한 사회적 효용의 극대화는 소유의 평등한 분배를 요구하게 될 것이다. 하지만 이런 모든 사람의 효용의 동일성이나 한계 효용체감에 대한 인정을 통한 평등한 분배원리는 총효용 최대보장이라는 원리에 의해 무너진다. 개인 재산권의 보장과 이를 통한 노동에의 유인이 평등한 분배보다 더 큰 사회적 효용을 가져온다고 본다.

반면 최초의 경제학자로 불리는 아담 스미스는 시장경제 속에서 경쟁자들보다 더 효율적일 경우 부를 소유하고 축적할 수 있다고 말한다. 사적 이해관계를 추구하는 무수한 개인들의 욕구가 모여 마치 보이지 않는 손에 의거하듯 공적인 이해관계도 도모하게 될 것이라고 한다. 이런 부의 추구는 국가 경제의 번영과 함께 시민사회의 부유한 자뿐만 아니라 최소 수혜자에게까지도 이득을 줄 것이다. 이런 논리는 최소 수혜자들조차도 부의 불평등한 분배에 대한 불평을 제시할 근거를 제거하고 있다(황경식, 2006 : 5).

7. 노직과 롤즈의 소유권 개념

자유지상주의자인 노직의 소유권 이론은 기본적으로 자유의 권리와 연결되어 있음을 보았다. 노직은 로크의 전제를 받아들인다. 로크는 사람은 자신의 몸에 대한 소유권을 가지고 있으며 내 몸으로 한 노동과 노동의 산출물에 대한 소유권을 가진다고 말한다. 노직은 이런 '자기소유권(self-ownership)'에서 출발한다. 소유권은 이런 취득과정을 통해 생기고, 이렇게 생긴 소유권이 당사자 사이에서 자유롭게 이전된다면 이전받은 사람의 소유권도 정당하다. 소유권의 취득과 이전이 정당하다면 그 이후의 분배 상태도 정당한 것이다. 그러므로 이미 이루어진 소유권에 대한 침해는 부정의하다. 국가에 의한 재분배조차도 개인의 권리와 자유에 대한 침해이고,

강제노동과 다를 바 없다.

노직에게 있어 소유권리론이란 결국 자기 자신에 대한 소유권이론으로 귀착되고, 사회적 관계란 역사적인 소유권에 입각한 시장교환으로 환원된다. 그에게 있어 자유는 자기소유권에 의해서 규정되고 사회적 정의는 소유에 관한 정의를 말한다(塩野谷祐一, 2006 : 154).

롤즈는 재산권의 문제에 대해서 분명한 입장을 대신 개방적인 입장을 취하고 있다. 다만, 정의의 원칙에 부합한 재산권 제도를 택해야 한다고 말한다(이재율, 1995 : 243). 자유주의적 평등주의자인 롤즈에게 노직의 자기소유권은 받아들여지지 않는다. 롤즈가 노직의 자기소유권을 받아들이지 않는 것은 이것이 도덕적 관점에서 자의적(arbitrary)이기 때문이다. 롤즈에게 있어 사람이 좋은 재능을 가지고 태어나거나 좋은 집단에서 태어나는 것은 자신의 공로나 공적과는 무관한 자연적 · 사회적 우연성에 의한 것이다. 그리고 분배가 이런 우연성과 자의성에 의존하는 것은 본질적으로 도덕적이지 않다. 더 나아가 개인이 가진 천부적 재능은 사회적 공동자산이며, 공동의 이익을 가져오는 경우에만 그런 우연성에 의한 이익을 이용하여야 한다(롤즈, 2003 : 119, 121, 152-154). 개인의 자연적 재능을 사회적 공동자산으로 간주하는 롤즈의 독특한 사고방식은 도덕적 운 · 불운을 집단적 · 사회적으로 대처하는 것이며, 결과적으로 사회복지에 철학적 기초를 제공한다고 해도 무리는 아니다(塩野谷祐一, 2006 : 161). 하지만 롤즈의 이론은 이런 개방적인 입장으로 인해 다양한 해석의 여지를 가지고 있다는 느낌이다. 소유권의 정당화와 관련하여 상충되는 여러 입장을 지지할 수 있는 이론이라는 것이다.

노직이 말하는 소유와 자유에 대한 권리는 '소극적' 권리이다. 소극적 권리란 타인으로부터 침해나 간섭을 받지 않을 권리를 의미한다. 그에게 있어 자유 또한 소극적 자유이다. 노직의 이런 '소극성'은 '자아'를 물질적 · 비물질적 소유물과 동일시함으로써 이루어진다. 반면 롤즈는 물질적 · 비물질적(자유 포함) 소유물을 자아와 구별함으로써 '적극적' 권리와 적극적 자유를 말한다. 적극적 권리란 자신의 생명과 자유의 실현을 위해 외부로부터의 지원을 요구할 수 있는 권리이다(유홍림, 2006 : 168 ; 塩野谷祐一, 2006 : 157).

노직의 소유권리론을 경제학자 슈마허의 관점을 빌어 비판해 보자. 노직과 같은 자유지상주의 사상가들은 사유재산제와 시장경제에 기반을 둔 경우에만 자유를 확보할 수 있다고 강조한다. 하지만 이런 생각은 자유가 오직 사회적 소유와 계획경제에 의해서만 확보될 수 있다고 생각하는 사람들의 생각만큼 일방적인 주장이다. 현실은 보다 다양한 선택이 가능하다(Schumacher, 2002 : 359).[2)]

8. 소유권 개념과 분배정의 : 사회복지 의미

사회복지는 그 재원을 조달하는 방식과 급여의 대상자 문제 등으로 인해 분배정의와 직접적인 연관이 있다. 그렇기에 사회복지정책의 중요한 가치 중 하나가 분배정의이다. 소유권과 관련하여 분배정의를 다룰 때 문제가 되는 것은 소유권을 어디에 귀속시키는가이다. 소유권을 개인에게 절대적으로 귀속시킨다면 재분배란 이루어질 수 없고 이루어져서도 안 된다. 반면 소유권이 개인에게 절대적으로 귀속될 수 없으며 경우에 따라 사회의 공동선을 위해 제한될 수 있거나 더 나아가 사회적 공동자산으로 인정된다면 개인의 재산에 대한 합법적·도덕적 제한이 가능할 것이다.

소유권은 절대적이기에 국가를 비롯한 누구도 침해할 수 없는 권리인

2) 슈마허는 자유와 전체주의, 시장경제와 계획화, 사유재산과 집단소유의 조합을 여덟 가지로 나눈다.

1. 자유 시장경제 사유재산	2. 자유 계획화 사유재산	3. 자유 시장경제 집단소유	4. 자유 계획화 집단소유
5. 전체주의 시장경제 사유재산	6. 전체주의 계획화 사유재산	7. 전체주의 시장경제 집단소유	8. 전체주의 계획화 집단소유

가? 아니면 필요에 따라 쉽게 침해될 수 있는 허약한 권리인가? 현대사회에서 이런 극단적인 주장을 하는 경우는 극히 드물다. 앞에서 살펴본 대로 토지나 지적재산권뿐 아니라 현대에서는 공동체나 사회 전체의 이득을 위해 소유권에 대한 적절한 제한을 두는 것을 당연한 것으로 여기고 있다. 그렇다면 사회복지를 위해 개인 재산에 대한 제한이 어느 선에서 허용될 수 있는가? 사회복지를 위한 재분배의 정도는 그 사회가 갖고 있는 소유권에 대한 관념과 연결된다. 사회민주주의를 표방하는 북구에 있어 국민 평균 소득보다 더 많은 소득을 올리는 사람에 대해 최고 85%까지(박노호, 1994 : 55)[3] 세금을 부과했던 것은 그 사회가 갖고 있는 소유권에 대한 그들 나름대로의 독특한 관념을 보여준다. 동시에 개인의 소유권에 대한 자유(권리)와 생존권 사이의 관계에 대한 의식을 반영한다. 이런 체제에서는 사회복지를 위한 소유권의 적절한 제한은 당연한 것이라는 국민들의 공감대가 존재한다고 볼 수 있다. 결국 개인의 절대적인 소유권보다는 사회 전체의 조화와 사회구성원의 삶의 적절성이 우선시되는 사회적 공감대가 존재하는 것이다.

미국을 비롯한 자유주의 국가의 경우 개인의 소유권에 대한 강조가 돋보인다. 국가는 최소한의 것만을 국민에게 요구하는 대신 개인의 재산을 보장을 위해서는 최대의 역할을 수행해야 한다. 이 사회에서는 사회복지를 위한 국가의 지나친 개입은 개인의 자유와 소유에 대한 침해로 여겨지며, 사회복지 수혜자는 스스로 어느 정도의 스티그마(낙인)를 갖고 있고 다른 사람도 그들을 그렇게 바라본다. 사실 부와 소득의 어느 정도의 불평등은 '자연스러운' 일이자 기능으로 정당한 것이며, 여기에 자발적으로 승복하지 않을 사람은 거의 없다. 그러나 모든 인간사가 그렇듯이 여기서도 정도가 문제된다. 지나친 부는 권력과 마찬가지로 부패하는 경향이 있다(Schumacher, 2002 : 354). 어느 정도가 적당하고 지나치지 않은 것인가? 복지

3) 스웨덴에서 개인소득세의 한계소득세율은 1980년대 초 80%를 넘었고, 1989년에 73%, 1990년에 66%였다. 1991년 세제개혁을 통해 51%가 되었고 현재 60%에 가깝다.

국가의 이념 논쟁에서 가장 중요한 요소로 등장하는 것이 바로 경제에 대한 국가의 개입 문제이다. 사회적 불평등 완화와 사회복지를 위한 국가의 개입 정도와 이에 대한 국민들의 수용 여부는 그 사회의 역사적 배경과 사회 · 정치 · 경제 등의 환경에 따른 사회구성원의 의식과 연결되어 있다. 과연 우리나라는 어디에 서 있을까?

한편 사유재산제 아래 생산되는 부와 소득을 곧바로 자신의 것이라고 주장하는 것이 자본주의의 체제에 있어 매우 당연한 것으로 받아들여진다. 하지만 소위 '사회간접자본'이라는 인프라가 제대로 구성되어 있지 않은 곳에서 사업을 시작하려는 사업가는 '사회간접자본'이 제대로 갖추어진 나라에서 얼마나 값싼 운송수단과 공공서비스를 이용하였는지를 알게 될 것이다. 꼴이 제대로 갖추어진 나라에서 세금을 낸다는 것은 이윤을 '뺏기는' 것이 아니다. 오히려 공공기관이 민간기업의 비용의 많은 부분을 부담하고 있다(Schumacher, 2002 : 347-348). 그렇기 때문에 사회 안에서 더 많은 이익을 얻는 사람은 사회에서 더 많은 혜택을 입은 것이며 그의 보다 많은 사회에의 기여는 당연한 것으로 받아들여져야 한다. 더 많은 부를 생산한 사람(기업)이 일반적으로 더 많은 '사회간접자본'을 이용하고 있지 않은가!

그렇긴 하지만 개인의 소유권에 대한 인정이 자본주의를 이루는 핵심적인 요소라면 어느 정도에서 그에 대한 제한이 이루어져야 할까? 일반적으로 개인 소유권에 대한 제한을 말할 때 가장 논란이 심한 것이 토지공개념에 의한 개인 토지 사용에 대한 제한이다. 토지공개념은 정부가 공공의 이익을 위해 사유재산인 토지에 대해 적절한 제한을 할 수 있다는 것을 말한다. 토지공개념이 구체적인 법률로 만들어져 개인의 토지에 대한 소유나 처분, 개발이익에 대한 제한이 가해질 때 헌법에서 인정한 개인 소유권에 대한 논쟁을 일으킨다. 우리나라의 경우 헌법재판소가 1998년 12월 24일 "토지계획법상 그린벨트 지정으로 자신의 토지 소유권이 침해되었으므로 손실보장에 대한 규정이 없는 도시계획법은 위헌이라며 헌법소원을 청구"한 사건에 대해 판결을 내리며 재산권의 내용과 한계는 법률로 정해진다는 것을 지적한다. 더 나아가 토지거래허가제에 의해 토지의 매매 등에 대해 관할 도지사의 허가를 받도록 하는 것은 토지 소유권의 한 내용인 처분권을 제한하고 있다며 낸 헌법소원에 대해 "토지허가제는 사유재산제도나 사적자치원칙의 부정이 아니라 헌법의 명문(제122조)[4]에 의거한 재산권 제한의 한 형태이고 토지의 투기적 거래를 억제하기 위한 것이므로 합헌"이라고 선언하였다.

토지의 공공성이 강조되는 배경에는 토지가 인간의 삶의 터전이고 생활기반으로서 재산권의 핵을 이룬다는 데서 출발한다. 토지는 농경사회에서는 유일한 생산요소였고 근대 자본주의와 산업발전 이후에도 산업용지로서, 사회간접자본으로서 중요한 기능을 가진다. 따라서 사회경제적 기능의 측면에서 규율의 대상이 되어 왔다. 일반적으로 도시의 발달로 도시에 사람들이 모여듦에 따라 지대가 오르게 되고 기술자의 임금보다 지대의 상승이 더 크게 마련이다. 우리나라의 경우 이런 현상이 특히 심각하다.[5]

토지 공공성에 대한 또 다른 관점은 어느 정도 윤리적인 성격을 가진다. 노동자는 노동으로 생산에 기여함으로써 그 대가를 받는다. 자본가는 경제적 위험부담에 대한 보상, 자본의 사용에 대한 대가를 받는다. 하지만 토지 소유자는 아무런 위험도 노동도 지불하지 않고 자연에 의해 무상으로 주어진 힘만으로 고율의 지대를 얻는다. 이런 불로소득은 윤리적이지 않기에 규제의 근거를 강화한다.

이처럼 현대에 와서 사적 소유권은 공공의 이득을 위해 법률이 정한 범위 내에서 적절한 규제를 가하는 것이 재산에 대한 소유권이라는 기본권을 침해하지 않는 것으로 이해되고 있다. 경제적인 측면에서도 사적 소유권의 무조건적 인정보다는 소유재산을 보다 잘 활용할 수 있는 단체(사회나

4) 제122조 : 국가는 국민 모두의 생산 및 생활의 기반이 되는 국토의 효율적이고 균형 있는 이용 · 개발과 보전을 위하여 법률이 정하는 바에 의하여 그에 관한 필요한 제한과 의무를 과할 수 있다.

5) 5%의 국민이 사유지의 65.2%를 차지하고 있고, 강남지역 아파트 가격 상승에 따른 자산이득이 전 국민의 노동소득의 두 배가 넘는다는 통계는 토지공개념에 대한 논의가 필요하다는 것을 보여준다. 또 6억 원 이상의 주택에 대한 재산세와 양도세 감세 내지 세금 부과 기준액 상향에 따른 논란은 재산에 대한 사적 소유권의 보호와 공공선을 위한 제한이라는 측면에서 관심을 모으고 있다.

국가)에 귀속시키는 것이 나을 수 있다. 예를 들면, 케임브리지 대학의 경제학자 장준하(2004)는 제2차 세계대전 이후 일본, 한국, 대만에서 실행된 토지개혁은 지주들의 정당한 재산권을 침해한 것이지만, 이후 해당 국가들의 경제발전에 기여하였다고 말한다. 물론 '경제발전에 도움이 되기 때문에' 혹은 '사회에 더 큰 이익이 되기 때문에'라는 식의 공리주의식 윤리관이 이런 행위를 정당화하지만은 않는다. 다만, 사적 재산권이 절대적일 수 없다는 것은 분명하다. 결국 사회구성원이 합의한 분배에 대한 기준에 어긋나지 않다면 개인의 소유권에 대한 합리적이고 적절한 제한은 가능하고 필요하기도 할 것이다.

Erich Fromm(1900~1980)
미국 신프로이트학파의 정신분석학자이자 사회심리학자이다. 프랑크프루트학파에 프로이트 이론을 도입하여 사회경제적 조건과 이데올로기 사이에 사회적 성격이라는 개념을 설정하고 이 3자의 역학에 의해 사회나 문화 변동을 분석하는 방법론을 제기하였다.

소유권에 대한 논의를 마치기 전에 소유에 대한 '유토피아'적 관점을 하나 소개하고자 한다. 소유에 대한 유토피아를 에릭 프롬에서 찾아보자. 프롬은 그의 저서 『소유냐 존재냐』에서 삶의 방식을 소유 양식과 존재양식으로 나눈다. 존재양식의 삶은 나와 남(동식물을 포함한 모든 생명체)을 살리는 것이고 소유의 양식은 자신과 남을 죽음에 이르게 하는 삶의 양식이다. 프롬은 소유와 존재의 차이를 인간에 중심을 둔 사회와 사물에 중심을 둔 사회의 차이로 인식한다. 소유지향은 돈 · 명예 · 권력에 대한 탐욕이 인생의 지배적 주제가 된 서구 산업사회의 특징이다. 반면 중세사회, 인디언, 아프리카의 부족사회 등은 현대의 '발전' 개념의 영향을 받지 않은 존재양식의 사회이다.

소유양식은 사유재산(private : 이 말은 '빼앗다'는 의미를 가진 라틴어 privare에서 유래하였다)과 이윤 그리고 힘을 핵심으로 삼는다. 소유양식은 내 재산을 유지하고 그것을 생산적으로 활용하려고 애쓰는 것 이외에는 어떤 다른 노력도 요구하지 않는다. 소유양식에서는 나와 내가 가지고 있는 것 사이에 살아 있는 관계는 없다. 나는 그것을 내 것으로 할 수 있는 힘을 가지고 있기 때문에 그것을 소유하고 있는 것이다. 그 결과 그 관계는 살아 있는 관계가 아니라 죽어 있는 관계이다. 프롬은 소유의 양식을 완전히 이해하기 위해서는 '생존적 소유의 기능'에 대한 이해가 요구된다고 한다. 사람이 살아가기 위해서는 어떤 물건을 소유하고, 보전하고, 손질하여 사용하는 것을 필요로 한다. 음식 · 주거 · 옷 · 일용품 등을 생산하는 데 필요로 하는 것을 말한다. 이런 형태의 소유는 인간 존재에 뿌리박고 있기 때문에 생존적 소유라고 할 수 있다. 이것은 생물학적인 종(種)으로서의 인류에게 사회적 조건이 영향을 준 결과로서 발전된 것이다. 그러므로 이 생존의 소유는 '존재'와 충돌하지 않는다. 존재양식은 소유양식에 비해 정의 내리기가 훨씬 곤란하다. 소유가 관계하는 것은 '물건'이고 물건은 고정되어 있기에 '표현 가능하다.' 존재는 '경험'과 관계되고 인간의 경험은 원칙적으로 표현 불가능하다. 존재양식의 기본적 특성은 능동적이다. 능동적이란 것의 의미는 모든 인간이 타고난 능력, 재능, 그리고 풍부한 인간적 소질을 발현한다는 뜻이다. 존재양식의 묘사는 매우 상징적인 표현을 통해 가능하다. 파란 유리가 파랗게 보이는 것은 다른 모든 빛은 흡수하고 '파란색' 만을 통과시키기 때문이다. 즉, 유리가 파란색을 보유하지 않기 때문에 파랗게 보이는 것이다. 유리는 자기가 보유하고 있는 것에 의해서가 아니라 자기가 방출해 내는 것에 의해 드러나는 것이다. 결국 존재양식은 우리가 자아(ego)나 소유물에 집착하지 않는 정도에 비례해서 드러나는 것이다.

인간이 소유의 양식을 버리고 존재의 양식을 좇을 수 있을까? 프롬은 새로운 '인간'의 출현을 요구한다. 새로운 인간은 첫째, 완전하게 존재하기 위해 모든 형태의 소유를 자진해서 포기하며, 둘째 자기 존재에 대한 신뢰와 자기 세계에 대한 관심, 사랑, 유대에 대한 확신을 갖고, 셋째 현재 있는 곳에 완전히 존재할 것, 넷째, 축재 또는 착취가 아니라 베풀고 나누는 데서 기쁨을 가질 것, 다섯째, 미움 · 탐욕 · 환상을 가능하면 줄이도록 노력할 것 등 21가지의 특성을 이야기한다.

그리고 새로운 사회의 모습을 제시한다. 프롬은 새로운 사회를 위해 우선 새로운 인간과학의 필요성을 강조한다. 지난 3세기 동안 자연을 지배하고 기술을 발전시키기 위한 과학에서 인본주의적 인간과학이라고 부를 수 있는 것으로의 변화가 필요하다. 사회의 경제적 · 정치적 영역이 인간의 발전에 종속되기 위해 새로운 사회의 모델은 존재지향의 소외되지 않은 개인이라는 요건에 따라 결정되어야 한다. 그래야만 오늘날 대부분의 부유한 계층들처럼 끊임없이 생산의 증대를 요구하며, 나아가 끊임없이 소비의 증대를 요구하는 자본주의 생산법칙에 의하여 '소비적 인간'이 되도록 강요당하지 않게 될 것이며 인간은 자유로워지고 광적인 소비로 병들지 않게 될 것이다. 새로운 인간의 출현과 새로운 사회의 건설은 상호작용으로 상승효과를 드러낼 것이다. 그리고 새로운 인간과 사회를 위한 사회복지인의 역할이 무엇일까에 대한 고민은 사회복지를 공부하는 우리의 몫이다.

참고자료 10-1

장준하 논단-이명박 대통령에게 바란다!

이명박 정부가 출범했다. 명분보다는 실리를 추구하고, 추진력 있게 일을 해 나갈 수 있는 정부라는 기대도 크지만, 지난 석 달 동안 집권 준비과정에서 보여준 모습들이 앞날에 대해 많은 우려를 자아내게 하는 것도 사실이다.

우선 걱정되는 것은 대운하, 영어 몰입교육, 한미 FTA 등 굵직한 정책들을 추진하면서 제대로 된 토론과 의견수렴을 하지 않고 있다는 것이다. 필자는 이 세 가지 정책에 모두 반대하지만, 필자의 개인적인 찬반의 여부를 떠나서, 이런 정책들은 현 정부 임기 5년뿐 아니라 앞으로 50년, 100년 동안 우리나라의 운명에 영향을 줄 정책들이다. 그런 정책들을 추진하려면 3년, 4년을 써가면서라도 국민 합의를 도출해야 한다.

집권자의 입장에서는 '일단 한번 뽑아주었으면 믿고 맡겨야지'라고 서운해 할지 모르지만, 민주주의가 진정한 의미를 지니려면 제대로 된 토론과 의견수렴이 있어야 한다. 선거라는 것은 그 성질상 몇 년에 한 번밖에 있을 수 없고, 또 정당들이 여러 가지 정책을 복합적으로 가지고 나오기 때문에, 어떤 정당이 다수당이 되었다고 하더라도, 특정한 사안에 있어서는 그 당의 입장이 소수파가 되는 경우가 많다. 그렇기 때문에 선거에서의 승리가 임기 동안 모든 일을 국민 합의 없이 '밀어붙일' 권리를 주는 것으로 해석되어서는 곤란하다.

따라서 통화정책 등 단기적인 정책의 경우는 일일이 국민의 의견을 물을 필요가 없지만, 위에서 언급한 것과 같이 그 여파가 수십 년, 수백 년을 갈 정책들을 추진할 경우에는 (노무현 정부가 한미 FTA 추진 때 했던 것과 같은 '토론을 가장한 홍보'가 아니라) 진지한 토론을 통한 의견 수렴이 필요하다.

물론 토론만으로는 부족하다. 아무리 좋은 정책이라도 손해를 보는 사람들이 있고, 따라서 그들에 대한 적절한 보상이 없이 그 정책을 집행한다면 그는 소수에 대한 다수의 탄압이다. 그리고 그 과정에서 사회갈등이 심화되면 경제에도 악영향을 미치기 때문에 장기적으로는 그 정책으로 이익을 보는 사람들에게도 좋지 않다. 반대로 피해자에 대한 보상이 잘 이루어지면 그 정책의 집행이 쉬워질 뿐만 아니라 사회가 안정되어 모두가 더 득을 볼 수 있다.

스웨덴, 핀란드 같은 나라들이 세금도 많이 걷고 규제도 많지만 '기업하기 좋은 나라'로 세계 5위 안에 드는 것도 바로 이런 이유에서다. 이 나라들은 고도의 개방경제다. 따라서 기업의 지속적인 구조조정이 필요하고, 그 과정에서 단기적 실직이 많이 발생한다.

그러나 이 나라들은 복지제도를 통해 교육, 의료를 포함해 기본 생활을 보장하고 제대로 된 실업보험과 재교육의 기회를 제공하기 때문에, 노동자들은 실업에 대해 큰 걱정을 하지 않아도 된다. 실직에 대한 노동자들의 저항이 낮기 때문에 기업들은 구조조정을 하기가 쉽고, 그래서 '기업하기 좋은' 나라가 된 것이다.

이렇게 볼 때 이명박 정부가 복지제도를 강화할 수 있다면 자신들이 내세웠던 '친기업'과 '사회통합'이라는 일견 상충되는 두 가지 목표를 이룰 수 있다. 단기적으로는 복지국가를 발전시키는 것이 기업들에 해로운 것 같이 보이지만, 그를 통해 기업의 구조조정을 쉽게 하고 노사갈등을 줄이면 기업의 투자의욕도 북돋울 수 있다.

억지소리 같이 들린다면 독일의 '철혈재상' 비스마르크를 생각해 보라. 비스마르크는 이름난 보수주의자였지만, 신생 통일국가인 독일을 통합하고 사회주의를 저지하기 위해 세계 최초로 복지국가를 세웠다. 만일 독일 사민당이 복지제도를 도입했다면 반대했을 사람들도, '비스마르크가 한다면 우리의 이익을 위해 하는 것이겠지' 하는 믿음이 있었기에 그에 동조했고, 따라서 역설적으로 당시 독일에서 가장 보수적인 사람이 당시로서는 세계에서 제일 진보적인 복지국가 정책을 쓸 수 있었던 것이다. 비스마르크가 이런 일을 하였기에 당시 세계에서 제일 강한 사회주의 세력을 가지고 있던 독일에서 자본주의 체제가 유지되었던 것이다. 무조건 기득권만 지키는 것이 아니라 이런 것이 진정한 '보수'다.

이명박 대통령이 비스마르크와 같은 안목을 가지고, '보수'를 위해서라도 '진보'하기를 바란다면 너무 지나친 기대일까?

출처 : 조선일보(2008. 2. 25).

생각해 볼 거리

1 효율성, 효과성, 평등, 공평 등 사회복지적 가치에 대해서 정리해 보자.

2 경제철학, 정치철학에 대해 토론해 보자.

3 정의론이 사회복지에 어떤 영향이 있는지 토론해 보자.

4 한국은 다양한 정의론을 통하여 현 복지상황을 어떻게 직시할 수 있는지 토론해 보자.

5 경제적 상황과 분배정의를 어떤 면에서 서로 조화될 수 있는지 토론해 보자.

6 불평등과 지배가 어떠한 형태로 존재하며, 이러한 불평등과 지배에서 벗어나려면 어떻게 해야 하는지 토론해 보자.

7 OECD와 연관하여 한국의 복지현실에 관하여 토론해 보자.

8 한국에서의 복지국가의 형태는 어떠한지 살펴보고, 정치적인 요소는 중요하지만 정권의 상황에 따른 복지상황의 변화는 어떻게 알아들어야 할 것인지 토론해 보자.

9 비정규직법안으로 인한 여-야 대립, 노-사 갈등, 노-노 갈등 등의 다양한 원인들을 살펴보고, 그 대응책을 정의론 관점으로 토론해 보자.

10 비정규직법안으로 신빈곤층이 대두되고 있다. 특히 여성의 취업이 어려워지는 현 상황을 어떻게 대응할 수 있는지 토론해 보자.

11 한국의 복지 현실은 퇴보인가? 진보인가? 누구를 위한 복지인가?를 토론해 보자.

12 장기요양보험제도의 시행으로 인한 삶의 만족도는 어떠한지 토론해 보자.

13 경제와 분배는 국민의 삶과 어떠한 관계가 있는지 토론해 보자.

Part 03

사회복지실천과 윤리적 접근

Chapter 11

사회복지실천과 인간의 존엄성

'인간이 존엄한가?'라고 물으면 누구나 '그렇다'라고 대답한다. 즉, '인간은 존엄하다'는 사실을 부정하는 사람은 아무도 없을 것이다. 그런데 '인간이 왜 존엄한가?'라고 물으면 사람들은 다양한 대답을 한다. 그러한 대답 중에 대표적인 대답은 다음과 같은 것이다. '인간이 이성이 있기 때문에 존엄하다', '인간이 세상을 다스리기 때문에 존엄하다', '인간은 남을 위해 목숨을 바칠 수 있는 위대한 사랑을 하기 때문에 존엄하다', '인간은 창조적인 사고로 예술을 하기에 존엄하다' 인간이 존엄하다는 사실을 사람들은 다양하게 제시할 수 있다.

이러한 대답을 들으면서 우리는 다음과 같은 질문을 다시 할 수 있을 것이다. '인간이 이성을 사용하지 않는다면 존엄하지 않은가?', '술에 취해서 이성을 잃은 사람은 존엄하지 않은가?', '병들어서 세상을 다스리기는 커녕 병상에 누워서 다른 사람의 도움만 받는 병자는 존엄하지 않는가?', '이웃을 사랑하지 못하고 이웃을 해친 강도는 존엄하지 않은가?', '예술은 커녕 목숨을 부지하기 위하여 구걸을 하며 생명을 유지하는 사람은 존엄하지 않은가?' 이상의 질문에 모든 사람은 고개를 갸우뚱거릴 것이다.

그렇다면 인간이 왜 존엄하며, 인간 존엄성의 근거에 대해 생각해 볼 필요가 있다. 먼저 인권을 고찰한 후에 결론적으로 인간의 존엄성에 대하여 제시하고자 한다.

1. 인권

인권(human rights)이라는 용어 자체의 모호함과 불명료함(Sweet, 2003 : 2)으로 인해 인권을 이론적으로 정의하기 어려운 것이 사실이다(이창수 외, 2005 : 35). 또한 인권은 공통의 인간성을 구성하는 것이 무엇인지에 대한 끊임없는 대화와 상호작용을 통해 발전되고 구축되는 것으로 시간에 따라 변화되고 진화되는 개념이다(Skegg, 2005 : 667 ; Ife, 2001 : 6). 이 역시 인권 개념을 완벽히 정의하는 것이 어렵다는 것을 의미한다.

인권을 가장 넓은 의미에서 정의하는 경우, 인권은 인간이 내재적으로 갖는 존엄과 가치에서 파생되는 것으로서, 인간이 자신의 성장과 발전에 필수적인 활동에 종사할 수 있도록 주장할 수 있는 자유 또는 권리라는 입장이다(Seet, 2003 : 2-3). 이는 철학적 이념에 기반을 둔 것으로, 인권이란 인간이기 때문에 당연히 갖는 권리(천부인권설)로서 인간의 존엄성을 보장받을 권리를 의미한다.

한편 인권을 기본적으로 '평등할' 권리 또는 '차별받지 않을' 권리로 보는 이들은 문화 및 경제영역에서의 언어적, 인종적, 소수자, 빈곤자, 장애인의 권리에 주안점을 두기도 한다(이창수 외, 2005 : 36). 이는 인권이란 정치, 경제, 사회적 상황, 문화적 전통 등 시대와 국가적 배경에 따라 강조되는 인권의 내용과 실행 모습이 다양하게 나타날 수 있다는 입장이다(김중섭, 2001).

인권에 대한 또 다른 입장은, 위에서 살펴본 자연법적 전통에 따른 천부적 권리로서의 인권 개념의 모호함을 비판하는 입장이다. 즉, 인권은 헌장, 선언, 헌법, 협약 등 정치적 법적 문서들 – 인권의 집 – 에 의해 구체적으로 규정된 권리로만 보아야 한다는 것이다(Sweet, 2003 : 4). 그러나 세 번째 논리는 현실적으로 적용되기 어려운 제한점이 있다. 인권에 대한 대표적인 국제조약인 세계인권선언이나 국제인권조약 등의 내용 등에 비추어 볼 때, 본 규정의 내용 역시 법적 권리를 뛰어넘는 인간의 존엄성 또는 인간의 권리에 그 초점을 두고 있기 때문이다.

1) 특성 및 가치

인권의 적용 범위는 '모든 인간'이다. 따라서 인권은 보편성(universality)을 띠며, 시간과 공간을 초월하고 모두를 포괄(all-inclusion)하는 적용원리를 가지고 있다(이창수 외, 2005 : 56. 국가인권위원회).

한편 인권은 그 개념과 범주가 발전하는 과정 속에서 보편적으로 동의할 수 있는 몇 가지 특성을 가진다(인권운동사랑방, 2000 : 3 ; 염형국, 2004 : 14-15).

첫째, 인권은 기본적이고 필수적인 권리이다. 즉, 인권은 반드시 있어야 할 인간다움을 지키기 위한 최저선이다.

둘째, 보편적이다. 즉, 인권은 모든 장소의 모든 사람이 평등하게 갖는 권리로서 인종, 피부색, 성, 언어, 종교, 정치적 의견 또는 사상, 출신, 재산, 출생 또는 그 어떠한 지위에 따른 차별이 없어야 한다.

셋째, 법으로 보장되는 권리 이상의 것이다. 즉, 인권은 법에 따라 보장되고 있는 권리에만 한정되지 않으며, 현행법이 보장하고 있지 않더라도 인간의 존엄성을 보장하는 데에 반드시 필요한 권리는 인권으로 보장해야 한다.

넷째, 정의이다. 사회구성원 모두의 적절한 생활수준을 유지하기 위해 자원의 재분배와 사회적 약자에 대한 특별한 보호를 마련하는 등 사회정의와 경제정의가 실현되어야 한다.

다섯째, 사회적 책임이다. 인권이 추구하는 사회적 책임은 차별과 편견으로 인해 고통받는 사회적 소수의 편에 서서 그들을 지지하고 지원하는 것이다.

2) 국내 및 국제규정

(1) 세계인권선언(Universal Declaration of Human Rights, 1948)

세계인권선언은 "모든 사람은 날 때부터 자유롭고 동등한 존엄성과 권리를 가지고 있다. 사람은 천부적으로 이성과 양심을 가지고 있으며, 서로 형제애의 정신으로 행동하여야 한다"(세계인권선언 제1조)고 규정하였다. 이로써 인권이 천부적으로 부여받은 인간의 존엄성을 의미하는 것임을 알 수 있다. 또 세계인권선언 제2조에서는 "모든 사람은 인종, 피부색, 성, 언어, 종교, 정치적 또는 그 밖의 견해, 민족적 또는 사회적 출신, 재산, 출생, 기타의 지위 등에 따른 어떠한 종류의 구별도 없이 이 선언에 제시된 모든 권리와 자유를 누릴 자격이 있다"고 함으로써 평등의 가치와 차별금지의 원칙을 확인시키고 있다.

(2) 국제인권조약(1976)

국제인권조약은 세계인권선언의 내용을 보다 구체적이며 강제력이 높은 국제적 조약 형태로 제정한 것이다. 먼저 "경제적 · 사회적 · 문화적 권리에 관한 국제조약"(International Covenant on Economic, Social and Cultural Rights, 1976)에서는 "세계인권선언에 따라 공포와 결핍으로부터의 자유를 향유하는 자유인간의 이상은 모든 사람이 자신의 조약상의 권리뿐만 아니라 경제적, 사회적 및 문화적 권리를 향유할 수 있는 여건이 조성되는 경우에만 성취될 수 있음을 인정"하고 있다. 또 "시민적 · 정치적 권리에 관한 국제조약"(International Covenant on Civil and Political Rights, 1976)에서는 "모든 사람이 자신의 경제적, 사회적 및 문화적 권리뿐만 아니라 시민적 및 정치적 권리를 향유할 수 있는 여건이 조성되는 경우에만 성취될 수 있음을 인정"하고 있다.

(3) 대한민국 헌법 및 국가인권위원회법

우리나라 헌법 제10조에서는 "모든 국민은 인간으로서의 존엄과 가치를 가지며 행복을 추구할 권리를 가진다. 국가는 개인이 가지는 불가침의 기본적 인권을 확인하고 이를 보장할 의무를 진다"고 하여, 인간의 존엄과 행복추구권 등을 선언하고 있다.

한편 국가인권위원회법 제2조 1호에서 "인권이라 함은 헌법 및 법률에서 보장하거나 대한민국이 가입·비준한 국제인권조약 및 국제관습법에서 인정하는 인간으로서의 존엄과 가치 및 자유와 권리를 말한다"고 정의하고 있다. 이러한 정의는 인권을 결국 국내법에 의한 법적 권리로서의 성질뿐 아니라 자연권적인 인간으로서의 권리를 폭넓게 수용하는 것이라 할 수 있다. 특히 본 법에서는 '평등권침해의 차별행위'에 대해 합리적 이유 없이 성별, 종교, 장애, 나이 사회적 신분, 출신지역, 출신국가, 민족, 용모 등 신체조건, 혼인 여부, 가족 형태(가족상황), 피부색, 사상, 전과경력, 성적 지향(sexual orientation), 학력, 병력 등을 이유로 고용이나 교육에서의 차별대우를 금지하고, 성희롱 등을 금지하도록 정의하고 있다(제2조 4호).

2. 인권과 사회복지의 관계

인권은 인간으로서 살아가는 데 없어서는 안 될 인간 고유의 권리이다. 사회복지는 인간의 존엄성이 최대한 실현될 수 있는 상태를 이루기 위해 개인에서부터 거시사회에 이르는 다양한 문제에 전문적·제도적인 개입을 하고 있다. 사회복지가 지향하는 궁극적인 목적이자 사회복지의 출발점이 바로 인간의 존엄성이며, 사회복지가 개입하는 다양한 문제 역시 빈곤, 차별, 가족, 질병, 노동, 교육, 자유, 학대와 폭력 등 인권의 문제와 다르지 않다.

국제사회사업가협회(IFSW)는 인권이 사회복지의 심장부이며 이를 실현하기 위해 사회복지전문가와 사회복지 대학에서 활용될 수 있는 '인권훈련매뉴얼'(Human Rights Training Manual)을 1992년(1994년 2판)에 제작하였다. 이 매뉴얼에는 인권과 사회복지에 대해 다음과 같이 설명하고 있다(IFSW Manual, 2002).

인권훈련매뉴얼(Human Rights Training Manual)

- 사회복지는 인도주의와 민주적 이상에서 태생한 것이다. 따라서 사회복지실천은 그 시작에서부터 인간 욕구의 충족과 인간의 잠재력 및 자원을 개발하는 것에 초점을 두어 왔다.
- 사회복지는 변화에 관한 것이다 : 개인, 가족 및 집단생활, 정책과 서비스, 법률과 사회태도에 있어서 어떠한 변화를 도모하는 것이다.
- 사회복지는 단순히 개인을 직접적으로 돕는 일만은 아니다. 사회복지는 아동과 청소년을 포함한 모든 시민들의 삶의 질을 향상시키는 것을 목적으로 하면서 집단과 지역사회를 위한 서비스와 활동들에도 개입한다.
- 사회복지사는 다양한 지리적, 정치적, 사회경제적, 문화적, 정신적 문제를 가지고 있는 수많은 문화와 맥락 속에서 일한다.

한편 인권의 원칙은 사회복지의 개념 자체에 이미 내재되어 있다(Hare, 2004). 인권은 사회복지의 이론, 가치, 윤리 그리고 실천과 분리될 수 없으며, 인간의 욕구에 반응하는 인권은 반드시 옹호되고 촉진되어야 한다. 이를 통하여 인권은 사회복지실천 활동의 정당성을 구현하고 동기를 강화할 수 있다(이혜원 역, 2005 : 35-36). 뿐만 아니라, 사회복지실천의 기본원칙으로 잘 알려져 있는 클라이언트의 자기결정, 수용, 비심판적 태도, 비밀보장 등의 내용에는 이미 인권의 원칙들이 내재되어 있음을 알 수 있다.

또한 미국 사회복지사협회 윤리강령을 보면, "사회복지사는 문화적, 민족적 다양성에 민감하여야 하며 차별과 억압, 빈곤과 다른 형태의 정의롭지 못한 부분을 종식시키기 위해 노력해야 한다"고 제시되어 있다. 사회복지 전문직은 서비스와 사회통합, 능력개발, 사회정의, 개인의 가치와 존엄성, 인간관계의 중요성을 핵심적 가치로 포함하고 있는 것이다(Reichert, 2003 : 79).

더 나아가 국제사회사업가협회(IFSW)의 "International Policy on Human

Rights"에서는 사회복지실천에 있어 인권 실현의 서비스 제공을 위해 고수해야 할 다음과 같은 기본 원칙들을 제시하였다.

국제사회사업가협회(IFSW)의 "International Policy on Human Rights"

- 모든 사람들은 고유의 가치를 가지고 있으며 그것은 그 사람을 위한 도덕적 배려로 정당화된다.
- 모든 개개인은 자립(self-fulfillment)의 권리를 가지고 있으며, 다른 사람의 동등한 권리를 침해하지 않는 범위에서 최대화되어야 한다. 또한 모든 개개인은 사회의 안녕에 기여할 의무를 가지고 있다.
- 어떠한 형태의 사회이든지 모든 사회는 그 구성원에게 최대의 이익을 제공하기 위한 기능을 해야 한다.
- 사회복지사는 사회정의의 원칙에 대한 소신을 가져야 한다.
- 사회복지사는 개인과 집단, 지역사회와 사회에 대해 그들이 발전할 수 있고 개인-사회적 갈등을 해결하기 위한 객관적이고 훈련된 지식과 기술에 헌신할 책임을 지니고 있다.
- 사회복지사는 성, 연령, 장애, 인종, 사회계층, 종교, 언어, 정치적 신념, 성적 취향에 기초한 어떠한 차별 없이 가장 최선의 가능한 지원을 제공하여야 한다.

이러한 관점에서 사회복지는 인권전문직이라고 할 수 있다(국제사회사업가협회 IFSW, 1988). 이에 국제사회사업가협회와 국제사회사업대학협의회는 사회복지교육과 사회복지실천 분야에 종사하고 있는 전문가들이 인권을 증진하고 보호하며, 기본적인 사회욕구를 충족시키는 일에 확실하고도 충분하게 관여하는 것이 시급함을 인식하고 있다.

인권에 대한 지식은 사회복지전문직이 원조전문직으로서의 역할을 더 잘 이해할 수 있도록 도우며, 사회복지전문가들이 인권에 관하여 보다 더 많이 알고, 더 깊이 이해할수록 사회복지서비스를 필요로 하는 사람들의 복지를 위한 전문적인 활동과 개입이 더욱 증진될 수 있음을 확신하고 있다(이혜원 역, 2005 : 20 ; Reichert, 2003 : 4). 또한 인권을 전문직에 통합함으로써 사회복지사는 전문직 수행에서의 중요한 이슈에 대한 고유의 통찰력을 얻을 수 있다(Reichert, 2003 : 4).

결론적으로 인권의 보장은 사회복지실천과정에서 인권의 원칙 및 인권에 대한 감수성과 실천기술들이 접목될 때 인권이 보다 잘 실천될 수 있을 것이다(Ife, 2000).

3. 인권에 관한 현장 사회복지사의 인식

인권은 일반적으로 '인간이 인간답게 살기 위해 필요한 모든 권리'로서 인간으로 태어나면서 갖는 천부적 권리라고 말할 수 있다(Reichert, 2003 ; Reichert, 2011 ; 정현태 외, 2014 ; 조효제, 2015). 그리고 사회복지현장은 사회적 약자와 인권보장이 취약한 계층을 중심으로 다양한 서비스가 이루어지는 곳이기 때문에 사회복지영역에서 인권에 대한 논의는 매우 중요하다.

사회복지와 인권의 관계는 모든 사람은 인간다운 생활을 영위할 권리를 갖고 있다는 전제에서 출발한다. 국가와 사회는 이 권리를 보장할 의무가 있고, 국민은 이 권리를 보장할 것을 국가와 사회에 요구할 수 있다는 의미에서 사회복지 권리는 생존권적 기본권이다. 이런 의미에서 사회복지는 시혜나 자선이 아닌 사회적 당위성으로서의 권리이다. 사회복지와 인권의 관계를 잘 표현한 것이 사회권의 개념이다. 사회권은 마샬의 시민권 논의에서 그 배경을 찾을 수 있다. 그것은 시민적·정치적 권리로부터 경제적·사회적 권리로, 그리고 국제적 차원의 권리로 인권 개념의 확대 과정에서 나타났다(Marshall, 1963 ; 조흥식, 2007 ; Reichert, 2011). 또 인권은 보편적 성격을 갖고 있지만 추상적이거나 정치적 의미로 많이 사용되어 왔다(Turner, 1993).

인권에 대한 사회적 요구와 관심이 증가함에 따라 다양한 인권기구와 인권단체를 보유하게 되었고, 사회복지영역에서는 인권에 관련된 여러 가지 사안이 대두되고 있다(박형원, 2013). 또한 사회복지분야에서는 서비스 제공의 방향이 공급자 중심에서 수요자 중심으로 전환되어야 한다는 주장이 있어 왔다. 이러한 흐름에 발맞추어 사회복지 실천 현장에서의 이용권(voucher)

제도 도입 주장, client에서 consumer로 인식의 전환, 국가인권위원회법 시행령(2002)에서 사회복지시설을 다수인보호시설에 포함하는 등과 같은 변화가 있어 왔다.

사회복지 실천 현장에서는 인권이 어떻게 보장되고 있는지 그리고 인권을 보장할 수 있는 실천체제를 갖추고 있는지에 대한 관심을 가져야 한다. 따라서 사회복지와 인권 간의 관계가 인권침해적 상황이 발생할 때만 관심을 갖게 되는 일회적 · 사건 중심적인 관계에서 인권침해 상황의 해결은 물론 인권 옹호적 상황을 만들어 가는 지속적인 관계로 변화해야 함을 암시하는 것이다(심창학, 2011 ; 문진영, 2013). 우선 클라이언트 자신이 기관에서 인권이 존중되고 있다고 인정할 수 있어야 하고 기관종사자, 관련 자원봉사자나 후원자, 지역주민이 그렇게 느낄 수 있는 체제를 갖추고 또한 그렇게 실천해 나가야 할 것이다.

사회복지 실천 현장에서 발생하는 인권문제는 두 가지 측면에서 고찰할 수 있다. 하나는 기본적인 생활 곤란과 관련된 생존권 등 기본적인 인권의 보장과 직결되는 문제이고, 다른 하나는 권력이 약하다는 사실 때문에 서비스를 비롯한 사회적 조치의 절차와 방법에서 부당한 처우의 인권침해가 나타나고 있는 사회적 배제와 관련된 문제이다. 이러한 문제의 밑바탕에는 취약한 사회복지 수준이 뒤따르고 있으며 기본적 인권보장에서 열악한 상황에 놓여 있다고 할 수 있다(조흥식, 2007). 인권에 관한 한 사회복지영역의 외적인 상황과 내적인 상황이 차이를 보이고 있다. 특히 사회복지관련 기관에서 그러한 차이가 크게 나타나고 있다.

그러므로 사회복지현장에서의 인권에 대하여 살펴보는 것은 인권에 대한 논의를 공개적으로 제기한다는 의의가 있고, 이는 인권 향상에 기여하게 될 것이고, 나아가 클라이언트의 삶의 질 향상으로 이어지게 될 것이다. 오늘날 인권에 대한 관심은 자유권이나 참정권에 한정되지 않고 사회권과 환경권으로까지 확대되고 있다. 이러한 상황에서 사회복지직도 교육과 의료와 함께 인권 전문직으로의 역할이 중시된다는 주장이 있다(Ife, 2001).

또한 사회복지교육에 있어서도 인권교육을 중요한 과제로 다루어야 함을 주장하고 있다(이용교, 2001 ; 국가인권위원회, 2013).

일반적으로 인권은 법학, 철학, 정치학 등과 관련성이 높다고 생각되면서 사회복지영역은 별 관련성이 없는 것으로 여겨왔다. 인권은 인간 존엄성의 실현과 인간 행복의 가치를 지향하는 사회복지에서 아무리 강조해도 모자랄 것임에도 불구하고 그 내용의 양과 질은 지극히 미미하기 때문에 국가인권위원회(2013)는 인권과 사회복지의 연계성 및 인권교육의 당위성을 강조하고 있다. 따라서 현장 사회복지사들의 인권에 대한 의식 제고를 위해서는 실천적 의미의 인권의식이 있어야 한다. 하지만 사회복지사들의 인권에 대한 인식 연구가 많이 부족하다. 그러므로 본 연구는 현장 사회복지사들의 인권에 대한 인식을 확인함으로써 실천 현장에서 유용한 인권에 대한 개념을 확인하고 사회복지사들이 생각하는 인권의 유형과 그 차이를 알아봄으로써 사회복지 실천 현장에 도움이 되는 인권 인식에 대한 탐색적 연구를 하고자 한다.

이러한 연구목적을 달성하기 위해서 Q방법론을 활용하고자 한다. Q방법론은 연구주제 및 연구대상에 대한 참여자의 주관적 인식과 인식구조를 확인하고, 인식 유형을 추출하고 비교하는 데 유리한 접근법이다. 그러므로 Q방법론은 인권과 같이 다층적이며 복합적인 의미를 갖는 개념에 대한 사람들의 주관적 인식을 이해하고 파악하는 데 유용하다(김순은, 2007 ; 오윤수 외, 2014).

1) 인권의 정의와 변화

인권은 일반적으로 우리의 타고난 천성에 내재되어 있는 것으로, 이것 없이는 인간으로 살 수 없는 권리라 정의한다(UN, 1987). 그리고 인권은 현대의 사회적, 정치적인 담론 중에서 가장 영향력이 있는 개념 중 하나이며, 다양한 문화적, 이데올로기적 배경을 가진 사람들도 기꺼이 지지하는 개념이며, 수많은 상이한 목적, 때로는 상충하기도 하는 목적을 지지하기 위하여 수사적으로 사용되기도 한다(Ife, 2001). 그러나 인권이라는 용어 자체의 모호함과 불명료함으로 인해 인권을 이론적으로나 권위 있는 정의로 규정하기가 어려운 것이 사실이다(Sweet, 2003 ; 이창수 외, 2005). 왜냐하면 인권은 인간 누구나 보장받아야 하는 자연권적, 보편적 성격을 갖지만 사람들의 일상적인 생활과는 다소 거리가 먼 추상적이거나 정치적 의미로 많이 사용되어 왔기 때문이다(박형원, 2013).

인권을 가장 넓은 의미에서 정의내리는 경우, 인권은 인간이 내재적으로 갖는 존엄과 가치에서 파생되는 것으로서, 인간이 자신의 성장과 발전에 필수적인 활동에 종사할 수 있도록 주장할 수 있는 자유 또는 권리(Sweet, 2003)라는 자연권적인 철학적 이념에 기반을 둔 것으로, 인권이란 인간이기 때문에 당연히 갖는 권리로서 인간의 존엄성을 보장받는 권리를 의미한다. 또 인권을 '평등할' 권리 또는 '차별받지 않을' 권리로 보는 이들은 문화 및 경제영역에서의 언어적 · 인종적 소수자, 빈곤자, 주변화된 집단 및 복지대상자의 권리에 주안점을 두기도 한다(이창수 외, 2005). 이는 정치, 경제, 사회적 상황, 문화적 전통 등 시대와 국가적 배경에 따라 강조되는 인권의 내용과 인권의 실행 모습이 다양하게 나타날 수 있다는 것이다(김중섭, 2001). 따라서 인권은 태어날 때부터 가지게 되는 혹은 천부적으로 누려야 하는 권리이므로 헌법의 유무와 상관없이 인간이면 갖게 되는 권리이다. 그러므로 헌법에 규정된 인간의 기본적 권리 즉, 인권은 기본권이라고 보는 것이 적절할 것이다(윤찬영, 2010).

이상과 같이 인권은 공통의 인간성을 구성하는 것이 무엇인지에 대한 끊임없는 대화와 상호작용을 통해 발전되고 구축되는 것으로 정태적인 것이 아니라 시간에 따라 변화되고 진화되는 개념이다(Ife, 2001 ; Skegg, 2005).

한편 인권의 개념 변화 역사를 시기에 따라 세대로 설명하는 접근이 있다. 먼저, 프랑스 법학자 바작(Vasak, 1996)은 인권을 3세대로 구분하였다. 구체적으로 제1세대 인권을 시민적 · 정치적 영역, 제2세대 인권을 경제적 · 사회적 · 문화적 영역, 제3세대 인권을 연대권으로 분류하고, 제1세대 인권을 소극적 인권으로, 제2, 3세대 인권을 적극적 인권으로 보았다(인권운동사랑방, 2003 ; 이창수 외, 2005). 다음으로, 욤파르트(Llompart, 1997)는 인권의 역사를 4세대로 구분하면서, 인권의 1세대를 자유권, 2세대를 참정권, 3세대를 경제적, 사회적, 문화적 권리, 4세대를 국제적 수준의 새로운 권리로 구분하여 인권의 범위가 넓혀지고 있다고 주장한다. 그리고 이페(Ife, 2001)는 인권의 역사를 소극적, 적극적, 집난석 권리의 3세대로 설명하고 있다. 인권 제1세대는 공민권과 자유권으로 인간의 기본적인 자유에 관심을 가지는 것이며 이러한 권리는 실현되어야 할 것이라기보다 보호할 필요가 있는 권리이므로 소극적 권리라고 한다. 인권의 제2세대는 경제적, 사회적, 문화적 권리로서 개인 또는 집단이 인간으로서의 잠재성을 완전히 실현할 수 있도록 하는 다양한 형태의 사회적 급여와 서비스 등을 받을 수 있는 권리이다. 사회복지영역에서 관심을 가지는 복지권 내지는 생존권적 기본권이 바로 여기에 속하는 것이다. 제2세대 권리는 국가가 권리실현을 위해 능동적이고 적극적인 역할을 해야 하기 때문에 적극적 권리라고도 한다. 인권의 제3세대는 집단적 권리로서 집단적 수준에서 정의되어야 의미가 있는 권리이다. 제3세대 인권은 그 실현에 의해 개인이 혜택을 볼 수 있지만 그것이 개인에게 적용되기보다는 지역사회, 국가, 세계 수준에 해당되는 권리이다. 나아가 자연환경의 파괴 등으로부터 침해되는 인권의 보장을 확보하기 위한 영역으로 환경권이 이에 포함된다(Ife, 2001 ; 오윤수 외 2014).

이상의 인권은 시대의 변화와 더불어 보다 완전성을 추구하기 위해 그 측면을 확대해 나가고 있는 것이다. 인권의 변화는 시민적 권리에서 경제적 · 사회적 권리 · 연대의 권리로 발전되어 오면서 사회복지실천 영역에서도 변화되어 왔다.

2) 인권과 사회복지실천

인권은 인간으로서 살아가는 데 없어서는 안 될 인간 고유의 권리이다.

국제사회사업가협회는 인권이 사회복지의 심장부이며 이를 실현하기 위해 사회복지전문가와 대학에서 활용될 수 있는 '인권훈련매뉴얼'을 제시하였다(IFSW, 2002). 그리고 사회복지가 지향하는 궁극적인 목적이자 사회복지의 출발점이 인간의 존엄성이며, 사회복지가 개입하는 다양한 문제 역시 빈곤, 차별, 가족, 질병, 노동, 교육, 자유, 학대와 폭력 등 인권의 문제와 다르지 않다. 따라서 인권을 사회복지와 밀접하게 관련시키는 노력이 필요하다(박영란 외 2005 ; 심창학 외, 2011 ; 전제철, 2011).

사회복지와 보다 밀접하게 관련된 헌법조항은 제10조의 포괄적 기본권과 제34조의 인간다운 생활권이다. 그 내용을 보면, 헌법 제10조는 "모든 국민은 인간으로서의 존엄과 가치를 지니며, 행복을 추구할 권리를 가진다. 국가는 개인이 가지는 불가침의 기본적 인권을 확인하고 이를 보장할 의무를 진다"라고 규정하고 있다. 헌법 제34조는 사회권에 대한 조항으로 모든 국민의 인간다운 삶의 권리를 이야기한다. 이를 통하여 인권은 사회복지실천 활동의 정당성을 구현하고 동기를 강화할 수 있다(이혜원 역, 2005). 뿐만 아니라, 사회복지실천의 기본원칙으로 잘 알려져 있는 클라이언트의 자기결정, 수용, 비심판적 태도, 비밀보장 등의 내용에는 이미 인권의 원칙들이 내재되어 있음을 알 수 있다. 이러한 원칙을 수행하는 전문직인 사회복지사는 인권전문직으로 규정되어야 한다고 주장한다(Ife, 2001). 사회복지사가 인권전문직에 통합되므로 사회복지실천은 중요한 이슈에 대한 고유의 통찰력을 얻을 수 있다(Reichert, 2003). 따라서 인권은 사회복지실천과정을 통해서 더욱 보장될 수 있을 것이며, 사회복지실천과정에서 인권의 원칙 및 인권에 대한 감수성과 실천기술들이 접목될 때 인권이 보다 잘 실천될 수 있을 것이다(심창학 외, 2011). 그러므로 인권적 시각을 사회복지실천에 접목하는 것은 사회복지실천을 강화하고 사회복지실천의 정당성에 강한 기초를 제공할 수 있다. 인권과 사회복지실천에 대한 논의는 국내외 영역에서 그 중요성을 갖고 적용할 수 있으며, 자선적 시각과 강제적 재분배 등에 대한 비판을 보완할 수 있으며, 사회복지대상자의 권한을 증진시킨다(Skegg, 2005). 또한 인권은 사회복지실천 현장에서 흔히 발생하지만 사회복지사들에게 어려운 윤리적 딜레마에 대한 도덕적 합리화와 의사결정을 위한 틀을 제시해 준다(Ife, 2001 ; Ife, 2006). 따라서 사회복지실천을 통해 인권을 실천시키고자 하는 목표가 있다면, 실천과정 자체에서 인권원칙이 지켜지고, 타인의 인권을 침해하지 않는 방식으로 행해지고, 사회복지대상자의 자기결정이 최대한 반영될 수 있도록 권리를 존중할 것이며, 모든 사회복지실천과정에서 사회복지대상자의 참여를 중요시할 수 있을 것이다. 최근에는 일부 사회복지현장에서의 인권옹호 내지는 권리옹호를 위한 노력 즉, 현 상태가 인권의 적극적인 침해 상황은 아니지만 보다 향상된 인권 보장을 위해 인권 옹호 노력을 기울이는 인권의 긍정적인 접근이 이루어지고 있다.

3) 인권 관련 선행연구

인권은 사회복지의 유일무이한 사명과 실천에 깊숙이 관여되어 왔다. 그럼에도 불구하고 인권에 관한 실증적 연구는 미미하다. 몇몇 연구를 보면, 사회복지사들은 인권전문가로서 활동하고 있음에도 불구하고 자신들은 정작 인권의 사각지대에 놓여 있는 모순적 상황에 처해 있다는 의견이 지배적이다(김종진 외, 2013 ; 김종해, 2014).

인권과 사회복지의 연계성을 논의한 연구들이 있다(김형식, 2008 ; 전제철, 2011 ; 김미옥 · 김경희, 2011). 연계성과 관련한 연구논문들은 사회복지사의 인권이 클라이언트의 인권과 불가분하고 상호보완적인 관계임을 강조하고 있다(김종해, 2014). 따라서 사회복지사의 인권 수준이 클라이언트의 인권 수준을 결정짓는 주요 요인이라고 할 수 있다.

사회복지사의 인권 관련 요인의 연구도 있다. 권중돈(2002)은 인권 관련 요인으로 윤리원칙에 대한 이해와 준수의식, 클라이언트에 대한 태도가 영향을 미치며, 인권의식 수준, 인권감수성이 클라이언트에 대한 편견에 영향을 미치는 것(권신혜, 2002 ; 김충희, 2004)으로 조사되었다. 인권에 대한 인식조사 연구도 있다. 사회복지사의 인권감수성과 인권현안 인식에 관한 연구(박정선, 2007)에서는 사회복지에서의 인권 실현을 위해서 복지대상자의 권리주장을 옹호하고 대변하는 전문가 집단인 사회복지사들의 인권감수성과 인권현안 인식 수준이 어떠한지, 이들의 인권감수성과 인권현안 인식에 있어 특성별로 어떠한 차이가 있는지에 대해 탐색하였다. 또한 사회복지사의 인권의식조사(2010, 이명묵)에서는 소수자의 인권을 보호하고 신장시키기 위해서는 사회복지사의 역할에 대한 중요성, 즉 인권 옹호자, 인권운동가 등으로 사회적 책임을 다해야 한다는 당위(sollen)에서 출발하여 현장의 인권상황에 대한 사회복지사의 인지조사, 사회복지사로서 전문직에 걸맞은 인권환경이 존재하는지의 점검, 인권과 사회복지 간의 관계 인식조사 등을 연구하였다. 연구결과를 통해서 인권의식 수준을 사회복지사와 다른 집단(일반국민, 시민단체)을 비교했을 때, 사회복지사가 다른 집단보다는 인권성향적이고 인권전문가에 근접한다고 조사되었다(국가인권위원회, 2005). 그리고 김현진(2010)은 연령이 높을수록, 직위가 높을수록, 학력이 높을수록, 경력이 오래될수록 사회복지사의 인권의식은 높다고 주장하였다. 박지영(2011)은 인권중심 사회복지실천의 탐색 연구에서 인권과 관련한 주요 이론과 개념적 문제를 밝히고 전통적 사회복지실천을 인권을 기반으로 하는 사회복지실천으로 재구성하는 방법을 탐색하고자 했다. 이를 위해 먼저 '아래로부터의 인권' 관점을 조명한 다음으로 사회복지실천 방식 중 그 중요성이 증가하고 있는 지역사회 단위의 실천을 중심으로 인권담론 형성을 위한 기초를 파악하였다. 문진영(2013)은 인권과 사회복지의 쟁점분석 연구에서 인권과 사회복지의 조화로운 관계를 위하여 인권에 기반한 사회복지제도를 구상하고 집행하는 방법을 제시하고 있다.

한편, 김수정(2014)은 사회복지사의 인권증진 역할과 인권관점 실천전략 연구에서 사회복지사는 클라이언트가 가진 인권의 기본적 성격과 유형을 이해하기 위하여 관련 법률들을 인지하고 실천 활동에서 활용해야 하며 또한 사회복지사 윤리강령에 명시된 인권 관련 조항을 내면화함으로써 실천활동을 윤리적으로 수행할 수 있어야 한다고 지적하며, 사회복지현장에서 인권증진을 방해하는 요인들이 발생한다고 하더라도 이에 대응하는 인권관점 실천은 사회복지사가 서비스와 프로그램을 기획하고 실행할 때 클라이언트의 인격을 존중하고 권익을 보장하고 역량을 증진하는 전략으로서 중요한 의의를 가진다고 하였다.

이상과 같이 인권에 대한 연구는 다양하게 이루어졌으나 현장의 사회복지사들이 어떻게 생각하는지에 대한 구체적인 인식조사를 포함한 주관성을 탐구한 것은 아직 연구되지 않았다. 그러므로 본 연구는 현장 사회복지사들을 대상으로 인권을 어떻게 인식하고 있는지를 Q방법론을 통해 유형화하고, 어떤 특성을 갖는지를 탐색적으로 연구하고자 한다.

4) 연구방법 : Q 방법론

본 연구는 Q방법론을 통해 현장 사회복지사들이 인식하고 있는 '인권'에 대한 인식 유형을 분류하고 각 유형의 특징을 알아보는 것이다. Q방법론은 인간의 주관적 의견이나 인식의 구조를 객관적으로 연구하는 방법이다. 연구자가 작성한 집합(concourse)을 통한 연구대상자의 주관성에 따라 연구대상자가 자율적으로 특정한 주제나 자극에 대한 의견을 표시한다(김순은, 2007). 따라서 Q방법론에 따른 본 연구는 인권에 대한 유사한 견해를 가진 집단을 추출하게 되는 것이다. Q방법론의 활용은 인간의 주관성과 총체적인 인간 개인에 대한 객관적인 접근방법을 제공함으로써 인간과 사회현상에 대한 보다 깊은 이해를 가져다 줄 것이다(오윤수 외, 2014). 특히 '인권'에 대한 현장 사회복지사들의 인식연구는 인권교육을 위한 학문적 및 실용적 활용도가 높을 것으로 생각된다.

5) 사회복지사의 인식 유형별 특성 및 제언

인간 존엄성의 표현인 인권은 아무리 강조해도 모자라다. 특히 사회복지 분야에서 인권의 중요성은 그 어느 분야보다 중요하다. 하지만 사회복지 실천 현장에서 인권침해 소식은 잊을 만하면 들려오는 사회복지계의 커다란 오점이다. 사회복지사들의 인권의식의 제고가 이런 오점을 덜 수 있는 지름길의 하나라는 문제의식에서 본 연구를 시도하였다. 따라서 현장 사회복지사들의 인권에 대한 인식을 알아본 결과 네 유형으로 분류되었다.

첫째 유형은 '사회복지실천 중시 비판형'이다. 이 유형은 사회복지사의 인권도 클라이언트의 인권 못지않게 중요하며 사회복지사는 어려운 사람들의 인권에 대하여 적극적으로 노력하여야 한다고 생각한다. 그리고 실천 현장에서 인권활동이 잘 이루어지지 않는다고 생각하고 있으며 인권이 단지 학술적 정의라는 것에 반대한다. 이 유형에 속한 사회복지사의 서술문을 보면 "실천 현장에서 인권활동이 잘 이루어지고 있다고 보지 않음. 장애시설이나 복지시설에서 수시로 인권침해가 일어나고 있다고 본다"이다. 인권에 대한 인식이 사회복지실천중심에 자리 잡고 있는 것은 매우 고무적인 것이라고 할 수 있다. 하지만 사회복지실천 현장에서 인권이 제대로 지켜지고 있지 않다고 생각하고 있는 것은 유감스러운 한편 염려스러운 일이다. 일반적으로 사회복지사들이 인권에 대한 의식 자체가 높은 편인 것을 감안하면 현장에서의 인권침해 사례는 환경적 요인에 기인한다고 볼 수 있다(김종해, 2014). 그렇다면 인권이 지켜질 수 있는 사회복지실천 현장의 조성이 요구된다.

둘째 유형은 '보편주의적 절대형'이다. 이 유형은 모든 클라이언트에게 동등한 인권을 보장하여야 하고 인권은 모든 인간에게 평등하게 적용된다고 생각한다. 또 클라이언트의 인권은 필요에 따라 제약될 수 있다는 진술문에 강하게 반대한다. 이 유형에 속한 사회복지사의 대표적인 서술문을 보면 "클라이언트뿐만 아니라 살아 있는 모든 생명들은 존중받아야 마땅하다. 사회복지사 또한 같은 인간으로서 인권을 보장받아야 한다"이다. 인권의 중요한 속성 중 하나가 보편성이라고 할 때 사회복지사의 인권 유형 중 하나가 보편주의적 절대형이라는 것은 다행스러운 일이다.

셋째 유형은 '통제 중심 집단주의형'이다. 이 유형은 종교재단이 설립한 사회복지기관에서 종교의식을 거주자나 직원에게 의무화하는 것은 인권침해라고 할 수 있다는 진술문에 매우 강하게 동의한다. 또 모든 사람의 인권은 평등하다고 생각하지 않는 것으로 드러나며, 특히 개인생활의 불편함을 초래하는 것은 인권침해라는 진술문을 강하게 부정하고 있다. 이 유형의 생각을 보다 정확하게 알아보기 위해 몇몇 서술문을 살펴보면 다음과 같다. "개인의 생활도 중요하지만 단체활동이 있기에 개인적으로 따로 움직이면 통제하기가 어려울 듯…", "훈육 등 시설의 효율적인 운영을 위해 필요한 생활권의 제약이 가능하다고 봄". 선택한 진술문과 서술문을 통합해 보면 개인생활 침해를 인권침해라고 보지 않는 것이 사생활 존중을 중요하지 않게 생각하기 때문이 아니라 시설에서 집단을 위해 개인 통제가 필요하다고 생각하는 것으로 해석할 수 있다. 그러나 함께 생활하는 기관이나 시설에서 개인에 대한 통제가 필요하지만 법률이나 규정, 정확한 매뉴얼에 의하지 않고 사회복지사의 편의나 자의에 의해 통제가 이루어져서는 안 될 것이다.

넷째 유형은 '실천 현장 중심 평등주의형'이다. 이 유형은 인권은 모든 인간들에게 평등하게 적용되어야 하며, 인권의 옹호는 사회복지실천의 중요한 부분이라고 생각한다. 또 사회복지사 보수교육을 통하여 인권에 대한 교육을 강화해야 한다는 진술문에 동의한다. 반면 실천 현장에서 인권활동이 잘 이루어지지 않는다고 인식하며 개인생활의 불편함을 초래하는 것은 인권침해라고 생각하지 않는다. 특히 클라이언트의 인권은 필요에 따라 제약될 수 있다는 진술문을 강하게 부정한다. 이 유형에 속한 사회복지사의 서술문을 살펴보면 다음과 같다. "모든 인간은 존엄하기에 어느 누구도 차별 없이 동등하게 인권을 보장받아야 하며…", "시설에 단체로 살아가려면 개인생활에 불편을 초래할 수도 있다고 본다. 다른 사람의 권리도 중요하기에 문제가 있는 사람은 생활에 불편을 감수해야 한다." 평등에 기반한 인권의식은 바람직하다. 하지만 실천 현장에서 인권보호가 잘 이루어지지 않는 이유 중 하나가 시설이나 기관의 행정적이고 효율적인 운영과 관련된 측면일 수도 있다는 것을 생각하면 사회복지사는 클라이언트의 권리에 대한 민감성을 더 가다듬을 필요가 있다고 본다.

각 유형이 공통적으로 동의한 진술문을 통해 사회복지사들의 인권에 대한 인식을 살펴보면 이론적인 측면에서의 인권보다는 실천에서 인권이 보장되어야 한다는 것에 공통적으로 지지를 보낸다. 또 인권정책이 좀 더 강화되어야 한다고 생각하는 것으로 드러난다.

본 연구의 의의를 밝히고 후속 연구를 위한 제언을 하고자 한다.

첫째, 본 연구는 Q방법론을 통한 현장 사회복지사의 인권에 대한 인식 유형과 유형별 특성을 알아본 탐색적 연구로서 의미를 지닌다. 네 가지로 분류된 인권 유형을 통해 사회복지사의 인권인식의 다양성과 다층적인 면을 알 수 있었다.

둘째, 본 연구를 통해 볼 때 사회복지사들은 사회복지 현장에서 인권이 잘 지켜지지 않는다고 인식하고 있으며 이를 위해 인권정책이 강화되어야 한다고 생각하는 것으로 드러났다. 사회복지계에서는 사회복지시설에서 인권침해 사례가 보도되면 일부 시설의 문제로 생각하는 경향이 있다. 하지만 본 연구를 통해 보면 현장 사회복지사들이 언론에 보도될 정도는 아니지만 소소한 인권침해가 있다는 고백을 하는 것으로 이해된다. 인권옴부즈맨 또는 복지옴부즈맨 제도나 모니터링제도 등을 통한 인권보호정책이 보다 강화되어야 할 것이다.

셋째, 사회복지실천 현장에서 인권에 대한 정확한 매뉴얼의 확정과 인권교육의 강화가 요구된다. 매뉴얼의 부재나 명확하지 않은 매뉴얼은 사회복지사 등 실천 현장에서 일하는 인력들의 인권보호 행동에 적지 않은 제약과 소극성을 갖게 만들 수 있다. 또 인권교육의 경우 순수 이론적인 측면보다는 현장 사회복지사가 실제로 활용할 수 있는 실천적인 인권교육이 이루어져야 할 것이다.

넷째, 사회복지실천 현장에서 클라이언트와 개별적인 서비스를 제공하는 사회복지사의 경우 클라이언트의 인권에 대한 감수성을 강화해야 할 것으로 보인다. 많은 사회복지사들이 시설이나 기관의 운영을 위해 개인생활에 대한 통제나 제재가 인권침해가 아니라는 견해를 밝히고 있다. 통제와 자유, 집단과 개인 간의 갈등은 현실적으로 존재할 수밖에 없을 것이다. 하지만 이에 대한 접근이 클라이언트 중심(당사자주의)이 아니라 사회복지사나 시설운영(제공자 중심) 중심으로 이루어진다면 이것은 또 다른 인권침해가 될 소지가 있다. 클라이언트 시각에서의 조심스러운 접근이 필요할 것이다.

다섯째, 사회복지전문직에 관한 실천적 연구가 지속적으로 이루어져야 할 것이다. 사회복지전문직은 인권전문직임을 천명하여 왔다. 사회복지의 핵심가치로서 인권이 가진 중요성을 보다 분명하게 천명하는 동시에 사회복지전문직으로서 실천할 수 있는 구체적 실천지침의 마련이 필요하다.

여섯째, 본 연구의 조사방법론으로 Q방법론의 한계성을 극복하기 위해서는 실천 현장에서의 갈등상황에 관한 조사 분석을 위한 연구방법이 필요할 것이다.

생각해 볼 거리

1 인권의 정의와 우리나라 복지시설에 대한 인권 상황을 토론해 보자.

2 인권과 시민권 그리고 사회권에 대해서 살펴보자.

3 영국의 학자 마샬의 3대 시민권에 대해서 살펴보자.

Chapter 12

사회복지사의 윤리강령 비교분석

본 장에서는 한국과 일본 그리고 미국의 사회복지사 윤리강령을 비교·분석할 것이다. 사회복지사 윤리강령을 비교하는 이유는 바로 사회복지의 이념을 실현하는 주체가 사회복지사이기 때문이다. 즉, 사회복지사의 윤리강령은 현대의 사회복지 이념을 담고 있기에 이를 분석함으로써 사회복지 이념과 사회원리의 관련성을 밝힐 수 있기 때문이다(부록의 윤리강령 참조).

사회복지사가 직무를 수행하는 데 필요한 윤리적 지침을 제공함을 목적으로 각국은 사회복지사 윤리강령을 채택·선포하였다.[1] 각국의 윤리강령의 구조는 한국의 경우, 전문과 6장과 사회복지사 선서로 구성되어 있다. 일본의 경우 전문과 5개의 장으로 구성되어 있고, 미국 강령은 전문과 4개의 부문으로 구성되어 있으며, 그중 사회복지사가 준수해야 할 윤리기준은 6개 장으로 구성되어 있다. 이와 같이 윤리강령은 대체적으로 전문과 윤리기준으로 구성되어 있다. 특히 윤리기준에서 사회복지사로서 기본적인 윤리기준과 함께 전문직 종사자로서 업무와 관련된 구체적인 윤리기준을 제시하고 있다. 그 내용을 살펴보면 다음과 같다.

1) 각국의 사회복지사윤리강령이 명확히 장과 절로 구분되어 있지 않아 윤리강령을 비교·연구하기가 어렵다. 따라서 여기에서는 각 윤리강령의 구조에 따라 장, 조, 항이라 이름 붙였다.

1. 전문과 기본적 윤리기준

한국, 일본 그리고 미국의 사회복지사 윤리강령은 모두 전문을 제시하고 있다. 한국의 경우, 사회복지사 활동의 철학적 기초를 인본주의와 평등주의 사상에 두고 있으며, 이들의 활동은 "인간의 존엄성과 가치를 존중하고 자유권과 생존권을 보장"하는 것임을 밝히고 있다. 이러한 목적을 달성하기 위해 사회복지사는 사회제도의 개선을 위한 활동을 하며, 자신의 개발을 위해 전문적인 능력을 갖추도록 노력하여야 한다.

일본의 경우 먼저 사회복지사의 신원을 명확히 하고 있다. 즉, 사회복지사는 "평화, 옹호, 개인의 존엄, 민주주의라고 하는 인류의 보통의 원리"에 따라 사회복지의 향상과 클라이언트의 자기실현을 목적으로 하는 전문직임을 밝히고 있다. 사회복지사는 인간 소외가 일어나는 사회에서 복지사회를 유지하고 추진하기 위해 필수적인 전문직임을 천명하고 있다.

미국의 강령의 전문은 무엇보다 먼저 강령 자체의 목적을 제시하고 있다. 강령의 목적은 사회복지사의 행위가 윤리적 측면에서 문제가 될 때 그 사안을 판결하기 위한 토대를 제공하고, 다양한 사람들과 관계를 맺는 사회복지사에게 윤리적 행위의 기준을 제공해 주는 것이다. 강령의 기초는 인간의 권리와 가치, 존엄성, 그리고 사회사업의 본질에 두고 있다.

이상에서 한국과 일본의 전문은 그 사상적 기초와 사회복지사 활동의 목표를 선언하고, 사회복지사가 전문직임을 선언하고 있다. 반면에 미국의 전문은 사회복지사들의 윤리보호에 중점을 두고 있다.

그리고 각국은 사회복지사의 기본적 윤리규정을 달리 표현하고 있다. 즉, 한국은 '사회복지사의 기본적 윤리기준'으로, 일본의 경우 '원칙'이라는 제목으로, 미국의 경우 '사회에 대한 사회복지사의 윤리적 책임'에서 기본적 윤리규정이 나타나고 있다.

한국 사회복지사의 기본적 윤리기준은 사회복지사는 전문가로서 어떤 이유로든 인종차별을 해서는 안 되며, 사회정의 실현과 클라이언트의 복지증진, 사회복지사의 권익옹호, 전문가로서 성실근무의 의무를 성실히 수행해야 한다는 것이다.

일본의 윤리강령은 세 가지 원칙을 제시하는데 먼저 모든 사람의 평등성과 존엄성을 선언하고 있다. 이어 모든 사람은 자기실현의 권리를 지니고 있으며 사회는 구성원의 최대한 행복과 편익을 제공해야 한다는 것이다. 이상의 일반적인 두 가지 원칙에 이어 사회복지사 활동의 목적이 개인의 자기실현, 가족, 집단, 지역사회의 발전에 있음을 밝히고 있다.

미국의 사회복지사는 사회의 총체적 복지증진을 위해 노력해야 함을 밝히고 있다. 이를 위해 사회복지사는 인종차별을 극복해야 하며, 모든 사람들을 위한 열린 태도를 지니고 문화의 다양성을 배려하며 사회적 정의 증진과 사회정책과 제도의 마련을 위한 노력을 해야 한다.

이상에서 우리는 사회복지사의 기본적 윤리기준이 대동소이함을 알 수 있다. 따라서 사회복지사는 인간의 평등성과 존엄성을 인식·실천해야 하며, 클라이언트의 복지증진과 사회정의 실현을 위해 노력해야 하며, 이에 따른 윤리적 의무를 지니고 있다.

2. 클라이언트와 동료 사회복지사에 대한 윤리기준

사회복지사의 활동은 클라이언트와 밀접한 관련을 맺고 있다. 따라서 사회복지활동에서 사회복지사가 클라이언트와 올바른 관계를 유지하기 위해서는 윤리적 기준이 필요하다. 각국은 클라이언트에 대한 윤리기준을 제시하고 있는데 한국은 제2장에서 다루고 있고, 일본은 '제21장 클라이언트와의 관계'에서 4개 조로 나누어 다루고 있으며, 미국은 II장에서 4개 조로 다루고 있다.

한국의 경우에는 클라이언트에 대한 윤리기준에서 '클라이언트와의 관계'와 '동료와 클라이언트와의 관계'로 구분하여 서술하고 있다. 먼저 '클라이언트와 관계' 조는 9개 항으로 구성되어 있으며, 클라이언트 권익옹호 우선, 클라이언트의 존엄성 존중, 클라이언트의 자기결정권 보호, 클라이언트 사생활 존중, 클라이언트 알 권리 보호, 클라이언트 정보제공 시 클라이언트와의 부적절한 성관계 금지, 클라이언트를 동반자로 인정 등의 사항을 다루고 있다. 그리고 '동료와 클라이언트와의 관계'조는 2개 항으로 구성되어 있으며, 사회복지사는 동료 혹은 다른 기관의 클라이언트와 전문적 관계 금지, 긴급한 경우 동료 클라이언트를 맡는 경우 정당한 서비스 제공을 윤리기준으로 제시하고 있다. 그런데 한국 강령에 나타나는 동료의 클라이언트와의 관계는 일본 강령에서 나타나지 않고 있으며, 미국 강령에서는 II장 '동료에 대한 사회복지사의 윤리적 책임', k조 '동료의 클라이언트 대하기'에서 취급하고 있다. 이는 사회복지사와 동료의 클라이언트 사이를 클라이언트 중심으로 보는가 아니면 동료를 중심으로 보는가의 차이를 드러내고 있는 것이다. 내용 면에서 미국 강령과 한국 강령은 대동소이한데 단지 미국 강령에 사회복지사는 동료의 클라이언트에게 간청하지 말라는 내용이 1항에 첨가되어 있을 뿐이다.

일본의 경우는 사회복지사와 클라이언트의 관계에서 지켜야 할 네 가지 윤리기준, 즉 클라이언트 이익 우선, 클라이언트의 개별성 존중, 클라이언트의 수용, 클라이언트의 비밀보장을 제시하고 있다.

미국의 경우에는 '클라이언트에 대한 사회복지사의 윤리적 책임'은 4개조로 구성되어 있으며, f조 '클라이언트 이익의 우선권', g조 '클라이언트의 권리와 특권', h조 '비밀보장과 사생활 보호', i조 '수수료' 등을 다루고 있다. 이 중 I조 '수수료'는 경제이익에 대한 태도에서 다루었기에 여기서는 나머지 3개 조에 대해서 고찰할 것이다. F조 '클라이언트 이익 우선권'에서 무엇보다 먼저 사회복지사의 임무가 클라이언트에 대한 봉사에 있음을 명확히 밝힌 다음 10가지의 윤리적 기준을 제시하고 있다. 이는 클라이언트에 대한 사회복지사의 윤리적 책임이 사회복지사의 임무에서 유래함을 선언하는 것이라 할 수 있다. 그리고 10가지 윤리적 기준은 사회복지사와 클라이언트와의 관계에서 클라이언트의 인격적 권리와 이익을 위한 기준을 제시하고 있다. g조 '클라이언트의 권리와 특권'은 클라이언트의 자기결정의 극대화를 목적으로 사회복지사가 무능력자인 클라이언트를 대신하여 행동할 때 필요한 기준을 제시하고 있다. h조 '비밀보장과 사생활보호'에서 사회복지사가 클라이언트의 사생활을 존중하기 위해 업무 중 획득한 비밀을 지켜주어야 함을 밝히고 있다.

사회복지사의 클라이언트에 대한 윤리기준이라는 관점에서 삼국의 강령을 비교해 보면 우선 그 내용 면에서 유사함을 드러내고 있음을 알 수 있다. 하지만 일본 강령은 형식적 · 선언적인 모습을 보이고 있는 데 비해 한국 강령은 원칙론적 입장을 드러내고 있으며 미국 강령은 사회복지사와 클라이언트의 관계를 세밀히 규정하고 있다. 특히 미국 강령은 클라이언트의 권리와 특권을 제시함으로써 사회복지사 클라이언트의 권리를 보호해야 함을 명확히 밝히고 있다.

그리고 사회복지활동은 한 사람의 복지사에 의해 이루어지는 것이 아니라 동료 복지사와의 협력에 의해 이루어지는 경우가 많다. 따라서 사회복지사가 올바른 복지활동을 펼치기 위해 동료와의 관계를 제대로 정립하여야 한다. 이를 위한 윤리기준을 각국 강령이 제시하고 있다. 한국 강령은 제3장 '사회복지사의 동료에 대한 윤리기준'에서 동료와 슈퍼바이저로 구성하여 서술하고 있으며, 일본 강령은 제3장 '기관과의 관계'에 나타나는 3개 조 중 '업무계획의 책무'는 슈퍼바이저 항에 해당하며 '전문직업의 명성의 복지'는 동료 항에 해당한다. 그리고 제5장 '전문직으로서의 책무'는 1조 '전문성의 유지 향상', 4조 '원조방법의 개선 향상', 5조 '동료와의 상호비판'이 동료와의 관계를 표현하고 있다. 반면 미국은 제3장 '동료에 대한 사회복지사의 윤리적 책임'에서 j조는 '존경, 공평, 정중'은 11항으로 구성되어 있는데 한국 강령의 동료에 관한 사항과 더불어 슈퍼바이저에 관련한 사항이 함께 나타나고 있으며, 앞에서 보았듯이 k항은 '동료의 클라이언트 대하기'를 다루고 있다. 따라서 여기서는 한국 강령 제3장과 일본 강령 제3장 및 미국 강령 III장 j조의 내용을 비교 · 고찰할 것이다.

한국의 사회복지사는 동료를 존중하고 신뢰해야 하며, 전문직의 권익을 위해 동료와 협력할 의무가 있다. 사회복지사는 동료의 윤리적이고 전문적인 행위를 촉진해야 하며, 전문적인 판단과 실천의 미흡으로 문제가 생겼을 때 클라이언트의 이익을 위하여 적절한 조치를 취해야 한다. 사회복지사는 다른 구성원이 행한 비윤리적 행위에 대해 윤리기준에 따른 조치를 취해야 하며, 동료들과 민주적인 직무관계를 형성해야 한다.

일본의 사회복지사는 업무나 절차의 개선을 위해 단체 책임자에게 제언을 하여야 하며 동료 클라이언트의 이익을 침해하거나 전문직업의 명성을 해친 경우에 적절한 조치를 취해야 한다. 사회복지사는 동료와의 교류를 통하여 전문적 지식과 기능의 수준을 향상시켜야 하며, 동료의 공헌과 업적을 존중하고 상호비판 시 적절하고 타당한 방법과 수단을 따라야 한다.

미국의 사회복지사는 동료를 존경, 공평, 정중과 믿음으로 대해야 함을 천명하면서 동료에 대한 윤리적 기준 11가지를 제시하고 있다. 사회복지사는 업무를 추진하면서 동료와 협력하고 동료를 신뢰해야 하며 동료를 존경한다는 사항 등에서는 한국 강령 내용을 포함하면서 더욱 상세하게 다루고 있다. 즉, 미국 강령은 전문 분야에서 사회복지사가 동료와 교체나 대체될 때, 동료와 갈등이 있을 때, 그리고 다른 직원이 수행한 것을 실행하고 평가할 때 관심을 끌기 위해 동료와 고용주 간의 분쟁 폭로가 금지됨을 밝히고 있다. 또한 슈퍼바이저와 관련되는 윤리적 기준은 전문적 관계 지속을 위한 조건을 지킬 것과 고용주, 슈퍼바이저 학생들이 수행한 것을 평가해야 할 때 사회복지사가 그들과 함께 해야 함을 밝히고 있을 뿐이다.

사회복지사의 동료에 대한 윤리기준은 위에서 보았듯이 일본 강령은 형식적 · 선언적인데, 특히 동료와의 협력을 강조하고 있으며, 동료에 대한 올바른 상호비판 자세를 언급하는 점이 특이하다. 한국과 미국의 강령은 동료의 범주에 슈퍼바이저를 포함하고 있다는 점에서 공통점을 드러내고 있다. 하지만 한국 강령은 원칙적인 입장인데 비해 미국 강령은 동료 간의 불화와 업무수행평가 등에 관해 구체적으로 언급하고 있지만 슈퍼바이저와의 관계는 상세히 다루고 있지 않다. 이는 한국과 미국의 사회적 분위기와 문화를 반영한 것으로 평가된다.

3. 전문성 개발을 위한 노력 측면

전문성 개발과 관련된 사회복지사의 윤리지침은 한국의 경우 1장 2조에, 일본 강령은 '5장 전문직으로서의 책무'에, 미국 강령은 1장 'b조 능력과 전문성의 개발'과 'e조 학문과 조사연구'에 나타나고 있다.

한국의 사회복지사는 클라이언트에게 최상의 서비스를 제공하기 위해 전문가로서 지식과 기술 개발에 힘써야 한다. 사회복지사가 클라이언트를 대상으로 하는 연구는 그들의 동의를 얻어야 하며 연구과정에서 얻은 클라이언트의 비밀을 보장해야 한다. 그리고 사회복지사는 자신들을 위한 제반 교육에 적극 참여하여야 한다.

일본의 사회복지사는 전문적 지식과 기능의 수준 유지를 위해 노력해야 하며, 자신들의 업무내용을 명확히 파악하도록 노력해야 한다. 그리고 전문직의 입장을 옹호해야 하며 동료와 다른 적문직업가의 공헌과 업적을 존중하고 이들과 협력하여야 하며, 상호비판의 필요가 있을 때 적절하고 타당한 방법과 수단을 택해야 한다.

미국의 사회복지사는 전문적인 기능을 잘 수행할 수 있도록 노력해야 하며, 사회사업을 위해 연구와 조사를 할 수 있다. 이때 사회복지사는 조사 참여자의 동의를 얻어야 하며, 참여자의 사생활 보호와 존엄성을 존중하여야 한다. 조사와 연구를 통해 얻어진 정보는 비밀로 다루어야 하며,

전문적인 목적을 위하여 사용해야 한다.

3국의 강령에서 전문성 개발과 관련된 사항은 대동소이하다. 특이한 점은 한국의 경우 한국사회복지사협회 등이 실시하는 제반 교육에 참여할 의무를 제시하고 있는 것이다. 일본은 상호비판의 경우 적절하고 타당한 방법과 수단을 지킬 의무를 부과하고 있고, 미국은 사회복지사는 전문적인 자격, 교육, 경험, 가입에 대한 허위진술 금지를 밝히고 있다. 이러한 상이점은 각국의 현실을 반영하는 것으로 판단된다.

4. 복지기관에 대한 윤리기준 측면

사회복지사는 대부분의 경우 독립적인 일을 하는 것이 아니라 기관과 관련 속에서 복지사업을 실행한다. 따라서 사회복지사는 기관과 올바른 관계를 정립해야 하며 이를 위한 윤리기준이 필요하다. 이에 각국의 윤리강령은 이를 규정하고 있는데, 한국은 제5장 '사회복지사의 기관에 대한 윤리기준'에서, 일본은 제3장 1조 '소속기관과의 강령의 정신'과 2조 '업무계획의 책무'에서, 미국은 제4장 '고용주의 고용기관에 대한 사회복지사의 윤리적 책임성'에서 다루고 있다.

한국의 강령 제5장 '사회복지사의 사회에 대한 윤리기준'은 3개 조로 구성되어 있다. 사회복지사는 기관의 정책과 목표달성을 위해 노력해야 하며, 기관의 부당한 정책이나 요구에 대하여 적절히 대응해야 할 뿐 아니라 소속기관의 활동에 적극 참여함으로써 기관의 성장발전을 위해 노력해야 한다.

일본의 강령 제3장 '기관과의 관계' 3개 조로 구성되어 있으나 1조와 2조만이 기관에 대한 윤리규정으로 볼 수 있다. 사회복지사는 소속기관 혹은 단체가 언제나 윤리강령을 준수하도록 유의해야 하며, 소속기관 및 단체의 업무개선을 위해 노력하여야 한다.

미국의 강령 제4장 '고용주와 고용기관에 대한 사회복지사의 윤리적 책임성'은 4개 조로 구성되어 있다. 먼저 제4장은 사회복지사는 고용기관에 의해 이루어진 위임에 충실하기 위해 네 가지 윤리기준을 지켜야 함을 밝히고 있다. 즉, 사회복지사는 고용기관의 서비스의 증진을 위해 일해야 하며, 사회복지사는 미국사회복지사협회(NASW)에 의해 적절한 기관으로 인정되지 않은 곳에 사람들을 고용시키거나 학생들을 배치해서는 안 된다. 또한 사회복지사는 고용기관의 업무할당과 고용정책에 있어서 차별을 예방하고 근절해야 하며 고용기관의 자원을 세심하게 고려하면서 사용해야 한다.

사회복지사의 기관에 대한 윤리기준에서 각국 강령의 특성이 현저히 다르게 나타나고 있다. 일본의 경우 사회복지사는 기관의 정신 준수와 기관의 발전에 초점을 맞추고 있는 데 비해 미국은 사회복지사가 기관이 위임한 임무에 충실해야 함을 강조함으로써 사회복지사를 피고용인의 입장에서 파악하고 있다. 반면에 한국은 사회복지사가 기관의 정책과 사업목적 달성을 위해 노력하고 소속기관의 활동에 적극 참여할 것을 강조한 것은 사회복지사를 기관의 구성원으로 파악하고 있다. 이와 같이 사회복지사와 기관과의 관계를 달리 규정하고 있기에 이에 따른 윤리기준이 달리 나타나고 있다.

5. 사회에 대한 윤리기준 측면

사회복지사의 활동은 직무적 기능을 수행하는 것으로 끝나는 것이 아니라 사회의 총체적 복지의 증진을 위하여 사회적 활동도 수행해야 한다. 이러한 사회적 활동을 올바르게 수행하기 위해 윤리적 기준이 필요하다.

이에 각국은 사회복지사의 사회에 대한 윤리기준을 제시하고 있다. 한국 강령은 제4장 '사회복지사의 사회에 대한 윤리기준'에서 일본 강령은 제4장 '행정 및 사회와의 관계'에서 미국 강령은 제6장 '사회에 대한 사회복지사의 윤리적 책임'과 제5장 N조 '지역사회서비스'에서 사회에 대한 윤리적 기준을 제시하고 있다.

한국의 강령 제4장 '사회복지사의 사회에 대한 윤리기준'은 4개 조로 구성되어 있다. 내용은 크게 네 가지이다. 사회복지사는 인권존중과 인간 평등을 위해 헌신하는 자임을 밝히면서 사회적 약자를 위한 활동의 의무 제시, 사회서비스 개발을 위한 사회정책의 수립과 집행에 적극적 참여, 사회환경개선과 사회정의 증진을 위해 사회정책수립 및 집행의 요구, 지역사회 문제해결에 참여하는 것이 사회복지사의 의무임을 천명하고 있다.

일본의 강령 제4장 '행정 및 사회와의 관계'는 2개 조로 구성되어 있다. 사회복지사는 클라이언트와 사회의 뉴스에 민감해야 하며, 클라이언트와 사회에 대해 공헌해야 한다. 또한 사회복지사는 시민의 사회생활 향상을 위하여 전문직업상의 지식을 행정이나 정책, 계획 등에 적극적으로 반영해야 한다.

미국의 강령 제6장 '사회에 대한 사회복지사의 윤리적 책임'은 7개 조로 구성되어 있다. 강령은 사회복지사는 총체적 복지의 증진을 위해 활동하기 위한 7가지 윤리적 기준을 제시하고 있다. 사회복지사는 특정 개인 혹은 집단에 대한 차별을 해서는 안 되며, 모든 사람이 필요로 하는 자원, 서비스, 기회에 접근할 수 있는 기회를 확보해야 한다. 사회복지사는 집단과 개인에 대한 불이익이나 압력에 대한 특별한 관심을 가져야 하며, 문화의 다양성을 배려해야 하고, 공적인 긴급 상황에서 적절하게 전문적 서비스를 제공해야 한다. 또한 사회복지사는 사회적 조건의 향상과 사회적 정의의 증진을 위한 정책과 법률의 변화를 옹호하고 사회정책과 제도를 마련에 대중의 공식적 참여를 도모해야 한다. 제5장 n조 '지역사회서비스'에서 사회복지사는 일반대중을 위한 사회서비스에 봉사해야 함을 밝히고 있다.

사회복지사의 사회에 대한 윤리기준은 일본 강령은 강령 전체에 흐르는 형식적 · 선언적 성격을 벗어나지 못하고 있는 데 비해 한국과 미국의 강령은 사회복지사가 사회적 약자 보호와 사회의 공동선을 위한 활동을 강조하고 있다. 특이한 것은 미국 강령이 그 사회의 환경 때문에 문화적 다양성 존중을 요구하는 것과 여러 가지 조건으로 인한 개인 혹은 집단에 대한 차별을 예방하고 근절하는 것을 사회에 대한 윤리기준으로 제시하는 것과 지역사회의 일반대중을 위한 사회서비스에 대한 봉사를 요구하는 것이다. 반면 한국사회가 단일민족국가이기에 한국 강령은 인간존중과 인간평등이라는 추상적 개념을 사용하고 있는 것으로 추정된다.

6. 한국의 윤리강령에만 제시한 측면

오직 한국 강령만이 제6장에서 '사회복지 윤리위원회의 구성과 운영'에 대하여 언급하고 있다. 사회복지 윤리위원회의 구성과 운영의 책임은 한국사회복지사협회에 있으며 이 위원회는 역할은 윤리강령을 위배하거나 침해하는 행위에 대처하는 것이다. 한국사회복지사협회는 사회복지사업법 제46조에 의한 법정단체로서 사회복지에 관한 전문지식과 기술을 개발 · 보급하고 사회복지사의 자질 향상을 위한 교육훈련 및 사회복지사의 복지증진을 도모함을 목적으로 설립되었다. 우리나라에서 사회복지사는 사회복지사자격을 취득할 때 한국사회복지사협회에 가입하게 되어 있으며, 그 자격을 유지하기 위해 회비납부와 보수교육이수 등 회원의 의무를 다해야 한다. 사회복지사는 한국사회복지사협회의 윤리적 권고와 결정을 존중해야 한다.

그리고 사회복지사 선서는 한국 강령에서만 나타난다. 선서에서 사회복지사는 인간존엄성과 사회정의를 바탕으로 소외되고 고통받는 사람들을 위해 일하며, 이들의 인권과 권익보호, 불의와 부정을 거부하고 개인의 이익보다 공익을 앞세우는 자들임을 밝히고 있다. 그리고 윤리강령을 준수함으로써 도덕성과 책임성을 갖춘 사회복지사가 될 것을 선언하고 있다. 이 선서는 사회복지사의 신원에 대한 선언인 동시에 사회복지사의 올바른 활동이 무엇인지를 밝히고 있는 것이다.

생각해 볼 거리

1 윤리강령(철학)의 전문을 분석하고, 사회복지의 가치를 토론해 보자.

2 일본 및 기타 국가의 윤리강령을 살펴보자.

3 한국 사회복지사의 윤리강령 중 「선서」 내용을 분석해 보자.

Chapter 13

사회복지실천과 윤리적 갈등

1. 자기결정 관련 윤리적 이슈

1) 자기결정

자기결정권(self-determination) 존중 원칙은 누구나 어떠한 강요도 없이 스스로 선택하고 결정할 권리가 있음에 근거한 사회복지전문직의 가장 중요한 윤리 원칙이다(Barker, 2003 ; 서미경 외 역, 2000).

사회복지사의 윤리강령에는 다음과 같이 클라이언트의 자기결정권 존중을 주요 원칙으로 규정하고 있다.

한국사회복지사협회 윤리강령 5차 개정 내용

Ⅱ. 클라이언트에 대한 윤리기준

2. 클라이언트의 자기 결정권 존중

1) 사회복지사는 사회복지 실천 과정에서 클라이언트의 자기 결정을 존중하고, 클라이언트를 사회복지 실천의 주체로 인식하여 클라이언트가 자기 결정권을 최대한 행사할 수 있도록 돕는다.

2) 사회복지사는 의사 결정이 어려운 클라이언트에 대해서는 클라이언트의 이익과 권리를 보장하기 위한 적절한 조치를 취해야 한다

출처 : 사회복지사협회(2023년 4차 개정판)

자기결정권 존중의 원칙은 전문적 관계형성에 매우 중요한 원칙이지만 사회복지실천 현장에서는 한계가 존재한다. 특히, 다음과 같은 경우 사회복지사는 클라이언트의 자기결정을 보장하기 어려워진다.

① 심각한 문제로 도움이 절실함에도 불구하고 거절하는 경우
② 스스로 목숨을 끊기로 결정한 경우
③ 지적 수준이 현저히 낮은 지적장애인이 아이를 출산하겠다고 하는 경우
④ 미성년자가 사랑하기 때문에 성인 남성과 성적 관계를 갖겠다고 하는 경우
⑤ 전신마비로 고통 받고 있는 환자가 안락사를 원하는 경우

사 례 1 **치료를 거부하는 정신장애인**

치료를 지속하지 않으면 증상이 악화될 것으로 예상되는 정신장애인(클라이언트)이 치료를 거부하고 있다. 그를 돌보는 노부모는 지칠 대로 지친 상황이다. 부모는 적극적 치료를 통한 증상 조절이 우선이라며 입원을 원하지만 클라이언트는 이를 강력히 거부한다. 담당의사는 현재로서는 위험한 증상이 없으나 치료하지 않으면 증상이 악화될 수 있음을 우려하고 있다. 부모는 과거 클라이언트가 다니던 지역사회 정신건강센터의 사회복지사를 찾아가 의논하였다. 사회복지사는 클라이언트의 자기결정권을 보호해야 하는가? 아니면 가족의 안녕과 부담 경감을 우선 고려해야 하는가? 현재로서는 그 정도의 위험은 아니지만 치료를 받지 않아 증상이 악화될 경우, 만에 하나 있을 위험으로부터 대중을 보호하는 의무도 고려해야 하는가?

출처 : 서미경 외(2015). 사회복지 윤리와 철학.

이 사례에서 클라이언트의 자기결정권을 존중하기 위해서는 노부모의 보호부담에 대한 부분과 혹시 있을 수도 있는 대중의 안전을 담보하기 어려워진다. 자기결정권 존중 원칙을 준수함으로 해서 보장하고자 하는 것은 클라이언트의 자율성이다. 일반적으로 행동한다는 것은 자발적으로 생각

하고, 충분히 이해하며, 타인의 간섭 없이 행동하는 것을 의미한다(Beauchamp & Childress, 1994 ; 서미경 외 역, 2000).

에이브럼슨(Abramson, 1989 ; 서미경 외 역, 2000)은 개인의 행동이 자율성에 근거한 것인지 판단하는 기준을 다음과 같이 설명하였다.

① 누구로부터의 강요나 압력이 없는 자발적 행동이어야 한다.
② 개인의 가치나 삶의 계획 등과 일관성 있는 행동이어야 한다.
③ 각 대안의 결과, 내용, 필요한 정보를 충분히 이해한 행동이어야 한다.
④ 행동의 근거가 되는 가치가 사회적으로 수용 가능한 것이어야 한다.

2) 온정주의

클라이언트의 자기결정권 존중이 실천되기 어려운 또 다른 이유는 도움이 필요한 사람에게 개입해야 할 사회복지사의 의무와 상충하기 때문인데, 도움이 절박한 상황임에도 불구하고 도움을 거부하거나 혹은 자기결정능력에 한계가 있는 클라이언트에게 사회복지사의 의무로 그의 삶에 개입하는 것이 온정주의 개입이라고 할 수 있다. 따라서 비합리적이고 결정능력에 한계가 있는 사람에 한해 긍정적인 결과를 위해 그들의 자율성을 제한하며 행해지는 개입은 온정주의로 정당화된다는 것이다(김상균 외, 2002).

그러나 클라이언트에게 이득이 되는 결정이 다른 사람에게 위험이 되거나 혹은 그 반대인 경우가 있다. 예를 들어 〈사례 1〉과 같이 정신장애인의 자율성 보장을 통한 이득 추구가 보호자의 입장에서는 위해가 될 수 있다. 물론 치료를 통해 증상이 완화되고 장기적으로 회복에 기여한다면 강제입원이 정신장애인에게 이득이 될 수도 있겠지만 이러한 장기적 이득은 불확실하다. 오히려 강제입원으로 인해 정신장애인의 자존감이 손상되고, 치료진과의 관계가 훼손되며, 가족관계가 손상되는 위험이 초래될 수 있다. 이런 상황에서 온정주의의 두 원칙이 준수되기 위해서는 클라이언트의 입장에서 위험을 피하고, 그가 치러야 할 대가보다 얻는 이득이 많아야 한다.

일반적으로 온정주의 개입이 정당하기 위해서는 세 가지 전제가 필요하다(김기덕, 2002 ; 서미경 외 역, 2000).

① **무능력에 대한 전제** : 클라이언트의 결정능력이 부족하여 자신에게 최선이 되는 바를 선택하지 못한다는 전제이다. 즉, 인지능력, 지능, 정신적 문제, 연령 등의 한계로 스스로 중요한 결정을 하지 못한다는 것이 입증되어야 온정주의가 정당화된다.

② **위험성에 대한 전제** : 클라이언트의 자기결정이 자신이나 타인에게 위험한 경우 자신과 타인의 안전을 위해 그들의 자율성을 제한하는 것은 정당하다는 것이다.

③ **효과에 대한 전제** : 일시적인 온정주의 개입으로 클라이언트 삶에 긍정적인 효과가 보장된다면 자율성 제한이 정당하다는 것이다.

3) 자율적 동의

자율적 동의(informed consent)는 클라이언트의 자기결정 가치를 실현하기 위한 방법으로 관련된 정보를 클라이언트에게 제공하고 충분히 이해하도록 도운 뒤 자율적으로 개입에 동의하도록 하는 윤리 원칙이다. 즉, 자기결정에 한계가 있는 클라이언트가 스스로 개입을 결정할 수 있도록 필요한 정보를 그의 수준에 맞게 제공하여 동의를 돕는 실천 원칙이며, 이 원칙을 통해 클라이언트의 자기결정권을 존중함과 동시에 삶의 주체성을 회복시켜 존엄성 가치를 실현하게 된다(김기덕, 2002 ; 김상균 외, 2002).

자율적 동의는 다음 세 가지 요소로 구성되어 있다(Beauchamp & Childress, 1994 ; 서미경 외 역, 2000).

① **정보제공** : 클라이언트가 이해할 수 있는 언어로 대안들의 이득과 위험에 대한 정보를 충분히 제공한다. 이때 중요한 것은 정보의 적절성이다. 클라이언트의 자기결정을 도울 수 있을 정도로 충분한 양의 정보를 제공하되, 너무 정보가 많아 결정하지 못해서는 안 된다. 가장

적절한 양은 클라이언트가 자신이 동의할 것이 무엇인지 알 수 있는 수준이면 된다.

② **자발성** : 자발성은 자율적 동의가 어떠한 형태의 강요도 없는 자유로운 상황에서 이루어지는 것을 의미하며, 강요가 없다는 것은 어떠한 설득이나 위협도 없는 상태를 의미한다.

③ **동의능력** : 대안들을 이해하고, 비교하여 가장 적합한 대안을 현실적으로 선택할 수 있는 능력이 전제되어야 하며, 세 가지 요소 중 가장 중요한 것으로 능력이 전제되어야 정보도 제공할 수 있고, 자발성도 확보된다.

한국사회복지사협회 윤리강령 5차 개정 내용

Ⅱ. 클라이언트에 대한 윤리기준

4. 정보에 입각한 동의

사회복지사는 클라이언트의 알 권리를 인정하고 동의를 얻어야 하며, 클라이언트가 받는 서비스의 목적과 내용, 범위, 합리적 대안, 위험, 서비스의 제한, 동의를 거절 또는 철회할 수 있는 클라이언트의 권리 등에 대해 정확하고 충분한 정보를 제공한다.

출처 : 사회복지사협회(2023년 5차 개정판)

자율적 동의의 가장 중요한 요소가 동의능력이므로 이때의 능력에 대한 평가가 매우 중요하다. 나이가 많거나, 정신장애가 있다는 이유로 혹은 나이가 너무 어리거나 지능이 낮다는 이유로 동의능력이 없다고 전제하는 것은 매우 위험한 일이다. 따라서 동의능력을 객관적으로 평가하는 것이 중요한데, 특정 장애가 일부 능력을 제한한다 하여 모든 영역의 동의능력이 제한되는 것은 아니다. 따라서 동의해야 할 영역에 한정된 능력평가가 이루어져야 하는데, 만약 도움이 필요한 사람이 도움을 받지 않기로 결정하였고, 그 영역에 대한 동의능력을 객관적으로 평가한 결과 '능력이 있다'고 인정되면, 그의 자기결정은 존중되어야 한다.

능력이 있다고 평가된 경우는 말할 것도 없고, '무능력하다'는 것이 입증되지 않으면 능력이 있는 것으로 간주해야 한다. 즉, 해당 상황을 결정할 능력이 없다는 것이 입증되지 않으면 능력이 있는 것으로 간주하여 그의 자기결정권을 존중해야 한다는 것이다. 클라이언트가 내린 결정이 사회복지사 입장에서 볼 때, 잘못된 결정이라 여겨져도 그는 현명하지 않은 결정을 한 사람일 뿐 무능력한 사람은 아니다.

4) 대리결정

클라이언트가 스스로 결정할 수 있도록 모든 노력을 다하였음에도 불구하고, 결정능력이 부족하다고 평가될 경우 사회복지사는 대리결정(surrogate decision-making)을 생각해 봐야 한다. 무능력 외에도 응급상황이나 클라이언트 스스로 자기결정권을 포기하는 경우 대리결정이 가능하다(김기덕, 2002).

일반적으로 대리결정은 대리판단, 순수자율, 최대이익 기준에 의해 이루어진다(Beauchamp and Childress, 1994 ; 서미경 외 역, 2000).

① **대리판단기준** : 클라이언트가 동의능력이 있다면 했을 것 같은 결정을 대리동의자가 하는 것이다. 이는 클라이언트를 잘 아는 사람이 대리동의하는 경우 가능하다.

② **순수자율기준** : 과거에 자신이 능력이 있었을 때, 유사한 상황에서 클라이언트가 했던 결정을 존중하는 것이다. 이는 한때 결정능력이 있었던 사람에 한하고, 유사한 상황이 존재해야 한다. 클라이언트가 자율적으로 했던 결정을 인정한다는 점에서 자율성 존중에 근접한 방법이다.

③ **최대이익기준** : 대리결정자가 다양한 대안 중 위험, 비용을 계산하여 클라이언트에게 가장 이익이 큰 결정을 내리는 것이다. 중요한 것은 최대 이익이 대리결정자가 아닌 반드시 클라이언트의 입장에서 나타나야 한다.

2. 비밀보장 관련 윤리적 이슈

1) 비밀보장

비밀보장(confidentiality)은 개인의 '사생활보호' 가치에서 비롯된 윤리 원칙이다(김기덕, 2002). 사회복지실천과정에서 클라이언트의 사생활보호를 위해 비밀보장 원칙이 중요하게 다루어진다(김상균 외, 2002).

2) 비밀보장의 한계

로웬버그와 돌고프(Loewenberg & Dolgoff, 1998 ; 서미경 외 역, 2000)는 비밀유지에 있어서 한계를 지적하면서 하나의 사례를 제시하였다. 대표적인 예로 타라소프 결정(Tarasoff decision)을 들 수 있다. 타라소프 결정은 1976년 캘리포니아 주 법원의 판결로 클라이언트가 누군가를 해치겠다고 했을 경우, 아무리 비밀보장을 전제로 하였다 하더라도 전문가는 예상되는 피해자에게 경고할 의무를 가진다는 것이다(Barker, 2003 ; 서미경 외 역, 2000). 이 사례는 한 젊은 남성이 심리상담가에게 자신을 배신한 여자친구를 살해하겠다고 했고, 결국 그 여자가 살해된 뒤 여성의 가족들이 이 사실을 경고하지 않은 심리학자를 상대로 낸 소송이다. 소송 결과 법원은 아무리 비밀보장을 전제로 얻은 정보라 하여도 '타인을 해치고자 하는 정보'는 비밀유지 특권이 적용되지 않는다고 결정하였다. 따라서 심리학자는 ① 예상되는 피해자에게 경고할 것, ② 피해자에게 위험이 있음을 다른 사람들에게도 알릴 것, ③ 경찰에게 알릴 것, ④ 그런 상황에 필요한 합리적인 조치를 취할 것 등이 요구된다고 하였다.

리이머(Reamer, 1999 ; 서미경 외 역, 2000 ; 박차상 외, 2019)는 비밀보장과 관련된 딜레마 상황을 다음과 같이 네 가지로 보았다.

(1) 제 삼자를 보호하기 위한 상황

아무리 클라이언트와의 비밀보장이 중요해도 타라소프 결정처럼 자신이나 타인의 생명이 위협받을 경우 비밀은 지켜질 수 없다. 예를 들어 부부갈등으로 치료받고 있는 41세 남자가 부인의 외도를 알게 되었고 배신감에 외도 상대를 죽이겠다고 얘기했다면, 사회복지사는 이 정보를 그 상대에게 알려야 한다. 그러나 죽이겠다는 클라이언트의 말이 진짜 죽이려는 의도인지 아니면 그냥 화가 나서 하는 말인지 확신하지 못할 경우 모호해진다. 가장 좋은 것은 보다 깊이 있게 면담하여 어떤 의도인지 알아보는 것이다. 그래도 확신할 수 없다면, 여러 가지 대안을 생각해 보고, 그 결과를 추론해야 한다.

첫 번째 대안은 비밀보장 원칙을 깨고 피해의 가능성이 있는 사람에게 경고하는 것이다. 이 경우 윤리강령을 위배함으로 인해 사회복지사 본인에게 어떤 불이익이 있을지 생각해 보아야 한다. 즉, 치료적 관계가 얼마나 훼손될 것인지? 실제 죽이려는 의도까지는 없었던 클라이언트가 경찰에 신고되어 받을 피해는 어느 정도인지?

두 번째 대안은 비밀을 지키는 경우이다. 이때 일어날 수 있는 위험도 예상해야 한다. 그중 가장 심각한 것은 경고하지 않음으로 인해 외도대상이 죽는 것이다. 이러한 딜레마 상황에서는 윤리적 원칙 스크린이 도움이 될 수 있는데, 즉, 어느 원칙보다 생명보호 원칙이 우선되므로 비밀보장 위반이 정당화될 수 있다. 그러나 다음의 사례에서와 같이 생명이 위험한 수준은 아니지만 비밀정보가 제 삼자의 삶에 중요한 것일 때 어떻게 해야 하나?

사례 2 정신장애가 있다는 사실을 숨긴 결혼

조현병으로 치료받고 있는 27세 여성은 최근 결혼을 하였다. 남편에게 정신장애가 있음을 숨겼고, 복용하고 있는 약이 수면제라고 거짓말하였다. 그러나 이 여성의 남편은 아내의 행동이 다소 이상하고, 잠을 잘 자면서도 수면제를 먹는 것이 이해되지 않는다며 아내가 지속적으로 상담하고 있는 사회복지사를 찾아왔다. 남편은 아내의 진단이 무엇인지 질문하였다. 사회복지사는 클라이언트의 일차적 보호제공자인 남편에게 진단명을 얘기해 주어야 하는가?

출처 : 서미경 외(2015). 사회복지 윤리와 철학.

이 사례는 배우자의 삶에 매우 중요한 클라이언트의 질병정보를 비밀보장해야 하는지에 관한 것으로 정신건강 영역에서 흔히 경험하는 딜레마이다. 배우자의 입장에서 클라이언트의 정신건강의학과 치료는 결혼생활을 지속할지를 결정하는 매우 중요한 요인이며, 약물치료는 임신과 출산과정에서 부부가 반드시 공유해야 할 정보이다. 그럼에도 불구하고 사회복지사는 비밀을 보장해야 하는가? 비밀보장에 의해 질병정보를 알려주지 않는 경우, 남편의 결혼생활은 심각하게 위태로울 뿐 아니라 클라이언트 역시 지속적으로 불안한 상태에서 결혼생활을 해야 한다. 불안한 결혼생활을 지속하다가 임신과 출산과정에서 질병이 밝혀질 경우, 그 영향을 클라이언트 부부뿐 아니라 태아에게까지 미칠 수 있다. 그렇다고 비밀보장 원칙을 어기고 정보를 누설할 경우 윤리강령을 위배하였다는 비난뿐 아니라 최악의 경우 클라이언트는 남편으로부터 버림받을 수 있다. 가장 적합한 대안은 클라이언트에게 직접 남편에게 사실을 얘기하도록 하고, 이후 남편을 만나 정신장애를 이해시키는 도움을 제공하는 것이다. 그러나 이를 클라이언트가 받아들이지 않을 경우, 의료법에 의해 환자 동의 없이 질병정보를 알려줄 수는 없다. 따라서 사회복지사가 선택할 수 있는 대안은 많지 않다.

(2) 클라이언트를 보호하기 위한 상황

사회복지사는 클라이언트에 대한 부수적 정보를 얻기 위해, 그리고 효과적 개입을 위해 클라이언트 환경에 개입할 수 있다. 이런 상황에서 클라이언트뿐 아니라 다른 사람들과의 면담에서도 비밀보장 원칙은 중요하다(박차상 외, 2019). 그러나 이때 얻은 정보가 클라이언트의 삶에 매우 결정적인 정보일 때 정보제공자에 대한 비밀유지는 결정하기 어려운 딜레마이다. 특히 비밀을 유지할 경우 클라이언트에게 위험 혹은 손실이 발생한다면, 클라이언트의 이익을 위해 비밀보장의 원칙을 위배해야 하는지에 대한 딜레마에 직면하게 된다. 예를 들어 클라이언트의 남편이 버림받는 것이 두렵다며 최근 AIDS 진단을 받은 사실을 클라이언트에게 비밀로 해달라고 하는 경우, 노부모가 보호부담이 너무 크다며 장애인을 시설에 보내기 위해 알아보고 있는데 결정될 때까지 비밀로 해달라고 하는 경우, 딜레마에 직면하게 된다. 이런 상황에서 사회복지사의 일차적 책임이 클라이언트의 권리보호라는 사실이 갈등 상황을 더 복잡하게 만든다. 즉, 비밀을 전제로 얻은 정보라 하여도 클라이언트 권리보호를 위해 정보를 노출해야 하는지 아니면 클라이언트를 위험하게 할 수 있다는 것을 알면서도 비밀을 지켜야 하는지?

사례 3 **위암 진단을 숨기는 가족**

59세인 클라이언트는 현재 말기 위암으로 살 수 있는 날이 3개월 정도 남았다고 진단받았다. 가족들은 이 사실을 클라이언트가 알게 되면 남은 가족들의 생계를 위해 치료를 포기할 것이라 생각하여 클라이언트에게는 위궤양이라 거짓말하였고, 치료진들에게도 거짓말을 해 줄 것을 요구하였다. 클라이언트는 가족들의 눈치가 이상하다며 치료진에게 자신의 질병이 무엇인지 알려달라고 하였다. 치료진은 어떻게 대답해야 하는가?

출처 : 서미경 외(2015). 사회복지 윤리와 철학.

그러나 〈사례 3〉에서처럼 클라이언트의 이익을 위해 비밀보장을 요구하는 경우가 있을 수 있다. 이 사례에서 클라이언트에게 진단을 알려주는 것은 삶을 정리할 수 있는 기회를 제공하는 것이다. 그러나 가족들의 말대로 진단을 알고, 삶을 포기하여 암을 더 악화시키는 결과를 초래할 수도 있다. 이때 중요한 것은 '최소한의 손실 원칙'이다. 그러나 어떤 결정을 하든 발생할 위험을 명확히 예측할 수 없다는 것이 문제다.

(3) 법원의 명령이 있는 상황

타라소프의 사례처럼 비밀을 전제로 수집된 정보를 법원이 요구하는 상황이다. 그러나 타라소프와 같이 심각한 위험성이 내포된 상황이 아니라 하여도 법원은 중요한 판단을 위해 클라이언트의 정보를 요구할 수 있다. 만약 다음 사례처럼 비밀정보가 클라이언트에게 불리한 판결의 근거가 될 수 있다면 사회복지사는 더욱 갈등할 수밖에 없다.

사례 4 **양육권분쟁 중인 엄마의 정신적 문제**

아동상담소의 사회복사인 김씨는 9살 된 아동의 주의력결핍문제를 상담하고 있다. 아동의 엄마는 아동의 산만함 때문에 걱정이 많다. 최근들어 그녀도 불안이 심해져 약물치료를 받고 있다. 엄마는 현재 남편과 이혼하여 양육권분쟁 중이다. 남편 측의 변호사는 엄마의 정신건강에 대해 사회복지사에게 증언을 요구하였다. 그 변호사는 엄마의 정신건강이 아이를 양육하는 데 불리하다는 것을 입증하고자 하였다. 만약 사회복지사가 엄마의 상태에 대해 비밀보장의 원칙을 어기고 법원의 명령대로 증언할 경우 엄마는 양육권분쟁에서 패소할 수 있다. 그렇게 되면 엄마의 정신적인 문제는 더 심각해질 것이다. 그렇다고 법원의 명령을 거절할 경우, 사회복지사의 행동은 법정 모욕으로 여겨져 그의 경력에 중대한 오점을 남길 수 있다. 이때 사회복지사는 어떻게 대처해야 하는가?

출처 : 서미경 외(2015). 사회복지 윤리와 철학.

이 사례에서 사회복지사가 클라이언트의 정신건강에 대해 증언할 경우, 비밀보장의 원칙을 위배할 뿐 아니라 클라이언트의 이익을 위해 일해야 하는 전문적 책임도 저버리는 것이다. 그렇다고 하여 법원의 명령을 어길 경우 사회복지사의 이력에 오점이 남을 뿐 아니라 법이 정확한 판단을 하여 사회정의를 구현할 수 있도록 도와야 하는 사회적 책임 역시 수행하지 못하게 된다.

(4) 부모나 후견인이 아동에 관한 정보를 알고 싶어하는 상황

아동 및 청소년 전문기관에 근무하는 사회복지사의 경우 아동과의 비밀보장을 선제로 나눈 대화 내용을 그의 부모나 후견인이 알고자 할 때 딜레마를 경험하게 된다. 예를 들어, 학교사회복지사는 무단결석 때문에 의뢰된 청소년이 코카인 중독의 문제가 있음을 알게 되었다. 청소년의 부모는 면담결과를 알고 싶어한다. 이때 사회복지사는 미성년자인 청소년의 문제를 부모가 정확히 알 수 있도록 코카인 문제를 알려주어야 하는지? 아니면 치료를 위해서는 무엇보다 신뢰관계가 중요하므로 비밀을 유지한 채 치료해야 하는가? 이러한 딜레마 상황은 가족주의 문화가 강하고 치료결정에 가족의 권한이 큰 우리나라의 경우 특히 문제가 될 수밖에 없다. 대부분의 부모는 자녀와의 상담내용을 당연히 부모가 알아야 한다고 판단하고, 비밀보장을 이유로 알려주지 않는 사회복지사를 신뢰하지 않는다. 그렇게 되면 부모는 자신들에게 정보를 제공해 주고, 매사를 함께 의논해 주는 다른 사회복지사를 찾을 수도 있다. 따라서 아동이나 청소년과의 신뢰관계를 유지하면서 동시에 부모에게 필요한 정보를 제공하는 균형 유지가 매우 중요하다.

한국사회복지사협회 윤리강령 5차 개정 내용

Ⅱ. 클라이언트에 대한 윤리기준

3. 클라이언트의 사생활 보호 및 비밀 보장
   사회복지사는 클라이언트의 사생활을 존중하고 보호하며, 전문적 관계에서 얻은 클라이언트 관련 정보에 대해 비밀을 유지한다. 그러나 클라이언트 자신과 타인에게 해를 입히거나 범죄행위와 관련된 경우에는 예외로 할 수 있다.

5. 기록 · 정보 관리
   1) 클라이언트에 대한 사회복지실천 기록은 사회복지사의 윤리적 실천의 근거이자 평가 점검의 도구이기 때문에 중립적이고 객관적으로 작성해야 한다.
   2) 사회복지사는 클라이언트가 자신과 관련된 기록의 공개를 요구하면 정당한 비공개 사유가 없는 한 정보에 접근할 수 있도록 해야 한다.
   3) 사회복지사는 클라이언트에 대한 문서 정보, 전자 정보, 기타 민감한 개인 정보를 보호해야 한다.
   4) 사회복지사가 획득한 클라이언트 관련 정보나 기록을 법적 사유 또는 기타 사유로 제3자에게 공개할 때는 클라이언트에게 안내하고 동의를 얻어야 한다.

출처 : 사회복지사협회(2023년 5차 개정판)

3. 전문적 관계와 이중관계 관련 윤리적 이슈

한국사회복지사협회 윤리강령 5차 개정 내용

Ⅱ. 클라이언트에 대한 윤리기준

6. 직업적 경계 유지
   1) 사회복지사는 클라이언트와의 전문적 관계를 자신의 개인적 이익을 위해 이용해서는 안 된다.
   2) 사회복지사는 업무 외의 목적으로 정보통신기술을 사용해 클라이언트와 의사소통을 해서는 안 된다.
   3) 사회복지사는 어떠한 상황에서도 클라이언트와 사적 금전 거래, 성적 관계 등 부적절한 행동을 해서는 안 된다.

출처 : 사회복지사협회(2023년 5차 개정판)

1) 이중관계의 윤리적 딜레마

사회복지사와 클라이언트의 관계는 정서적이고, 역동적인 상호작용을 바탕으로 특정 목적달성을 위해 감정적, 인지적, 행동적 관련성을 맺는 것이다. 이 관계 속에는 수용, 진실성, 개별화, 비심판적 태도, 비밀보장, 자기결정 등의 윤리적 요소를 포함한다(Barker, 2003 ; 서미경 외 역, 2000).

사회복지사와 클라이언트 간의 전문적 관계는 매우 긴밀한 정서적 관계이지만, 일반적인 인간관계와 달리 목적이 분명하고, 역할이 뚜렷이 구분된다(박차상 외, 2019). 또한 관계가 개시된 사유, 즉 개입목적이 달성되면 종료되는 시간제한적 관계이다. 따라서 이러한 관계의 특성이 모호해지거나 둘 간의 경계가 불분명해지면 목표달성이 어려워지고, 효과성도 보장하기 어렵다. 무엇보다 비윤리적 실천으로 심각한 실천오류(malpractice)의 문제를 낳게 된다. 전문적 관계가 효과적인 결과를 도출하기 위해서는 양자 간의 역할이 분명해야 한다(양옥경 외, 2004). 즉, 사회복지사는 돕는 역할 그리고 클라이언트는 도움을 요청하는 역할을 수행해야 한다. 전문적 관계에서 경계가 중요하므로 대부분의 윤리강령에서 클라이언트와 이중 혹은 다중관계를 맺지 않을 것을 요구하고 있다. 그러나 오늘날 사회복지서비스가 지역사회 중심으로 전환되면서 일차적 사례관리를 담당하는 사회복지사는 클라이언트와 다양한 관계를 맺게 된다. 즉, 도움을 제공하는 전문적 역할 이외에 친구, 고객, 교사의 역할을 동시에 수행하게 되는 것이다. 예를 들어 자활서비스를 제공하는 사회복지사의 경우 그의 클라이언트가 자활노력으로 개업한 식당에서 고객으로 식사할 수도 있고, 상점에서 물건을 살 수도 있다. 이처럼 클라이언트와의 전문적 관계에서 돕는 역할 이외의 다른 역할을 수행하게 될 때 이것을 이중관계(dual relationship)라 한다.

이중관계는 범위에 따라 매우 다양하지만, 크게 세 가지 유형으로 범주화될 수 있다(서미경 외 역, 2000 ; 우국희 외, 2013).

(1) 성적 관계

현재 진행 중인 클라이언트 혹은 사례가 종결된 클라이언트와 데이트하거나 성적 관계를 갖는 것이다.

사례 5 클라이언트를 사랑하는 사회복지사

정신건강사회복지사가 최근 코카인 중독으로 폐쇄병동에서 치료받고 있는 클라이언트를 지속적으로 면담하여 왔다. 사회복지사에 대해 긍정적 관심이 있던 클라이언트는 치료에 적극적으로 참여하였고 많이 호전되어 가고 있다. 사회복지사 역시 클라이언트의 상태가 호전되어 가는 것에 기쁨을 느끼면서 점점 클라이언트에게 호감을 느끼게 되었다. 회복에 자신감을 가지게 된 클라이언트는 퇴원하여 사회복지사에게 사귀자고 하면서 연인으로 옆에 있어 준다면 재발하지 않고 살아갈 자신이 있다고 하였다. 사회복지사 역시 곁에서 그를 돌봐주고 싶다는 생각을 하고 있다. 만약 사회복지사가 클라이언트의 퇴원으로 사례를 종결하고, 본격적으로 연인관계를 맺는다면 비윤리적 실천이라는 비난을 피할 수 있는가?

출처 : 서미경 외(2015). 사회복지 윤리와 철학.

위 사례에서 사회복지사와 클라이언트는 치료과정에서 서로에게 호감을 느끼게 되었고, 클라이언트의 퇴원으로 사례가 종결된 후 연인관계를 맺고 싶어 한다. 그러나 대부분의 윤리강령은 진행 중인 클라이언트뿐 아니라 종결된 클라이언트와의 성적 관계도 금하고 있다. 그 이유는 퇴원으로 사례가 종결되었다 하더라도 클라이언트의 문제가 재발되어 입원할 경우 다시 사례는 개시될 수밖에 없기 때문이다. 재발이 문제되지 않는다 하여도, 두 사람의 관계가 전문적 관계에서 연인관계로 전환될 경우 더이상 클라이언트의 욕구가 우선될 수 없다. 다른 연인들처럼 사회복지사의 욕구만족을 위해 클라이언트가 희생할 수도, 양보할 수도 있다. 더 나아가 관계가 소원해지거나 헤어질 경우 클라이언트에게 주어지는 피해는 상당하다. 그는 연인을 잃을 뿐 아니라 자신을 가장 잘 이해하고 도와준 치료자를 잃게 된다. 물론 반대로 지속적인 연인관계를 통해 클라이언트가 완전 회복할 수도 있다. 중독문제를 가진 대부분의 클라이언트에게는 사회적 지지가 중요하기 때문에 사회복지사의 적극적 지지로 인해 회복의 가능성도 있다. 그러나 이런 긍정적인 결과는 매우 드물고, 불확실하다.

(2) 대가성 관계

클라이언트의 직업상 제공하는 서비스를 받거나, 클라이언트에게 후원을 요구하는 것, 그리고 사회복지사가 제공하는 서비스에 대한 공식적인 비용 이외의 물질적 대가를 받는 것이다.

사례 6 클라이언트가 준 선물

뇌전증장애를 앓고 있는 클라이언트를 돕는 의료사회복지사가 클라이언트의 경제적 상황이 좋지 않다는 것을 알게 되었다. 사회복지사는 클라이언트가 충분히 의료급여를 받을 수 있음에도 불구하고 절차를 알지 못해 신청하지 못하고 있음을 알고 급여신청 절차를 도와주었다. 클라이언트는 당연히 받을 수 있는 급여를 받는 것임에도 불구하고 이 모든 도움을 사회복지사가 주었다고 생각한다. 클라이언트는 고마움의 표시로 정성껏 농사지은 태양초고추를 사회복지사에게 선물하였다. 시장에서 그 정도의 고추를 사려면 10만 원 이상이 들어야 한다. 클라이언트는 민망해하면서 약소하지만 꼭 받아달라고 한다. 사회복지사는 이를 받아야 하는가?

출처 : 서미경 외(2015). 사회복지 윤리와 철학.

이 사례는 대가성 관계에 대한 윤리적 딜레마인데, 사실 사회복지사가 실천하는 데 있어서 어떠한 대가도 받아서는 안 되는 것이므로 기준을 지키는 일이 어렵지 않다고 생각될 수 있다. 특히, 우리 사회는 최근 일명 김영란법(부정청탁 및 금품 등 수수의 금지에 관한 법률)이 제정되면서 이러한 대가성 선물에 대해서 엄격히 금하고 있다. 하지만, 이와 같은 사례가 되면

받는 것보다 받지 않는 것이 더 어려울 수도 있다. 클라이언트가 진심으로 감사의 마음을 담아 준비해 온 선물을 윤리강령을 준수하기 위해 굳이 돌려주어야 하는가? 혹은 이것이 현금이 아니라 직접 재배한 농작물이므로 받아도 되는 것인가? 돌려줄 경우 클라이언트는 선물이 너무 약소하여 받지 않는다고 오해할 수도 있다. 그렇다고 하여 받는 것은 명백히 윤리강령의 위반이다. 가장 흔한 인사말로 '마음만 받겠다'고 하고, 윤리강령상 받을 수 없음을 설명하는 것으로 문제가 해결될 수 있을까?

지역사회에서 자활을 돕는 사회복지사의 경우 자활의 일환으로 클라이언트가 빵집이나 식당 혹은 포장마차를 운영하는 것을 도울 때가 있다. 이 때 기관의 사회복지사들이 저녁으로 매일 빵을 팔아주는 경우, 이중관계가 형성되는가? 사실 이 경우 이중관계는 긍정적 결과를 초래하게 된다. 비록 매일 저녁으로 사 먹는 사회복지사들에게 좀 더 싸게 빵을 판다 하여도 그들의 자활을 돕기 위해 형성된 이중관계는 서비스의 효과성을 높이는 것에 기여할 수 있게 된다.

(3) 개인적 관계

현재 혹은 종결된 클라이언트와 사적 만남을 가지거나 서로의 개인적 행사에 초대하는 것 그리고 친구나 친척에게 사회복지서비스를 제공하는 것이다.

개인적 관계에 대한 딜레마는 일반적으로 클라이언트와 전문적 관계 이외의 개인적 관계를 맺는 것은 객관성 혹은 판단력을 손상할 우려가 있어서 위험하다고 여겨진다.

사 례 7 **친구의 딸인 클라이언트**

지역사회복지관에서 장애인복지를 담당하는 사회복지사는 초등학교 동창인 A씨의 장녀 B양의 직업재활을 돕게 되었다. 이 복지관의 직업재활 프로그램은 우수 프로그램으로 선정되어 매년 복지부로부터 지원을 받고 있다. 그래서 상대적으로 고용지원의 기회가 많은 편이다. A는 동창인 사회복지사가 있어 마음 놓고 B를 맡길 수 있다고 하며, 가급적 좋은 일자리의 고용지원을 부탁하였다. 동일한 조건으로 B와 다른 장애인 두 명이 함께 신청한 고용지원의 일자리가 있다. 고용주는 사회복지사에게 가장 적합한 사람을 추천해달라고 부탁한다. B를 추천하는 것이 옳은 것인가?

출처 : 서미경 외(2015). 사회복지 윤리와 철학.

사회복지사는 다른 장애인들도 원하는 고용지원 일자리에 동창의 딸을 추천하려고 한다. 비슷한 조건의 다른 두 명의 장애인이 있지만 B의 기능수준이 추천하기에 적합하고, 추천은 어디까지나 사회복지사의 재량이다. 이 경우 다른 장애인이 아닌 B를 추천하는 것이 반드시 판단력의 손상 때문이라고 볼 수 있는가? 이 상황에서 B를 추천한다면 다른 2명의 장애인이 착취되었다고 보아야 하는가? 물론 객관적 평가를 통해 B가 가장 적합하다 여겨 추천하였다면 정당하다. 그러나 3명에게 동등한 기회가 주어졌음에도 불구하고, 별다른 평가 없이 B를 우선적으로 추천한다면, 이는 다른 장애인들의 기회를 박탈한 것으로 간주될 수 있다. 이중관계가 없다면 몰라도 이중관계가 있는 상황에서 별다른 평가 없이 B를 추천하는 것은 판단력 손상이나 특혜라는 비난을 피하기 어렵다. 그러나 이중관계가 있다 하여도 사회복지사가 신중을 기해 추천한 것일 수 있다. 이럴 경우 이중관계 때문에 추천했다는 사실을 어떻게 입증할 수 있을까? 이중관계가 있다 하여 신중한 추천도 비윤리적이라 매도되어야 하는가?

일반적으로 사회복지사의 입장에서 '아는 사람'이 클라이언트로 서비스를 요청하는 경우 다른 클라이언트보다 조금 더 신경이 쓰이는 것이 인지상정이다. 관점에 따라 이것을 클라이언트에 대한 책임감 증대로 이해할 수 있다. 그러나 사회복지사의 시간이 언제나 제한적인 자원이라는 점에서 이는 평등한 자원의 분배라 할 수 없다. 즉, 다른 클라이언트에게 주어져야 할 관심과 시간이 이중관계 속의 클라이언트에게 자신도 모르는 사이 더 많이 배분될 수 있기 때문이다. 이러한 관심은 자원의 배분뿐 아니라 평등한 서비스 제공에 대한 판단력을 손상시킬 수 있다. 따라서 비윤리적 실천이라는 비난을 피하려면 이중관계로 인해 판단력의 손상이나 착취가 없었다는 점을 입증해야 한다. 이것은 전적으로 사회복지사의 몫이다.

4. 제한된 자원의 배분 관련 윤리적 이슈

사회복지서비스는 언제나 제한된 자원이다. 모든 클라이언트에게 필요한 만큼의 서비스를 충분히 제공할 수 있다면 문제가 없겠지만 현실적으로 자원은 한정적이다(양옥경 외, 2004 ; 이순민, 2016). 따라서 한 사람에게 특정 자원이 주어지면 그만큼 다른 사람은 받지 못하게 된다. 이러한 배분의 문제는 미시적 수준뿐 아니라 거시적 수준에서도 마찬가지이다. 제한적인 국가예산을 어떻게 분배할 것인가의 문제부터 특정 프로그램의 참여 기회나 사회복지사의 시간을 어떻게 분배할 것인가의 문제까지 모두 제한된 자원의 배분과 관련된다(서미경 외 역, 2000 ; 오정수 외, 2022).

제한된 자원을 공정하게 분배하는 매우 중요한 기준이 평등(equality)이다. 그러나 평등이 항상 정의로운 것인가? 평등이 언제나 윤리적 판단인가? 이러한 의문은 평등의 개념을 기회의 평등으로 정의할지 혹은 조건의 평등으로 정의할지에 따라 달라진다. 즉, 평등이 누구에게나 동등한 기회를 제공하는 것을 의미하는지 아니면 기존의 다른 조건을 동등하게 맞추는 것을 의미하는지에 따라 결과가 달라진다. 동등한 기회를 주었다 하여 처음부터 조건이 다른 사람들에게 평등한 결과를 기대할 수는 없다. 예를 들어 수행능력이 다른 장애인과 비장애인에게 동등한 기회를 주었을 경우, 기회의 평등은 달성하였지만 이를 공정한 배분이라 할 수는 없다.

따라서 '조건이 평등'하지 않은 상황에서 '기회의 평등'은 의미가 없다.

제한된 자원의 배분과 직접 관련된 윤리강령은 없지만 대부분의 윤리강령이 모든 사람에게 동등한 기회보장과 인간평등을 위한 사회복지사들의 노력을 요구하고 있다.

한국사회복지사협회 윤리강령 5차 개정 내용

1. 전문가로서의 자세
   2) 사회정의 실현
      나. 사회복지사는 사회, 경제, 환경, 정치적 자원에 대한 평등한 접근과 공평한 분배가 이루어지도록 노력한다.

출처 : 사회복지사협회(2023년 4차 개정판)

리이머(Reamer, 1999 ; 서미경 외 역, 2000)는 제한된 자원의 배분기준을 분배의 정의(distributive justice)라 하고, 이러한 정의를 구성하는 네 가지 기준을 제시하였다. 이 기준들은 분배정의를 실천하기 위해 독립적으로 혹은 한두 가지 연합하여 활용된다.

1) 평등

평등은 제한된 자원을 분배하는 있어 가장 보편적으로 활용되는 기준이다. 그러나 모든 사람에게 동등한 권리를 보장하는 것이 단순해 보이지만 매우 복잡한 일이다. 평등한 분배를 실천하는 방법으로 두 가지를 제시할 수 있다.

① **평등한 나눔**(equal share) : 이는 자격을 갖춘 모든 사람에게 부족한 자원을 똑같이 나누는 것이다. 이는 '결과의 평등'을 의미한다. 따라서 모든 사람은 부족하면 부족한 대로 똑같은 양의 자원을 배분받는다.

이는 정당할지 모르지만 결과는 만족스럽지 않다. 그나마 이렇게 나눌 수 있는 자원이면 다행이지만 상당히 많은 사회복지서비스는 이렇게 똑같이 분배할 수 없다는 것에 문제가 있다. 예를 들어 장애인 그룹 홈의 빈 자리가 4개인데 6명이 신청하였다면 이를 어떻게 평등하게 나눌 수 있는가? 대부분의 사회복지서비스는 이렇게 작게 쪼개질 수 없으므로 평등한 나눔은 언제나 실천 가능한 유용한 기준이라 보기 어렵다.

② **할당절차**(procedures) **평등** : 결과보다 자원의 배분절차를 강조하는 것이다. 즉, 대상자들에게 자원을 가져갈 수 있는 기회를 평등하게 배분하는 것이다. 가장 많이 활용되는 방법이 '선착순'이다. 아니면 대상자를 무작위로 선정하여 자원을 필요한 만큼 배분하는 것이다. 이러한 기준들은 기회의 평등을 제공하는 방법이다.

2) 욕구

욕구(need)에 근거하여 자원을 배분하는 것이다. 욕구가 가장 많은, 혹은 상황이 가장 심각한 사람에게 우선적으로 자원을 배분하는 방법이다. 이런 방식을 활용하기 위해서는 무엇보다 욕구를 잘 정의해야 한다. 이렇게 정의된 욕구를 객관적으로 평가하여 대상자의 순위를 정하고 그 순위에 따라 자원을 배분하는 것이다.

3) 보상

보상(compensation)은 평등과 욕구의 기준만으로는 차별받아 온 개인, 집단, 조직에 대한 분배정의를 실현할 수 없으므로 차별철폐조치(affirmative action principle)를 고려하는 것이다. 따라서 차별받아 온 대상자를 차별받지 않은 대상자보다 우선적으로 배려하여 자원을 배분하는 것이다.

4) 기여

기여(contribution)에 의한 배분은 해당되는 자원에 기여했거나 혹은 기여할 것으로 추정되는 사람에게 우선적으로 배정하는 것이다. 예를 들어 특정 사회복지서비스를 후원하였거나 혹은 서비스 비용을 지불할 능력이 있는 사람에게 우선적으로 기회를 주는 것이다. 금전적 기여가 아니더라도 사회적으로 더 많은 기여를 할 것 같은 사람에게 우선적으로 자원을 배분하는 것이다. 다른 기준과 달리 이 기준은 사회복지 가치와 맞지 않는 자멸적 기준이다. 왜냐하면 사회복지는 지불할 능력이 없는 사람들을 대상으로 하는 전문직이기 때문이다. 또한 사회에 기여할 수 있는 사람에게 우선적으로 배정한다는 것은 모든 사람을 '가치 있는 사람'과 '가치 없는 사람'으로 나누는 사회진화론으로의 회귀이다.

다음의 사례는 제한된 액수의 지정기탁금을 정의롭게 배분하는 방법에 관한 것이다.

사 례 8 **지정기탁금 배분**

사회복지사는 공동모금회 배분분과위원이다. 한 후원자가 5,000만 원을 소아암 환우를 위해 지정기탁하였다. 배분분과위원들은 해당 지역의 각 병원 사회복지사들에게 공문을 보내 지원을 필요로 하는 아동을 추천해 달라고 요청하였다. 지원이 필요한 아동은 총 10명이었다. 사회복지사는 10명에게 500만 원씩 나누어서 지원하는 것도 중요하지만 가장 긴급한 아동 한 명을 선정하여 골수이식수술비용을 지원해야 한다고 생각한다. 500만 원은 큰 돈이지만 수술비용으로는 턱없이 부족한 상황이다. 그러나 일부 다른 배분분과위원들은 평등하게 분배하는 것이 가장 좋다는 의견을 가지고 있다. 이들은 어떤 방식으로 분배를 결정해야 하는가?

출처 : 서미경 외. 사회복지 윤리와 철학. 2015.

사회복지사의 입장에서 분배의 정의를 실현하는 방법은 무엇인가? 이것을 리이머(Reamer)가 제시한 기준들에 적용하면 다음과 같다.

① **평등의 기준 적용** : 평등하게 나누는 것을 분배의 기준으로 한다면 모든 대상자에게 500만 원씩 나누는 것이다. 이러한 방법은 공정한 분배일 수는 있지만 모두에게 만족할 수준은 아니다. 아니면 분배 절차를 평등하게 하기 위해 신청순서대로 배분하는 것이다.

② **욕구의 기준 적용** : 가장 욕구가 큰 사람에게 우선적으로 배정하는 것이다. 따라서 수술이 시급한 순서를 정하여 가장 심각한 순서대로 돈을 배분할 수 있다.

③ **보상의 기준 적용** : 차별받아 온 사람을 우선적으로 배려하는 보상기준을 적용할 경우, 저소득층에 우선 배정할 수 있다. 따라서 신청자 중 저소득층에 우선적으로 배정하는 것이다.

④ **기여의 기준 적용** : 기여의 기준을 적용할 경우 지원금을 받고 나머지 수술 비용을 스스로 부담할 수 있는 대상자를 우선하거나, 아니면 수술 후 가장 생존할 가능성이 높은 아동에게 우선적으로 지원하는 것이다.

어느 기준을 적용하든 만족할 만한 분배의 정의를 실현하기 어렵다. 결국 여러 가지 기준을 혼합하여 배분해야 한다. 예를 들어, 평등, 욕구, 보상의 기준을 함께 적용하여 가급적 동등하게 지원금을 나누되, 더 시급한 아동과 저소득층 아동에게 우선적 지원을 고려하는 것이다. 리이머(Reamer, 1999 ; 서미경 외 역, 2000)는 사회복지정책적 자원을 배분할 때는 정책의 목적, 즉 정책 수행의 결과가 평등한 것도 중요하지만 정책이 수행되는 과정, 즉 절차가 평등한 것도 매우 중요하다고 하였다. 그는 결과의 평등과 수단의 평등이 동시에 만족되어야 한다고 강조하였다.

Part 04

사회복지 윤리와 철학의 모색

Chapter 14

복지사회 실현을 위한 지평

1. 복지국가에서 복지사회를 추구하며

참고자료 14-1

복지사회나 복지국가라는 용어가 우리나라에서 얼마나 오래전부터 사용되었을까?

울산은 동해안의 한적한 어촌마을이었다. 1962년 이 마을에서 천지를 뒤흔드는 굉음과 함께 울산시 건설공사 종합기공식이 있었다. 울산이 한국경제개발의 상징도시로서 비약하기 시작하는 순간이었다. 울산공단 기공식 장면을 담은 사진에는 당시 한국 경제의 모습이 그대로 투영되어 있다. 단상에는 작업복을 입고 새마을 모자와 비슷한 모자를 쓴 사람들이 만세를 부르고 있다. 단하에는 흰색 한복 차림에 머리에는 비녀를 꽂고 등에는 아기를 업은 아낙네가 어정쩡하게 팔을 올린 채 만세를 부르고 있다.

당시 기공식단의 오른쪽에는 대형 구호가 적혀 있었다. "공업센터 건설하여"가 이 구호의 앞부분이다. 그러면 우리가 예상할 수 있는 뒷부분은 "가난에서 해방되자" 아니면 보다 적극적으로 "우리도 한번 잘살아 보자" 정도일 것이다. 그런데 예상과는 달리 "공업센터 건설하여"의 뒷부분은 "복지사회 이룩하자"이다. 물론 당시 사람들이 어떤 의미의 복지를 생각하였는지를 정확하게 알 수는 없다. 그러나 명확한 것은 경제개발 초기부터 경제개발의 궁극적인 목표 중의 하나가 복지사회를 이룩하는 것이었다는 점이다.

요즘 건국 60주년을 기념하는 행사가 사방에서 열리고 있다. 우리는 대한민국 60년 동안 이룩한 자랑스러운 역사가 많다. 그러나 보다 정확히 말하면 60년이 지났지만 아직도 많은 부분에서 미완의 건국이다. 자유민주주의를 실현할 수 있는 제도적 장치로서 대의민주주의는 아직도 정착되지 못했다. 남북통일을 이루지 못한 채 지구상의 유일한 분단국가로 남아 있다.

건국 60년사에 상대적으로 완성된 모습을 보이는 부분이 경제이다. 한국 경제는 제2차 세계대전 이후 세계 어느 나라도 이루지 못했던 고도성장을 달성하였다. 지구상의 최빈국 중의 하나로 출발하여 이제는 우리 경제 규모가 아프리카 모든 국가들의 경제 규모를 합친 규모보다 커졌다. 그러나 아직도 우리 경제는 미완성이다. 고령사회로 진입할 2018년 이전에 우리 경제는 지속 가능한 안정성장경제로 안착해야 한다. 중국 경제의 변방에서 근근이 연명하는 주변경제가 아니라 지식과 기술이 융합되고 발산하는 활기찬 개방경제를 만들어야 한다. 통일 이후 한반도를 경영할 수 있는 경제력을 키워야 한다.

우리 경제가 미완성인 또 다른 이유는 아직도 합의점을 찾지 못하는 복지 분야이다. 경제가 성장할수록 공동체, 사회적 약자 그리고 사회적 소외자에 대한 관심이 증대되면서 복지의 문제는 중요한 어젠다로 부상하게 된다. 복지철학과 제도가 확립되지 않은 선진경제는 없다고 해도 과언이 아니다. 대한민국 경제시스템이 성장과 복지의 두 축을 균형 있게 정립하지 못하는 한 한국 경제는 언제 터질지 모르는 폭탄의 뇌관을 품고 있는 것과 다름없다.

이명박 정부에는 건국 60주년을 기념하는 일과 동시에 정치, 경제, 통일 등의 각 분야에서 미완의 건국을 극복하는 토대를 마련할 역사적 사명이 있다. 신뢰받는 민주주의의 제도적 시스템을 마련하고, 통일의 기반을 마련해야 한다.

경제적인 측면에서 이명박 정부는 성장정책의 프로선수에 머물러서는 안 된다. 성장 측면에서 볼 때 이명박 정부가 지금은 비록 2부 리그로 추락한 2급 프로선수이지만, 머잖아 다시 1군으로 복귀하여 다시 그 역량을 발휘할 날이 있을 것이다. 이명박 정부가 완전한 건국의 토대를 마련하는 정부가 되기 위해서는 성장과 복지의 두 축에서 모두 프로선수가 되어야 한다. 그리하여 복지 분야의 어설픈 프로선수로 군림했던 과거 정부보다 더욱 복지를 잘할 수 있음을 보여주어야 한다. 그래야 성장도 살고 복지도 산다.

미완의 건국이지만 그래도 건국 60주년을 자랑스럽게 즐겨보자. 그리고 향후 있을 건국 60주년을 더욱 자랑스럽게 만들어 보자. 이를 위해서는 미완의 경제시스템을 완성시키는 일이 매우 중요하다. 46년 전 울산공업센터 기공식에 쓰였던 구호는 "공업센터 건설하여 복지사회 이룩하자"였다.

출처 : 강석훈(2008).

사회복지의 개념은 학자에 따라, 나라에 따라 다르게 사용하며 통일된 개념 정의가 없다. 우리나라의 사회보장기본법 제3조에서 말하는 사회보장을 통해 사회복지의 개념을 찾아보자. "사회보장이라 함은 질병 · 장애 ·

노령 · 실업 · 사망 등의 사회적 위험으로부터 모든 국민을 보호하고 빈곤을 해소하며 국민생활의 질을 향상시키기 위하여 제공되는 사회보험 · 공공부조 · 사회복지서비스 및 관련 복지제도를 말한다." 일반적으로 사회복지를 사회보장보다 광의의 개념으로 이해한다. 하지만 이 법에 의하면 사회보장은 사회복지학계가 일반적으로 말하는 사회복지라는 개념과 동일하다는 것을 알 수 있다. 이 책은 사회복지학개론 관련 책이 아니므로 사회복지나 사회보장의 개념에 대한 자세한 논의는 생략하기로 하고 사회복지와 사회보장의 개념을 혼용하기로 한다. 굳이 구별할 필요가 있을 때를 제외하고는 사회복지라는 용어를 사용할 것이다.

오늘날 '국가'를 조직하는 세 가지 제도적 장치는 경제, 정치, 사회이다(넓은 의미의 '사회'는 이 셋을 다 포괄하는 의미로 사용된다). 현대의 복지국가[1)]에서 이 셋은 자본주의, 민주주의, 사회복지(사회보장)제도와 상응한다. 사회복지제도는 기본적으로 자본주의 경제와 민주주의라는 정치체제에 의존하고 있으며 이 세 제도가 결합하여 복지국가체제를 형성하기 때문이다.

마샬의 시민권론에 의하면 복지국가는 3단계를 거쳐 발전하였다. 18세기 개인적 자유를 보장하기 위한 '시민적 권리', 19세기 공공적 의사결정을 보장하는 '정치적 권리', 20세기 경제적 복지와 안전을 보장하기 위한 '사회적 권리'가 발전하였다. 근대에 들어 자본주의가 태동하면서 경제활동을 위한 개인의 자유, 재산의 자유로운 획득의 자유를 통해 시장경제체제가 확립되었으나 자유의 확대는 경제적 불평등이 지배하는 사회로 변하였다. 그 결과 노동자에게까지 참정권이 확대되었다. 경제적 불평등을 정치적 평등이라는 원칙에 의해 수정하는 것이 가능해진 것이다. 이를 통해 빈곤의 문제가 공적인 문제로 인식되기에 이르렀고 사회보장이 제도적으로 도입되었다. 이처럼 현대의 국가는 민주적 - 복지적 - 자본주의 체제

1) 길버트와 테렐(2007 : 18)은 현대국가가 복지국가라고 일컬어지는 것을 사회복지와 연관시켜 다음과 같이 말한다. "현대국가에 있어서 가장 중요한 기능 중 하나는 복지적 목적을 위하여 자원을 동원하고 분배하는 기능이다. 복지적 목적을 위한 공적인 활동의 역할이 너무나 중요하고 너무나 크기 때문에 오늘날의 국가는 흔히 복지국가라 규정된다."

(Marshall), 즉 복지국가체제로 형성되었다.

마샬뿐 아니라 연구자의 시각이나 이념에 따라 복지국가의 기원과 발전에 대해 다양한 의견을 가질 수 있으나 복지국가가 사회복지를 하나의 축으로 하는 이유에 대해서는 공통된 의견을 가지고 있다. 그것은 자본주의(시장)의 실패를 정부(정치)가 나서서 교정해 주는 제도적 장치가 사회복지(사회보장)라는 사실이다. 이런 의미에서 사회복지는 근본적으로 사회적 · 경제적 불평등에 대응하기 위한 제도이고 그렇기에 사회정의가 사회복지의 중요한 핵심가치로 인정되는 것이다.

복지국가의 세 축을 이루는 자본주의, 민주주의, 사회복지의 관계를 간단히 언급해 보면 다음과 같다. 자본주의를 통한 경제 성장은 우리들이 나눌 자원이라는 파이를 키우고 빈곤퇴치를 통해 복지에 기여한다. 민주주의는 공정한 분배를 위한 힘의 균형을 제공함으로써 복지에 기여한다. 반면 이렇게 성장한 건전한 사회복지는 경제발전과 정치발전에 필요한 인적 자본을 제공한다(고세훈, 2000 ; 塩野谷祐一, 2006).

복지국가의 과제는 도덕적 명제를 실천하는 데 있다. 우리는 복지국가를 자본주의, 민주주의, 사회보장의 3중 체제로 규정한다. 복지국가란 포괄적인 체제이다. 단순히 20세기에 출현한 하나의 사회체제로서의 사회보장제도만을 가리키는 것이 아니다. 인류의 진보를 선도해온 국가들이 3세기에 걸쳐서 축적해 온 시민적, 정치적, 사회적 권리가 성취한 정의와 시민의식이 하나로 통합된 사회체제이다.

복지국가를 재구축할 때 유의해야 할 점은 넓은 의미에서 자본스톡의 세대 간 계승의 바람직한 모습을 고려해야 한다는 점이다. 이는 '인간적 자본'에 대한 투자가 경제적, 자연적, 사회적 자본의 축적을 통해 문화적 자본을 창출하는 전반적 과정에서 구해야 한다. 이 과제에 대한 접근방법은 더이상 배타적이고 폐쇄적인 정 · 관 · 재의 유착구조가 아니라, 시민의 공공적 이성에 입각한 토론민주주의가 주도해야 할 것이다. 그렇지 않고서는 새로운 시대에 걸맞은 복지국가의 제도개혁을 주도할 방법이 없다.

사람들은 사적 영역에만 매몰되지 말고, 공적 영역에 적극적으로 참여해 5대 자본스톡을 어떻게 창출하고 상속해 나갈 것인가에 대한 사회적 가치 이념을 창조해 내야 한다. 만약에 토론민주주의가 정의(정)의 윤리학만이 아니고, 탁월(덕)의 윤리학에도 의지한다는 사실을 자각한다면 필요와 능력의 관계를 화해시키고, 자본주의와 민주주의의 관계를 새로운 형태로 조정할 수 있을 것이다.

확실히 오늘날의 복지국가제도가 명확한 윤리적, 철학적 기초 위에 체계적으로 구축된 것이라고는 할 수 없다. 인류의 역사발전 과정에서 자본주의의 폐해를 시정하기 위한 실용주의적인 도입과정에서 '복지', '분배의 공정', '경제정의' 등이 자명한 것으로 인식되어 각종 복지정책이 제도로서 확립된 것이다. 현실적으로 자유, 평등, 복지의 균형을 둘러싸고 아직도 원리적 논쟁이 그치지 않고 있는 것도 바로 이념적 근거가 취약하기 때문이다. 또한 사회주의가 붕괴된 후 평등주의 사상을 재구축하기 위한 모델이 제시한 것으로 평가되고 있는 제3의 길에 대한 이데올로기적인 비난도 그 윤리적 바탕이 명확하지 않은 데 기인하고 있다. 복지국가의 목적은 복지사회의 실현이라고 할 수 있다. 복지사회의 실현은 단순한 제도의 구축이 아니라 철학적이고 윤리적인 바탕하에서 이루어지는 정의의 실현 구축이라고 할 수 있겠다.

2. 사회복지 윤리의 새로운 모색을 위한 과제 및 방향[2)]

1) 전문직 윤리 모색의 필요성

사회복지전문직의 정체성은 본질적으로 사회복지전문직 윤리로 상징되는

---

2) 김기덕(2008). 사회복지 윤리학에서 발췌.

규범성에 있으며, 사회복지전문직으로 존재하기 위해서는 클라이언트의 자유 및 자율성, 전문가의 온정적 개입주의로 대변되는 전문성, 사회복지와 연관된 공공성 혹은 공적 책임성을 반드시 확보하지 않으면 안 된다.

사회복지전문직 윤리를 구성하고 있는 세 가지 핵심 요소들은 각각의 요소들이 지향하는 가치와 원칙을 기준으로 살펴볼 때 안정적 정합성을 보이기보다는 오히려 긴장과 갈등의 소지를 더욱 많이 포함하고 있다고 보아야 할 것이다. 이와 같은 윤리적 긴장과 갈등이야말로 사회복지가 전문직으로 가진 숙명이며 이 세 가지 핵심요소들 사이의 적절한 균형과 안정을 유지하려는 노력이야말로 전문직 집단으로서 사회복지사들이 부여받은 가장 근본적인 사명이다.

2) 사회복지전문직 윤리의 변화와 관련된 과제

(1) 안정성과 유연성을 동시에 가진 전문직 윤리의 모색

변화하는 환경이 요구하는 사회복지전문직 윤리는 안정성(stability)과 유연성(flexibility)이라는 일견 모순되어 보이는 특성을 기본적으로 갖추어야 한다.

유연성을 갖추어야 한다는 것의 의미는 페미니스트들이나 포스트모던 계열에서 강조하는 바와 같이 사회복지전문직 윤리가 다양한 클라이언트가 놓여 있는 구체적인 맥락과 규범적 상대성에 대하여 적절하게 부합할 수 있어야 한다는 것이다.

안정성을 가져야 한다는 것은 다양한 클라이언트 집단의 상대성을 인정하면서도 이러한 상대성이 극단으로 흐르지 않도록 할 수 있는 보편적인 기준을 견지하여야 한다는 것이다.

(2) 공적 책임성에 대한 새로운 정립의 필요성

변화하는 환경에서 사회복지전문직 윤리는 자신들이 지향하고 추구하는 공공성 혹은 공적 책임성에 대한 새로운 정립을 시도하여야 한다.

공공성 혹은 공적 책임성은 사회복지전문직을 여타의 전문직과 구별되게 하는 핵심구성요소이다. 그런데 문제점은 그간 사회복지전문직이 추구하는 공공성은 구체적으로 무엇이며 이는 진정한 의미의 공공성인가에 대해서 체계적 고찰이 없었다는 것이다.

최근의 한 연구에 의하면, 시장, 경쟁, 효율이라는 핵심 상징을 중심으로 전 지구적으로 전개되는 시장 중심의 무한경쟁을 공공성의 대체물 혹은 새로운 공공성으로 간주하는 경향을 보이고 있다고 진단하고 있다. 그러나 이러한 두 가지 담론은 사회복지전문직과 관련하여 규범적 친화성을 보이기보다는 일정한 긴장을 야기하고 있는 것으로 보인다. 어떤 의미에서 보자면 사회복지전문직의 발전은 권위주의적 공공성과 시장적 보편성에 어느 정도의 거리를 두고 대립 혹은 저항하면서 발전한 것으로 볼 수 있다.

전체 사회의 발전방향에 대해서 의식적인 통제를 거부하게 만들면서 경쟁적 상호작용이 공공선으로 이어지는 것을 전혀 보장하지 못하는 시장자유주의와 개별 집단의 내부자적 시각을 통해 당사자의 결정을 중시하는 다원주의가 결합할 경우 공공성 혹은 공적 책임성의 공간은 점점 협소해질 것으로 전망되는 현시점에서 사회복지전문직의 공공성에 대한 입장 정립은 더욱 시급해 보인다.

(3) 새로운 전문직 개념의 명확한 정립 필요

새로운 사회복지전문직 윤리가 상정하고 있는 전문직 모델인 임파워먼트, 협력관계, 당사자주의 모델에서 사회복지전문가가 담당해야 할 역할과 기술 및 태도는 과연 무엇인가에 대한 보다 명확한 규정이 필요하다.

사회복지가 전문직으로 존재하기 위해서는 일반 직종과는 구별되는 전문가의 지식, 기술, 태도 등이 존재하여야 한다.

사회복지전문직을 둘러싸고 진행되는 사회적 변화는 이제 한국의 사회복지전문직 윤리의 새로운 정립을 서서히 요구하고 있다. 전문직 윤리의 새로운 정립은 앞서 제시한 사회복지전문직 윤리의 핵심구성요소, 클라이언트의 자율성, 전문성, 공공성을 중심으로 이루어져야 할 것으로 전망된다.

(4) 사회복지와 윤리의 발전방향

한국의 사회복지 수준은 서구에 비해 현저하게 낮다. 인간학이라고 불리는 사회복지학문에서 윤리학 발전은 기본적인 사회복지 가치를 인식시키고 더불어 윤리교육 및 전파를 위한 학문적 교육과정이 필요하다.

그리고 사회복지 분야가 전문직으로 성숙함에 따라 약해진 사회복지의 도덕적 핵심가치에 대한 재평가와 보존하려는 노력이 있어야 하며, 급격한 기술발달이 사회복지실천에 미칠 영향과 윤리적 의미에 대한 관심이 고조되어야 할 것이다.

무엇보다도 중요한 것은 대학교육에서의 인문학 강좌가 사라진다는 데 대한 교육계의 반성이 절실한 때이다.

3) 향후 방향

사회복지학은 인간학이라고 할 수 있다. 인간을 위한 학문이라면 당연히 '윤리'가 전제되어야 한다. 그러나 한국의 사회복지에서는 '윤리'에 대한 논의가 부족한 실정이다. 따라서 대학교육과정에서 '윤리'는 필수과목이어야 할 것이다. 이에 몇 가지 제언을 하고자 한다.

첫째, 김기덕 교수(2004)는 「한국의 사회복지 윤리와 철학 교과서 분석」이라는 논문에서 한국의 사회복지 교육과정에 있어서 사회복지 윤리학에 대한 정확한 교과명칭이 필요하다고 하였다. 현재의 사회복지 윤리와 철학이라는 교과목 명칭은 단지 한국사회복지교육협의회의 교과목 지침일 뿐이라는 것이다. 앞으로 한국의 사회복지 윤리와 철학을 위해서는 한국 실정에 맞는 윤리적인 문제에 적용해야 하며 이를 위한 연구의 필요성을 제기하였다.

둘째, 윤리학은 궁극적으로 윤리적 사회를 이룩하기 위해 주체들이 스스로 윤리적 인격으로서 거듭날 수 있도록 고안된 지적 체계인 것이다. 윤리적 인격은 윤리문제가 발생하는 상황에 대한 깊은 통찰이 필요하다(이종일, 2007). 그러기 위해서는 주제들이 윤리성에 대한 사유(사고, 생각)를 할 수 있어야 한다.

셋째, 윤리학은 학문이다. 학문이기 때문에 이론이 필요하다. 윤리문제에 대한 적합한 이론들이 있기 마련이다. 여러 가지 윤리이론을 잘 습득해야 한다. 윤리이론도 중요하지만 무엇보다도 주체자로서의 '덕'이 있어야 할 것이다. "먼저 깨달음으로 살아야 한다."

넷째, 윤리학은 철학의 하위범주에 속한다. 따라서 윤리학에 앞서 철학(인문학)을 알아야 한다.

철학한다고 해서 철학자가 되라는 말은 아니다. 적어도 윤리에 대한 책임이 있는 주체자(교수, 사회복지사)라면 철학을 알아야만 한다. "철학한다는 것은 생각하는 … 그 무엇인 것이다."

3. 철학적 인간학으로서 전환

철학의 모든 근본 물음(문제들)은 '인간이 무엇인가?'이며, '인간이 전체 존재와 세상과 신 안에서 어떤 위치와 자리를 차지하는가'로 요약할 수 있다. 그리고 현대에서 가장 시급하게 해결해야 하는 철학 문제가 있다면 그것은 철학적 인간학이다(Max Scheler). 철학적 인간학이란 인간의 본질과 본질 구조에 관한 기본과학이며, 인간과 전체 사물의 법칙과의 관계(인간의 생물학적-심리학적-정신학적-사회학적 발전방향과 근본적인 법칙들)에 관한 학문이다.

현대의 인간학(anthropology)에 관한 세 가지 의미는 첫째로 물질적이고 신체적인 측면에서 인간을 연구하는 인간학(신체적 인간학)이며, 둘째로 인간의 역사적 기원이라는 관점에서 인간을 연구하는 인간학(민속학적-문화적 인간학)이며, 셋째로 인간의 궁극 원리를 찾는 측면에서 인간을 연구하는 인간학(철학적 인간학)이다.

역사적으로 보면, 인간학이란 말이 20세기에 나타났지만 철학사의 전 시기에 걸쳐 논의되었다. 희랍철학에서는 인간을 세계와의 관계하에서 연구되었으며, 중세철학에서는 인간을 신과의 관계에서 연구되었고 근대와 현대철학에서는 인간을 인간으로서 연구되었다. 이같이 인간을 보는 관점과 연구방법에 따라 다르다.

1) 인간 연구를 위한 마음의 자세

인간 연구에는 어떤 조건이 필요하다. 그러나 이 조건들은 직접적으로 인식론의 차원에 있는 것이 아니라, 오히려 심리적이고 윤리적 질서에 있는 것이기에 전제, 원리, 공리라 부를 수 없다.

철학적 인간학은 철학적이기에 보편적 인식이며 절대적으로 일차적인 인식이다. 따라서 철학적 인간학은 자연스레 주어진 전제나 제한이 없는 어떤 전제에서 출발하는 것을 배척한다.

① 인간이 근본적으로 동물과 다르다는 것을 받아들이기를 거부하고 따라서 인간이 참으로 형이상학적 문제를 구성한다는 것을 이해하기를 거절하는 마음

② 인간에 있어 어떤 한 가지 형이상학적 요소의 실존만 너무 쉽게 받아들이고 마치 그러한 실존이 인간에게 직접적으로 자명한 것 같이 받아들이는 마음자세

인간문제에 객관적으로 접하기 위해서는 우리 주위의 환경, 본능적 경향, 문화에 의해서 우리 안에 스며들어온 여러 가지 선입관에서 해방

되어야 한다.

철학적 수준에서 인간 연구에 장해되는 선입관들 중에 가장 위험스럽고 큰 선입관은 과학주의와 경험주의이다. 이러한 모든 선입관에서 해방되기 위해서는 후설(Husserl)이 현상학을 위해 한 것과 같은 현상판단중지(epoche)의 상태가 되어야 한다. 그러나 인간에 대한 진리를 올바르게 얻고 평가하기 위해서는 모든 선입관에서 해방되고 판단중지의 상태에 있는 것만으로는 부족하며 보다 적극적인 자세가 필요한데 그것은 경이(mavel wonder)라는 것으로 이 마음의 자세는 처음으로 어떤 사물을 보는 것과 같이 새로운 정신으로, 놀람과 경악, 황홀한 마음으로 사람에 접근하는 것이다. 이러한 심리적이고 윤리적인 마음 자세를 갖추고 인간의 실제를 탐색해야 하며 마지막에는 인간에 대한 더욱 깊은 신비적인 면을 탐색해야 한다.

2) 인간생명(Homo Vivens)

인간존재의 근원적이고 명료한 특성 중의 하나는 생명이다. 인간은 'Homo Vivens'이다. 살아 있기에 인간은 인간이다. 생명현상은 확실하고 명백한 소여(所與)이면서도 그 의미와 참된 본성과 기원은 복잡하고 모호하고 신비스럽기까지 하다.

생명은 가장 광범위한 존재를 포함하며 단일 그룹 안에서도 서로 다른 특성을 나타낸다. 그러므로 생명체와 무생물체를 구별하는 데에도 문제가 된다. 그러나 생명현상 연구는 인간에게 특별한 의의가 있다. 사람들이 여러 영역에서 사물을 보는 고유한 양식은 모두 이 생명에 대한 해석 여하에 달려있다. 인간 생명에 대한 연구방법론은 인간 육체에 대한 연구를 위해서도 실증적이고 실험적인 방법으로 부족하고 현상학적 방법을 고려해야 하는 것과 마찬가지로 현상학적 방법이 동원된다.

인간생명은 분해될 수 없고 구분될 수 없으며 양화될 수 없기에 베르그송, 제임스, 하이데거, 마르셀 등은 실증주의적 방법을 불가능하다고 보고 있다. 물론 생명에 대한 과학적 접근방법이 있으나 이것은 피상적인 면만 볼 뿐이다. 그래서 인간생명현상에 대한 연구는 과학적 탐색의 결과들을 보고 이것을 철학적 방법으로 연구하여 생명의 특성을 설명해야 한다.

(1) 생명문제에 대한 역사 : 활력론과 기계론

생명이 무엇인가에 대해서는 결정적인 해답이 없으며 단지 두 가지 이론이 대두되어 있다.

① **활력론**(活力論, vitalism)

'생명은 절대적으로 근원적인 것이고 물질에 환원될 수 없는 것이다'라는 것으로 고대, 중세, 근대의 대부분의 학자들이 주장한 이론이다. 생명은 저 높은 곳 신(神)으로부터 근원을 가진 것으로 보며 아리스토텔레스는 생명을 제일차적 현상, 즉 사물의 일차적 현상으로 보고 이 일차적 현상을 보통 생명원리라 했다.

활력론을 주장하는 근본 이유

- 살아 있는 유기체를 기계로 볼 수 없다. 유기체는 스스로 성장하고 자기 보존적이고, 자율적이며, 자기 스스로 회복하는 현상이 있으나 기계에는 없다.
- 기계와 유기체의 행위는 전적으로 다르다. 기계는 모든 것이 잘 갖추어진 이상 조건하에서만 작용한다. 그러나 유기체는 적응하는 능력이 무한하다.
- 기계는 인간의 발명품이다. 생명 있는 유기체의 모방이며 완전함에는 거의 이르지 못한다.
- 현대에 와서 과학의 조망에 따라 활력론이 베르그송, 제임스, 하이데거 등에 의해서 다시 대두되었으며, 이들은 모두 실증주의 다음에

나온 학자들이다. 또 신 실증주의 후에는 몇몇의 학자가 활력론을 주장하였다.

② 기계론(機械論, mechanism) : 생명은 이차적인 현상

최초의 기계론은 이아트로 메커니즘(iatro mechanism : 생명현상의 기계관)이다. 이것은 유기체의 여러 부분을 따로따로 떼어내어 기계와 비유하여 설명하고자 하는 것으로 갈릴레오의 제자들, 뉴턴 등이다. 뉴턴은 동물의 육체는 지렛대(뼈)와 펌프(심장), 풀무(폐) 등으로 잘 짜여진 기계로 보았다. 그 후 과학의 발달과 함께 새로운 기계론, 즉 분자생물학이 등장했다. 이는 생명을 확실한 형태의 분자들이 복잡하게 배치되어 있는 것으로 보았다.

기계론자의 주요 이론

- 활력론은 만족할 만한 증명을 하지 못한다. 단지 미신적이고 선입관적이다.
- 활력론은 의인론(擬人論)의 희생물이다. 활력론은 생명연구에 방해가 된다. 인간은 생명 있는 존재이고 또한 연구의 대상이다. 의인론은 인간을 특권적으로 생각하는데, 인간도 전체 생명체에 속하는 것으로 이러한 특권을 버려야 한다.
- 활력론은 사물에 대한 형이상학적, 윤리적, 종교적 개념을 덮어씌우는 가면일 뿐이다.

이상과 같이 활력론과 기계론의 논쟁은 결국 사물을 보는 상이한 방법의 차이에서 오는 논쟁이다. 기계론은 엄격하게 과학적인 방식으로 사물을 보는 관점으로 파악 가능한 스키마(schema)를 확실히 고정하고 사물이 이 스키마와 일치하지 않으면 그 실재를 인식 못하는 결점을 가지는 반면 활력론은 과학 이외의 방법들(형이상학적 철학적, 경험적)로 사물을 보는 것으로 스키마를 덮어씌우지 않고 사물을 있는 그대로 인식하고 받아들이고자 하는 개방된 자세이다.

위의 두 방법은 전혀 일치하지 않는 것 같지만 두 방법 모두 인간 연구를 위해서 중요하다. 즉, 인간 연구를 위해서는 과학적 관점과 그것을 넘어서 생명현상을 더욱 깊게 연구하기 위한 활력론적 관점 모두 필요하다.

(2) 생명에 대한 철학적 탐색

생명에 대한 고찰로 철학적 인간학이 나올 수 있다. 생명이란 고유한 형상이 아니라 모든 생물에 있는 현상이기에 이에 대하여 현상학적 방법으로 관찰할 때 생명에 대한 확실한 아이디어를 얻을 수 있다. 생명의 특질은 다음과 같다.

첫째, 주위 환경에서 얻은 물질을 가지고 그것을 유기체의 구조에 따라 재조직하여 발전 성장하며 주위 환경을 이용, 목적론적 원리의 지배를 받고 있다.

둘째, 외부의 자극에 반응할 수 있다. 즉, 여기(勵起, excittation)의 능력이 있다. 이 능력으로 유기체는 자기 주위의 대상들과 정상적 관계를 갖게 된다. 유기체는 자극들에 대해 수동적인 관계를 맺는 것이 아니라 능동적으로 세계를 관계하고 이로써 이 세계는 자기 환경이 된다.

셋째, 재생산 능력, 종의 특성에 따라 재생산 능력이 있다. 성장하고, 재생산하고 흥분하는 사실들은 일종의 운동이다. 그래서 철학자들은 생명이란 운동의 일종이라 정의한다. 생명의 본질은 변화, 성장 지속적 행동이다.

넷째, 생명은 본질적으로 운동이다.

생명을 나타내는 내적 원리를 고대부터 철학자와 사람들은 영혼(anima)이라 했으며 이것을 전체생명의 운동을 통괄하는 원리로 보았다.

이것에 대해서 토마스 아퀴나스는 경험에 의하면 생명체에서 생명의 원리는 영혼이다. 이 영혼은 생명활동의 한 원리가 아니며 각각 생명활동 원리가 하나의 영혼이다. 영혼이라 하는 것은 생명의 근원적 원리(primum principium vitae)이다. 생명의 원리 혹은 살아 있는 것의 제일원리는 절대로 육체에 속하는 것이 아니며 영혼은 생명의 제일원리로서 하나의 육체가 아니라 육체를 육체 되게 하는 것이다.

그러므로 영혼은 생명운동의 제일원리이다. 그러나 식물, 동물, 인간 안에 근원적으로 다른 생명운동이 주어져 있기에 영혼도 생장적 영혼, 감각적 영혼, 지성적 영혼 셋으로 나눌 수 있다.

anima(영혼) :

- 식물적(식물) – 물체적인 것과 결부
- 감각적(동물) – 물질적인 것과의 결부
- 지성적(인간) – 지성적인 것과 결부

(3) 생명의 기원 : 철학적인 고찰과 과학적 측면

① 생명의 기원에 대한 철학적 측면

생명은 자기 궁극 원리로서 영혼을 가지고 있으며 영혼은 물질에다 기원을 갖지 않고 영혼의 기원은 지성적 존재의 작용에서 그 기원을 찾는 것이 마땅하다. 그러나 지성적 존재가 제일 처음으로 생명을 주는 양식이 직접적 창조인지, 직접적 창조인지 미리 계획된 프로그램에 의한 진화인지 자연 발생을 통한 진화인지에 대해서는 의견이 분분하고 토론의 여지가 있다.

② 생명의 기원에 대한 과학자들의 견해

- 신(神)으로부터 직접적인 창조, 과거의 과학자들이 수용

  다윈은 4~5개의 원형적 생명체들의 기원은 신의 직접적인 행위에 의한 것이라고 주장한다.

- 자연발생설은 근대 초기에 주장된 이론이다. 데카르트, 뉴톤 등은 생명의 기원은 살아 있는 물질 안에 있는 불활성 물질의 자발적인 변화에 있다. 이 이론에 대하여 예수회원은 자연적이고 지속적인 발생은 창세기 이론과 반대되지 않으므로 신학자들도 반대할 수 없다고 한다.
- 17세기 레디(F. Redi)는 자연발생설을 반대하였으며 파스퇴르(L. Pasteur)는 미생물의 자연발생설을 엄밀한 실험에 의해 부정하며 자연발생설의 종말을 지었다.
- 현대에 와서 여러 학자들이 생명의 물질에서 우연적으로 발생하였다는 설, 즉, 화학분자들이 우연적으로 화합하여 최초의 살아 있는 작은 세포가 형성되었다고 주장하고 있다.

③ 순수 우연적 발생 혹은 진화

우연과 필연 : 생명과 모든 생명체의 질서는 우연적인 기원을 가졌다. 자연 안에서 어떤 "계획"이나 지향성은 없다. 계획, 프로그램, 방향 등을 인정하는 것은 원시적이고 정령적 정신태도에 의한 것이다.

우연만이 모든 새로운 것은 기원이고 생물계의 창조의 기원이다. 진화라는 이상한 건축의 근본은 바로 우연이다. 순수 우연, 절대적 자유, 그러나 맹목적인 우연이나 오늘날 생물학적 중심개념이 된 이 이론은 모든 가능성들 중의 한 가정이 아니라 우리가 관찰하고 경험하는 실재에 대항하는 유일한 이론이라고 주장했다.

이러한 이론은 다음과 같은 이유로 배척받고 있다.

- 무엇을 설명하기 위해 우연 속으로 도피하는 것은 설명하기를 거절하는 것 외에 아무것도 아니다.
- 우연 혹은 비합리성에서 합리적인 것이 나온다는 것을 불합리적인 것이다.
- 우연적인 사건들은 다시 반복되지 않는다.

- 인간은 또한 생명에 접했을 때 가지는 새로운 태도 때문에 다른 생명체와는 다르다.
- 인간 생명은 엄청나게 풍요롭고 다양하다.

④ 결론

인간 생명은 정신적으로 매우 고양된 생명이다. 항상 위에 것을 추구하고, 인간의 조망은 항상 앞에 것을 보고 있다. 그러므로 인간 생명은 인간이 지향하는 그 목표를 탐색함으로써 그 의미를 알 수 있다. 그러므로 인간 생명에 대한 탐색을 위해서 아직 미확인된 것이 있기에 어떠한 결론을 내릴 수 없어도 한 가지 확실한 것은 생명의 궁극의미를 찾기 위해서는 밑바닥에서든가 과거 지나간 것에서 다루어질 수 없다. 왜냐하면 인간은 항상 위에 것과 미래를 지향하고 있기 때문이다. 또한 인간에 고유한 생명을 이해하기 위해서는 인간이 처한 사회 문화적인 모든 환경에서 오는 모든 한계를 체계적으로 연구하여야 인간생명의 의미를 알 수 있게 될 것이다.

3) 의지-자유

인간은 육체적 인간, 생명을 가진 인간, 지성적 인간만이 아니라 의지를 가진 인간이다. 인간은 영원히 한 상태에 조용하게 부동의 상태로 있지 않고 매우 역동적이다. 인간의 행동은 외부 능동자나 요인들에 의해 결정되지 않고 자기결정에서 나온다. 스스로 결정하는 능력이 인식하고 노동하는 것만큼 인간을 심원하고 특수하게 특징짓는다. 그리고 많은 학자들이 의지 안에서 인간의 참된 종차(種差)를 보고 있다.

(1) 의지의 정의와 분류

일반적으로 의지를 경향 성향 욕구의 형식으로 정의한다. 욕구란 어떤 선 혹은 모든 사물이 열망하는 것을 향한 마음의 경향을 뜻한다. 선이란 경향 혹은 욕구를 분기시키고 충동하고 자극시키는 대상과 사물이다.

스피노자가 말하듯이 모든 사물에는 존재에의 기도, 즉 근원적인 자기보존과 실현 노력이 있다. 이 근원적인 존재에의 기도(conatus esserdi)는 사물이 본성 자체 안에 선천적으로 주어져 있고 그것을 성취하기 위해 어떠한 지식도 필요로 하지 않기 때문에 고전 철학에서는 일반적으로 본성적 욕구 혹은 본성적 경향이라고 불렀다. 이러한 본성적 경향이 사물의 형상 안에 인각되어 있다가 충만한 자기실현을 향하여 솟아나오기에 각각의 형상들에는 이들에게 상응하는 자기 고유한 경향이 있다. 그러나 지각을 가진 존재자들은 본성적 욕구 외에 인식된 대상에 의해 일으켜진 욕구나 경향이 있다. 이들 중 동물은 감각적 지각만 있듯이 욕구도 감각적 욕구만 있을 수 있는 반면 인간은 감각적 지각과 지성적 지각을 함께 가지고 있기에 인간은 감각적 욕구와 지성적 욕구를 함께 가지고 있다. 이 지성적 욕구를 의지라고 부른다.

(2) 인간의 의지

인간의 형상학적 특징은 다음과 같다.

① 인간성 : 의지는 인간의 것이고 더욱이 인간 자신이다.

② 세속성 : 의지는 세계와 관련된 대상을 욕구한다.

③ 변덕스러움 : 한 대상에 항구하게 집착하지 못하고 쉽게 다른 대상들을 향해 바꾸어 간다.

④ 소외 : 의지는 원하지 말 것을 원하고, 원하고 추구해야 하는 것을 원하지 않는다.

⑤ 적응성 : 다른 사람이 원하는 것에 쉽게 적응한다.

⑥ 초월성 : 사실의 상황을 넘어 영적인 것을 원한다.

⑦ 자유 : 의지는 자신을 위해 명백한 자율을 요구한다. 모든 특성이 인간 의지의 본성을 탐색하는 것을 중요시 하지만 가장 중요한 것은 자유이다.

(3) 자유

자유라는 말은 매일 사용하지만 정확하고 일의적인 정의를 내리기는 매우 어렵다 그 말을 사용할 때 매우 다양하다는 것을 알게 되지만 그 의미에 있어서 근본적으로 동일한 핵심적 의미가 있다. 즉, '강제가 없음'이다.

① 정의

일반적으로 자유라는 말은 강제가 없음이다. 강제 혹은 억압의 이유는 다양하게 있을 수 있으므로 자유의 여러 가지 형태가 있다.

- 물리적 자유 : 물리적 강제에서의 면제
- 윤리적 자유 : 윤리질서와 관련된 힘의 억압에서 면제되는 것
- 심리적 자유 : 어떤 결정된 양식으로 의지가 행하도록 인간의 다른 기능들로부터 의지에 가해져 오는 충돌에서의 면제
- 정치적 자유 : 정치적 결정론에서 면제
- 사회적 자유 : 사회적 결정주의 면제
- 심리적 자유 : 인간이 주어진 것을 행하거나 안 행하거나 선택할 수 있는 능력이며 행동하기 위해 요구되는 모든 조건들이 있을 때까지 어떤 결정된 행동을 행하지 않거나 선택할 수 있는 능력이다. 의지가 결정할 수 있는 힘을 지가 손안에 쥐고 있는 그러한 상황에 대한 최고의 지배가 자유이다. 자기 자신과 자기 행동 및 이와 관련된 모든 것에 대한 절대적 지배자 완전한 주권자이다.

② 문제의 역사

희랍 철학에서는 자유 자체가 문제시되지 않았다. 그 이유는 다음과 같다.

- 모든 것이 어떤 운명에 예속되어 있다고 보았다.
- 인간은 자연의 일부분이고 자연을 지배하는 일반법칙들에 예속되어

있어서 인간은 이 법칙에 달리 처신할 수 없다.

- 인간은 불굴의 역사적 톱니바퀴에 예속되어 있다고 보았다.

자유문제는 그리스도교 사상 안에서 새로운 차원을 갖게 되었다. 그리스도교 사상에서 운명이란 없고 사랑스럽게 섭리하시는 하느님이 있을 뿐이며 자연과 역사도 인간에게 봉사하게 되었다고 보았다.

교부시대와 중세에서는 자유의 문제를 신 중심적으로 보아서 자유는 무엇보다 신과 인간과의 문제였다. → 문제점 … 왜 하느님은 인간이 자유를 남용하는 것을 알면서도 창조하였는가?(아우구스티누스).

- 근대 : 신 중심적 관점에서 인간 중심적 관점, 인간은 자신이 자율적이라는 의식을 갖게 됨으로써 자유는 다른 기능이나 다른 개인 또는 사회 및 국가와의 관계문제가 되었다. → 자유와의 사회관계 : 데카르트, 스피노자, 흄, 프로이트 등
- 현대 : 사회화 현상과 이 현상의 결과에 따라 자유를 특히 사회적 관점에서 고찰하였다.

오늘날 자유란 세상 밖의 힘이나 결과에 따라 자유를 특히 사회적 관점에서 고찰 창조하고 다시 인간에 대하여 반항하는 인간적이고 사회적인 힘과의 타협이다.

③ 주요한 해결들

결정론적 해결

인간의 자유를 부인하는 것인데, 그 이유가 내적인가 외적인가에 따라 내적 결정론과 외적 결정론으로 나뉜다. 내적 결정론에는 의지의 운동을 인간의 세포조직 간에 있는 결정된 화학적 화합작용에 대한 단순한 반작용으로 보는 생리적 결정론, 인간의 모든 행동은 개인 각자에게 가하여진 사회와 구조의 억압으로 보는 사회적 결정론, 의지의 행동은 지성과 지성

의 인식으로 보는 심리적 결정론, 인간의 의지란 최고의 의지 혹은 신적 실체가 작용하는 계기로 보는 형이상학적 결정론, 서민들의 의지란 통치자나 지배계급의 의지에 예속되어 있다고 보는 정치론적 결정론 등이 있다. 외적 결정론에는 신화적 이유 때문에 인간의 자유를 부인하는 신화적 결정론, 신의 전능이 인간에게 자기 자유를 행사할 아무 공간도 남겨두지 않는다는 신학적 결정론 등이 있다.

비결정론적 해결

인간이 자유롭다는 것을 증명 가능하다고 보는 인식론적 관점과 자유와 인간 존재의 깊은 본성과 관계있다는 존재론적 관점이 있다.

(4) 자유의 제한 : 격정

인간은 자유롭다. 그러나 사르트르가 바라는 것과 같이 모든 경계를 넘어선 그러한 자유는 아니다. 인간의 자유가 제한되어 있다는 것은 다음과 같은 논증의 결과이다.

첫째, 자유는 인간존재와 동일한 것이 아니고 인간을 구성하는 다른 근본적 특성들과 함께 있는 하나의 근본적 특성이다.

둘째, 인간은 육체적이고 사회적이며 성을 가졌으며, 언어를 사용하는 데 있어서 자유롭지 못하다.

셋째, 인간은 선을 지향하는 점에서 자유롭지 못하며, 자유는 선을 향한 본성적 지향의 수평 안에서만 행사된다.

넷째, 인간은 세계와 사회와 역사의 의존에서 빠져나올 수 없다(고대와 중세-우주적 결정론, 현대-사회적 결정론).

다섯째, 인간의 자유는 격정으로 제한되어 있다. - 철학자들이 항상 고려해 오던 문제이다.

4) 인격

(1) 개념 및 정의

막스 쉘러에 의하면, 인격(person)이란 하나의 '벌어지는', 그리고 '실현되는 사건'이다. 그리하여 인격은 "역사"를 필요로 하고, 또한 '세계'를 필요로 한다.

또한 쉘러에 의하면, 인격이란 역사 '속에'(in)가 아니라 바로 역사 '로서'(als) 존재한다. 그리고 '역사로서 존재한다'는 말은 바로 인간이 '자기 자신을 정립하는 것'이며, '세계를 형성하는 것'을 말한다.

그런데 인간이 자기 자신을 정립하고 세계를 형성하는 그러한 가능성과 기회는 '일회적으로', 다시 말해서 '다만 지금'이라는 형태로 주어진다. 그리하여 그러한 가능성과 기회를 붙들거나 놓쳐버리는 것은 바로 내게 달려 있다. '전적으로' 나 자신에게 달려 있다.

인격(person)이라는 말마디는, 라틴어 '페르소나'(Persona)에서 유래한다. 이 '페르소나'라는 말마디는 한편으로 '그 자체로 하나인 것'(per-se-una)이라는 말에서 유래한다는 설이 있다. 원래 '페르소나'라는 말마디는 광대들이 쓰는 '탈'(Maske ; 가면)을 뜻했다. 광대들이 '탈'을 쓰고 그 '탈'의 주인공이 역할(Rolle)을 하는, 그리고 그 목소리가 그 '탈'을 통해서 소리나는(per-sonare) 그러한 '탈'이었다.

인간은 하나의 '위격'(person)이다. 그런데 '위격'이라는 말마디가 인간에게 적용될 때, 우리는 통상적으로 (한국말에 있어서) 그것을 '인격'(person)이라고 말한다. 따라서 '인간은 하나의 인격(person)이다.'

그렇다면 이제 '인격'으로서의 '인간'은, 한편으로 '개별성'과 '공동성'을 갖고 있게 된다. 그리고 다른 한편 '조건성'과 '무조건성', '한정성'과 '무한정성' 내지는 '절대성'을 동시에 지니고 있게 된다.

막스 쉘러에 의하면, '인격'이란 '있지 아니하고' 주어진다. 다시 말해서 '인격'이란 이미 형성되어 있는 하나의 '상태'가 아니라, 그때마다 벌어지는 하나의 '사건'이다. 다른 때가 아닌 바로 '지금' 그리고 다른 사람이 아닌 바로 '나'에게 그때마다 벌어지는 하나의 '사건'이다.

그리하여 '인격'이란, 하나의 고정되어 있는 '본질'이 아니라, 본질의 양식과 존재의 양식을 가능하게 만들어 주는 '실재'이다. 인간은 그러한 실재로 존재한다.

그리고 인간은 그 본질과 존재의 실현 과정 속에서 자기 자신을 다른 존재자 속에서 잃어버리는 것이 아니라, 오히려 자기 자신을 그를 통해서 얻어내는 것이다.

그리고 이러한 '인격'은, 막스 뮐러에 의하면 하나의 '존엄성'을 지닌다.

그는 다음과 같이 말하고 있다. "나는 절대적 도덕성의 절대적인 요구를 경험하면서, 나 자신 속에서 '절대적인 것'을 경험한다. 그리고 절대적인 요구를 받고 있는 자로서의 나는 또한, 내가 인격으로서의 '절대적 존엄성'을 지니고 있다는 사실을 경험한다"고 했다.

(2) 인격과 세계

막스 뮐러에 의하면, '자유'란 인격으로서의 인간이 '존재해 나가는' 역사이다. 인간의 자유는 '세계'와 '역사'에 관련되어 있다.

자유란 우선 '모든 자연적인 구속으로부터 벗어나는 것'을 말한다. 이것을 뮐러는 '소극적 자유'(libertas negativa)라 한다. 그리고 '자유'란 또한 '내가 결정하여 떠맡는 의무에 나를 새로이 개입시키는 것'을 말한다. 뮐러는 이것을 '적극적 자유'(libertas positiva)라 한다. 즉, 자유란 우선 '…로부터 자유'이며 또한 '…에로의 자유'이다.

막스 뮐러는 그의 '철학적 인간학'에서 자유를 여러 단계로 다양하게 규정하고 있다.

① …로부터의 자유

'…로부터의 자유'란, 강요로부터의 자유이다. 이러한 자유는 '강요되지 않음', '규정되어 있지 않음', '결정되어 있지 않음'을 말한다. 즉, '소극적 자유'를 말한다. 세계 속에서 이러한 자유는 '상대적으로'만이 가능하다. 따라서 '강요로부터의 자유'는 인격으로서의 인간의 기본 특성일 수 없다.

② …에로의 자유

절대적인 '…로부터의 자유'란 모든 강요와 규정으로부터 절대적인 자유를 말한다. 이러한 자유는 전혀 타율에 '구애받지 않는 자유'이며, 전적으로 그리고 완전히 자율적이다. 이러한 자유는 절대적인 '…에로의 자유'이다. 즉, 절대적인 '적극적 자유'이다. 그리하여 그것은 '자기 자신에 대한 절대적 주권'을 갖는다. 이러한 '절대적인 자유'는 '자족'(antarkie)이다.

그러나 이러한 자유는 세계에 그리고 우리 인간에게 적용시킬 수 없는 그러한 성질의 자유이다. 희랍인들은 이러한 자유, 즉 '자족'을 신들에게 적용시켰다.

③ 초월론적 자유

'초월론적 자유'는 인격으로서의 인간의 자유에 있어서 그 토대가 되는 자유이다. 이러한 자유를 통해서 인간은, 묄러에 의하면 어느 정도에 있어서 세계와 자기 자신으로부터 벗어나, 일정한 '거리'(Distanz)를 취할 수 있게 된다.

④ 실존론적 자유

자유는 결단해야 한다. 이와 같이 결단하는 자유를 묄러는 '실존론적 자유'라 한다. 이러한 실존론적 자유를 통해서 비로소 '나라는 것이 존재하게 된다'(ich bin).

인격으로서의 인간의 자유는 묄러에 의하면 한 마디로 '초월론적-실존론적 자유'이다. 인간의 자유는, 단순히 '부정적-상대적 자유'도 아니고, 또한 더더욱 '긍정적-절대적 자유', 즉 '자기 자신에 대한 절대적 주권을 갖는 그러한 자유'도 아니다.

뮐러에 의하면 인간의 자유는 이들의 중간이라는 위치를 갖는다. 그리하여 인간은 '자기 자신에 대한 절대적 주권'을 갖는 것이 아니라 '자기 행위에 대한 어느 정도의 주권'을 갖는 그러한 자유이다. 다시 말해서 인간의 자유는, 자기 자신을 이러한 자기로 또한 저러한 자기로 결단한 '초월론적-실존론적 자유'이다.

인간은 '초월론적 자유'를 통해서 세계와 자기 자신으로부터 벗어나게 되는 것은 아니지만, 세계와 자기 자신에 대하여 일종의 '거리'를 둘 수 있다. 그리고 그러한 의미에서 세계와 자기 자신을 어느 정도에 있어서 '뛰어넘을' 수 있다.

그리고 인간은 '실존론적 자유'를 통해서 자기 자신을 '고유한 존재에로' 결단할 수 있게 된다.

그리고 동시에 세계를 '그때마다의 세계에로' 결단할 수 있다. 즉, '그때마다 일정한 모습과 형태를 갖는 세계로' 만들어 갈 수 있다.

그리하여 막스 뮐러에 의하면, '…로부터 자유'인 '초월론적 자유'와 '…에로의 자유'인 '실존론적 자유'가 '인간의 자유'를 구성한다.

그리고 이러한 인간의 자유는 '공적 삶' 속에서 다양하게 구체화되고 그 형태를 갖추게 된다.

그리고 이러한 자유의 실현은 인간의 역사적 및 사회적 '연대성'을 전제로 한다. 그리고 그럼에도 불구하고 자유의 담지자는 개별적인 인격이기 때문에, '보조성'을 또한 전제한다.

그리고 이러한 자유의 실현은 사상과 학문의 분야, 사랑의 분야, 지배의 분야, 제작의 분야, 종교의 분야 등에서 구체적으로 이루어진다.

그리고 이렇게 실현된 자유는 그것이 바로 인격의 존재양식이다.

참고자료 14-2

Ad fontes : 행복과 복지(Welfare)

'아드 폰테스 – 근원으로 돌아가자'라는 키워드로 각 분야를 조명했습니다.

이 시대 현대인이 추구하는 것은 웰빙(well-being), 즉 건강한 인생인 것 같습니다. 웰빙족이라는 말도 있는데. 이는 물질이나 명예를 위해 앞만 보고 달리는 삶보다는 긴깅한 신세와 정신을 유지하는 균형 있는 삶을 추구하는 사람을 가리킵니다. 요즈음 건강관리에 돈을 아끼지 않고, 또 비싼 유기농 식품을 선호하는 사람들이 많습니다. 부자만 웰빙족이 되는 것은 아닙니다. 소득수준과 관계없이 단순히 잘 먹고 잘 사는 것이 아니라, 정신적으로 풍요롭고 육체적으로 건전한 문화적인 삶을 추구하고 있습니다.

의식주 문제가 해결된다고 해서 행복해지는 것이 아닙니다. 인간은 동물과 달라 의식주가 해결되어도 건강하지 못하거나, 정신적인 만족을 얻지 못하면 행복하지 않습니다. 또 보람된 일을 하거나, 사랑하는 사람과 함께 있을 때 큰 행복을 느낍니다. 그러나 이 모든 것이 채워져도 채워지지 않는 마음의 구멍이 있습니다. 그것은 영적인 문제로 신만이 재울 수 있는 부분입니다. 이렇게 웰빙의 측면은 신체적, 물질적 웰니스(wellness)만이 아니라, 정신적, 지적, 사회관계적, 영적 다양한 측면이 있습니다.

그러나 인간의 존엄성을 잃지 않는 수준의 기본적 필수품(basic needs)은 만족되어야 합니다. 고대 스토아 철학자들은 물질은 인간 행복에 전혀 영향을 미치지 않는다고 했지만, 애덤 스미스(Adam Smith)가 지적했듯이 인간이 생존에 필요한 필수적인 재화가 부족하면 결코 행복할 수 없습니다. 기본적 생활에 필요한 최저수준은 시대마다 국가마다 다릅니다. 과거에는 외식, 여행, 자가용 등은 사치재였으나, 오늘날 한국을 비롯한 OECD 국가의 많은 사람에게는 필수품이 되었습니다.

과거에는 기본적 필수품을 마련하는 것은 각 개인의 책임이라고 생각했습니다. 그러나 공산주의 이념이 등장하고, 복지국가 이념이 등장하면서 국가가 국민 모두의 최소한의 복지는 책임져야 한다는 인식이 퍼졌습니다. 노동능력이 없는 계층에 대해서만 정부가 도움을 주어야 한다는 생각을 넘어서, 이제는 모든 국민의 기본적인 소득을 보장해야 한다는 기본소득제에 관한 주장도 확산하고 있습니다. 나아가 삶에 필요한 기본자산까지 모든 국민에게 국가가 나누어 주어야 한다는 주장까지 등장했습니다.

이에 반해서 모든 국민에게 나누어주는 것은 비현실적이므로 한정적 국가 재원을 효율적으로 활용하고, 점점 커지는 소득 불평등을 완화하기 위해서 전 국민에게 동일한 소득을 나누어주는 것보다는 꼭 필요한 계층에게 선별적으로 나누어 주는 것이 더 바람직하다는 반론도 많습니다.

어느 주장이 더 타당할까요? 물론 다 그런 것은 아니지만 일반적으로 복지문제에 대해서 경제학자와 복지학자의 견해가 다른 경우가 많습니다.

토머스 모어(Thomas More)가 1526년에 유토피아를 "사람이 살아가는 데 있어서 먹을 것을 걱정하지 않고, 아내의 바가지에 마음을 상할 이유가 없고, 아들의 가난을 염려하지 않고, 딸의 결혼자금을 걱정하지 않으며, 나이 들어 일을 못하게 되더라도 아직 일하는 사람만큼 대우를 받을 수 있는, 자손 대대의 생활과 자신의 행복이 약속되어 있어서 즐겁고 평화로운 마음으로 살아갈 수 있는 곳"으로 묘사했다고 합니다. 경제적으로 걱정이 없어도 아내의 바가지가 없어야 유토피아가 된다는 토머스 모어의 글을 보니, 절대 국가가 유토피아를 만들어 주지 못할 것이라는 생각이 듭니다.

올바른 방향을 찾기 위해서 근본으로 돌아가자는 '아드 폰테스'를 기억하면서, 행복, 웰빙, 복지의 근본은 무엇일까 생각해 봅니다. 그것은 우리 각자에게 부여된 사명을 감당하는 것이며, 사명을 감당하기 위한 일은 축복이라는 사실입니다. 남에게 도움을 받는 것이 행복한 삶이 아니라, 어떤 일이든 열심히 살아서 남을 도울 수 있는 것이 행복입니다.

출처 : 김승욱(2021).

APPENDIX

01 사회복지와 윤리학에 대한 더 읽을거리

02 윤리적 딜레마 대응을 위한 윤리결정 지침

03 한 · 일 · 미 사회복지사 윤리강령

04 세계인권선언문

Appendix 01

사회복지와 윤리학에 대한 더 읽을거리

철학 · 윤리학 관련 서적

1. 철학과 굴뚝청소부(개정판) / 이진경 저 / 그린비출판사

우리 시대의 고전이 된 철학책 『철학과 굴뚝청소부』

『철학과 굴뚝청소부』는 초판이 출간된 지 벌써 10년이 넘은 책이다. 강산도 변한다는 세월 동안 이 책은 약칭 '철굴'로 불리며 한결같은 사랑을 받아왔다. 그 이유는 아마 이 책이 근대철학을 단순히 요약 · 정리해 놓은 개론서가 아니라는 데 있을 것이다. 『철학과 굴뚝청소부』는 근대철학과 중세철학 사이에 만드는 경계를 통해, 그리고 탈근대적 문제설정이 근대철학을 넘어서려 하면서 만들어 낸 경계를 통해 철학의 역사를 이해하게 해주는 책이다.

'들뢰즈와 가타리' 편이 추가된 2005년 개정증보판

『철학과 굴뚝청소부』 초판과 2001년에 나온 증보판은 근대철학의 비조 데카르트에서 출발하여 탈근대철학 편의 푸코에서 끝을 맺고 있다. 그런데 이 끝맺음은 어딘가 부족한 느낌이 있는 것도 사실이었다. 저자 이진경은 오랜 시간 공들여서 '들뢰즈와 가타리'의 철학을 연구해온 학자로도 널리 알려져 있고, 이들 철학과의 만남을 정리하여 '노마디즘'이라는 양적으로도 질적으로도 두툼한 결과물을 내놓은 바 있다. 그리고 무엇보다 탈근대철학을 얘기할 때 들뢰즈와 가타리는 빠질 수 없는 중요한 위치를 차지하고 있는 철학자들이라 이들에 대한 설명이 이 책에서 빠져 있는 것은 아쉬운 일이었다.

2005년의 개정증보판에는 '들뢰즈와 가타리'에 대한 장 '들뢰즈와 가타리 : 차이의 철학에서 노마디즘으로'가 추가되어 근대철학에서 탈근대철학에 이르는 철학사의 흐름에 관심을 갖는 독자는 물론이고 '들뢰즈와 가타리' 철학에 대해 궁금해 하는 독자들의 아쉬움을 해소할 수 있게 되었다. 저자는 특유의 논리적이고도 쉬운 설명으로 들뢰즈와 가타리의 철학적 개념어들과 문제의식을 풀어내고 있어, 이 장은 처음 이들의 철학을 접하는 독자들에게 훌륭한 안내서의 역할을 하게 될 것이다. 그리고 이번에 '들뢰즈와 가타리' 편에 새로 추가된 26장의 도판들은 모두 애니메이션 '공각기동대'와 그 속편인 '이노센스'에서 뽑은 것으로 인간과 기계의 구분에 대한 문제제기를 담고 있다.

덧붙여 이번 개정 증보판에는 '근대적 지식의 배치와 노마디즘'이라는 제목의 '보론'이 추가되었다. 저자는 이 보론에서 근대적 지식 전반을 틀짓고 있는 인식론적 배치와 그것의 경계를 넘으려는 시도들, 그리고 그와 결부된 지적 · 물질적 생산의 조건들을 다루고 있다. 독자들은 이 보론을 통해 '인문학의 위기'라는 말의 실제 의미와 우리가 앞으로 생산해야 할 그리고 소비해야 할 지식의 형태를 어림잡을 수 있을 것이다.

2. 피아트와 파시즘(양장) / 장문석 저 / 지식의 풍경

파시즘 · 대공황 · 세계대전 시기 이탈리아 대기업 피아트의 전략을 읽는다.

역사학자가 다시 쓰는 이탈리아 대기업 '피아트' 정치사

서양사학자이자 『민족주의 길들이기』의 저자 장문석이 쓴 이탈리아 자동차 대기업 '피아트'의 정치사이자 기업사이다. 저자는 이탈리아의 자동차 기업인 피아트를 소재로 삼아 파시즘 집권기에 기업과 국가의 관계가 어떠했는지를 살피면서 경제발전의 동학을 보다 균형 있게 분석해 간다. 피아트는 이탈리아에서 가장 큰 기업 가운데 하나였으며 파시즘은 국가의 역할을 증폭시키던 정치 체제였기에 피아트와 파시즘은 기업과 국가의 관계를 극적으로 보여 주는 사례라 할 수 있다. '대기업 피아트'와 '파시즘 국가'를 통해 저자는, 기업과 국가가 핵심적인 제도로 자리 잡고 있는 현대 자본주의 세계가 실제로 어떻게 움직이고 있는지를 설명하고 있다. 이를 위해 역사 속에 담겨져 있는 풍부한 사례를 분석하며 둘 사이의 관계에 파고든다. 피아트는 국가에 종속되지도 피해가지도 않았다. 국가로부터 원조를 이끌어 내면서도 국가에 종속되지 않고 자율성을 지켜 갔던 피아트는, 파시즘 · 대공황 세계대전의 잇따른 위기 속에서도 더욱 성장해 갔다. 성장의 기저에는 국가의 지원을 적극적으로 이끌어 내고 노동자와 협상하며 길들이고 다른 대기업들과 경쟁했던 '기업가적 역량'이 깔려 있다. 저자는 이러한 '기업가적 역량'을 세밀하게 묘사하고 드러내면서 피아트의 전략을 역사적으로 상세히 설명한다. 그리고 파시즘 국가의 전략, 다른 대기업들의 전략과도 비교 · 분석함으로써 우리로 하여금 기업과 국가의 관계에 대해 보다 깊이 있는 이해로 이끌고 있다.

3. 처음 읽는 서양철학사 / 안광복 저 / 웅진지식하우스

제2장 과학과 신앙의 이중주, 탈출구는? – 마키아벨리에서 칸트까지

목적은 수단을 정당화한다? – 마키아벨리
지식은 힘이다 – 프랜시스 베이컨
평화를 사랑한 야수 – 토머스 홉스
이성이 중심이 된 세상을 열다 – 데카르트
다락방의 합리론자 – 스피노자
합리주의의 절정 – 라이프니츠
왕이 왕답지 못하면 엎어버려라 – 로크
철학은 일상으로 돌아와야 한다 – 흄
파렴치를 분쇄하라! – 볼테르
자연으로 돌아가라 – 루소
별이 빛나는 하늘과 내 마음속 도덕 법칙 – 칸트

제3장 절대정신에서 GAD 지수로, 철학의 해결사는? – 헤겔에서 가다머까지

절대정신의 철학자 – 헤겔
지극한 사랑이 낳은 염세주의 – 쇼펜하우어
보이고 증명할 수 있는 것만… 믿는다 – 콩트
최대 다수의 최대 행복 – 벤담
돼지의 철학에서 인간의 철학으로 – 밀
신 앞에 선 단독자 – 키에르케고르
전 세계 노동자여, 단결하라 – 마르크스
허무를 딛고 일어선 초인 – 니체
지식은 도구다 – 듀이
현재 프랑스 왕은 대머리이다? – 러셀
말할 수 없는 것에 대한 침묵 – 비트겐슈타인
판단 중지, 다시 생활 세계로 – 후설
존재를 둘러싼 거인들의 싸움 – 하이데거
사상계의 제임스 딘 – 사르트르
모든 물음은 가치가 있다 – 하버마스
문명의 비밀코드 – 광기, 성, 병원, 감옥 – 미셸 푸코
열린 사회를 꿈꾼 비판적 합리주의자 – 포퍼
이해는 역사적이다 – 가다머

4. 니코마코스 윤리학 / 아리스토텔레스 저 / 이창우, 김재홍, 강상진 역 / 이제이북스

아리스토텔레스의 윤리학이 관심을 가지는 것은 인간의 행복이다.

행복이 윤리학적 사유의 핵심 주제라는 것은 『니코마코스 윤리학』 1권에서 분명하게 드러난다. 『니코마코스 윤리학』의 전체 텍스트에서 개진되고 있는 숱한 세부적 문제들과 숱한 관련 논변들은 모두 하나의 기본 관심사, 즉 "어떤 삶이 좋은 삶, 즉 행복한 삶인가?"라는 하나

의 문제 위에 정위하고 있다. 아리스토텔레스는 자신의 철학적 행복론을 구성할 때, 건전한 상식을 따르고자 한다. 이에 따르면 모든 인간의 행위들이 지향하고 있는 궁극적인 목적은 최고선이며, 최고선은 다름 아닌 행복이다.

행복이란 인간의 좋음(선) 중에서 가장 큰 선이다.

우리가 최고선으로서의 행복을 추구하는 것은 어떤 다른 목적이 있어서가 아니라 행복 그 자체를 위해서이다. 아리스토텔레스는 『니코마코스 윤리학』 1권 7장에서 연구자들 사이에 '기능 논쟁'이라 일컬어지는 분석 틀에 입각하여 행복의 구체적 정의에 도달하고자 한다. "각각의 인공적 존재의 기능은 무엇인가? 각각의 자연적 존재의 기능은 무엇인가? 그리고 마지막으로 인간의 기능은 무엇인가"라는 질문들이 연쇄로 이루어진 이 논증을 통해 아리스토텔레스는 하나의 의미심장한 결론을 도출하게 된다. 이 결론에 따르면 인간의 고유 기능은 '탁월성에 따르는 이성적 영혼의 활동'이다. 그리고 이것이 바로 인간의 최고선이며 행복이다.

5. 이데올로기와 문화정체성 / 호르헤 라라인(Jorge Larrain) 저 / 김범춘, 이재유, 박영균, 이순웅, 조은평, 김종곤, 박종성 역 / 모티브북 / IDEOLOGY & CULTURAL INDENTITY

유럽이 바라본 제3세계에 대한 이데올로기적 고찰

제3세계 철학자의 이데올로기 비판

유럽은 제3세계를 어떤 관점으로 바라보았을까? 유럽 열강의 식민지였던 제3세계의 문화정체성은 어떻게 구현됐을까? 역사적 관점에서 증명이 끝난 것 같은 이 질문들을 철학적 관점에서 바라보면 전혀 다른 시각으로 볼 수 있게 된다. 이데올로기 연구에 천착해온 호르헤 라라인(Jorge Larrain)은 이 질문들을 이데올로기 비판을 통해 고찰하고 있다. 라라인의 연구는 이 질문들의 외연을 넓혔고, 그 결실로 이 책 『이데올로기와 문화정체성』을 내놓기에 이르렀다.

라라인은 이 책에서 비합리주의, 포스트구조주의, 포스트모더니즘 이론뿐만 아니라 오늘날 이데올로기 비판을 특별히 강조하는 철학자와 그 지적 흐름을 다루고 있는데, 쇼펜하우어(A. Schopenhauer)부터 니체(F. Nietzsche), 파레토(V. Pareto), 알튀세르(L. Althusser), 포스트구조주의, 포스트모더니즘, 하버마스(J. Habermas)에 이르기까지 계몽주의에 반대하는 비합리주의와 근대적 의미의 도구적 합리성이라는 이성 개념에 반대하는 이론들을 세세하게 살펴보고 비판적으로 분석하고 있다. 라라인의 분석은 기본적으로 마르크스의 이데올로기론에 기초하고 있지만, 계급 적대 외에도 자본주의 체제의 복잡한 이해관계 속에 묻혀 있거나 제대로 다뤄지지 않고 있는 인종주의, 식민주의와 같은 갈등을 포함하고 있다.

라라인은 대표적인 근현대 철학과 사회이론의 관점에서 이데올로기, 이성, 문화정체성 사이의 관계를 다루고, 이 개념들을 오늘날 모더니티와 포스트모더니티를 둘러싼 논쟁의 핵심으로 제안한다. 그는 이 개념들을 둘러싼 논쟁을 유럽적인 사고 맥락에서뿐만 아니라 제3세계, 특히 라틴 아메리카와 관련지어 분석하고 있는데, 그 목적은 제3세계에 대한 유럽의 견해를 검토하고, 서구 이론들을 문화정체성이라는 시각에서 면밀히 검토해 '이성'과 '인종주의' 사이의 연관에 관한 새로운 해석을 내놓고자 하는 것이다.

6. 키에르케고르 평전 : 키에르케고르의 생애와 사상 / 월터 라우리 저 / 다산글방

키에르케고르는 대표적인 실존철학자이다. 따라서 실존철학을 알고자 하는 데 도움이 될 것이다.

7. 자유론 : 자유에 관한 사상을 구체적으로 논술한 고전적 명저 / 고전으로 미래를 읽는다 8 / J. S 밀 저 / 최요한 역 / 홍신문화사

제1장 서론
제2장 사상과 언론의 자유
제3장 사회복지의 한 요소로서의 개성에 대하여
제4장 개인에 대한 사회의 권위와 한계에 대하여
제5장 응용

8. 자본주의의 매혹 – 돈과 시장의 경제사상사 / 제리멀러(Jerry Z. Muller) 저 / 서찬주, 김청환 역 / 휴먼앤북스

우리에게 자본주의란 무엇인가?
자본주의는 정당한가? 그리고 자본주의는 위기인가?

계급제도의 기반 위에서 경제적 특권과 정치적 의무가 서로 말끔하게 연결된 중세 봉건사회를 해체하면서 나타난 자본주의의 본질은 그 경제적 특성만으로는 설명되지 않는다. 그것은 정치적, 도덕적, 문화적 변혁을 수반했고, 특히 신분과 종교적 동질성, 공동체로 단단히 결속된 사회가 와해되면서 개인의 이기심에 의해 추진되는 자본주의가 가져온 도덕관념의 변화와 그 여파는 상당한 것이었다.

지난 300년간 자본주의는 끊임없이 도덕논쟁을 불러일으켰다. 금욕과 청빈을 강조하는 기독교 사상과, 공동선을 위해서 개인은 얼마든지 희생될 수 있다는 공화주의의 시민전통(1장, 38쪽)이 지배적이었던 사회에서, 개인적 부(富)의 추구는 그 자체가 충격이었고 도덕적 타락이었다. 자본주의는 이기심과 끝없는 욕구를 조장하여 늘 인간을 불행하게 하고(루소 215쪽), 수단과 목적을 전도시키며(아널드 321쪽), 부자가 되려는 목표로 속임수와 거짓이 판치게 하며(퇴니스 341쪽), 공적 이해와 사적 이해를 분리하여 사람들의 도덕심을 감소시키고(뫼저 157쪽), 노동분업으로 말미암아 정신적, 육체적으로 일면적이고 기형적인 인간을 만들어낸다(실러 216쪽)는 탄식은 지금까지도 한결같이 계속되고 있다.

이렇듯, 자본주의는 근대사회에서 파생된 모든 악덕의 근원적 책임자로 비난받아왔다.

이것은 우리 사회에서도 마찬가지이다. 더구나 자본주의와 공산주의라는 뚜렷한 정체(政體)로 남과 북이 갈린 나라에서 자본주의의 정당성 문제는 첨예하지 않을 수가 없었다. 자본주의 비판은 체제 전복과 직결되는 문제였고, 따라서 레드 콤플렉스가 만연되는가 하면, 또 다른 한쪽에서는 민주화와 통일이라는 다른 문제들과 긴밀히 맞물린 사회주의 운동이 일어났다. 우리 사회는 친자본주의와 반자본주의 두 세력으로 뚜렷하게 나뉘었고, 이는 지난 시대의 역사해석에서부터 대외관계, 교육, 각종 경제 조치에 이르기까지 사회 곳곳에서 세력 간에 갈등과 충돌을 불러일으켰다.

9. 파이돈 Phaidon / 플라톤(PLATONIS) 저 / 최 현 역 / 종합출판범우(BW범우)

철학자 소크라테스의 사상이 담긴 [대화편]의 4대 대화 중 하나 『파이돈』

인류의 스승으로 불리는 소크라테스(B. C. 470~399). 그는 거리에서 운동장에서 많은 사람들에게 철학적 대화를 나누며 지향해야 할 삶의 지표를 제시하려 애썼다. 특히 청년들에게 많은 감회를 주었던 그는, 당시 소피스트들과 보수주의자들에 의해 신을 모독하고 청소년들을 그릇된 길로 빠뜨린다는 죄목으로 고소당해 재판을 받게 된다. 그 재판의 판결에 따라 독배를 마심으로써 그는 일생을 마쳤다.

이 책은 소크라테스의 애제자인 플라톤의 저서로 [대화편]의 4대 대화 중 하나다. 여기엔 소크라테스의 최후의 모습이 담겨져 있으며, 위대한 철학자 소크라테스의 심오한 사상의 단편을 엿볼 수 있다. 특히 자신의 죽음을 함께 기뻐해 줄 것을 당부하며 독배를 마시는 장면은 2천 4백 년이 지난 오늘의 독자에게도 가슴 뭉클한 감동을 안겨 준다.

10. 철학 콘서트 / 철학 콘서트 시리즈 / 황광우 저 / 웅진지식하우스

Symposium. '향연'을 뜻하는 이 말은 그리스어로 함께(Sym) 술(Posium)을 마신다는 뜻이다. 아테네에서는 밤새 술을 마시며 대화를 즐기는 연회를 향연이라고 하는데, 플라톤의 『향연』은 연회에서 주고받은 '에로스'에 관한 대화로 구성한 것이다.

여기 동 · 서양 철학자들과 그들의 저서를 모아 한판 향연을 펼치는 흥미로운 교양서가 있다. 우리 시대 실천하는 지식인인 황광우는 노자의 『도덕경』부터 마르크스의 『자본론』까지, 세계사에 길이 남을 위대한 철학자 10인을 엄선하여 그들과 함께하는 철학의 대향연을 『철학 콘서트』에 고스란히 담아냈다.

향연의 주최자 황광우, 초대 손님은 영국 BBC가 선정한 인류 최고의 사상가인 마르크스, 소크라테스, 플라톤을 시작으로 동양철학의 정신적 지주인 노자와 공자, 거대 종교의 창시자인 예수와 석가를 거쳐, 자본주의의 설계자인 애덤 스미스, 조선 성리학의 거두인 퇴계 이황과 유토피아를 설파한 토머스 모어가 그들이다. 향연에 초대된 손님들은 사상, 경제, 종교 등 세상을 기획한 리더이자, 세계사의 맥락을 바꾼 주인공으로, 이들의 철학을 제대로 이해하고 자기 것으로 만드는 것은 의미 있는 작업이라 할 수 있다.

서양 철학사 중심의 교양 철학에서 탈피하여 동 · 서양의 철학을 균형있게 바라본 이 책은 그동안 난해한 사상서와 더욱 얇아지는 기초 철학 교양서의 극심한 양극화 상황에 놓여 있는 인문서 시장에서 든든한 다리 역할을 해줄 새로운 개념의 철학 교양서가 될 것이다.

11. 지식, 철학의 법정에 서다 : 누구에게도 속지 않는 철학자의 생각법 / 마이클 필립스(Michael Philips) 저 / 홍선영 역 / 박정하 감수 / 갤리온

생각의 오류와 거짓 지식의 함정에서 나를 지키기 위해 알아야 할 모든 것

촘스키부터 파인만까지 128명의 학자, 경제학에서 심리학까지 세상의 모든 학문, 그리고

당신의 경험과 기억을 철학의 법정으로 소환하다.

세상에서 가장 정확한 시계는 바늘이 멈춘 시계다. 하루에 두 번은, 오차가 없다는 세슘원자시계보다 정확하게 맞는다. 어쩌면 누구에게도 속지 않는 가장 확실한 방법은 고장난 시계처럼 아무 생각도 하지 않고, 아무것도 믿지 않는 것일지도 모른다. 하지만 우리는 오늘도 믿을 수 없는 정보와 무책임한 추측의 틈바구니에서 무엇인가를 결정하고 판단해야 한다. 자신의 기억도 믿을 수 없는 상황에서 과연 누구를 믿어야 할까? 도움이 되는 지식과 손해를 주는 지식을 어떻게 구분할 수 있을까? 책에 수없이 등장하는 사례가 증명하듯이 잘못된 믿음 하나가 당신과 가족, 조직의 미래를 망칠 수도 있다. 이 책은 우리가 당연하게 생각해왔던 믿음을 산산조각 내고, 생각을 거짓과 오류로 이끄는 범인을 철저하게 파헤친다.

12. 철학의 에스프레소 / 빌헬름 바이셰델 저 / 안인희 역 / 아이콘C

철학을 대중에게 읽히려고 하는 시도는 예전부터 수없이 있어 왔다. 그러나 성공적이었던 시도는 매우 드문 편이다. 알기 쉬운 철학입문서를 표방한 많은 책들이 실제로는 알기 쉽지도 않고 재미도 없는 책이 되어 독자들에게 외면을 당했다.

이상적인 철학책은 단순히 철학적 지식을 나열하고 요약하는 것이 아니라 독자들을 철학한다는 체험으로 끌어들이는 것이어야 하지 않을까? 철학이란 가장 일반적인 주제를 다루는 학문일 뿐만 아니라 누구라도 살면서 어느 정도씩은 겪게 되는 경험이기 때문이다.

최근에는 재미있고 알기 쉬울 뿐더러 독자들을 철학적 사유로 끌어들이는, 잘 쓰여진 철학책들이 꽤 많이 등장하고 있다. 그중 1966년이라는 꽤 오래 전 시기에 발간되었지만 1996년부터 양장본만 25쇄가 발행될 정도로 독일에서 대중적인 인기를 유지하고 있는 『철학의 에스프레소』는 철학이라는 무대 위에 철학적 사유뿐 아니라 철학자들 자신이 중요한 주인공으로 등장한다는 점에서 특징이 있다. 그것도 34명이나 되는 꽤 많은 숫자로 이들 중에는 소크라테스, 칸트, 니체 등 친숙한 철학자들뿐 아니라 피히테, 셸링 같은 국내에서는 그다지 주목받지 못했던 이들까지 포함되어 있다.

『철학의 에스프레소』에서 철학자들의 일화는 철학자에 따라 다르지만 대개 상당한 비중을 차지한다. 그러나 이 일화들은 단지 철학이라는 쓴 약을 좀 더 쉽게 삼키기 위한 설탕 껍데기의 역할을 하고 있는 것만은 아니다. 이 책의 입장은 말하자면, 철학이라는 연극을 이해하기 위해서는 문제, 갈등, 해결로 이어지는 사유의 플롯뿐 아니라 등장인물의 성격도 아는 것이 필요하다는 것이다. 그들의 개성적인 인간성과 문제의식을 배경으로 바라보면 낯설고 때로는 엉뚱하게 보이던 철학자들의 사유가 보다 생생하고 친숙한 것으로 다가온다.

13. 20세기 뒤흔든 3대 혁명적 사상가 마르크스 니체 프로이트 철학의 끌림 / 강영계 저 / 멘토프레스

'왜 마르크스, 니체, 프로이트냐'라고 서문을 열고 있는 이 책은 전통사상을 뒤엎고 새 사상을 제시한 20세기 혁명적 사상가 3인을 한데 불러 모았다는 점에서 의미가 있다. 물론 기존의 프랑스 철학자 들뢰즈, 리쾨르 등에 의해 이 3인이 함께 거론되기도 했지만, 『마르크스,

니체, 프로이트 철학의 끌림』은 좀 더 '휴머니즘'적인 접근법에 의해 씌어진 이해하기 쉬운, 읽기 편한 책이라 할 수 있다.

저자 강영계는 넋두리하듯 말한다. '바보처럼 살아왔다. 천치처럼 살아왔다. 연구실에 처박혀 한 마리 책벌레로 살아왔다. 마르크스와 니체, 프로이트를 대할 때마다 가슴 깊은 곳에서 터져 나오는 부르짖음이 있었다. 바보나 천치로 살려면, 사이비 바보나 천치가 되지 말고 철저하게 바보나 천치가 되어라!'

이제 그는 철학과 교수(2008년 8월까지 건국대 철학과 재직)가 아니고 명예교수이며 시간강사이다. 마지막 퇴임을 앞두고 20세기 3대 혁명적 사상가를 통해 '철학은 무엇인가' 의미심장한 화두를 던지고 있다.

그렇다고 내용이 갑옷을 두른 듯, 무겁고 둔탁하지 않다. '위대한 사상과 철학 뒤에는 우리가 모르는 진실이 있다!'는 기치 아래 그들의 사상에 초점을 맞추되, 3인 사상가의 탄생에서 죽음에 이르기까지 삶의 전 과정을 3인이 남긴 책과 사진, 편지 등과 함께 소개하며 알기 쉽게 풀어주고 있다.

14. 인간이란 무엇인가 / Science & Society 시리즈 5 / 파스칼 피크(Pascal Picq), 장 디디에 뱅상(Jean Didier Vincent), 미셸 세르(Michel Serres) 저 / 배영란 역 / 알마

문화적 전통에 따라 인간과 동물 사이에는 철통같은 장벽이 서 있었다. 그러나 인간은 상당량의 유전물질을 침팬지나 보노보와 공유하고 있음이 밝혀졌다. 그렇다면 인간을 규정하는 것은 무엇일까?

근본 문제에 대한 성찰은 문명과 삶을 한 뼘 높게 자라게 한다.

다분히 철학적인 성격의 두 과학자와 다분히 학술적인 성격의 한 철학자가 '인간이란 무엇인가', '무엇이 인간을 특별한 존재로 만드는가'라는 질문에 답했다. 과학이 발전하면서 인간은 점점 동물과 비슷해진다. 인간의 특성으로 여겨졌던 다양한 속성들은 더 이상 인류의 근본 속성으로 받아들여지지 않는다. 과학은 인간이 생명의 연속된 스펙트럼의 한 부분일 뿐임을 보여준다. 인간에 대한 탐구는 미궁에 빠져 있는 상태다. 세 명의 석학이 제시하는 답을 들어보자.

15. 차별성과 보편성 / 내일을 여는 지식, 어문 시리즈 / 전동영 저 / 한국학술정보

차별적 의미와 차별적 감정은 차별적 삶 속에 살아 있으나 차별적 삶이 흐르는 것이기 때문에 차별적 삶 속에서 나타났다가 사라진다. 차별성은 언어 속에 나타나지 않으며 차별적 삶은 이론 속에 나타나지 않기 때문에 학문 속에도 나타나지 않는다.

차별적 삶의 역사는 끊임없이 나타났다가 사라지는 것이며 어느 누구의 기억 속에도 남지 않으나 보편정신의 역사는 끊임없이 나타났다가 사라지나 모든 사람의 기억에 영원히 남는다.

차별성은 사라지나 보편성은 영속적이다.

차별적 삶은 사라지나 보편정신은 영속적이다.

차별적 삶은 시간에 지배당하나 보편정신은 시간에 지배당하지 않는다.

차별성과 보편성에는 현상학적 철학으로 바라본 차별성과 보편성, 그것에 대한 저자만의 독특한 시각이 살아 있다. 차별성과 보편성은 개체에 대한 사랑, 보편화되지 않은 개체에 대한 사랑에서 시작된다. 차별성에 대한 사랑은 개체에 대한 사랑이며 보편성에 대한 사랑은 이념에 대한 사랑이다. 저자는 보편적 이념이 차별적 삶을 해치지 않고 이념이 개체를 희생시키지 않는 차별성에 대한 사랑에서 글을 시작한다. 차별성을 사랑하지 않는 사람이 보편성을 사랑할 때 보편성을 기초하고 있는 차별성을 해칠 수 있기 때문에, 차별성을 사랑하는 사람이 보편성을 사랑할 때 보편성에 대한 사랑이 차별성을 해치지 않는 참된 사랑을 할 수 있다고 보는 저자는 현상학적 기술의 방법, 사물과 인간의 차별성과 보편성, 차별적 의미와 언어화된 보편적 의미, 차별적 삶과 보편적 삶, 차별적 사랑, 차별적 삶과 신앙의 문제, 보편적 사랑, 종교적 사랑 등의 내용을 중심으로 이야기를 풀어간다. 차별적 삶에 살아있는 보편정신 철학. 독자는 저자만의 색채로 풀어낸 진지한 철학적 탐구에 어느새 매료될 것이다.

16. 젊은 베르테르의 기쁨 The Consolations of Philosophy(2000)
(The)consolations of philosophy / 알랭 드 보통 / 정명진 역 / 생각의 나무

알랭 드 보통은 우리네 삶을 바꾸고, 삶에 필요한 위안을 엿듣기 위해 일상적인 삶의 문제를 다룬 탁월한 여섯 명의 철학자들과 - 소크라테스, 에피쿠로스, 세네카, 몽테뉴, 쇼펜하우어, 니체 - 면담을 요청한다. 그들은 때로 난해하지만 삶의 고난과 좌절에 대처하는 실제적인 조언을 주었던 철학자들이다.

예를 들어 소크라테스는 '인기 없음'보다 더 위로가 되는 중요한 것이 있음을 증명해낸다. 에피쿠로스는 가진 돈이 없는 데 대해 적절한 위로를 건넨다. 세네카는 우연한 사고, 직업의 상실 등 좌절의 상황에서 조언을 제공한다. 성적 불능, 지적 차별 등 부적절한 평가에 대해서는 몽테뉴의 위로가 주어진다. 상심한 마음을 위한 위로는 쇼펜하우어의 삶에서 찾는다. 그리고 니체는 질병과도 같은 고독에 대해 철저히 상담해 준다.

17. 소피의 세계(Sofies verden) / 요슈타인 가아더 / 장영은 역 / 현암사

열네 살 소녀 소피에게 어느 날 갑자기 발신인이 없는 의문의 편지가 날아든다. 내용은 단 한 줄. '너는 누구니?' 그리고 곧 '세계는 어디에서 생겨났을까?' 하고 묻는 편지가 이어진다. 이 이상한 편지를 받으면서부터 소피는 자신도 모르게 신비한 철학의 세계로 빠져든다.

천진난만하게 웃고 떠들며, 집에 오면 숙제하고, 재미있는 TV 탐정 프로에 열중하곤 하던 평범한 소녀 소피에게 '철학이란 무엇인가', '죽음 뒤에 또 다른 삶이 있는가', '인생에서 가장 중요한 것은 무엇인가' 등 진지하고 중요한 물음과 해답이 정체를 알 수 없는 한 철학 선생의 편지를 통해 하나하나 주어지면서 소피는 차츰 인생과 세계를 새롭게 바라보기 시작한다. 『소피의 세계』는 플라톤, 데카르트, 흄, 칸트, 헤겔, 마르크스 등 철학사의 굵직한 사상가는 물론 현대 문명을 이룩한 정신의 배경을 입체적으로 하나하나 풀어가는 미스테리 소설로 독자에게 인생의 의미에 대한 놀라움과 호기심을 일깨워 줄 것이다(모닝365 제공).

18. 철학, 영화를 캐스팅하다 / 이왕주 저 / 효형출판

영화를 닫혀 있는 작품이 아니라 열려 있는 텍스트(text)로 보고, 영화 속에 담긴 철학적 성찰을 독자들과 공유하는 책이다. 어렵고 지루하다고 생각하기 쉬운 철학 명제가 아니라 우리의 삶과도 같은 영화 속에 보이는 삶을 살아가는 지혜를 자연스럽게 표현하고 있다.

「오아시스」에서는 세상의 인습에 좌절하지 않는 행동주의자의 모습을, 「친절한 금자씨」에서는 자기 자신을 지켜내고자 복수에 매달린 존재의 투쟁을 읽어내고 있다. 이처럼 저자는 「동시서독」에서 「친절한 금자씨」까지 스물아홉 편의 영화 속에서 삶에 대한 성찰과 행복에 대한 희망을 집어낸다. 일상의 경쟁에 지친 독자들에게 영화 속 상상을 빌려와 인간다움과 행복의 의미를 묻는 것이다.

19. 게으름에 대한 찬양 In praise of idleness : and other essays / 버트런드 러셀 / 송은경 역 / 사회평론

산업사회가 낳은 인간의 노동으로부터의 소외를 통렬하게 비판하는 러셀의 대표적 에세이로 70여 년의 시간차를 뛰어넘는 통찰과 예지가 돋보인다. 러셀의 저작 중에서 특히 주목받는 이 책에서 러셀은 '열심히 일해야 한다'는 사회적 통념과 달리 인간의 진정한 자유와 주체성 확립을 위해서는 오히려 여가가 필요하다고 주장한다. 러셀의 역설적인 주장이 우리에게 큰 의미로 다가오는 것은 그의 이야기가 '우리의 어제'가 아니라 '우리의 오늘과 내일'을 말해주기 때문이며 정신없이 지나치는 일상을 꿰뚫어 볼 수 있게 하는 철학자의 지혜를 보여주고 있기 때문이다.

러셀은 흔히 자신의 무능력과 게으름에서 불행의 원인을 찾는 현대인들에게 '행복해지려면 게을러지라'는 처방을 내린다. 러셀은 현대의 기술 문명이 모두가 편안하고 안정할 수 있는 가능성을 열어 놓았는데도 기계가 없던 예전과 마찬가지로 여전히 현대인은 '과잉'노동과 '과잉'생산을 하고 있고, 과로와 굶주림에서 자유롭지 못하고 있음에 주목한다. 그리고 과거에 소수 특권층에게만 부여되었던 '게으름의 기회'가 구성원 모두에게 제공되고 개인들이 '근로의 미덕이 최고'라는 강박관념에서 벗어나야 누구나 자유롭게 '즐겁고, 가치 있고, 재미있는' 활동을 추구하며 살아갈 수 있다고 역설한다.

표제로 삼은 『게으름에 대한 찬양』을 포함하여 『무용한 지식과 유용한 지식』, 『건축에 대한 몇 가지 생각』, 『현대판 마이더스』, 『사회주의를 위한 변명』 등 이 책에 실려 있는 15편의 글을 통해 러셀은 인간의 진정한 자유는 스스로를 옭아맨 수많은 회의와 편견들에 저항함으로써 얻을 수 있다고 주장한다. 늘 일상에 쫓겨 살아가면서도 문득 '이렇게 살아도 될까' 하고 한번쯤은 자신의 삶과 주변을 돌아보는 여유를 갖고 싶은 독자들에게 더없이 반가운 책이 될 것이다(모닝365 제공).

20. 세상의 모든 철학(A Short Story Of Philosophy) (A)short history of philosophy / 로버트 C. 솔로몬 외 / 박창호 역 / 이론과 실천

이 책의 두 저자는 접근과 이해가 용이하도록 더욱 넓은 역사적, 문화적 문맥 속에서 철학의 전 역사(동서양 문화의 고대, 중세, 그리고 근대까지)를 다룬다. 주요한 철학자들과 철학 흐름에 대한 논의는 물론이고, 잘 알려지지 않았지만 흥미로운 인물들에 대한 논의도 함께 이루어진다. 고대 그리스, 인도, 중국의 철학자들을 살핀 뒤, 고대 철학 이전의 신화 전통들과 더불어 그리스도교, 힌두교, 유대교, 도교 등과 같은 종교적 철학까지 논의하고 있다.

『세상의 모든 철학』은 철학에 대한 전문지식이 없는 독자들도 쉽게 읽을 수 있다. 이 책은 철학이 우리 시대와 어떠한 관련을 맺는가를 보여주며, 동시에 과학, 산업, 식민주의, 종파적 싸움에 의해 야기된 혁명들이 미친 영향에 대해서도 살핀다. 또한 양차 세계대전과 대학살에 대하여 고찰하며, 실존주의, 포스트모더니즘, 페미니즘, 다문화주의 등의 철학적 반응에 대해서도 숙고한다. 게다가 이 책의 저자들은 사상들에 대한 그들 자신의 고유한 견해와 해석을 제시하여, 결과적으로 철학의 본성은 지적 훈련과 때로는 뜻밖이고 극적인 결과라는 폭넓은 시각을 보여준다(모닝365 제공).

21. 아킬레스는 왜 거북을 이길 수 없을까?(읽을수록 감칠맛 나는 엉뚱한 철학 이야기) / 양운덕 / 창작과비평사

동화나 일상에서 흔히 볼 수 있는 친근한 문제들을 실마리로 삼아서 철학의 문을 두드리고 있는 책. 이 책을 읽는 사람들은 10여 개의 무대에서 저마다 주제를 떠맡은 주인공들이 해결책을 찾아 온갖 궁리를 하는 가운데 벌어지는 사건들을 볼 수 있다. 이 책은 새로운 철학적 지식을 전달하기보다 '철학을 낚는 어부'가 되는 방법을 가르쳐준다.

피노키오의 철학 시리즈의 첫 번째 책은 『어린 왕자』에 나오는 코끼리를 삼킨 보아뱀 그림으로부터 시작한다. 이를 통해 일상과 철학에 있어서 새로운 사고의 길을 걷는 과정을 보여준다. 또 피노키오를 통해 인간에 대한 다양한 정의를 내리며, '모든 까마귀는 검은가' 하는 질문을 통해서는 귀납법의 문제와 검증 가능성을 따진다. 삼각형의 문제를 통해서는 플라톤의 이데아론과 그에 대한 비판을 살펴본다.

피노키오의 철학 시리즈 2권은 어렵기로 소문난 칸트와 데카르트를 다룬다. 동일성과 차이에 대한 다양한 관점과 시각, 데카르트와 피노키오의 가상대화로 꾸며본 데카르트 철학에 대한 소개와 '생각하는 나'에 대한 다른 생각들을 들려준다. 마지막으로 신호등 앞에서 쩔쩔매는 황소와 이상한 칠판을 본 금붕어를 통해서는 칸트의 인식론에 관한 쉬우면서도 자세한 강의를 진행한다. 소쉬르와 비트겐슈타인을 통해서 본 현대언어철학과 포스트모더니즘, 니체 철학과 결정론 및 카오스이론에 대한 내용을 담은 피노키오 철학 3, 4권도 출간될 예정이라고 한다(리브로 제공).

22. 논쟁과 철학 / 김성진 / 고려대학교출판부

『논쟁과 철학』은 명사형으로 제시되는 특정 철학보다는 칸트가 구별한 바 있는 '철학함', '철학하기'라는 동사로서의 철학을 지향하고 있다. 철학 자신까지도 문제를 삼는 비판적 반성과 날카로운 분석은 '논쟁'이라는 모습으로 '철학하기'의 한 단면을 보여주고 있다.

이 책에서는 헤라클레이토스, 파르메니데스, 플라톤, 맹자, 토마스 아퀴나스 등 동서양 고대와 중세 철인들의 사상이 현대적 관점에서 재해석되고, 데카르트, 흄, 몰리누, 칸트, 그리고 주희, 진량, 왕용계, 섭쌍강 등 동서양 근대사상의 탈근대적 및 현대적 해석 가능성이 추구되었다. 또한 니체, 후설, 하이데거, 가다머, 푸코, 데리다 등 유럽 철학자들, 그리고 프레게, 더밋, 로티, 맥도웰, 브랜덤 등이 제시한 영미철학을 통해 제시된 구조주의, 현상학, 해석학, 언어철학, 분석철학, 해체주의, 포스트모더니즘, 탈분석철학, 네오프래그머티즘 등 현대철학의 대표적 주제들이 심도 있게 다루어졌다. 그 외에도 개인과 국가(민족)와 세계라는 차원들 사이에서 자기정체성과 인륜성 및 가치관 정립의 문제, 이데올로기 대립을 넘어서는 '제3의 길', 근대성 극복의 노력이 해결해야 할 새로운 형이상학과 존재론 및 인식론의 문제, 다양성과 관용을 위협하는 현실 세력들에 어떻게 대항할 것인가의 문제, 환경 위기를 극복하기 위한 대안적 문명관과 가치관 및 기술관과 윤리의 문제, 세계화와 세속화 경향이 점점 더 심화되어 가는 현대 한국사회가 어떤 윤리적, 미학적, 종교적 가치를 필요로 하는가의 문제 등이 생생하게 논구된다.

이 책으로 함께 모인 각각의 필자들은 자신의 관점과 상황에서 철학적 '탐구의 즐거움'을 찾아 나섰으며, 그 결과들을 모은 이 책은 앞으로의 철학적 대화를 이어나가는 데 밑거름이 될 것이다.

고 신인철 교수와 함께 20년에 가까운 기간을 이어왔던 현대철학사상 연구회를 주축으로 기획된 이 책은 또한 고 신인철 교수의 철학적 탐구에 대한 경의이기도 하다(인터파크 제공).

23. 드림 위버—소설로 읽는 유쾌한 철학 오디세이 / 원제 The Dream Weaver : One Boy's Journey Through the Landscape of Reality / 잭 보웬 / 박이문, 하정임 역 / 다른

철학적 소설인 동시에 소설 형식을 갖춘 철학 교양서이다. 이 책은 대화체 형태의 이야기와 소설적 플롯을 취하면서, 기존의 철학책들이 지닌 무미건조함과 지루함을 걷어내고 소설적 재미를 만끽하게 해준다.

이 책은 철학적 문제를 총 13장으로 분류, 소개하는 데 그치지 않고 철학에 있어서 거의 모든 문제를 차례로 연결하여 사유를 이끌어 간다. 철학 문제에 대한 이 같은 구성은 철학이 인간의 개인적 및 사회적 차원에서 일어나는 모든 문제와 서로 총체적으로 연결되어 있다는 사실을 이해하는 데 도움을 준다.

독자들에게 답을 제시하기보다는 일상에서 부딪치는 주제들에 대해서 독자 스스로 질문하게 하고, 그 질문에서 또 다른 질문을 하게 만든다. 그리고 이 책은 '틀 밖에서' 생각하는 방법을 배울 수 있도록 해주고, 만약에 틀 밖에서 생각한다면 틀 안에서 생각하도록 해준다.

각 장 말미마다 '독자들을 위한 토론 주제'를 마련하여 각 장에서 다룬 철학적 주제들을 독자 스스로가 좀 더 새롭게 정리할 수 있도록 주제와 관련된 철학적 질문들을 던진다. 독자들은 각 질문들의 의미를 이해하고, 그것에 대한 대답을 스스로 찾아보는 과정을 통해서 살아있는 철학적 사유에 참여할 수 있게 될 것이고, 스스로 철학자가 되어 갈 것이다.

24. 시차적 관점—현대 철학이 처한 교착상태를 돌파하려는 지젝의 도전 / 원제 The Parallax View / 슬라보예 지젝 / 김서영 역 / 다른

『시차적 관점』은 『이데올로기라는 숭고한 대상』(1989), 『부정적인 것과 함께 머물기』

(1993), 『까다로운 주체』(1999)의 뒤를 잇는 주저이며, 스스로 대작(Magnum Opus)이라고 칭한 대표적인 저술이다. 이 책은 '바틀비 정치학'을 비롯하여 여러 층위에서 수많은 논의를 촉발시키고 있다.

지젝이 온갖 분야를 넘나들면서 개입하는 이유는 결코 자신의 지식을 과시하기 위해서가 아니다. 특히 현대과학 중에서도 최첨단을 자랑하는 뇌과학과 대결하는 것도 단순히 관심 분야가 폭넓어서가 아니다. 자기의식과 정서를 물리와 화학, 신경학으로 설명하려는 뇌과학과 대결하지 않고서는, 즉 모든 것이 자연과학적으로 해명될 수 있다는 환원론과 대결하지 않고서는, 인간 행위의 지평, 참여와 실천을 위한 지평을 결코 만들 수 없기 때문이다(4장).

지젝은 초기 저술부터 줄곧 규정과 능동성보다는 수동성, 물러남과 같은 부정성에 주목해 왔다. 한편 많은 비판자들은 부정성과 수동성에서 어떻게 저항의 전략이 가능한지를 추궁해 왔다. 지젝은 이 책에서 여기에 정면으로 답한다(3부 특히 6장).

지젝이 취하는 전략은 허먼 멜빌의 소설 『바틀비』(Bartleby)의 주인공인 바틀비의 태도 "나는 그렇게 하지 않는 것을 선호합니다"(I would prefer not to)이다(743쪽 이하). 지젝은 국지적인 문제와 각종 운동에 능동적으로 참여하는 것은 부정하고자 하는 것에 기생하는 정치학이라고 주장한다.

이는 단순히 모든 참여를 거부하겠다는, 행동과 참여의 내용에 반대한다는 뜻이 아니다. 또 완전히 새로운 대안이 바틀비의 몸짓에서 곧바로 도출된다고 주장하는 것, 지금의 체계를 넘어서는 질서를 상상하기가 매우 어렵다는 사실을 간과하는 것도 아니다. 새로운 질서를 건설하는 활동은 가장 근본적인 차원에서 "나는 그렇게 하지 않는 것을 선호합니다"에 의해 지탱된다는 것이다.

25. 이즘과 올로지—세상에 대한 인간의 모든 생각 / 원제 ISMS AND OLOGIES (2007) / 아서 골드워그 / 이경아 역 / 남경태 감수 / 랜덤하우스코리아

이 세상에 넘쳐나는 450가지 주의, 이념, 학설, 이론, 교리를 망라한 백과사전이다. 이 책은 인류가 유사 이래 세상을 이해하고 해석하며 그 속에서 변화를 꾀하고자 만들어낸, 이른바 '–이즘(ism)' 또는 '–올로지(ology)'라고 하는 온갖 주의, 이념, 학설, 이론, 교리 등을 집대성한 사전이다.

6개 분야(정치와 역사 / 철학과 예술 / 과학 / 경제 / 종교 / 성도착 외)에 걸쳐서 표제어 450가지를 망라했으며, 일반적 지식에 저자의 주관적 해석을 맛깔 나는 입담으로 가미함으로써 독자들에게 읽는 재미를 선사하는 에세이식 서술이 특징이다.

『이즘과 올로지』는 '아서 골드워그'라는 개인이 표준지식 너머로 자신의 박람강기와 지성을 발휘해 만든 백과사전이다. 미국에서 출판인 겸 저술가로 오래 활동해온 골드워그는 온갖 이즘과 올로지로 우거진 방대한 인류 지성의 숲에 야심차게 뛰어든 탐험가로 볼 수 있다.

이를테면 배경 지식을 짊어진 채 인류 지성의 숲으로 들어가서, 450가지 이즘과 올로지를 일일이 만나 알아본 끝에 저마다의 이력을 정리하고 자신의 사유와 통찰을 보태어 '설명 푯말'을 세우기에 이른 것이다. 골드워그가 세워놓은 '설명 푯말'을 하나하나 읽어가다 보면, 다가갈 엄두가 잘 나지 않던 지성의 숲에 발을 점점 깊이 들여놓으며, 어느 결엔 골드워그의 독설과 유머에 퍼질러 앉아 웃어젖히게 될 것이다.

26. 행복은 철학이다－에이나 외버렝겟의 행복론 / 에이나 외버렝겟 / 손화수 역 / 꽃삽

행복을 바라지만, 정작 행복이 무엇인지 모르는 이들에게 행복의 비밀을 철학적 통찰로 풀어주는 책이다.

저자는 서로 다른 행복의 철학적 개념을 좀더 깊이 있는 시각으로 제시하며, 스스로의 행복에 책임을 질 수 있도록 격려해 주고 있다. 또한 행복해지기 위해 우리가 어떻게 삶을 살아가야 하는지에 대해서도 조언하고 있다.

이 책은 아리스토텔레스나 파스칼과 같은 고대 철학자에서 그리스 신화 등의 아포리즘을 인용하고, 톨스토이 등의 문학적 경구, 현대 영화와 대중매체에서 다루고 있는 삶의 본질적 의미를 다루고 있어서 독자들의 호기심을 충분히 만족시켜 주기에 부족함이 없다.

27. 존재 이야기－조광제의 철학 유혹 / 조광제 / 미래인(미래M&B, 미래엠앤비)

무겁고 어렵게만 느껴지던 철학사를 풀어쓴 이 책은 철학을 처음 접하는 사람들을 위한 입문서이다. 최초의 철학자 탈레스부터 들뢰즈까지 서양 철학사의 흐름과 함께 철학자들의 이야기를 곁들여 철학의 바탕이며 시작인 존재론에 대해 최대한 쉽게 접근할 수 있도록 하였다.

탈레스와 플라톤, 아리스토텔레스, 데카르트, 칸트, 헤겔 등의 철학자들의 입을 빌려 변하는 것과 변하지 않는 것에 대하여 논쟁을 벌이면서 독자 스스로 존재의 실체를 찾을 수 있도록 하고 있다.

28. 키케로의 최고선악론 / 마르쿠스 툴리우스 키케로(Marcus Tullius Cicero) / 김창성 역 / 서광사

키케로는 로마 최고의 웅변가이자, 문인이었으며 기원전 63년에 로마의 최고 정치 지도자인 콘술로 활동했다. 원로원 중심 체제를 옹호한 키케로는 독재자 카이사르의 정치적 노선에 강한 반대를 표명하였다. 카이사르는 그러한 키케로를 자신의 친구로 삼으려 했지만, 키케로는 오히려 동방식의 왕이 되려는 카이사르의 야심을 로마 시민에게 폭로하며 경각심을 일깨우게 된다. 기원전 56년 이후 키케로는 정치에서 물러나 은둔생활을 하며 그 외로움을 저술을 통해 달랬고 그 결과 명저들을 남긴다. 기원전 44년 카이사르가 암살당하고, 그에 못지않은 독재자 안토니우스가 정권을 잡고 반대파들을 무자비하게 숙청하자, 키케로는 원로원에서 과감히 그를 국가의 적으로 선언하려 애썼다. 그런 그의 의지는 안토니우스가 보낸 자객들에게 죽음을 맞이함으로써 꺾이게 된다.

그의 저술로는 『최고선에 관하여(De Finibus)』, 『신의 본성에 관하여(De Natura Deorum)』, 『도덕적 의무에 관하여(De Officiis)』 등이 있다.

29. 사랑, 그 위대한 악법 : 소크라테스, 사랑을 말하다(SOCRATES IN LOVE) / 크리스토퍼 필립스 저 / 이세진 역 / 예담

오늘날, 대체 사랑은 어디 있는가?
문학의 90퍼센트는 사랑에 대한 것이고, 우리는 항상 사랑 이야기에 취해 있다.

그런데도 세상이 증오로 차고 넘치는 이유는 무엇일까

한 사람을 향한 에로스적 사랑에서 세상을 감싸 안는 아가페적 인류애까지!
인류사 최고의 현인 소크라테스가 전하는 '다섯 가지 사랑'의 진실과 '현대판 소크라테스' 크리스토퍼 필립스가 풀어내는 '오늘의 사랑' 이야기

"나는 아무것도 모른다"는 고백으로 역설적으로 인류 최고 현인의 지위에 오른 소크라테스는, 그러나 "나는 사랑 외에는 아는 것이 없다!"면서 사랑을 논하기를 즐겼던 '사랑에 대한 최초의 이론가'다. 그것은 그가 사랑에 능통해서라기보다는 사랑을 '인류의 모든 문제를 풀 수 있는 유일한 지혜'로 믿었기 때문이다.

이 책은 소크라테스가 그렇게 평생 탐색하고 실천했던 다섯 가지 사랑 개념에 대해서 '향연', '뤼시스', '파이드로스' 등 고대 문헌에 정리된 내용을 중심으로 알아보고 있다. 그 다섯 가지는 연인을 향한 사랑인 에로스(Eros), 가족에 대한 사랑인 스토르게(Storge), 낯선 이를 맞는 사랑인 크세니아(Xenia), 친구 간의 사랑인 필리아(Philia), 인류를 품는 무조건적인 사랑인 아가페(Agape)이다. 여기에 마사 누스바움이나 벤저민 조웨트, 버트런드 러셀, 시몬 드 보부아르, 아나이스 닌, 헤르베르트 마르쿠제, 에바 칸타렐라 등 근현대 철학자들의 '소크라테스의 사랑 연구'를 능숙하게 교차시켜 살펴보는 균형잡힌 시각이 사랑에 대한 올바른 해석과 의미를 찾아보는 데 도움을 준다. 무엇보다도 '사랑, 그 위대한 악법'이 특별한 이유는 저자가 펼치는 철학이 상아탑 속의 아카데믹한 '개념'을 넘어서 이 시대 우리들이 겪고 찾는 '사랑'에 대한 논의를 병행함으로써 생활과 깊이 맞닿은 '사랑 철학'을 완성하고 있다는 점이다.

30. 철학, 세상과 소통하기 / 김범춘 저 / 모티브북

"되지 못한 잘난 놈들, 정치꾼들, 천박한 대중을 거침없이 질타하는 깐깐한 철학자"

근래 출간되는 자기 계발서나 인생 지침서는 독자들에게 세상일과 사물을 바라보는 시각을 긍정적으로 리모델링하라고 끊임없이 요구한다. 긍정의 힘이 세상과 개인을 변화, 발전시키고 더 나은 삶을 가져온다고 설득하면서. 그런데 여기, 주어진 틀 안에서 생각하고 살아가는 긍정으로는 삶과 역사를 한 치도 발전시킬 수 없다고 반박하며, 불안정과 상실의 두려움을 넘어 새로운 가능성, 새로운 현실을 여는 '부정의 힘'을 강조하는 철학자가 있다.

인류 사상사에서의 세계사적 스캔들을 보자. 우주관을 송두리째 뒤흔든 갈릴레이, 창조의 비밀을 과학으로 증명한 다윈, 삶을 움직이는 궁극적인 힘이 노동과 경제임을 밝힌 마르크스, 잠자는 무의식을 깨워 불러낸 프로이트. 이들은 도저히 움직일 수 없을 만큼 강력한 긍정의 세계에 도전하여 그것을 부정 · 비판하였으며, 역사가 흐른 뒤 그들의 부정은 이제 우리의 긍정이 되었다.

31. 한국인의 윤리사상사/ 이기영 외 지음 / 학문사

선진국의 응용윤리학과 비교하는 데 도움이 됨

32. 이렇게 살아가도 좋은가－이기적 삶과 윤리적 삶－ / 피터싱어 저 / 정연교 역 / 세종서적

개인주의 사회에 대한 비판과 어떻게 하면 의미 있는 삶이 될 수 있는지에 대한 안을 제시하고 있다.

경제철학 · 정치철학 관련 서적

1. 경제철학 / 박상수 지음 / 제주대학교출판부

경제철학이란 순수경제학으로 인한 최근의 기교경제를 비판하며, 경제학에서 발생하는 철학적인 형이상학, 인식론과 과학철학, 법철학과 정치철학, 사회철학 등 경제철학을 이야기

2. 경제와 윤리 : 복지국가의 철학 / 시오노야 유이치 지음 / 박영일 옮김 / 鹽野 谷祐一 원저자 / 출판사 필맥

윤리적 규범을 무시하고 몰가치적으로 변해가는 주류경제학의 문제점 지적과 올바른 방향 모색!

현재의 주류경제학이 윤리적 규범을 무시하고 몰가치적으로 발전해가는 데 대한 문제점을 지적하고 윤리학과 경제학이 예전처럼 다시 통합적으로 발전해나갈 수 있도록 방향을 제시한 책. 저자는 학문적으로 분리된 경제와 윤리를 올바른 복지국가의 이념과 제도 안에서 현실적으로 통합시킬 수 있는 가능성을 보여준다.

3. 경제민주화와 위기의 대응철학 / 전철환 지음 / 지식산업사

제1장 경제민주화
제2장 남북경제협력
제3장 경제위기의 대응철학
제4장 경제학의 장래와 정치경제학적 발전이론

4. 경제와 윤리－복지국가의 철학(양장) / 시오노야 유이치(鹽野 谷祐一) 지음 / 박영일 역 / 원저자 / 필맥

현재의 주류경제학이 윤리적 규범을 무시하고 몰가치적으로 발전해가는 데 대한 문제점을 지적하고 윤리학과 경제학이 예전처럼 다시 통합적으로 발전해 나갈 수 있도록 방향을 제시한 책. 저자는 학문적으로 분리된 경제와 윤리를 올바른 복지국가의 이념과 제도 안에서 현실적으로 통합시킬 수 있는 가능성을 보여준다.

총 2부로 구성되어, 1부에서는 경제철학이 되어야 할 윤리규범을, 2부에서는 경제철학을 현실적으로 실현시킬 제도를 다룬다. 아울러 성장과 효율을 중시하는 경제학에 정의와 탁월이라는 윤리적 가치를 결합시킴으로써 현재 위기에 처해 있는 사회보장 제도에 이념적 당위성을 부여할 뿐만 아니라 바람직한 제도의 발전방향까지 제시하고 있다.

5. 경제학 (철학 수고)Okonomisch philosophische Manuskripte aus dem Jahre / 칼 마르크스 지음 / 강유원 옮김 / 이론과실천

청년 마르크스가 철학적으로 고찰한 현실의 정치 경제!

6. 개발 경제학과 인도(독립 후 인도의 경제사상) / 회소수기 지음 / 박종수 옮김 / 제이앤씨

독립 후 인도 경제학자들이 오늘날에 이르기까지 추구해 온 주요 테마의 하나는 '케인즈 경제학'과 '구조주의적 개발경제학'과의 접점을 어디에서 찾을 것인가 하는 것이다. 후자 중 인도에서 크게 주목받은 것은 넉시, 로제슈타인 로단, 루이스 등이다.

오늘날, 세계의 주목을 받고 있는 인도의 대표산업은 소프트웨어 산업이다. 그러나 소프트웨어 산업은 제조업과는 달리 산업의 저변이 넓지 않다. 인도 경제라는 대해 속에서 소프트웨어 산업은 비지에 불과하다. 화려한 소프트웨어 산업의 그늘에서는, 여전히 많은 사람들이 빈곤한 생활을 강요받고 있다. 절대적 빈곤 인구 비율은 감소 경향을 보이고 있지만, 다른 한편으로 소득 격차는 확대되고 있다.

7. 그린 북 : 리비아혁명의 정치철학 Green Book / 무아마르 알 카다피 지음 / 형성사

이상국가를 찾아가는 끝없는 여정
플라톤 지음 / 이환 옮김 / 돋을 새김 / 2014.12

8. 헤겔의 법철학 입문

헤겔의 변증법적 철학을 이해할 수 있는 길잡이
D. 로즈 지음 / 이종철 옮김 / 서광사 / 2015.12

9. 공정으로서의 정의

존 롤즈 지음 / 이학사 / 2016
자유주의적 전통 안에서 정의에 관한 새로운 이론을 확립했으며, 특히 '자유주의적 평등'의 입장을 제시한 '정의론'(1971 : 1999)은 미국 정치철학사에 한 획을 긋는 저작으로서 당대의 사유에 큰 영향을 미쳤다.

10. 량 샤오민 중국경제를 말하다 / 량샤오민 지음 / 황보경 옮김 / 은행나무

글로벌 마켓의 신흥강자인 중국의 힘 해부! 중국 경제의 흐름과 변혁의 소용돌이!

11. 시장경제(양장) Catalytic coaching : The end of the performance review / 최명식 지음 / Markle, Garold L. 원저자 / 삼영사

시장경제의 기본개념과 원리를 체계적으로 정리한 책. 이 책은 대학교의 전공자나 비전공자, 일반인 모두를 위한 기초경제학 교양서이다. 먼저 시장경제의 원리를 설명한 다음, 미시경제와 거시경제, 국제경제로 나누어 각각에 해당하는 이론을 자세히 설명하였다. 그리고 시장경제의 한계와 정부의 역할을 살펴보며 시장경제가 나아가야 할 길도 살펴본다.

12. 철학이 있는 부자(양장) / 시부사와 켄 지음 / 홍찬선 옮김 / 다산라이프

일본 자본주의의 큰 그림을 완성한 시부사와 에이치의 시대를 초월한 성공의 법칙을 소개한다. 개인과 기업, 사회가 함께 번영할 수 있는 위대한 가르침이다. 우리가 추구하는 부의 본질에 대해 깊이 생각할 기회를 제공한다.

13. 로크의 정치 철학 / 정달현 지음 / 영남대학교출판부

개인주의와 경제행위의 자유를 지향했던 경험론자 로크. 그는 자유주의, 즉 근대 시민 사회론을 정초하였다. 하지만 또 한편으로는 가치 절대주의를 바탕으로 한 전통적 내용이 자리잡고 있기도 하다. 『로크의 정치 철학』은 로크의 이런 사상을 근대주의자적 입장, 전통주의자적 입장에서 해석하였다. 그리고 자연법론, 사회계약론, 소유론, 정치권력론으로 나누어 각 철학이 담고 있는 의미에 대해 자세히 분석하고 해설하였다.

사회학 관련 서적

1. 현대 사회학 / 앤서니 기든스 지음 / 김미숙, 김용학, 박길성 옮김 / 을유문화사

『현대 사회학』은 1989년 초판이 출간된 이래 지난 20년간 시대 상황의 변화와 학문적 성장에 따라 새로운 내용을 담아 사회학 개론서의 고전으로 자리매김하였다. 이 책은 현대 사회를 이해하는 데 사회과학이 얼마나 도움이 되는지를 생생하게 보여 주며, 사회학을 공부하는 학생들뿐만 아니라 다양한 전공자들, 나아가 현대 사회 변화에 관심이 있는 일반인들에게 현대 사회 변화에 대한 총체적인 이해에 도움을 줄 수 있다.

2. 문화공간의 사회학 – 국가 공공영역 그리고 도서관 / 김세훈 지음 / 한국학술정보

한 사회에서 문화영역은 어떤 의미 또는 기능을 가지는 것일까? 국가는 또는 사회는 왜 문화영역의 발전에 대한 관심을 가지는가? 이 책은 문화영역과 사회와의 관계에 대한 물음과 국가와 공공영역의 관계에 대한 두 가지 서로 다른 물음에서 출발하고 있다. 그동안 우리 사회에서는 공공영역에 대한 활발한 논의가 전개되어 왔다.

그럼에도 불구하고 충분한 성과를 가져오지 못했는데, 이러한 문제와 관련하여 이 글은 최근 유럽, 특히 영국과 호주를 중심으로 전개되고 있는 문화정책 연구에 대한 논의를 분석의 장으로 끌어들인 것이 특징이다. 여기서 특별히 주목하고 있는 것은 공공영역의 문제가 '행위주체'로서 개인의 문제와 밀접한 연관을 맺고 있다는 점인데, 공공영역 중층화의 극복은 행위

주체인 개인에 대한 관심 회복, 분리되었던 비판기능과 교육기능의 재통합을 통하여 가능하며, 이는 도서관의 의사소통 활동에 대한 관심을 통하여 이루어질 수 있다고 강조하고 있다(출판사 서평 제공).

3. 사회학의 발견 / 김윤태 지음 / 새로운 사람들

사회학에 관심을 가진 사람들에게 사회학이 어떤 학문이며 무엇을 하는 것인가를 알기 쉽게 소개하고 있으며, 가능한 한 수학적 언어를 사용하지 않고 복잡하고 미묘한 생각들을 대중화하기 위해 노력한다. 특히 현대 사회학에서 가장 관심을 얻고 있는 주제들을 선정하여 집중적으로 소개하였다.

4. 현대 노동시장의 정치 사회학 / 정이환 지음 / 후마니타스

한국의 노동조합 운동은 항상 정부 정책을 가로막고 경제 발전을 저해한다고 비판받고 있으며, 비정규직 문제로 대표되는 불평등 문제는 점점 악화되어 가고 있다. 한국 노동시장체제는 어떤 방향으로 가야 할 것인가. 지금 우리에게 필요한 것은 특정 체제를 모델로 하는 것보다는 사회적 합의가 가능한 방향을 설정하고 그 구체적 방안과 접근을 우리의 현실에 맞게 모색해 가는 작업이다.

5. 막스 베버 종교사회학 선집(나남신서 1339) / 전성우 지음 / 나남

종교의 대부활을 고민하다!

'나남신서' 제1339권 『막스 베버 종교사회학 선집』. 첨단과학이 이루어낸 21세기는 아이러니컬하게도 종교의 학문적, 정치적 대부활로 출발했다. 원인과 배경에 상관없이 종교는 여전히 우리의 삶에 막강한 힘을 발휘하고 있다는 것이다.

6. 사회적 삶의 의미 : 문화사회학 / 제프리 C. 알렉산더 지음 / 박선웅 옮김 / 한울 펴냄

기호학과 해석학을 종합한 구조주의 해석학의 관점을 개척하여, 코드와 서사 등의 문화구조가 인간의 행위와 상호작용, 사회적 제도 등에 영향을 미치는 정도와 방식을 조명하였다. 지은이 제프리 C. 알렉산더(Jeffrey C. Alexander)는 이론적으로 문화의 상대적 자율성을 강조하는 '강력한 문화사회학 프로그램'을 제안하며, 근대성의 진행 과정에서 발생한 다양한 사건과 사회 이론의 심층 의미를 파헤치고 그 의미의 제도화 방식을 탐구한다.

7. 사회학의 문화적 전환 – 과학에서 미학으로 되살아난 고전 사회학 / 최종렬 지음 / 살림

'포스트모던과 문화적 전환', '사회세계의 미학화', '문화연구의 사회학화'

Appendix 02

윤리적 딜레마 대응을 위한 윤리결정 지침

Remer(1990)의 6가지 윤리지침

윤리적인 딜레마에 대한 갈등 시 해결의 길잡이가 될 수 있다.

(1) 첫 번째 윤리지침

- 인간행동에 기본이 되는 필요한 조건들(생명자체, 건강, 의식주), 정신건강의 균형유지에 피해가 가해지는 경우, 일반적으로 사람이 당할 수 있는 피해들(거짓에 의한 피해, 정보누출, 레저 / 교육 / 경제적 부 등 추가적인 물질에 위협이 가해지는 경우) 등에 의한 피해에 앞서 우선적 / 강제적으로 다루어 질 수 있다.
- 개인이 위험한 피해를 입게 되는 경우(Ct가 자기 부인에게 심각한 상처를 가할 수 있는 위기직면 시) 보호를 위해 Ct의 비밀보장원칙을 준수하지 못하고 비밀, 정보공개는 정당화된다.
- 이 지침은 정부의 공적인 기금을 균형있게 배분하는 데도 적용가능 : 약자계층(빈민, 장애인, 교육혜택의 소외계층)에게 우선적으로 배분해야 한다.

(2) 두 번째 윤리지침

- 개인의 기본적인 행복추구권은 타인의 자기 결정권리에 우선하여 다루어 질 수 있다. 즉, 개인은 자기결정권을 가지고 있고 자신이 원하는 행동을 할 수 있는 권리가 있으며 타인의 복지와 행복에 위협적인 해를 가하지 않는 한 Ct의 자기결정권은 보호받아야 한다.
  - 예) SW는 Ct와 자녀양육 방식에 대해 다른 의견이 있더라도 Ct의 양육방식을 존중해왔다. 즉, SW는 Ct가 자신과 다른 신념과 행동을 할 경우에도 Ct 자신의 결정에 대해 존중해왔다. 그러나 만약 Ct의 자녀양육 방식이 아동의 기본 福利를 위협할 경우, 부모의 자기결정권을 제한할 수 있다.

(3) 세 번째 윤리지침

- 개인의 자기결정권은 존중되어야 한다. 그러나 타인의 기본적인 행복의 피해가 예상되는 상황에는 제한된다.
- 자신을 파괴시키는 행동을 선택할 경우, 개인이 이 사실을 알고 있고 상황과 관련된 지식에 기초한 자발적인 결정이 있고, 결정한 결과가 타인의 행복을 위협하지 않을 경우에는 행하도록 허용한다. 그러나 개인에 대한 임시적 간섭 / 방해가 정당화될 경우는 현재 관련된 행동 혹은 관련될 행동들의 결과가 스스로에게 기본적인 해를 입힐 경우, 중단시키는 행위는 성당화된다.

  예) SW는 Ct가 삶을 비관, 자살을 선택하고 자살할 때, 장애 자녀를 살해하고 동반자살할 것이라는 이야기를 전해 들었을 때, SW는 Ct의 자기결정 존중이라는 실천원칙을 지키는 임무 수행 전에 인간의 기본적인 행복인 Ct와 자녀가 피해를 입을 수 있는 상황을 사전에 예방해야 하므로 자기결정권의 권리는 무시될 수 있다.

(4) 네 번째 윤리지침

- SW가 자발적 / 자유롭게 동의 할 수 있는 법률, 규칙, 규정 등을 따라야 하는 책임, 법률, 규칙, 규정에 갈등을 주는 방향에서 자발적/자유롭게 관련된 사람의 권리를 자동적으로 무시할 수 있다.

  예) 출산의 선택과 임신중절의 권리를 옹호하는 기관에 속한 SW의 경우, 자신의 낙태반대 정책을 옹호하는 발언을 하는 경우, 즉 SW의 견해가 기관과 반대될 경우에는 자신이 행하는 정책의 전달을 잘못 수행하고 있음을 뜻하게 되므로 SW의 행위는 당연히 비윤리적인 행위가 된다(해고 또는 기관정책을 잘못을 지적하고 변화를 위해 노력하거나).

(5) 다섯 번째 윤리지침

- 개인의 행복을 위한 권리는 법률, 규칙, 규정, 갈등의 사례에 자발적으로 관여되어 있는 협정을 무시할 수 있다. 법률이나 규정, 사회복지사 윤리헌장 준수책임은 당연한 것이 아니므로 필요 시 제한을 가할 수 있다. 즉 Ct의 기본적인 행복에 위협이 가해질 상황이 생겨날 경우, SW가 법률, 규칙, 규정에 위반하는 일에 대한 정당성을 부여받을 수 있다.

  예) SW가 속한 기관이 제3의 기관으로부터 기금을 제공받는 경우, 지속적으로 지금을 제공받기 위해 기관장이 SW에게 서류조작을 명령할 경우 이 지시에 따라 책임을 수행을 거부할 수 있음을 뜻한다. 또한 책임자의 비윤리적인 지시에 대항할 수 있는 도전적인 행동단계를 선택할 수도 있다.

(6) 여섯 번째 윤리지침

- 인간이 기아상태처럼, 기본욕구에 피해를 입게 되는 것을 예방하기 위한 공적인 책임과 공공의 행동을 변화시키고 기능을 향상시키기 위한 책임, 예로 주택, 교육, 공공부조 등을 제공하기 위한 책임은 특정 개인이 스스로의 삶을 영위하기 위한 권리에 앞서 행할

수 있고, 이때 개인의 권리는 개인의 기본욕구가 피해를 입게 되는 것에 우선할 수 없음을 의미한다. 즉, 개인 자신의 권리를 지키는 일이 사회복지의 중요한 실천원칙이지만 개인의 기본욕구에 피해가 가해지는 것을 예방하기 위한 노력이 개인권리를 지키는 것에 우선하여 이루어져야 함을 의미한다.

이 지침은 세금, 다른 형태의 강압에 관계가 있으며, 기본적인 욕구에 가해지는 피해를 예방하기 위한 목적일 때 필요하다. 이 지침은 개인을 사정, 평가하는 것을 정당화한다. 즉 개인이 기본적인 서비스를 제공받을 수 있는 조건인지, 예로 학대아동, 주택, 건강보호, 장애상태 등을 포함한 사람들의 빈곤상태 등을 확인하기 위해 다른 욕구측정이나 세금에 대한 사정을 필요로 한다.

가장 기본적인 지침은 Ct 개인사례에 6가지 지침을 적용하는 데 어떤 해석을 내려야 할 것인지 사려 깊은 추론이 요구된다.[1)]

사회복지실천의 윤리적 결정지침

사회복지 분야에서 낙태, 동성애, AIDS 희생자, 정신질환자의 처치 등은 가치갈등을 일으키는 이슈들이다. 윤리적 이슈를 다루는 특정한 상황에서는 윤리적 행동결정의 해답을 분명히 결정하기 어려운 경우가 있다. 개인의 가치, 존엄성과 사회적 책임의 이중가치에 사회복지실천이 놓여 있다면, 다음의 가치들이 행동원칙에 반영되어야 한다.

① 인간은 선택할 자유가 있다.
② 개인은 중요하므로 개인의 욕구, 관심은 지역사회의 욕구에 희생되어서는 안 된다.
③ 사회복지사는 개인의 관심, 욕구, 문제에 대한 비심판적 접근을 해야 한다.
④ 사회복지사의 역할은 원조자 / 조력자이지 조정자가 아니다.
⑤ 감정과 개인적 관계는 중요하다.
⑥ 인간은 타인의 욕구와 관심에 대한 책임이 있다.

1) 출처 : Reamer, F. G.(1982). *Ethical dilemmas in social service.* NY : Columbia University Press.
Reamer, F. G.(1995a). *Social work values and ethics.* NY : Columbia University Press.

Appendix 03

한 · 일 · 미 사회복지사 윤리강령

한국사회복지사 윤리강령(2023. 4. 11. 5차 개정)

- 전 문 -

사회복지사는 인본주의·평등주의 사상에 기초하여, 모든 인간의 존엄성과 가치를 존중하고 천부의 자유권과 생존권의 보장 활동에 헌신한다. 특히 사회적 · 경제적 약자들의 편에 서서 사회정의와 평등 · 자유와 민주주의 가치를 실현하는 데 앞장선다. 또한, 도움을 필요로 하는 사람들의 사회적 지위와 기능을 향상시키기 위해 저들과 함께 일하며, 사회제도 개선과 관련된 제반 활동에 주도적으로 참여한다. 사회복지사는 개인의 주체성과 자기 결정권을 보장하는 데 최선을 다하고, 어떠한 여건에서도 개인이 부당하게 희생되는 일이 없도록 한다. 이러한 사명을 실천하기 위하여 전문적 지식과 기술을 개발하고, 사회적 가치를 실현하는 전문가로서의 능력과 품위를 유지하기 위해 노력한다. 이에 우리는 클라이언트 · 동료 · 기관 그리고, 지역사회 및 전체사회와 관련된 사회복지사의 행위와 활동을 판단 · 평가하며 인도하는 윤리기준을 다음과 같이 선언하고 이를 준수할 것을 다짐한다.

- 사회복지사의 윤리기준 -

Ⅰ. 기본적 윤리기준

1. 전문가로서의 자세

1) 인간 존엄성 존중

가. 사회복지사는 모든 인간의 존엄, 자유, 평등을 위해 헌신해야 하며, 사회적 약자를 옹호하고 대변하는 일을 주도해야 한다.

나. 사회복지사는 모든 인간의 고유한 존엄성과 가치를 인정하고 존중하며, 이를 기반으로 사회복지를 실천한다.

다. 사회복지사는 클라이언트의 성, 연령, 정신 · 신체적 장애, 경제적 지위, 정치적 신념, 종교, 인종, 국적, 결혼 상태, 임신 또는 출산, 가족 형태 또는 가족 상황, 성적 지향, 젠더 정체성, 기타 개인적 선호 · 특징 · 조건 · 지위 등을 이유로 차별을 하지 않는다.

라. 사회복지사는 다양한 문화의 강점을 인식하고 존중하며, 문화적 역량을 바탕으로 사회복지를 실천한다.

마. 사회복지사는 문화적으로 민감한 실천을 제공하기 위해, 사회복지 실천 과정에서 자신의 개인적 · 사회적 · 문화적 · 정치적 · 종교적 가치, 신념과 편견이 클라이언트와 동료 사회복지사에게 미칠 수 있는 영향을 고려하여 자기 인식을 증진하기 위해 힘쓴다.

2) 사회정의 실현

가. 사회복지사는 사회정의 실현과 클라이언트의 복지 증진에 헌신하며, 이를 위한 국가와 사회의 환경 변화를 위해 노력한다.

나. 사회복지사는 사회, 경제, 환경, 정치적 자원에 대한 평등한 접근과 공평한 분배가 이루어지도록 노력한다.

다. 사회복지사는 개인적 · 집단적 · 사회적 · 문화적 · 정치적 · 종교적 특성에 근거해 개인이나 집단을 차별 · 억압하는 것을 인식하고, 이를 해결 또는 예방하기 위해 노력해야 한다.

2. 전문성 개발을 위한 노력

1) 직무 능력 개발

가. 사회복지사는 클라이언트에게 최상의 서비스를 제공하기 위해, 지식과 기술을 개발하는 데 최선을 다하며 이를 활용하고 공유할 책임이 있다.

나. 사회복지사는 사회적 다양성의 특징(성, 연령, 정신 · 신체적 장애, 경제적 지위, 정치적 신념, 종교, 인종, 국적, 결혼 상태, 임신 또는 출산, 가족 형태 또는 가족 상황, 성적 지향, 젠더 정체성, 기타 개인적 선호 · 특징 · 조건 · 지위 등), 차별, 억압 등에 대해 교육을 받고 이에 대한 이해를 증진하기 위해 노력한다.

다. 사회복지사는 변화하는 사회복지 관련 쟁점에 대응할 수 있도록 실천 기술을 향상하고, 새로운 실천 기술이나 접근법을 적용하기 위해 적절한 교육, 훈련, 연수, 자문, 슈퍼비전 등을 받도록 노력한다.

라. 사회복지사는 사회복지 실천에 필요한 정보통신 관련 지식과 기술을 습득하기 위해 노력하며, 이를 사용하는 과정에서 발생할 수 있는 윤리적 문제를 인식하고 정보통신 관련 지식과 기술을 활용하도록 한다.

2) 지식기반의 실천 증진

가. 사회복지사는 사회복지 실천 과정에서 평가와 연구 조사를 함으로써, 사회복지 실천의 지식 기반형성에 기여하고, 궁극적으로 사회복지 실천의 질적 향상을 위해 노력한다.

나. 사회복지사는 평가나 연구 조사를 할 때, 연구 참여자의 권리를 보장하기 위해, 연구 관련 항을 충분히 안내하고 자발적인 동의를 얻어야 한다.

다. 사회복지사는 연구 과정에서 얻은 정보를 비밀 보장의 원칙에서 다루며, 비밀 보장의 한계, 비밀 보장을 위한 조치, 조사자료 폐기 등을 연구 참여자에게 알려야 한다.

라. 사회복지사는 평가나 연구 조사를 할 때, 연구 참여자의 보호와 이익, 존엄성, 자기 결정권, 자발적 동의, 비밀 보장 등을 고려하며, 「생명윤리 및 안전에 관한 법률」 등 관련 법령과 규정에 따라 연구윤리를 준수한다.

3. 전문가로서의 실천

1) 품위와 자질 유지

가. 사회복지사는 전문가로서의 품위와 자질을 유지하고, 자신이 맡고 있는 업무에 대해 책임을 진다.

나. 사회복지사는 자신의 이익을 위해 사회복지 전문직의 가치와 권위를 훼손해서는 안 된다.

다. 사회복지사는 전문가로서 성실하고 공정하게 업무를 수행한다.

라. 사회복지사는 부정직한 행위, 범죄행위, 사기, 기만행위, 차별, 학대, 따돌림, 괴롭힘 등 불법적이고 부당한 일을 행하거나 묵인해서는 안 된다.

마. 사회복지사는 자신의 소속, 전문 자격이나 역량 등을 클라이언트에게 정직하고 정확하게 알려야 한다.

바. 사회복지사는 클라이언트, 학생, 훈련생, 실습생, 슈퍼바이지, 직장 내 위계적 권력 관계에 있는 동료와 성적 관계를 형성해서는 안 되며, 이들에게 성추행과 성희롱을 포함한 성폭력, 성적 · 인격적 수치심을 주는 행위를 해서는 안 된다.

사. 사회복지사는 한국사회복지사협회 등 전문가 단체의 활동에 적극적으로 참여하여, 사회정의 실현과 사회복지사의 권익 옹호를 위해 노력한다.

2) 자기 관리

가. 사회복지사는 정신적·신체적 건강 문제, 법적 문제 등이 사회복지 실천 과정에서의 전문적 판단이나 실천에 부정적 영향을 주거나 클라이언트의 이익을 저해하지 않도록, 동료, 기관과 함께 적절한 조치를 하도록 노력한다.

나. 사회복지사는 클라이언트에게 최상의 사회복지서비스를 제공하기 위해 사회복지사 자신의 정신적 · 신체적 건강, 안전을 유지 · 보호 · 관리하도록 노력한다.

3) 이해 충돌에 대한 대처

가. 사회복지사는 클라이언트의 이익을 우선으로 고려하고, 이해 충돌이 있을 때는 아동, 소수자 등 취약한 자의 이해와 권리를 우선시한다.

나. 사회복지사의 개인적 신념과 사회복지사로서 직업적 의무 사이에 이해 충돌이 발생할 때 동료, 슈퍼바이저와 논의하고, 부득이한 경우 클라이언트가 적절한 지원을 받을 수 있도록 클라이언트를 다른 사회복지사에게 의뢰하거나 다른 사회복지서비스로 연결한다.

다. 사회복지사는 전문적 가치와 판단에 따라 업무를 수행하는 과정에서, 기관 내외로부터 부당한 간섭이나 압력을 받아서는 안 된다.

4) 경제적 이득에 대한 실천

가. 사회복지사는 클라이언트의 지불 능력에 상관없이 복지 서비스를 제공해야 하며, 이를 이유로 차별해서는 안 된다.

나. 사회복지사는 필요한 경우에 제공된 서비스에 대해 공정하고 합리적으로 이용료를 책정할 수 있다.

다. 사회복지사는 업무와 관련해 정당하지 않은 방법으로 경제적 이득을 취해서는 안 된다.

Ⅱ. 클라이언트에 대한 윤리기준

1. 클라이언트의 권익옹호

사회복지사는 클라이언트의 이익을 최우선의 가치로 삼고 이를 실천하며, 클라이언트의 권리를 존중하고 옹호한다.

2. 클라이언트의 자기 결정권 존중

1) 사회복지사는 사회복지 실천 과정에서 클라이언트의 자기 결정을 존중하고, 클라이언트를 사회복지 실천의 주체로 인식하여 클라이언트가 자기결정권을 최대한 행사할 수 있도록 돕는다.

2) 사회복지사는 의사 결정이 어려운 클라이언트에 대해서는 클라이언트의 이익과 권리를 보장하기 위한 적절한 조치를 취해야 한다.

3. 클라이언트의 사생활 보호 및 비밀 보장

사회복지사는 클라이언트의 사생활을 존중하고 보호하며, 전문적 관계에서 얻은 클라이언트 관련 정보에 대해 비밀을 유지한다. 그러나 클라이언트 자신과 타인에게 해를 입히거나 범죄행위와 관련된 경우에는 예외로 할 수 있다.

4. 정보에 입각한 동의

사회복지사는 클라이언트의 알 권리를 인정하고 동의를 얻어야 하며, 클라이언트가 받는 서비스의 목적과 내용, 범위, 합리적 대안, 위험, 서비스의 제한, 동의를 거절 또는 철회할 수 있는 클라이언트의 권리 등에 대해 정확하고 충분한 정보를 제공한다.

5. 기록 · 정보 관리

1) 클라이언트에 대한 사회복지 실천 기록은 사회복지사의 윤리적 실천의 근거이자 평가 · 점검의 도구이기 때문에 중립적이고 객관적으로작성해야 한다.
2) 사회복지사는 클라이언트가 자신과 관련된 기록의 공개를 요구하면 정당한 비공개 사유가 없는 한 정보에 접근할 수 있도록 해야 한다.
3) 사회복지사는 클라이언트에 대한 문서 정보, 전자 정보, 기타 민감한 개인 정보를 보호해야 한다.
4) 사회복지사가 획득한 클라이언트 관련 정보나 기록을 법적 사유 또는 기타 사유로 제3자에게 공개할 때는 클라이언트에게 안내하고 동의를 얻어야 한다.

6. 직업적 경계 유지

1) 사회복지사는 클라이언트와의 전문적 관계를 자신의 개인적 이익을 위해 이용해서는 안 된다.
2) 사회복지사는 업무 외의 목적으로 정보통신기술을 사용해 클라이언트와 의사소통을 해서는 안 된다.
3) 사회복지사는 어떠한 상황에서도 클라이언트와 사적 금전 거래, 성적 관계 등 부적절한 행동을 해서는 안 된다.
4) 동료의 클라이언트를 의뢰받을 때는 기관 및 슈퍼바이저와 논의하는 과정을 거쳐야 하며, 클라이언트에게 설명하고 동의를 얻은 후 서비스를 제공한다.
5) 사회복지사는 정보처리기술을 이용하는 것이 클라이언트의 권리를 침해할 위험성이 있다는 사실을 인식하고 직업적 범위 안에서 활용한다.

7. 서비스의 종결

1) 사회복지사는 클라이언트에게 제공되는 서비스가 더이상 클라이언트의 이해나 욕구에 부합하지 않으면 업무상 관계와 서비스를 종결한다.
2) 사회복지사는 개인적 또는 직업적 이유로 클라이언트와의 전문적 관계를 중단하거나 종결할 때 사전에 클라이언트에게 충분히 설명하고, 다른 기관 또는 다른 전문가에게 의뢰하는 등 필요한 조치를 취한다.
3) 사회복지사는 클라이언트의 고의적·악의적·상습적 민원 제기에 대해 소속 기관, 슈퍼바이저, 전문가 자문 등의 논의 과정을 거쳐 서비스를 중단하거나 거부권을 행사할 수 있다.

Ⅲ. 사회복지사의 동료에 대한 윤리기준

1. 동료

1) 사회복지사는 존중과 신뢰를 기반으로 동료를 대하며, 전문가로서의 지위와 인격을 훼손하는 언행을 하지 않는다.
2) 사회복지사는 사회복지 전문직의 권익 증진을 위해 동료와 다른 전문직 동료와도 협력하고 협업한다.
3) 사회복지사는 동료의 윤리적이고 전문적인 행위를 촉진해야 하며, 동료가 전문적인 판단과 실천이 미흡하여 문제를 발생시켰을 때 윤리강령과 제반 법령에 따라 대처한다.
4) 사회복지사는 다른 전문직의 동료가 행한 비윤리적 행위에 대한 윤리강령과 제반 법령에 따라 대처한다.
5) 사회복지사는 동료의 직무 가치와 내용을 인정하고 이해하며, 상호 간에 민주적인 직무 관계를 이루도록 노력해야 한다.
6) 사회복지사는 동료들에게 정보통신기술을 사용한 비윤리적 행위를 하지 않는다.
7) 사회복지사는 동료가 적법하게 업무를 수행하는 과정에서 부당한 조치를 당하면 동료를 변호하고 원조해 주어야 한다.
8) 사회복지사는 동료에게 행해지는 어떤 형태의 차별, 학대, 따돌림 또는 괴롭힘과 자신의 전문적 권위를 행사하는 다른 동료와의 부적절한 성적 행동에 가담하거나 이를 용인해서는 안 된다.
9) 사회복지사는 슈퍼바이지, 학생, 훈련생, 실습생, 자신의 전문적 권위를 행사하는 다른 동료와의 성적 행위나 성적 접촉과 성적 관계에 관여해서는 안 된다.

2. 슈퍼바이저

1) 슈퍼바이저는 슈퍼바이지가 전문적 업무 수행을 할 수 있도록 지원하고 슈퍼바이지는 슈퍼바이저의 전문적 지도와 조언을 존중해야 한다.
2) 슈퍼바이저는 전문적 기준에 따라 슈퍼비전을 수행하며, 공정하게 평가하고 평가 결과를 슈퍼바이지와 공유한다.
3) 슈퍼바이저는 개인적인 이익 추구를 위해 자신의 지위를 이용해서는 안 된다.
4) 슈퍼바이저는 사회복지사 수련생과 실습생에게 인격적·성적으로 수치심을 주는 행위를 해서는 안 된다.

Ⅳ. 기관에 대한 윤리기준

1) 사회복지사는 기관의 사명과 비전을 확인하고, 정책과 사업 목표를 달성하기 위해 노력해야 한다.

2) 사회복지사는 소속 기관의 활동에 적극적으로 참여함으로써 기관의 성장과 발전을 위해 노력해야 한다.
3) 사회복지사는 기관의 부당한 정책이나 요구에 대해 전문직의 가치와 지식을 근거로 대응하고, 제반 법령과 규정에 따라 해결하도록 노력해야 한다.

V. 사회에 대한 윤리기준

1) 사회복지사는 자신이 일하는 지역사회를 이해하고, 클라이언트가 지역사회에서 서로 도우며 함께 살아가도록 지원해야 한다.
2) 사회복지사는 정치적 영역이 클라이언트의 권익과 사회복지 실천에 미치는 영향을 인식하여 사회정의 실현을 위한 사회정책의 수립과 법령 제 · 개정을 지원 · 옹호해야 한다.
3) 사회복지사는 사회재난과 국가 위급 상황에서 문제를 해결하기 위해 적극적으로 활동해야 한다.
4) 사회복지사는 지역사회, 국가, 나아가 전 세계와 그 구성원의 복지 증진, 삶의 질 향상을 위해 적극적으로 노력해야 한다.
5) 사회복지사는 인간과 자연이 서로 떨어져 살 수 없음을 깨닫고, 인간과 자연환경, 생명 등 생태에 미칠 영향을 생각하며 실천해야 한다.

사회복지사 선서

나는 모든 사람들이 인간다운 삶을 누릴 수 있도록,
인간존엄성과 사회정의의 신념을 바탕으로,
개인 · 가족 · 집단 · 조직 · 지역사회 · 전체사회와 함께 한다.
나는 언제나 소외되고 고통받는 사람들의 편에 서서,
저들의 인권과 권익을 지키며, 사회의 불의와 부정을 거부하고,
개인이익보다 공공이익을 앞세운다.
나는 사회복지사 윤리강령을 준수함으로써,
도덕성과 책임성을 갖춘 사회복지사로 헌신한다.
나는 나의 자유의지에 따라 명예를 걸고 이를 엄숙하게 선서합니다.

미국사회복지사(NASW) 윤리강령(* 1996년 선언)

- 전 문 -

사회복지전문직의 주요 임무는 취약하고 억압받으며 빈곤한 계층의 욕구 및 능력에 특별한 관심을 두면서, 인류의 복지를 증진하고 모든 사람들에 관한 인간의 기본적인 욕구를 충족시키는 데 도움을 주고자 하는 것이다. 사회복지에 대한 역사적이며 정의에 따른 특징은 사회복지전문직의 초점이 사회환경에 따른 개인의 복지 및 사회복지에 있다는 데에 있다. 사회복지에 근본적인 것은 삶의 문제를 야기하는 환경의 원인에 관심을 두는 것이다.

사회복지사는 클라이언트를 위하여 그리고 클라이언트와 함께 사회정의와 사회변화를 촉진시킨다. '클라이언트'는 개인, 가족, 집단, 기관, 지역사회를 의미한다. 사회복지사는 문화적 다양성과 인종의 다양성에 민감하며, 차별 억압 빈곤 및 기타 유형의 사회적 불공평을 없애기 위해 노력한다. 이러한 활동은 직접실천 지역사회조직 지도감독(supervision) 상담 관리 옹호 사회적 및 정치적 활동 정책 개발 및 시행 교육 연구조사 및 평가 따위의 형식을 띤다. 사회복지사는 사람들이 자신의 욕구를 다룰 수 있게끔 그들의 역량을 강화시키기 위해 노력한다. 또한 사회복지사는 개인적 욕구와 사회 문제에 대한 조직, 지역사회, 그리고 기타 사회단체의 반응을 증진시키고자 한다.

사회복지전문직의 임무는 일련의 핵심 가치를 바탕으로 한다. 사회복지사들이 사회복지전문직의 역사를 통틀어 받아들이게 된 이러한 핵심 가치는 사회복지만의 독특한 목적 및 관점을 이루는 바탕이 된다.

서비스, 사회정의, 인간의 존엄성 및 가치, 대인관계의 중요성, 성실(integrity), 능력

이러한 핵심 가치는 사회복지전문직의 독특성을 반영한다. 핵심 가치와 이러한 가치로부터 나오는 원칙은 인간 경험의 복합성과 관계상황 안에서 균형을 이루어야 한다.

NASW 윤리강령의 목적

사회복지전문직의 윤리는 사회복지의 핵심에 놓여있다. 사회복지전문직은 그 기본 가치, 윤리원칙, 윤리기준을 명확히 해야 할 책무를 지닌다. NASW 윤리강령은 사회복지사의 행위를 지도하는 이러한 가치 원칙 기준을 설명한다. 이 강령은 직무, 업무환경 또는 대상 인구집단 따위와 상관없이 모든 사회복지사 및 모든 사회복지 학생들에게 적용된다.

NASW 윤리강령의 6가지 목적은 다음과 같다.

(1) 사회복지의 임무는 핵심 가치를 기반으로 한다.

(2) 사회복지전문직의 핵심 가치를 반영하며, 사회복지실천을 이끄는 데 사용되는 일련의 특정 윤리기준을 수립하는 총괄적인 윤리원칙을 요약한다.

(3) 전문직 의무에 갈등이나 윤리적 불확실성이 발생할 때 사회복지사가 적절한 고려사

항을 규정하는 것을 돕기 위한 목적으로 제정되었다.

(4) 일반대중이 사회복지전문직의 책임으로 간주할 수 있는 윤리기준을 제공한다.

(5) 사회복지에 대한 임무 가치 윤리기준 윤리원칙에 생소한 사회복지사에게 지침을 제공한다.

(6) NASW 소송 절차
NASW 소송 절차에 관한 더욱 자세한 정보에 대해서는 NASW Procedures for the Adjudication of Grievances를 참조하도록 한다.

사회복지전문직 자체에서 사회복지사가 비윤리적인 행위를 했는지에 대한 여부를 사정하는 데 사용되는 기준을 규정한다. NASW는 NASW 구성원이 제기한 윤리적 불만을 평가하는 공식절차를 두고 있다. 사회복지사는 이 강령을 실행할 때 서로 협조해야 하고, NASW 소송 절차에 참여해야 하며, NASW의 규율상에 있는 모든 규제나 그에 수반된 제재를 준수해야 한다.

이 강령은 윤리적 쟁점이 빚어질 때 의사결정과 행위를 이끌어 줄 일련의 가치 원칙 기준을 제공한다. 그러나 모든 환경에서 사회복지사의 행위에 관한 일련의 규정이 제공되는 것은 아니다. 이 강령을 적용할 때에는 강령이 고려되는 환경과, 강령의 가치 원칙 기준 사이에 상충될 가능성을 함께 고려하여야 한다. 윤리적 책임은 개인 및 가족의 관계와 같은 모든 인간관계로부터 사회 및 전문직으로 퍼져 나온다.

더욱이 NASW 윤리강령은 어떤 가치, 원칙, 기준이 상충할 때 이들 가운데 어떠한 것이 가장 중요하며 또한 다른 것에 우선하는지에 관해서는 규정하지 않는다. 상충되는 가치, 윤리기준, 윤리원칙을 순서매기는 방법에 대해서는 사회복지사들 간에 상당한 의견의 차이가 발생한다. 어떤 상황에서 윤리적 의사결정을 하는 데에는 사회복지사 각각의 타당한 결정이 반영되어야 하며, 전문직의 윤리기준을 적용하는 동료의 검토과정에서 이러한 쟁점이 어떻게 결정될 것인가 하는 것도 고려되어야 한다.

윤리적 의사결정은 하나의 과정이다. 단순한 해결책만으로는 복잡한 윤리적 쟁점을 해결할 수 없는 수많은 사회복지 사례가 존재한다. 사회복지사는 윤리적 판단이 보장되도록 모든 상황에 적합한 이 강령의 모든 가치, 원칙, 기준을 고려하여야 한다. 사회복지사의 판단과 조치는 이 강령의 규정뿐만 아니라 정신에도 일관되어야 한다.

이 강령에 덧붙여, 윤리적 사고를 위해 유용하게 사용될 수 있는 다른 많은 정보원이 존재한다. 사회복지사는 윤리적 이론과 원칙, 사회복지 이론 및 연구조사, 법률, 규제, 기관의 정책, 기타 관련 윤리강령을 포괄적으로 고려하여, NASW 윤리강령이 여러 윤리강령 가운데 주요한 기준이 됨을 인식해야 한다. 또한 사회복지사는 클라이언트의 윤리적 의사결정, 클라이언트의 개인적 가치, 문화적 종교적 믿음과 관례에 미치는 영향도 인식하고 있어야 한다. 사회복지사는 개인적 가치와 전문직의 가치 사이에서 발생하는 모든 갈등을 인식해야 하며, 이러한 갈등을 확실하게 해소해야 한다. 추가적인 지침으로, 사회복지사는 사회복지전문직의 윤리 및 윤리적 의사결정에 관한 문헌을 조사하여, 윤리적 딜레마에 빠졌을 때 적절한 참고가 되도록 해야 한다. 여기에는 기관 중심의 윤리위원회 또는 사회복지기관의 윤리위원회, 규제기관, 윤리적 문제에 정통한 동료, 지도감독자 또는 법률자문을 통한 상담이 포함된다.

사회복지사의 윤리적 책무가 기관의 정책이나 관련 법률 또는 규제와 상충될 때 갈등이 발생하게 된다. 이러한 갈등이 발생하면 사회복지사는 강령에 명시된 가치, 원칙, 기준에 부합되는 선에서 이러한 문제를 해결하려는 책임 있는 노력을 기울여야 한다. 상충에 대한 적절한 해결책이 현실적으로 불가능한 것으로 보이는 경우, 사회복지사는 판단을 내리기에 앞서 적절한 상담을 이루기 위해 노력해야 한다.

NASW 윤리강령은 이를 채택하거나 적용하는 NASW, 개인, 기관, 조직, 단체에서 참조의 토대로 사용하도록 하기 위한 것이다. 이 강령에 명시된 기준을 위반하는 것이 자동적으로 법적 책임이나 법률 위반을 의미하는 것은 아니다. 이러한 것에 대한 판단은 법률 및 사법절차에 의해서만 이루어질 수 있다. 강령에 대한 위반이 제기되면 동료의 검토과정을 거치게 된다. 대개 이러한 과정은 법률 또는 행정 절차와는 별개의 것이며, 법률적 검토나 소송절차와도 분리되어, 사회복지사에 대한 상담 및 징계를 하게 된다.

윤리강령으로 윤리적 행위가 보장되는 것은 아니다. 더욱이, 윤리강령은 모든 윤리적 쟁점이나 논쟁을 해결할 수 없으며, 지역사회의 윤리 안에서 책임 있는 선택을 하려는 노력과 관련된 풍부함과 복합성을 파악할 수도 없다. 대신, 윤리강령은 사회복지전문직이 열망하며 이들의 행위를 판단하는 가치 윤리기준 윤리원칙을 규정한다. 사회복지사의 윤리적 행위는 윤리적 실천을 약속하는 이들의 개인적 책임으로부터 나온다. NASW 윤리강령은 전문직의 가치를 지탱하며 윤리적인 행동을 하기 위한 모든 사회복지사의 책임을 반영한다. 윤리기준 및 원칙은, 선의로 도덕적인 질문들을 구별하고 신뢰할 만한 윤리적 판단을 추구하는 정직한 인격자에 의해 적용되어야 한다.

- 윤리기준 -

다음의 포괄적인 윤리원칙들은 사회복지서비스의 핵심 가치, 사회정의, 개인의 존엄성 및 가치, 인간관계의 중요성, 성실성, 능력을 바탕으로 한다. 이러한 원칙들은 모든 사회복지사가 열망하는 이상을 규정한다.

가치 : 서비스

윤리원칙 : 사회복지사의 주요 목표는 욕구에 처한 사람들을 도우며 사회문제를 해결하고자 하는 것이다.

사회복지사는 개인적인 이익을 초월하여 다른 사람들에 대한 서비스를 고양시킨다. 어떠한 필요에 처해 있는 사람들을 돕고 사회문제를 해결하기 위해 사회복지사는 자신의 지식, 가치 및 기술을 활용한다. 사회복지사는 금전적 소득을 기대하지 않으면서 자신의 전문적 기술을 자발적으로 발휘하도록 권장된다.

가치 : 사회정의

윤리기준 : 사회복지사는 사회적 불공평에 도전한다.

사회복지사는 사회적 변화 특히, 유약하고 억압받는 사람 및 집단을 위한 사회적 변화를 추구한다. 사회복지사가 추구하는 사회변화를 위한 노력은 빈곤, 실업, 차별, 기타 유형의 사회적 불공평에 그 주된 초점을 맞춘다. 이러한 활동에서는 억압과 문화적, 인종적 다양성에 관한 지식의 민감성을 증진시켜야 한다. 사회복지사는 필요한 정보 서비스 자원에 대한 접근, 기회의 균등, 모든 사람들을 위한 의사결정에 의미 있는 참여를 보장하고자 노력한다.

가치 : 개인의 존엄성 및 가치

윤리기준 : 사회복지사는 개인의 타고난 존엄성과 가치를 존중한다.

사회복지사는 개인적인 차이와 문화적 및 인종적 다양성을 염두에 두고 이들을 보호하고 존중하는 마음으로 모든 사람을 대해야 한다. 사회복지사는 사회적으로 책임 있는 클라이언트의 자기결정권을 위해 노력한다. 사회복지사는 이들의 욕구를 변화시키고 해결하기 위해 클라이언트의 역량과 기회를 강화시키고자 한다. 사회복지사는 클라이언트 및 더 넓은 사회에 대한 이중적 책임을 인식한다. 이들은 사회복지전문직의 가치 윤리기준 윤리원칙에 일관되는 사회적인 책임을 의식하면서, 클라이언트의 이해관계와 더 넓은 사회의 이해관계 사이의 갈등을 해결하기 위해 노력한다.

가치 : 인간관계의 중요성

윤리기준 : 사회복지사는 인간관계의 본질적인 중요성을 인식한다.

사회복지사는 사람들 사이의 관계가 변화를 위한 중요한 매개체라는 것을 인식한다. 사회복지사는 클라이언트 지원 과정에서 이들을 파트너로서 대우한다. 사회복지사는 개인, 가족, 사회집단, 조직, 지역사회의 복지를 증진 · 회복 · 유지하기 위해 사람들 사이의 인간관계를 강화시키고자 한다.

가치 : 성실성

윤리기준 : 사회복지사는 신뢰성을 줄 수 있게끔 행동한다.

사회복지사는 사회복지전문직의 임무, 가치, 윤리기준, 윤리원칙을 항상 염두에 두며, 이러한 것에 일관되게 실천에 임한다. 사회복지사는 정직하고 책임성 있게 행동하며, 자신이 속한 조직의 입장에서 윤리적인 실천을 증진한다.

가치 : 능력

윤리기준 : 사회복지사는 자신의 능력이 미치는 범위 안에서 실천을 하며, 자신의 전문기술을 발전 및 강화시킨다.

사회복지사는 자신의 전문지식과 기술을 확충하기 위해 끊임없이 노력하며, 이러한 지식과 기술을 실천에 적용한다. 사회복지사는 사회복지전문직의 지식 기반에 이바지하고자 노력해야 한다.

- 윤리기준 -

다음의 윤리기준들은 모든 사회복지사의 사회복지전문직 활동과 관련된다. 이러한 기준들은

(1) 클라이언트에 대한 사회복지사의 윤리적 책임
(2) 동료에 대한 사회복지사의 윤리적 책임
(3) 실천장(practice setting)에 대한 사회복지사의 윤리적 책임
(4) 진문직으로서의 사회복지사의 윤리적 책임
(5) 사회복지전문직에 대한 사회복지사의 윤리적 책임
(6) 더 넓은 사회에 대한 사회복지사의 윤리적 책임을 고려한다.

다음에 나오는 일부의 기준은 전문직의 수행에 대한 강제적인 지침이며, 또 다른 일부는 권장지침이다. 각각의 기준이 강제되는 정도는 제시된 윤리기준의 위반을 검토하는 책임 당사자에 의해 시행되는 전문직 판단에 관한 문제이다.

1. 클라이언트에 대한 사회복지사의 윤리적 책임

1. 01 클라이언트에 대한 책임

사회복지사의 주요 책임은 클라이언트의 복지를 증진하는 것이다. 대개 클라이언트의 이해관계가 주요한 것이 된다. 그러나 몇몇의 경우, 더 넓은 사회에 대한 사회복지사의 책임 또는 특정 법적 책임이 클라이언트에 대한 성실성을 대신하며, 따라서 클라이언트는 상담을 받게 된다(예로써, 클라이언트가 아동을 학대하거나 자신 또는 다른 사람에게 해가 될 수 있는 위협을 한다는 것을 법률에 의해 사회복지사가 보고해야 하는 경우이다).

1. 02 자기결정권

사회복지사는 클라이언트의 자기결정권을 존중하고 증진하며, 클라이언트가 목표를 규정하고 명확화하도록 지원한다. 사회복지사는 자신의 전문적 판단에 의해 클라이언트의 조치 또는 잠재적 조치가 그들 자신이나 다른 사람들에게 심각하고 예상 가능하며 임박한 위험을 야기할 때에는 클라이언트의 자기결정권을 제한할 수 있다.

1. 03 동의

(a) 사회복지사는 적절한 때, 타당한 동의에 근거한 전문직의 관계에 의해서만 클라이언트에 대한 서비스를 제공할 수 있다. 사회복지사는 서비스의 목적, 서비스와 관련된 위험, 제3자 지불요건으로 인한 서비스의 제한, 관련 비용, 적절한 대안, 동의를 거절 또는 철회할 수 있는 클라이언트의 권리, 동의로 인해 보장되는 시간적 토대를 클라이언트에게 통지할 때 명확하고, 이해할 수 있는 용어를 사용해야 한다. 사회복지사는 클라이언트에게 질문할 수 있는 기회를 제공해야 한다.

(b) 클라이언트가 문맹이거나 실천 장에 사용된 주요 용어를 이해할 수 없을 때, 사회복지사는 클라이언트가 이를 이해할 수 있도록 조치를 취해야 한다. 여기에는 자세한

언어적 설명을 클라이언트에게 제공하는 것 또는, 가능한 경우에는 항상 자격 있는 통역가 또는 번역가를 준비하는 것이 포함된다.

(c) 클라이언트가 동의할 능력이 없는 경우, 사회복지사는 적절한 제3자로부터 허락을 구하는 것으로써, 클라이언트가 이해할 수 있는 적합한 수준에서 내용을 전달해줌으로써 클라이언트의 이익을 보호해야 한다. 이러한 경우, 사회복지사는 제3자가 클라이언트의 바램과 이익과 부합하는 행동을 하는 것을 확실히 해야 한다. 사회복지사는 동의를 하는 클라이언트의 이러한 능력을 강화하기 위한 합리적인 단계를 가져야 한다.

(d) 클라이언트가 강제적으로 서비스를 받게 되는 경우, 사회복지사는 서비스의 본질과 한도, 그리고 서비스를 거부할 수 있는 클라이언트의 권리의 한도에 관한 정보를 제공해야 한다.

(e) 전자매체(컴퓨터, 전화, 라디오, TV 따위)를 통해 서비스를 제공하는 사회복지사는 이러한 서비스와 관련된 제한사항과 위험사항을 클라이언트에게 알려주어야 한다.

(f) 사회복지사는 클라이언트에 대한 녹음 또는 녹화를 하거나, 제3자로 하여금 클라이언트에 대한 서비스를 관찰하도록 허용할 때는 사전에 클라이언트의 동의를 얻어야 한다.

1. 04 능력

(a) 사회복지사는 자신이 받은 교육 훈련 면허 인가 상담 지도감독을 받은 경험 기타 관련 있는 전문 경험의 범위 내에서만 그들의 능력을 나타내고 서비스를 제공해야 한다.

(b) 사회복지사는 실제적인 영역에서 서비스를 제공해야 하며, 생소한 개입 기술이나 접근방법은 이러한 개입이나 기술에 정통한 자로부터 적절한 연구, 훈련, 상담, 지도감독을 마친 후에만 사용하여야 한다.

(c) 새로운 실천영역과 관련하여 일반적으로 인식되는 기준이 존재하지 않을 경우, 사회복지사는 신중하게 판단하고 책임 있는 조치(적절한 교육, 연구조사, 훈련, 상담, 감독 따위 포함)를 취하여, 자신의 능력을 보장하며 클라이언트를 보호해야 한다.

1. 05 문화적 능력과 사회적 다양성

(a) 사회복지사는 인간의 행동과 사회에 관한 문화 및 문화의 기능을 이해하여, 모든 문화에 존재하는 강점을 인식해야 한다.

(b) 사회복지사는 클라이언트의 문화에 관한 지식의 기반을 마련해야 하며, 클라이언트의 문화에 민감하고, 사람들 간, 그리고 문화집단 간의 차이에 민감한 서비스를 준비하는 데 자신이 적합함을 증명할 수 있어야 한다.

(c) 사회복지사는 사회적 다양성의 특징, 인종, 민족, 국적, 피부색, 성별, 성적 성향, 연령, 혼인상태, 정치적 믿음, 종교, 정신적 또는 신체적 장애에 따른 차별의 특징에 대한 교육을 수료해야 하며, 이를 이해하려는 노력을 기울여야 한다.

1. 06 이해갈등

(a) 사회복지사는 직업적 재량을 펼치고 공정한 판단을 내리는 데 방해가 되는 이해관계의 갈등에 유의하여 이를 방지하도록 해야 한다. 사회복지사는 실질적이거나 잠재적인 이해관계의 상충이 발생할 경우 이를 클라이언트에게 고지해야 하고, 클라이언트의 이해관계를 으뜸으로 놓고 문제를 해결하려는 책임있는 조치를 취해야 하며, 가능한 한 최대로 클라이언트의 이익을 보호하도록 해야 한다. 어떤 경우에 클라이언트의 이익을 보호하는 것은 클라이언트와의 전문적 관계를 종료하는 것이 요구될 수도 있다.

(b) 사회복지사는 어떠한 직업적 관계에 의해서도 불공정한 이득을 취해서는 안 되며, 더욱이 자신의 개인적 종교적 정치적 이익을 위해 타인을 이용해서도 안 된다.

(c) 사회복지사는 착취(이용)나 잠재적 해를 입을 수 있는 위험이 있는 클라이언트 또는 과거에 클라이언트였던 사람과 이중 또는 다중의 관계를 맺어서는 안 된다. 이중 또는 다중의 관계가 불가피한 경우, 사회복지사는 클라이언트를 보호하기 위한 조치를 취해야 하며, 명확하고 적절하며 문화적으로 민감한 영역을 설정하는데 대한 책임을 지게 된다(이중 또는 다중의 관계는 직업적이든 사회적이든 아니면 사업상이든 상관없이, 사회복지사가 클라이언트와 하나 이상의 관계를 맺고 있을 때 발생한다. 이중 또는 다중의 관계는 동시에 또는 연속적으로 발생할 수 있다).

(d) 서로 간에 관계를 맺고 있는 한 명 이상의 사람들(예를 들면, 부부, 가족 구성원들)에 대하여 서비스를 제공할 때, 사회복지사는 클라이언트로 간주되는 모든 당사자와 서비스를 제공받는 다양한 사람들에 대한 사회복지사의 직업적 책무의 본질을 명확히 하여야 한다. 사람들 사이의 이해관계가 상충될 것을 예상하거나, 잠재적으로 상충의 구실이 될 것으로 예상하는 사회복지사는 관련된 모든 당사자에 대한 자신의 역할을 명확히 해야 하며, 모든 이해관계의 상충을 최소화하기 위한 적절한 조치를 취해야 한다.

1. 07 사생활과 비밀보장

(a) 사회복지사는 클라이언트가 지니는 사생활 보호의 권리를 존중해야 한다. 사회복지사는 서비스를 제공하거나 사회복지에 대한 평가 또는 연구조사를 수행하는 데 필수적인 경우가 아니고서는 클라이언트에 대한 사적인 정보를 요청할 수 없다. 사적인 정보가 공개되면 비밀보장의 기준이 적용된다.

(b) 클라이언트나 클라이언트를 대신하여 동의를 표하는 법적으로 자격을 갖춘 요원으로부터 유효한 동의를 얻음으로써, 적절한 경우에는 사회복지사가 비밀정보를 공개할 수 있다.

(c) 사회복지사는 직업상의 이유로 강제된 경우를 제외하고는 전문직의 서비스 과정에서 얻게 된 모든 비밀정보를 보호해야 한다. 클라이언트나 클라이언트와 동일시되는 사람에 대하여 예상할 수 있는 심각하고 임박한 해를 방지하기 위해 정보의 공개가 불가피하거나, 클라이언트의 동의 없이 법이나 규제에 의해 공개가 요구되는 경우에는 사회복지사가 정보를 기밀로 유지할 것이라는 일반적인 기대가 적용되지 않는다. 항상 사회복지사는 바람직한 목적을 달성하는 데 필요한 최소한으로 비밀정보를 공개해

야 한다. 즉 공개되어야 달성 가능한 목적과 직접적인 관련이 있는 정보만이 공개되어야 한다.

(d) 가능한 경우 사회복지사는 정보가 공개되기 전에, 비밀정보의 공개 및 잠재적인 결과에 관해 최대한으로 클라이언트에게 통지해야 한다. 이것은 사회복지사가 법적 요건에 근거하거나 클라이언트의 동의에 근거하여 정보를 공개할 때 적용된다.

(e) 사회복지사는 비밀의 본질과 비밀보장에 대한 클라이언트의 권리 제한에 관하여 클라이언트 및 기타 이해 당사자와 논의를 하여야 한다. 사회복지사는 비밀정보의 공개가 법적으로 요구되는 상황에 대하여 클라이언트와 논의하여야 한다. 이러한 논의는 사회복지사와 클라이언트의 관계에서 즉시, 그리고 관계의 과정을 통틀어 필요한 경우에 발생한다.

(f) 사회복지사가 가족, 부부, 집단에 대하여 상담서비스를 제공할 때는 기밀을 보장하는 각 개인의 권리, 그리고 다른 사람들이 공유하고 있는 정보를 보호하기 위한 책무와 관련하여 당사자들 사이의 동의를 구해야 한다. 사회복지사는 가족, 부부, 집단상담에 참여한 사람들에게 모든 참여자가 이러한 동의를 인정한다는 것을 사회복지사가 보장할 수 없음을 통지해야 한다.

(g) 사회복지사는 자신이 상담에 관련된 당사자들 사이의 비밀정보를 공개하는 것과 관련있는 사회복지사 고용주 기관의 정책을 가족 부부 집단상담과 관련된 클라이언트에게 통지해야 한다.

(h) 사회복지사는 클라이언트가 동의하지 않는 한 제3의 지불자에게 비밀정보를 공개할 수 없다.

(i) 사회복지사는 사생활이 보장되지 않는 한 어떤 상황에서도 비밀정보에 관한 논의를 할 수 없다. 사회복지사는 복도, 대합실, 엘리베이터, 레스토랑과 같이 공개적 또는 반(半) 공개적인 장소에서 비밀정보에 관한 논의를 할 수 없다.

(j) 사회복지사는 법에 의해 허용되는 한도 내에서 법적 절차가 진행되는 동안 클라이언트의 비밀을 보호해야 한다. 법원이나 기타 법적으로 자격을 가진 단체가 사회복지사로 하여금 클라이언트의 동의 없이 비밀 또는 특권적인 정보를 공개하도록 명령을 내리고 이러한 공개로 인하여 클라이언트에게 해가 가해졌을 경우, 사회복지사는 법원으로 하여금 그 명령을 철회하거나 가능한 한 최소한으로 이러한 명령에 제한을 가하도록 요청해야 하며, 공공이 접근할 수 없도록 봉인된 기록으로 이를 유지하도록 요청해야 한다.

(k) 매체로부터 공개 요청을 받은 사회복지사는 클라이언트의 비밀을 보호해야 한다.

(l) 사회복지사는 클라이언트에 대한 서면, 전자기록 및 기타 민감한 정보를 보호해야 한다. 사회복지사는 클라이언트에 대한 기록이 안전한 장소에 보관되어 있으며 자격을 갖추지 않은 사람이 접근할 수 없음을 보장하기 위한 타당한 조치를 취해야 한다.

(m) 사회복지사는 컴퓨터, 전자우편, 팩스, 전화, 전화 자동응답기, 기타의 전자 또는 컴퓨터 기술을 사용하여 다른 당사자에게 전파된 비밀정보를 유지하고 보장하기 위한 예방 조치를 취해야 한다. 가능한 경우에는 언제든지 신원을 공개하는 것은 피해야 한다.

(n) 사회복지사는 클라이언트의 비밀이 보호될 수 있도록, 그리고 기록 및 사회복지 허가를 관장하는 주(州)의 법령에 일관되도록, 클라이언트의 기록을 이전 또는 배치해야 한다.

(o) 사회복지사의 실천의 종료 자격상실 사망의 경우, 사회복지사는 클라이언트의 비밀을

보호하기 위한 타당한 예방 조치를 취해야 한다.

(p) 클라이언트의 학습이나 훈련에 관하여 논의할 때, 클라이언트가 비밀정보의 공개에 동의하지 않는 한 사회복지사는 신원을 공개할 수 없다.

(q) 클라이언트에 대해 자문을 구할 때, 클라이언트가 비밀정보의 공개에 동의하지 않거나 이러한 공개에 대한 강제적 필요가 없는 한 사회복지사는 신원을 공개할 수 없다.

(r) 앞에서 언급된 기준에 따라 사회복지사는 사망한 클라이언트의 비밀을 보호해야 한다.

1. 08 기록에의 접근

(a) 사회복지사는 클라이언트가 클라이언트와 관련된 기록에 대한 합당한 접근을 할 수 있도록 해야 한다. 클라이언트의 기록에 대한 접근이 클라이언트에게 심각한 오해나 해(害)를 야기하게 되는 경우, 사회복지사는 기록에 대해 설명을 하고 기록과 관련하여 클라이언트와 상담을 해야 한다. 사회복지사는 이러한 접근이 클라이언트에게 심각한 해를 입힐 수 있는 불가피한 증거가 있는 예외적인 상황에 한해서만 클라이언트의 기록에 대한 접근 또는 이러한 기록의 공개를 제한할 수 있다. 클라이언트의 요청과 일부 또는 모든 기록을 보유하는 이론적 근거, 이 두 가지 모두는 클라이언트의 파일에 문서화되어야 한다.

(b) 클라이언트로 하여금 클라이언트의 기록에 접근하도록 할 때, 사회복지사는 이러한 기록에 포함되어 있는, 확인되거나 논의된 다른 사람의 비밀을 보호하는 조치를 취해야 한다.

1. 09 성관계

(a) 사회복지사는 이러한 접촉이 합의된 것이든 강제된 것이든 이와 상관없이, 결코 현재의 클라이언트와 성적 행위 또는 성적 접촉을 하는 일이 있어서는 안 된다.

(b) 사회복지사는 클라이언트를 이용하거나 클라이언트에게 잠재적 해가 될 수 있는 환경에서, 클라이언트의 친척 또는 클라이언트와 친밀한 대인관계를 맺고 있는 기타 당사자와 성적 행위 또는 성적 접촉을 하는 일이 있어서는 안 된다. 클라이언트의 친척 또는 클라이언트와 친밀한 대인관계를 맺고 있는 기타 당사자와 성적 행위 또는 성적 접촉을 하는 것은, 클라이언트에게 잠재적인 해를 입힐 수 있으며, 사회복지사와 클라이언트가 적절한 직업적 경계를 유지하기 어렵게 만든다. 명확하고 적절하며 문화적으로 민감한 경계를 설정하는 데 대한 책임은 클라이언트나 클라이언트의 친척 또는 클라이언트와 친밀한 대인관계를 맺고 있는 기타 당사자가 아닌, 사회복지사가 전적으로 지게 된다.

(c) 클라이언트에 대하여 잠재적으로 해를 입힐 우려가 있기 때문에 사회복지사는 이전에 클라이언트였던 사람과도 성적 행위나 성적 접촉을 할 수 없다. 사회복지사가 이러한 금지 사항을 어기는 행동을 하거나 특수한 상황임을 내세워 이러한 금지사항의 예외를 주장하게 되면, 이전에 클라이언트였던 사람이 고의에 의하든 고의가 아니든 이용, 강제, 기만당하지 않았음을 증명할 전적인 책임을 지게 되는 사람은 클라이언트가 아닌 사회복지사이다.

(d) 사회복지사는 이전에 자신과 성적 관계를 가진 바 있는 사람에 대한 임상 서비스를 제공할 수 없다. 이전의 성적 파트너였던 사람에게 임상 서비스를 제공하는 것은 그 사람에게 잠재적 해를 입힐 가능성을 야기하며, 사회복지사와 그 파트너가 적절한 직업적 경계를 긋기 어렵게 만든다.

1. 10 신체적 접촉

접촉(클라이언트를 침대에 눕히거나 쓰다듬는 것과 같은)으로 인해 클라이언트가 심리적인 해를 입을 가능성이 있는 경우, 사회복지사는 클라이언트와 신체적 접촉을 하여서는 안 된다. 클라이언트와 적절한 신체적 접촉을 한 사회복지사는 이러한 신체적 접촉을 통제하는, 명확하고 적절하며 문화적으로 민감한 경계를 설정하는데 대한 책임을 진다.

1. 11 성희롱

사회복지사는 클라이언트에게 성희롱을 해서는 안 된다. 성희롱에는 성적 접근(구애), 성적 유혹, 성교의 요구, 기타 성적인 본성에 관한 언어적 또는 신체적 행위가 포함된다.

1. 12 경멸의 용어(욕설)

사회복지사는 클라이언트에 대한 또는 클라이언트에 관한 서면 또는 구두의 의사소통을 하는데 있어서 경멸의 용어를 사용해서는 안 된다. 사회복지사는 클라이언트에 대한 또는 클라이언트에 관한 모든 의사소통을 할 때, 정확하고 공손한 용어를 사용해야 한다.

1. 13 서비스 비용의 지불

(a) 사회복지사는 요금을 책정할 때 제공되는 서비스에 비추어 요금이 공정하고 합리적이며 적절함을 보장해야 한다. 클라이언트의 지불능력에 대한 고려도 되어야 한다.

(b) 사회복지사는 전문직 서비스에 대한 대가로 재화나 용역을 받아서는 안 된다. 서비스 준비 특히, 서비스가 포함된 것을 교환하는 것은 이해의 상충, 착취, 사회복지사와 클라이언트의 부적절한 경계 설정을 야기할 가능성이 있다. 사회복지사는 다음과 같은 매우 제한된 경우에 한해서만 물질의 교환에 참여하거나 이것을 밝혀야 한다. 즉 지역사회 사회복지사들 사이에서 허용된 관례라는 것이 증명되고, 서비스의 준비에 필수적인 것으로 간주될 때, 그리고 강제력 없이 협상될 때, 클라이언트의 동의로 클라이언트가 시작할 때이다. 전문직 서비스에 대한 대가로 재화나 용역을 받게 되는 사회복지사는 이러한 교환이 클라이언트에 대해서나 직업적 관계에 해롭지 않음을 증명하는데 대한 전적인 책임을 진다.

(c) 사회복지사는 자신의 고용주나 기관을 통해서 이러한 유용한 서비스를 받을 자격을 갖춘 클라이언트에게 그 서비스를 제공한 대가로 사적인 수수료나 기타의 보답을 요구할 수 없다.

1. 14 의사결정능력이 없는 클라이언트

사회복지사가 분별력 있는 의사결정을 내릴 능력이 없는 클라이언트를 대신할 때는 이러한 클라이언트의 권리와 이익을 보호할 수 있는 적절한 조치를 취해야 한다.

1. 15 서비스의 중단

무용성(unavailability), 재배치, 질병, 장애 또는 사망과 같은 요인에 의해 서비스가 중단된 경우, 사회복지사는 서비스의 지속성을 보장하기 위한 적절한 노력을 기울여야 한다.

1. 16 서비스의 종료

(a) 이러한 서비스 및 관계가 더 이상 필요하지 않거나 클라이언트의 욕구나 이익에 더 이상 효과가 없는 경우, 사회복지사는 클라이언트에 대한 서비스 및 클라이언트에 대한 직업적 관계를 종료해야 한다.

(b) 사회복지사는 여전히 서비스 욕구에 처해 있는 클라이언트가 방치되지 않도록 적절한 조치를 취해야 한다. 사회복지사는 비정상적인 상황에서만은 즉시 서비스를 취소하고, 이 상황의 모든 요인에 대한 주의 깊은 고려를 하여, 이에 따른 역효과를 최소화하기 위한 노력을 기울여야 한다. 필요한 경우, 사회복지사는 서비스가 지속되도록 적절한 조치를 취하는 데 지원을 하여야 한다.

(c) 클라이언트에 대한 계약상의 서비스가 금전적으로 명확하게 제공되었거나, 클라이언트가 자신 또는 다른 사람에게 급박한 위험을 야기하지 않는 경우 그리고 현재 지불되지 않은 임상적 그리고 기타의 결과가 초래되어 클라이언트와 논의가 이루어진 경우, 서비스를 제공할 때마다 비용을 청구하는 세팅의 사회복지사는 지불을 연체한 클라이언트에 대한 서비스를 종료할 수 있다.

(d) 사회복지사가 클라이언트와 사회적 · 금전적 또는 성적 관계를 추구하고자 서비스를 종료할 수는 없다.

(e) 클라이언트에 대한 서비스를 종료 또는 중단하고자 하는 사회복지사는 즉시 이를 클라이언트에게 통지해야 하며, 클라이언트의 욕구 및 특권에 따라 서비스의 이전, 다른 전문직 종사자에 대한 서비스 의뢰, 또는 서비스가 지속되도록 하는 방법을 강구해야 한다.

(f) 이직을 하고자 하는 사회복지사는 서비스의 지속에 대한 클라이언트의 적절한 선택사항 및 이러한 선택으로 인한 이익 및 위험 사항을 클라이언트에게 통지해야 한다.

일본사회복지사 윤리강령(* 1986년 선언)

-전 문-

われわれ ソーシャルワーカーは, 平和擁護, 個人の尊嚴, 民主主義という 人類普通の 原理にのっとり, 福祉專門職の知識, 技術と價値觀により, 社會福祉の 向上と クライエントの 自己實現を 目ざす 專門職である ことを 言明する.

우리들 사회복지사는, 평화옹호, 개인의 존엄, 민주주의라고 하는 인류 보통의 원리에 따라, 복지전문직의 지식, 기술과 가치관에 의해, 사회복지의 향상과 클라이언트의 자기실현을 목표로 하는 전문직임을 언명한다.

われわれは, 社會の 進步發展による 社會變動が, ともすれば 人間の 疎外(反福祉)を もたらす ことに 着目する 時, この 專門職が福祉社會の 維持, 推進に 不可欠の 制度である ことを 自覺すると ともに, 專門職の 職責に ついて 一般社會の 理解を 深め, その啓發に つとめる.

우리들은 사회의 진보발전에 따르는 사회변동이 자칫하면 인간의 소외(반복지)를 초래하는 것에 주목하는 때, 이 전문직이 복지사회의 유지, 추진에 불가결의 제도인 것을 자각하는 동시에, 전문직의 직책에 관하여 일반 사회의 이해를 깊게 하고, 그 계발에 힘쓴다.

われわれは, ソーシャルワークの 知識, 技術の 專門性と 倫理性の 維持, 向上が 專門職の 職責であるだけでなく, クライエントは 勿論, 社會全體の 利益に 密接に 關連して いる ことに 鑑み, 本綱領を 制定し, それに 贊同する 者によって 專門職團體を 組織する.

우리들은 사회복지사의 지식, 기술의 전문성과 윤리성의 유지, 향상이 전문직의 직책일 뿐만 아니라, 클라이언트는 물론, 사회 전체의 이익에 밀접히 관련되고 있는 것에 비추어, 본 강령을 제정하고, 그것에 찬동하는 사람들로써 전문직 단체를 조직한다.

われわれは, 福祉專門職としての 行動に ついて, クライエントは 勿論, 他の 專門職 或いは 一般社會に 對しても 本綱領を 遵守することを 誓約するが, もし, 職務行爲の 倫理性について判斷を 必要とする ことが ある 際には, 行動の 準則として 本綱領を 基準とすることを 宣言する.

우리들은 복지전문직으로서의 행동에 관하여, 클라이언트는 물론, 다른 전문직 또는 일반사회에 대해서도 본 강령을 준수하는 것을 서약하며, 만약 직무행위의 윤리성에 관하여 판단을 할 필요가 있는 때에는, 행동의 준칙으로서 본 강령을 기준으로 할 것을 선언한다.

-원 칙-

(人間としての 平等と 尊嚴) 人は, 出自, 人權, 國籍, 性別, 年齡, 宗教, 文化的 背景, 社會經濟的 地位, あるいは 社會に 對する 貢獻度いかんに かかわらず, すべて かけがえのない存在として 尊重されなければならない.

(인간으로서의 평등과 존엄) 사람은, 출신, 인권, 국적, 성별, 연령, 종교, 문화적 배경, 사회경제적 지위, 또는 사회에 대한 공헌도에 관계없이, 모두 둘도 없는 존재로서 존중되어야 한다.

(自己實現の 權利と 社會の責務) 人は, 他の 權利を 侵害しない 限度において 自己實現の權利を 有する. 社會は, その 形態の 如何にかかわらず, その 構成員の 最大限の 幸福と 便益を 提供しなければならない.

(자기실현의 권리와 사회의 책무) 사람은, 타인의 권리를 침해하지 않는 한도에 있어서 자기실현의 권리를 가진다. 사회는, 그 형태 여하에 관계없이, 그 구성원의 최대한의 행복과 편익을 제공해야 한다.

(ワ ーカーの 職責) ソーシャルワーカーは, 日本國憲法の 精神にのっとり, 個人の自己實現, 家族, 集團, 地域社會の 發展を 目ざすものである. また, 社會福祉の 發展を 阻害する社會的 條件や 困難を 解決する ため, その 知識や 技術を 驅使する 責務がある.

(사회복지사의 직책) 사회복지사는, 일본헌법의 정신에 따라, 개인의 자기실현, 가족, 집단, 지역사회의 발전을 목표로 하는 것이다. 또한 사회복지의 발전을 저해하는 사회적 조건이나 곤란을 해결하기 위해, 그 지식이나 기술을 사용할 책무가 있다.

クライエントとの 關係 클라이언트와의 관계

(クライエントの 利益の 優先) ソーシャルワーカーは, 職務の 遂行に 際して, クライエントに 對する サービスを 最優先に 考え, 自己の私的な 利益の ために 利用する ことが あってはならない. また, 專門職業上の 知識や 技術が, 非人間的な 目的に 利用されないよう自戒する 必要が ある.

(클라이언트의 이익의 우선) 사회복지사는 직무수행 시, 클라이언트에 대한 서비스를 최우선으로 생각하여, 자기의 사적인 이익을 위해 이용하는 일이 있어서는 안 된다. 또한 전문직업상의 지식이나 기술이, 비인간적인 목적에 이용되지 않도록 스스로 경계할 필요가 있다.

(クライエントの 個別性の 尊重) ソーシャルワーカーは, 個人・家族・集團・地域・社會の文化的 差異や 多樣性を 尊重するとともに, これら 差異ある クライエントに 對しても, 同等の 熱意を もって サービスや 援助を 提供しなければならない.

(클라이언트의 개별성의 존중) 사회복지사는 개인 · 가족 · 집단 · 지역 · 사회의 문화적 차이나 다양성을 존중하는 동시에, 이러한 차이가 있는 클라이언트에 대해서도, 동등한 열의를 갖

고 서비스나 원조를 제공해야 한다.

(クライエントの 受容) ソーシャルワーカーは, クライエントを あるがままに 受容し, たとえ クライエントが 他者の利益を 侵害したり, 危害を加える 恐れのある 場合で あっても, 未然に 事故を 防止し, 決して クライエントを 拒否するようなこどが あっては ならない.

(클라이언트의 수용) 사회복지사는, 클라이언트를 있는 그대로 수용하여, 비록 클라이언트가 타인의 이익을 침해하거나, 위해를 가할 우려가 있는 경우라도 미연에 사고를 방지하여, 결코 클라이언트를 거부하는 등의 일이 있어서는 안 된다.

(クライエントの 祕密保持) ソーシャルワーカーは, クライエントや 關係者から 事情を 聽取する 場合も, 業務遂行上 必要な 範圍にとどめ, プライバシー保護のため クライエントに 關する 情報を 第三者に 提供してはならない. もし その 情報提供が クライエントや 公共の利益のために 必要な 場合は, 本人と 識別できる 方法を 避け, できれば 本人の 承認を 得なければならない.

(클라이언트의 비밀보장) 사회복지사는, 클라이언트나 관계자로부터 사정을 청취하는 경우도 업무수행상 필요한 범위에만 그치고, 프라이버시 보호를 위해 클라이언트에 관한 정보를 제3자에게 제공해서는 안 된다. 만약 그 정보제공이 클라이언트나 공공의 이익을 위해 필요한 경우는, 본인임이 식별될 수 있는 방법을 피하고, 가능하면 본인의 승인을 얻어야 한다.

機關との 關係 기관과의 관계

(所屬機關との 綱領の精神) ソーシャルワーカーは, 常に 本 倫理綱領の 趣旨を 尊重し その 所屬する 機關, 團體が 常に その 基本精神を 遵守するよう 留意しなければならない.

(소속기관과의 강령의 정신) 사회복지사는, 언제나 본 윤리강령의 취지를 존중하고 소속기관, 단체가 언제나 그 기본 정신을 준수하도록 유의해야 한다.

(業務改革の 責務) ソーシャルワーカーは, 所屬機關, 團體の 業務や 手續きの 改善, 向上を 常に 心がけ 機關, 團體の 責任者に提言するようにし, 仮に 通常の 方法で 改善できない 場合は 責任ある 方法によって, その 趣旨を 公表する ことが できる.

(업무개혁의 책무) 사회복지사는, 소속기관, 단체의 업무나 절차의 개선, 향상을 늘 염두에 두고 기관, 단체의 책임자에 제언하도록 하며, 만약 통상의 방법으로 개선될 수 없는 경우는 책임있는 방법에 의해, 그 취지를 공표할 수 있다.

(專門職業の 聲價の 保持) ソーシャルワーカーは, もし 同僚が クライエントの 利益を 侵害したり, 專門職業の 聲價を 損なうような ことがある 場合は, その 事實を 本人に 指摘したり, 本協會に 對し 規約第7條に 規定する 措置をとる ことを 要求する ことができる.

(전문직업의 명성의 보지) 사회복지사는, 만약 동료가 클라이언트의 이익을 침해하거나, 전문직업의 명성을 해치는 등의 일이 있는 경우는, 그 사실을 본인에게 지적하거나, 본 협회에 대해 규약 제7조에 규정된 조치를 취할 것을 요구할 수 있다.

行政・社會との 關係 행정 및 사회와의 관계

(專門的 知識・技術の 向上) ソーシャルワーカーは, 常に クライエントと 社會の 新しい ニーズを 敏感に 察知し, クライエントによるサービス 選擇の 範圍を 廣げるため 自己の 提供する サービスの 限界を 克服するようにし, クライエントと 社會に 對して 貢獻しなければならない.

(전문적 지식・기술의 향상) 사회복지사는, 언제나 클라이언트와 사회의 새로운 뉴스를 민감히 찰지하고, 클라이언트에 의한 서비스 선택의 범위를 넓히기 위해 자기가 제공하는 서비스의 한계를 극복하도록 하여, 클라이언트와 사회에 대해 공헌하여야 한다.

(專門的知識・技術の應用) ソーシャルワーカーは, その 業務遂行によって 得た 專門職業上の 知識を, クライエントのみならず, 一般市民の 社會生活の 向上に 役立てるため, 行政や政策, 計劃などに 積極的に 反映させるように しなければならない.

(전문적 지식・기술의 응용) 사회복지사는, 그 업무수행에 의해 얻은 전문직업상의 지식을, 클라이언트뿐만 아니라, 일반 시민의 사회생활의 향상에 도움이 되도록, 행정이나 정책, 계획 등에 적극적으로 반영시키도록 해야 한다.

專門職としての 責務 전문직으로서의 책무

(專門性の 維持向上) ソーシャルワーカーは, 同僚や 他の 專門職業家との 知識經驗の 交流を通して, 常に 自己の 專門的知識や 技能の水準の 維持向上に つとめる ことに よって, 所屬機關, 團體 サービスの 質を 向上させ, この 專門職業の 社會的 聲價を高めなければならない.

(전문성의 유지 향상) 사회복지사는, 동료나 다른 전문직업가와의 지식경험의 교류를 통하여, 늘 자기의 전문적 지식과 기능 수준의 유지 향상에 힘씀으로써 소속기관, 단체 서비스의 질을 향상시키고 이 전문직업의 사회적 명성을 높여야 한다.

(職務內容の 周知 徹底) ソーシャルワーカーは, 社會福祉の 向上を 目ざす 專門職の 業務や 內容を 一般社會に 周知させるよう努力しなければならない. この 場合, 公的な 場での 發言が 個人としての ものか, 專門職としての 立場による ものかを 明確に する必要が ある.

(직무내용의 주지 철저) 사회복지사는, 사회복지의 향상을 목표로 하는 전문직의 업무나 내용을 일반 사회에 주지하게 하도록 노력해야 한다. 이 경우, 공적인 장소에서의 발언이 개인 자격으로서인지 전문직으로서의 입장에 의한 것인지를 명확히 할 필요가 있다.

(專門職の 擁護) ソーシャルワーカーは, 實踐を 通して 常に この 專門職業の 知識, 技術, 價値觀の 明確化に 努める. 仮にも この 專門職が 不當な 批判を 受ける ことが あれば, 專門職の 立場を 擁護しなければならない.

(전문직의 옹호) 사회복지사는, 실천을 통하여 언제나 이 전문직업의 지식, 기술, 가치관의 명확화에 힘쓴다. 만약 이 전문직이 부당한 비판을 받는 일이 있으면, 전문직의 입장을 옹호해야 한다.

(援助方法の 改善向上) ソーシャルワーカーは, 同僚や 他の 専門職業家の 貢獻や 業績を 尊重し, 自己や 同僚の 業績や サービスの 効果, 効率について 檢討し, 援助方法の 改善, 向上に 心がけなければならない.

(원조방법의 개선 향상) 사회복지사는, 동료나 다른 전문직업가의 공헌이나 업적을 존중하고, 자기나 동료의 업적이나 서비스의 효과, 효율에 관하여 검토하고, 원조방법의 개선, 향상에 유의해야 한다.

(同僚との 相互批判) ソーシャルワーカーは, 同僚や 他の 専門職業家との 間に 職務遂行の 方法に 差異が あることを 容認するとともに, もし 相互批判の 必要が ある 場合は, 適切, 妥當な 方法, 手段に よらなければならない.

(동료와의 상호 비판) 사회복지사는, 동료나 다른 전문직업가와의 사이에 직무수행의 방법에 차이가 있는 것을 용인하는 동시에, 만약 상호 비판의 필요가 있는 경우는, 적절, 타당한 방법, 수단에 따라야 한다.

Appendix 04

세계인권선언문

세계인권선언은 일명 “세계 최고의 기밀서류”로 불려진다. 이는 이 선언이 어떠한 내용을 담고 있는지를 아는 사람도 드물 뿐더러 그 사본을 본 사람은 더욱 드물기 때문에 붙여진 이름이지만, 그럼에도 세계인권선언문은 인류역사에 있어 가장 의미있는 장전 중 하나이다. 2차 대전의 잔혹상은 세계의 양심에 커다란 충격을 안겨 주었다. 세계의 모든 사람들은 이러한 잔혹상이 아니 이와 유사한 형태조차도 다시는 되풀이되어서는 안 된다는 각성을 하게 되었다. 이러한 대중들의 강력한 요구에 따라, 새롭게 결성된 유엔은 인권위원회를 설립하게 되었으며, 8개국(호주, 칠레, 중국, 프랑스, 레바논, 영국, 미국, 소련)으로 구성된 준비위원회가 “국제인권장전”의 초안을 마련하기로 하였다. 총 48개국이라는 문화적 정치적으로 다양성을 가지고 있는 유엔 회원국들이 모두 만족할 수 있는 선언문을 도출하기란 매우 힘든 일이었다. 이에 따라 유엔 인권분과의 초대 국장으로 지명된 멕길 대학교 법학교수인 존 험프리 박사가 그 초안을 작성하였다. 그리고 1947년부터 1948년에 걸쳐, 인권위원회와 유엔총회의 제3차 위원회(사회, 문화, 인도주의 문제에 관한)에서 그 문안이 토론되고 수정되었으며, 최종적으로 1948년 12월 10일 유엔총회에서 세계인권선언문이 선포되었다. 세계인권선언문의 선포는 몇 가지 이유에서 특히 중요하다. 이 선언문은 인류역사상 처음으로 모든 인간이 단지 인간으로서 부여받는 기본권에 대해 명료하고도 포괄적인 전망을 제시하였다. 비록 과거부터 종교적 지도자나 철학자, 학자들이 이러한 전망을 피력해 왔지만, 세계인권선언문은 정부들이 채택한 포괄적이며 국제적인 선언문으로서는 최초의 것이었다. 국제법의 관점에서 볼 때, 세계인권선언문은 인권은 단지 국가주권 안에서의 문제가 아니라 국제적인 책임성의 문제라는 사상을 설파한 일대변혁이었다. 인류는 처음으로 개별국가에서 발생하는 인권침해에 관한 책임성이 국제사회에 있음을 인지하게 되었다. 국가들은 더 이상 다른 나라에서 발생하는 잔혹상에 대해 묵과하는 것을 정당화할 수 없게 되었다. 험프리 박사는 “인권문제가 국제적인 관심사항이라는 인식에 더하여 국제법 및 국제기구의 이론과 실제에 있어 이보다 더한 혁혁한 발전은 없었다”고 지적하였다. 선언문은 제30조를 통해 인간의 안녕을 보장하기 위한 것으로써 시민적, 문화적, 경제적, 정치적, 사회적 제 권리들을 확인하였다. 더욱 의미심장한 것은 이 선언문이 최초로 인권의 보편성을 확인하였다는 것이다. 이는 선언문에 명시된 모든 권리들은 모든 사람들이 언제나 향유할 수 있어야 함을 의미한다. 인권은 존엄성과 정의라는 일반인식에 기반하는 것이며, 따라서 지역적 전통이나 가치가 이러한 보편적 원칙들에 선행되어서는 안 된다. 선언문은 인권의 불가분성을 확인하고 있다. 인권에 있어 계급은 있을 수 없으며, 어떠한 사람의 권리도 다른 사람의 권리를 대가로 하여 향유되어서는 안 된다. 이는 바로 동전의 양면과 같은 공포로부터의 자유와 궁핍으로부터의 자유에 대한 인식이다. 즉 예를 들자면, 적절한 삶의 기준(제25조)에 대한 권리는 평화적 집회나 결사의 자유(제20조)에 대한 권리를 대가로 하여 향유되어서는 안 된다. 사람들은 정치적 공간이나 이를 얻기 위한 시민적 자유 없이 자신의 경제적 사회적, 문화적 권리를 진전시킬 수는 없는 것이다. 세계인권선언은 유엔 인권보장제도의 초석이다. 세계인권선언은 비록 법률적 강제성을 가지고 있지는 못하지만, 모든 정부에게 국제 관습법과 같은 효력을 가지고 있다. 세계인권선언은 강력한 국제인권법을 탄생케 하였으며, 그 영향력을 계속해서 확대하고 있다. 모든 국가들은 세계인권선언의 원칙들을 수용하고 따르고 있다. 1948년 이후 국제사회는 세계인권선언에서 천명한 권리들을 견고한 국제인권규준들로 발전시키는 활동들을 계속해 왔다. 먼저 1976년 효력이 발생한 시민적 및 정치적 권리에 관한 국제협약 (ICCPR)과 경제적 사회적 문화적 권리에 관한 국제협약(ICESR)이 제정되었다. 또한 세계인권선언에서 천명하고 있는 원칙들은 고문, 인종차별, 실종, 비사법 처형 그리고 여성차별에 반대하는 유엔의 여러 국제협약들을 탄생시켰다. 지금도 유엔에서는 선주민의 권리에 관한 선언의 초안, 무방분쟁지역에서의 아동보호에 관한 기준 그리고 인권운동가의 보호에 관한 국제기준들이 제정되고 있다. 세계인권선언문을 채택한 이후 우리는 긴 여정을 걸어 왔다. 지금 세계 수백여 명의 사람들이 인권 침해 사실을 수집하고 이를 중단시키기 위해 활동을 전개하고 이후의 폭력을 예방하기 위한 힘을 배가하는 등 인간의 기본권 보호를 위해 활동하고 있다. 유엔 인권협약은 계속해서 힘을 얻어가고 있다. 현재 시민적 및 정치적 권리에 관한 국제협약에는 138개 정부가, 경제적 사회적 문화적 권리에 관한 국제협약에는 136개 정부가 그리고 고문방지협약에는 102개 정부가 회원국으로 가입하였으며, 세계 98개국이 법률상 또는 실재에 있어 사형제도를 폐지하였다. 과거 50년에 비해 남아프리카와 동유럽 그리고 중남미에 있어 인권에 대한 존중은 극적으로 신장되었다. 이와 동시에 신문지상은 여전히 우리가 가야 할 길이 멀다는 것을 보여주고 있다. 폭력은 여전히 지속적으로 대규모적으로 발생하고 있다. 르완다의 학살과 구 유고슬라비아의 "인종청소"는 단지 두 가지 예에 불과하다. 세계인권선언의 50주년을 기념하는 한편, 우리는 그 원칙을 파괴하는 것에 대해 비판하고 세계 어느 곳에서든 모든 사람들이 보호받을 수 있도록 지침을 신장시킬 것을 요구하는 목소리는 높여야 한다. 우리는 매일 세계인권선언에 생명을 불어넣기 위한 영향력을 가진 정부와 관련자들에게 압력을 계속적으로 행사하여야 한다.

1조 : **모든 사람은 태어나면서부터 자유로우며, 동등하게 존엄성과 권리를 보장받아야 한다.** 여러분은 인간이라는 이유만으로, 지구상의 모든 사람들과 똑같은 권리를 가지고 있습니다. 이 권리는 양도될 수 없는 것으로, 누구도 빼앗을 수 없는 권리입니다. 모든 개인은 자신이 누구든지, 어디에 살든지 관계없이 존엄성을 보장받아야 합니다.

2조 : **모든 사람은 어떠한 제한도 없이 세계인권선언문에 제시된 권리와 자유를 누린다.** 여러분은 자신의 인종, 성, 언어, 종교 또는 정치적 견해 때문에 차별을 당하거나 자신의 권리를 침해받아서는 안 됩니다. 여러분의 기본적 권리는 어느 국가에서 태어났건, 어떠한 사회적 계급에 속하든, 또 부유하든 가난하든 관계없이 동등하게 적용되는 것입니다. 모든 사람은 세계인권선언문에 제시된 모든 권리를 누릴 권리가 있습니다.

3조 : **모든 사람은 생명과 신체의 자유와 안전을 누릴 권리가 있다.** 우리는 모두 자유롭고 안전하게 살 권리가 있습니다. 누구도 함부로 살해되거나, 정당한 이유 없이 자신의 자유를 빼앗겨서는 안 됩니다.

4조 : **누구도 노예상태나 예속상태에 놓여서는 안 된다.** 인간은 소유되거나 매매되어 질 수 없으며, 아무도 다른 사람을 노예로 만들 권리가 없습니다. 노예제는 죄악입니다.

5조 : **누구도 고문 또는 잔혹하고, 비인간적이거나 모욕적인 처우나 형벌을 받아서는 안 된다.** 고문은 어떠한 경우에도 금지되어 있습니다. 아무도 잔혹하거나 스스로 인간 이하의 처우를 받는다고 느끼게 하는 처벌이나 처우를 받아서는 안 됩니다. 이 조항은 경찰서, 교도소, 심지어 길거리에서도 적용되는 것이며, 평상 시와 전시의 구분 없이 적용됩니다.

6조 : **모든 사람은 어디에서건 법 앞에서 하나의 인격체로서 인정받을 권리가 있다.** 모든 사람은 법으로 인격을 가진 한 사람의 개인으로 인정받을 권리가 있습니다. 우리는 법에 따라 다른 모든 개인과 동등한 권리를 인정받아야 하며, 의무를 부여받아야 합니다.

7조 : **모든 사람은 법 앞에서 평등하며 어떠한 차별도 없이 평등하게 법에 의해 보호를 받는다.** 여러분은 다른 모든 사람들과 법적으로 똑같이 대우받을 권리가 있습니다. 또한 자국의 법에 의해 다른 사람들과 똑같이 보호받을 권리도 가지고 있습니다.

8조 : **모든 사람은 헌법과 법률에 의해 보장된 기본권이 침해당할 경우 권한 있는 국가 법정에서 효과적인 구제를 받을 권리가 있다.** 만일 법적으로 보장된 여러분의 권리가 개인이나, 경찰 또는 치안당국에 속한 사람에 의해 침해당할 경우, 정당한 조치를 받을 권리가 있습니다.

9조 : **아무도 함부로 구금, 구류 또는 추방을 당해서는 안 된다.** 여러분은 정당한 이유 없이 경찰서나 교도소에 연행되거나 억류되어서는 안 되며, 또 자국에서 추방되어서도 안 됩니다. 만일 여러분이 구금되었을 경우, 법정에서 이의를 제기할 권리가 있습니다.

10조 : **모든 사람은 재판을 받을 경우 독립적이고 공정한 법정에서 공정한 공개심리를 받을 권리를 완전히 평등하게 보장받는다.** 여러분이 법을 어겨 기소되었거나, 다른 사유로 법정에 가야 할 경우, 공정하고 공개적인 심리를 받을 권리가 있습니다. 법정은 반드시 정부로부터 독립되어야 하며, 법을 정확하게 해석할 능력이 있어야 하며, 자유로운 결정을 내릴 수 있어야 합니다.

11조 : **형사상 범죄로 재판에 기소된 모든 사람은 유죄로 밝혀지기 전까지는 무죄로 추정될 권리가 있다.** 만일 여러분이 범죄로 기소되었을 경우, 합법적이고 공정하고 공개적이며, 적절한 변호가 보장된 재판을 거쳐 유죄로 밝혀지기 전까지는 무죄로 간주될 권리가 있습니다. 그리고 행위 당시의 법으로 범죄가 성립되지 않는 경우 그 행위로 기소되지 않습니다.

12조 : **아무도 사생활, 가족, 집 또는 통신에 대하여 함부로 간섭받지 않으며, 명예와 신용을 침해받지 않는다.** 아무도 여러분의 사생활을 방해하거나, 가족, 집에 대하여 정당한 이유 없이 간섭할 권리가 없으며, 아무도 여러분의 명예를 이유 없이 훼손할 권리가 없습니다.

또한 국가는 법으로 여러분의 이러한 권리를 보호해야 합니다.

13조 : **모든 사람은 이동의 자유를 갖는다.** 여러분은 자국 내에서 자유롭게 이동할 권리가 있습니다. 또한 자유롭게 해외로 나가거나, 자국으로 돌아올 권리가 있으며, 어느 국가든지 떠날 권리가 있습니다.

14조 : **모든 사람은 박해를 피해 다른 나라로 피난처를 찾아 떠나, 보호받을 권리를 갖는다.** 여러분이 인권침해로 인해 집을 떠나야 할 경우, 여러분은 다른 나라에 피난처를 찾을 권리가 있습니다. 이것은 여러분이 피난을 요구할 때, 국경 경비대나 관계당국이 정당한 소치를 취하지 않고, 입국을 거부하거나 자국으로 송환할 수 없음을 뜻합니다.

15조 : **모든 사람은 국적을 가질 권리가 있다.** 여러분은 출생한 국가의 국민으로 대우받을 권리가 있습니다. 아무도 정당한 이유 없이 여러분의 국적을 빼앗을 수 없으며, 여러분이 국적을 바꾸는 것을 막을 수 없습니다.

16조 : **성인 남녀는 결혼하여 가정을 이룰 권리를 갖는다.** 모든 성인은 자신의 인종, 국적, 종교에 관계없이 결혼할 권리를 갖습니다. 남녀는 결혼에 대하여 똑같은 권리를 가지며, 서로의 자유롭고 완전한 동의가 있어야 결혼할 수 있습니다. 가정은 국가에 의해 보호받을 권리가 있습니다.

17조 : **모든 사람은 소유권을 가진다.** 여러분은 어떠한 물건, 토지 또는 다른 재산을 단독으로 또는 공동으로 소유할 권리가 있습니다. 아무도 여러분의 소유권을 정당한 이유 없이 빼앗을 권리가 없습니다.

18조 : **모든 사람은 사상과 양심, 종교의 자유를 갖는다.** 여러분은 처벌이나 검열의 두려움 없이, 어떤 사실에 대하여 자신이 원하는 입장을 취할 권리가 있습니다. 여러분은 또한 어떤 종교를 믿거나 또는 믿지 않을 권리가 있으며, 원할 때에는 종교를 바꿀 권리도 있습니다. 물론 종교나 신념을 실행하거나 전파할 권리도 있습니다.

19조 : **모든 사람은 자유롭게 의견을 가지고 표현할 권리를 갖는다.** 여러분은 자신의 의견을 다른 사람에게 밝힐 권리가 있습니다. 비록 소수의 입장이라도 처벌에 대한 두려움 없이 자신의 관점을 표현할 수 있어야 합니다. 여러분은 자국 내에서 또는 국경을 넘어서도 자신의 의견들을 주고받을 권리가 있습니다.

20조 : **모든 사람은 평화적인 집회와 결사(단체를 조직할)의 자유를 갖는다.** 여러분은 다른 사람들과 공개적으로든 비공개적으로든 모임을 가질 권리가 있으며, 모임을 가지고 평화적인 시위를 조직할 권리도 있습니다. 모든 이는 사회단체, 노조, 정치적 집단 등의 단체를 만들거나 참가할 권리가 있습니다. 또한 여러분이 원하지 않으면 어느 누구도 여러분을 어떠한 종류의 단체에도 강제로 가입시킬 수 없습니다.

21조 : **모든 사람은 자국의 정부조직에 참여할 권리를 갖는다.** 정부는 국민의 의사를 대표한 것이기 때문에 국가를 통치할 권한을 가지는 것입니다. 따라서 여러분은 직접 또는 대표를 선출하는 방식으로 정부조직(국가업무)에 참여할 권리를 갖습니다. 이것은 정상적인 기초에 근거하여 자유롭고 공정하게 선거를 치러야 한다는 뜻입니다.

22조 : **모든 사람은 사회의 성원으로서 사회보장을 받을 권리가 있으며, 경제적, 사회적, 문화적 권리를 실현시킬 권리가 있다.** 여러분은 인간이라는 이유만으로 기본적인 요구를 충족시킬 권리가 있습니다. 모든 사람은 존엄성을 보장받고, 개인적으로 발전할 수 있게 보장된 경제적, 사회적, 문화적 환경에서 살 권리가 있습니다. 모든 국가는 이것을 실현시키기 위해 최선을 다해야 합니다.

23조 : **모든 사람은 일할 권리가 있으며 노조를 구성하고 참가할 권리가 있다.** 여러분은 직업을 선택할 권리가 있으며, 공평하고 안전한 환경에서 일할 권리가 있습니다. 여러분은 적절한 생계기준에 맞게 보수를 받고, 실업에 대해서는 실업수당을 받을 권리가 있습니다. 또한 자신의 이익을 보호하기 위하여 노조를 구성하거나 참가할 권리가 있습니다.

24조 : **모든 사람은 휴식과 여가의 권리가 있다.** 여러분은 정상적인 시간 동안 일할 권리가 있습니다. 다시 말해 아무도 여러분에게 정상적인 시간 이상 일하게 강요할 수 없으며, 여러분은 유급휴가를 받을 권리가 있습니다.

25조 : **모든 사람은 건강, 복지에 충분한 생활수준을 누릴 권리가 있다.** 모든 사람은 충분한 음식, 의복, 주거, 의료, 사회적 시설을 포함한 적절한 생활수준을 누릴 권리가 있습니다. 또한 사회는 실업, 질병, 장애, 노령으로 일할 능력을 상실한 사람들을 도와줄 의무가 있습니다. 특히 모자(母子)는 특별한 보호와 도움을 받을 권리가 있습니다.

26조 : **모든 사람은 교육받을 권리가 있다.** 모든 사람은 무상으로 교육받을 권리가 있습니다. 모든 사람이 최소한 초등교육은 마쳐야 하며, 고등교육의 경우 재능에 따라 공평하게 받을 수 있어야 합니다. 또 인권교육은 더욱 강화되어야 합니다.

27조 : **모든 사람은 사회의 문화생활에 자유롭게 참여할 권리가 있다.** 여러분이 우리 사회의 어떠한 문화행사에 참여하는 것은 아무도 막지 못합니다. 여러분은 음악, 연극, 전시회, 시, 그리고 어떤 형태이건 예술적 표현이나 수집을 할 권리가 있습니다. 또 여러분은 과학의 발전이 가져다주는 이익을 함께 누릴 권리가 있습니다.

28조 : 모든 사람은 선언문에서 선언된 권리와 자유가 완전히 실현될 수 있는 사회적 · 국제적 질서 속에서 살 권리가 있다. 인간은 자신의 권리와 자유가 존중되는 세상에 살 권리가 있습니다.

29조 : **모든 사람은 공동체에 대한 책임이 있다.** 우리는 모두 우리 주위의 사람들에 대한 책임이 있으며, 그들에 대한 배려가 함께 할 때에만 온전히 자신의 개인적인 발전도 할 수 있습니다. 세계인권선언문에 선언된 권리는 단지 다른 사람들의 권리를 보호하고, 사회의 선악에 대한 관념에 부합하며, 질서를 유지하고, 사회 전체의 복지를 위할 경우에만 법적으로 제한될 수 있습니다.

30조 : **이 선언문의 모든 조항은 위에 제시된 권리나 자유를 파괴하고자 하는 목적으로 행해지는 행위를 정당화시키는 방향으로는 어떠한 방식으로도 해석되어서는 안 된다.** 세계인권선언문에서는 어떤 개인이나 국가든 우리 모두가 부여받은 권리를 침해하는 행위를 하는 것을 정당화시킬 수 있는 어떠한 조항도 없습니다.

참고문헌

국내문헌

강재륜(1996). 윤리학의 역사. 서울 : 대왕사.

강정인(1998). 로크사상의 현대적 재조명 : 로크의 재산권이론에 대한 유럽중심주의적 해석을 중심으로. 한국정치학회보, 32(3), 53-75.

고경환(2007). 사회복지지출의 현황과 정책과제 - 규모, 구조, 기능측면을 중심으로. 보건복지포럼 2007년 9월(통권 131호), 21-34.

고세훈(2000). 복지국가의 이해 - 이론과 사례. 서울 : 고려대학교출판부.

______(2003). 국가와 복지 - 세계화 시대 복지한국의 모색. 서울 : 아연출판사.

______(2002). 사회복지 윤리와 철학. 서울 : 양지.

______(2005). 사회복지실천 윤리와 철학. 서울 : 양서원.

국가인권위원회(2006). Jim lfe 초청 사회복지분야 인권관점 도입확산을 위한워크숍. 서울 : 국가인권위원회.

____________(2013). 사회복지분야 대학교 인권과목 개설을 위한 기초연구. 서울 : 국가인권위원회.

국정홍보처(2006). 2006년 한국인의 의식 · 가치관 조사 결과표 및 설문지. 서울 : 국정홍보처.

권신혜(2002). "정신질환을 가진 사람의 권리에 대한 사회복지사의 인식 연구". 경북대학교 대학원 석사학위논문.

권중돈(2002). "사회복지사의 실천유형 결정요인에 관한 연구 : 사회복지사 클라이언트의 권력·의존관계를 중심으로". 논문집-목원대학교, 41, 63-91.

김기덕(2002). 사회복지윤리학. 서울 : 나눔의집.

______(2002 / 2008). 사회복지윤리학. 서울 : 나눔의 집.

______(2005). 롤즈의 정의론에 관한 철학적 고찰 : 윤리적 측면과 인식론적 측면을 중심으로. 사회복지연구, 26, 67-90.

______(2008). 사회복지윤리학. 서울 : 나눔의 집.

김남두(1990). 사유재산권과 삶의 평등한 기회 - 로크를 중심으로. 철학연구, 27(1), 153- 180.

김미옥 · 김경희(2011). 인권관점에 기초한 사회복지실천 경험에 관한 질적 사례연구. 한국사회복지학회, 63(1), 29-55.

김상균(1987). 현대사회와 사회정책. 서울 : 서울대학교출판부.

______(1994). 한국인의 복지의식. 사회과학과 정책연구, 16(1), 121-167.

김상균 · 오정수 · 유채영(2002). 사회복지 윤리와 철학. 경기 : 나남출판.

__________________(2002). 사회복지윤리와철학. 파주 : 나남출판.

김상균 · 정원오(1995). 90년대 한국인의 복지의식에 관한 연구. **한국사회복지학**, 25, 1-33.

김상균 · 최일섭 · 최성재 · 조흥식 · 김혜란(2001). **사회복지개론**. 경기 : 나남출판.

김수정(2014) 사회복지사의 인권증진 역할과 인권관점 실천전략. **임상사회사업연구**, 10(3), 21-37.

김순은(2007). **Q 방법론과 사회과학**. 부산 : 금정

김용민(2006). 로크 : 자유와 소유 지향의 자유주의. **자유주의 : 시장과 정치**. 김한원 · 정진영 공편. 서울 : 도서출판 부키.

김재원 · 최호상(2002). 중고생 경제의식 조사결과와 시사점. **경제교육연구**, 9, 1-32.

김종진 · 김종해 · 김인숙 · 강은애 · 김병년(2013). **사회복지사 인권상황 실태조사 : 2013년도 인권상황실태조사 연구용역보고서**. 국가인권위원회.

김종해(2014). 한국 사회복지사의 인권실태와 제언. **월간 복지동향**, 184, 4-10.

김중섭(2001). **한국 지역사회의 인권 : 진주지역 사례연구**. 서울 : 오름.

김충희(2004). "정신보건영역 사회복지사의 인권민감성 연구". 이화여자대학교 대학원 석사학위논문.

김태길(1987). 철학입문, 서장. **철학개론**. 교양교재편찬위원회 · 철학분과위원회 편. 서울 : 서울대학교출판부.

김태성(1994). 평등, 효율, 그리고 사회복지. **사회복지연구**, 5, 3-33.

______(1996). 조세정책의 소득재분배 효과. **사회복지연구**, 7(1), 92-122.

______(2001). **사회보장론**. 서울 : 청목출판사.

김태성 · 김진수(2007). **사회보장론(제3판)**. 서울 : 청목출판사.

김현진(2010). "사회복지사의 인권에 대한 의식 차이 분석". **한국지역사회복지학**, (34), 109-132.

김형식(2008). **사회복지와 인권 : 실천적 접목의 과제**. 부산 : 국가인권위원회 부산사무소, 부산광역시사회복지협의회

김혜인(2008). **아름다운 동행에 당신의 응원을**(비매품). 대구 : 대건인쇄출판사.

김흥규(2008). **Q방법론 - 과학철학, 이론, 분석 그리고 적용**. 서울 : 커뮤니케이션북스.

김흥규 · 홍장선(2010). <다문화 가정> 캠페인을 위한 IMC 전략. **주관성연구**, 21, 127-144.

남기민(2004). **사회복지정책론**. 서울 : 학지사.

남현주(2007). 사회정의연구의 두 영역 : 규범적 영역과 경험적 영역. **사회보장연구**, 23(2), 135-159.

문지영(2004). 자유의 자유주의적 맥락 : 로크와 로크를 넘어. **정치사상연구**, 10(1), 171-194.

문진영(2013). 인권과 사회복지 : 쟁점분석. **비판사회정책**, 39, 83-116.

문형구 외(2008). **사회복지 윤리경영 교육실천매뉴얼**. 한국사회복지사협회.

박노호(1994). 스칸디나비아 삼국의 조세제도 - 스웨덴을 중심으로 -. 한국조세연구원 정책연구자료, pp. 94-08.

박상필(2006). **NGO학 강의**. 서울 : 아르케.

박석돈(2006). **사회보장론**. 경기 : 양서원.

박세경(2005). 성장과 분배에 대한 국민의식 설문조사 결과. **보건복지포럼** 통권 제100호, 26-38.

박영란 · 윤찬영(2005). 사회적 소수자의 인권과 복지. **비판과 대안을 위한 사회복지학회 학술대회 발표논문집**, 89-107.

박영란 · 이예자 · 이용교 · 이찬진 · 임성택 · 아이프 등(2001). **한국의 사회복지와 인권**. 서울 : 인간과 복지.

박정선(2007). "사회복지사의 인권감수성과 인권현안 인식에 관한 연구". 성공회대학교 시민사회복지대학원 석사학위논문.

박정순(1999). 공동체주의 정의관의 본질과 그 한계. **철학, 61**(1), 267-292.

박정택(1990). 정책의 윤리성에 관한 연구. **한국행정학보, 24**(2), 853-873.

박지영(2011). 인권중심 사회복지실천의 탐색. **법정리뷰, 28**(2), 145-165.

박차상 외(2007). **한국 사회복지법 강의**. 서울 : 학지사.

박차상 · 강정희 · 문현주(2019). **사회복지윤리와 철학**. 서울 : 학지사.

박찬용(2006). 이전소득의 빈곤 축소효과 국제비교 분석. **응용경제, 8**(3), 127-156.

박형원(2013). 사회복지과목 이수 대학생의 인권감수성에 대한 탐색적 연구 : 원격대학 성인학습자를 중심으로. **한국콘텐츠학회**, 13(8), 191-200

박호성(1994). **평등론 : 자유민주주의 · 사회민주주의 · 맑스주의의 이론과 현실**. 서울 : 창작과비평사.

박홍식(1999). **내부 고발의 논리**. 경기 : 나남출판.

법무법인 수호 · 이영대(2004). 소유권 개념의 변화와 지적재산권. **IT의 사회 · 문화적 영향 연구, 16**, 1-97.

법무부 외(2007). 국가인권정책기본계획.

사회복지사협회. 사회복지사윤리강령 5차 개정.

서미경 · 김영란 · 박미은 역(2000). **사회복지실천윤리**. Loewenberg, F. M., & Dolgoff, R. L. (1996). *Ethical Decisions for Social Work Pratice*. 경기 : 양서원.

서미경 · 김영란 · 박미은(2015). **사회복지 윤리와 철학**. 경기 : 양서원.

서병훈(2002). **자유의 미학**. 경기 : 나남출판.

석현호 · 차종천 · 이정우 · 박종민 · 김명언 · 나은영(2005). **한국사회의 불평등과 공정성 의식의 변화**. 서울 : 성균관대학교출판부.

설동훈(2002). 한국인의 시민의식과 시민행동. **시민사회와 시민운동**. 서울 : 아르케.

송호근(2006). **한국의 평등주의. 그 마음의 습관**. 서울 : 삼성경제연구소.

신수진 · 최준식(2004). **현대 한국사회의 이중가치체계**. 서울 : 집문당.

신진욱(2007). 공공성과 시민사회. **시민과 세계, 11**, 18-39.

심연수(1998). **복지국가와 정의**. 경기 : 인간사랑.

심창학(2011). **인권과 사회복지 : 연계의 논리적 구조와 접근방법을 중심으로**. 서울 : 오름.

앤서니 케니 저, 김성호 역(2008). **서양철학사 1**. 경기 : 서광사.

________________(2010). **서양철학사 2**. 경기 : 서광사.

________________(2014). **서양철학사 3**. 경기 : 서광사.

앤서니 케니 저, 이재훈 역(2013). **서양철학사 4**. 경기 : 서광사.

양옥경 외(1993). 비밀보장과 알권리. 사회복지실천과 윤리(pp. 68-71). 서울 : 한울아카데미.
________(2004). 사회복지 윤리와 철학. 서울 : 나눔의집.
양옥경 · 김미옥 · 김미원 · 김정자 · 남경희 · 박인선 · 신혜령 · 안혜영 · 윤현숙 · 이은주 · 한혜경(2004). 사회복지윤리와 철학. 서울 : 나눔의집.
오윤수(2010). 분배정의에 대한 사회복지사의 인식유형. 대구가톨릭대학교 대학원 박사학위논문.
오윤수 · 정현태(2014). 사회복지학과 학생들의 사회권의 근거로서의 시민권과 인권에 대한 인식. 경성대학교 사회과학연구소, 30(2), 101-124.
오윤수 · 정현태 · 이대주(2014). 사회복지 윤리와 철학. 경기 : 공동체.
오정수 · 유채영 · 김기덕 · 홍백의 · 황보람(2022). 사회복지윤리와 철학. 서울 : 학지사.
우국희 · 임세희 · 성정현 · 최승희 · 장연진 · 좌현숙(2013). 사회복지윤리와 철학. 경기 : 공동체.
유동식(1975). 한국무교의 역사와 구조. 서울 : 연세대학교출판부.
유동철(2006). 당사자주의는 대안인가? 소비주의? 당사주의? 비판과 대안. 2006년 한국장애인복지학회 춘계학술대회 자료집, pp. 49-65.
유홍림(1994). 한국 정책결정과정에서의 인권과 윤리. 정책과학연구, 6, 43-71.
_____(2006). 노직 : 자유지상주의. 자유주의 : 시장과 정치. 김한원 · 정진영 공편. 서울 : 도서출판 부키.
윤찬영(1998). 사회복지법제론 I. 경기 : 나남출판.
윤철홍(1995). 소유권의 역사. 서울 : 법원사.
이명묵(2010). “사회복지사의 인권의식조사”. 성공회대학교 ngo대학원 석사학위논문.
이병렬(2002). 스웨덴 · 영국 · 미국의 빈곤정책. 서울 : 양지.
이성규(2006). 소비자주의는 있는가?. 소비주의? 당사주의? 비판과 대안. 2006년 한국장애인복지학회 춘계학술대회 자료집, pp. 13-35.
이순민(2016). 사회복지윤리와 철학(2판). 서울 : 학지사.
이인숙(1993). M. Sandel의 공동체주의 연구. 철학연구, 16, 251-289.
이인재(1998). IMF 관리체제 이후 한국인의 사회복지의식에 관한 연구. 사회복지연구, 12, 85-110.
이재율(1995). 경제윤리. 서울 : 민음사.
이정전(1995). 분배적 정의에 대한 경제학적 인식 – 경제학적 관점에서 본. 현대사회와 정의(pp. 343-371). 서울 : 철학과 현실사.
이종한(2000). 한국인의 대인관계의 심리사회적 특성 : 집단주의적 성향과 개인주의적 성향으로의 변화. 한국심리학회지 사회문제, 6(3), 201-219.
이준우(2004). 사회복지실천론. 서울 : 인간과 복지.
이창수 · 윤영철 · 김영옥 · 새사회연대(2005). 인권관련 정부통계 현황에 대한실태조사. 국가인권위원회
이효선(2003). 사회복지 윤리와 철학의 이해. 서울 : 학지사.
인권운동사랑방(2003). 인권하루소식 : 인권운동 10년의 기록과 주제별 인권현황의 총결산. 서울 :

인권운동사랑방.

장동진(2003). 자유주의와 공동체주의의 구성원리 : 정당성과 선. **법철학연구**, 6(2), 267-294.

장동진 · 김만권(2000). Nozick의 자유지상주의 : 소극적 자유의 이상. **정치사상연구**, 3, 195-220.

장수미 · 황영옥(2007). Q방법론을 활용한 의료사회복지사의 역할인식에 대한 탐색적 연구. **한국사회복지학**, 59(2), 223-249.

전병유 외(2007). **미래 한국의 경제사회정책 패러다임 연구**. 경제 · 인문사회연구회 협동연구총서 06-06-01. 한국노동연구원.

전제철(2011). 사회과에서의 나문화 인권 교육 연구. **시민교육연구**, 43(3), 143-164.

정부 · 민간 합동작업단(2006). **함께 가는 희망한국 VISION 2030**.

정순둘 외(2007). **사회복지와 임파워먼트**. 서울 : 학지사.

정원규(2004). 공리주의에 대한 패러다임적 독해-공리주의의 사회계약론적 수렴을 제안하며-. **철학**, 78, 271-290.

정의채(1995). 토마스 아퀴나스의 '정의론'. 그리스도교 철학연구소 편. **현대사회와 정의** (pp. 42-54). 서울 : 철학과 현실사.

정학섭(1993). 사회구조와 사회제도. **현대 사회학의 이해**. 서울 : 형설출판사.

정희철(1997). 법. 서울대학교 법학연구소 편. **법학통론**. 서울 : 서울대학교출판부.

조효제(2015). **인권 오디세이 : 다시 인간답게 살 권리를 묻는다**. 서울 : 교양인.

조흥식(2007). "한국 사회복지영역에서의 인권문제", **2007년 한국사회복지학회 국제학술대회**, 257-262.

지은구(2003). **사회복지 경제학 연구 – 복지경제 비판**. 서울 : 청목출판사.

______(2006). **자본주의와 사회복지**. 서울 : 청목출판사.

진교훈(1995). 가톨릭적 정의관의 현대적 의의. 그리스도교 철학연구소 편. **현대사회와 정의** (pp. 372-394). 서울 : 철학과 현실사.

차문중(2007). 법 · 질서의 준수가 경제성장에 미치는 영향 – 최근 우리의 경험을 중심으로 –. **KDI 정책포럼** 제173호.

최 균 · 류진석(2000). 복지의식의 경향과 특징 : 이중성. **사회복지연구**, 16(1), 223-254.

최 훈(2007). **매사에 공평하라 벤담 & 싱어**. 경기 : 김영사.

최광식(1981). 무속신앙이 한국불교에 끼친 영향 – 산신각과 長柱을 주심으로. **백산학보**, 26, 47-77.

최명민(2006). 사회복지사 윤리적 민감성 검사도구(Swest)개발 및 활용에 관한 연구.

최병호 · 남상호 · 고경환(2008). 2012년 복지재정수준의 전망 : OECD 국가와의 비교를 통한 적정수준 탐색. **보건복지포럼** 2008년 2월호(통권 제136호) : 91-103.

최성철(1994). 자유 개념의 역사적 변화와 현대적 의미. **한양대 사회과학논총**, 13, 61-99.

최재선(2003). **경제윤리이론**. 서울 : 법문사.

한국보건사회연구원 · 서울대학교 사회복지연구소(2007). **2007 한국복지패널 기초분석 보고서**. 보건사회연구원 연구보고서 2007-21.

한국사회복지사협회 http://www.welfare.net

한국사회복지사협회 사회복지 윤리경영 정보센터 http://www.ethicswelfare.net

한국사회복지사협회(2009). **사회복지 윤리경영 실천 매뉴얼**.

한국철학사상연구회(1989). **철학대사전**. 서울 : 동녘.

한규석 · 신수진(1999). 한국인의 선호가치 변화-수직적 집단주의에서 수평적 개인주의로. **한국심리학회지 사회 및 성격**, 13(2), 293-310.

한상희(2004). 법에 관한 기초지식. **법의 이해**. 건국대학교 법학연구소 편. 서울 : 건국대학교 출판부.

행정자치부(2007). 2006년 토지소유현황 통계 발표. 2007년 10월 25일 보도자료.

현외성(2003). **사회복지정책강론**. 경기 : 양서원.

홍성우(2005). **자유주의와 공동체주의 윤리학**. 서울 : 선학사.

홍성찬(2002). **법학개론**. 서울 : 박영사.

황경식(1978). 공리주의적 복지개념의 한계 - 목적론적 윤리체계의 비판. **철학연구**, 13(1), 77-103.

______(1984). J. 롤즈의 자유주의적 평등주의. **철학**, 22(1), 41-78.

황청일(2005). 공공복리를 위한 형평적 정의. **한국사회과학연구 : 일반**, 27(3), 22-51.

황필호(2002). **한국무교의 특성과 문제점**. 서울 : 집문당.

塩野谷祐一(2002[2006]). 박영일 역. **경제와 윤리**. *經濟と倫理 - 福祉國家の哲學.* 東京大學出版會. 서울 : 필맥.

››› 국외문헌

Abramson, M.(1985). The Autonomy Paternalism Dilemma in Socal Work Practice. *Social Casework, 66*(7), 385-393.

____________(1989). Autonomy vs. paternalistic beneficence : Practice strategies. *The Journal of Contemporary Social Work*, 70, 101-105.

____________(1990). Keeping Secrets : Socal Workers and AIDS. *Social Work, 35*(2), 169-172.

Akimoto, T.(2007). Social Justice and Social Welfare Polices beyond National Boundaries - What Should We Question. **2007년 한국사회복지학회 춘계 학술대회 발표집**, pp. 59-74.

______________________________(1983 / 2002b)(Eds.). Risk management. Social workers' desk reference. Ethical Dilemmas in Social Work Practice. *Social Work* (pp. 65-69). NY : Oxford university press.

Albert R. Roberts, & Gilbert J. Greene(Eds). NY : Oxford university press, pp. 70-74.

Aristoteles(1984[2006]). 이창우 · 김재홍 · 강상진 공역. **니코마코스 윤리학**. *Aristoteles Ethica Nicomachea.* Oxford : Clarendon Press. 서울 : 이제이북스.

Arrington Robert. L.(1998[2003]). 김성호 역. **서양윤리학사**. *Western Ethics : An Historical Introduction.* Blackwell Publishers Ltd. 서울 : 서광사.

Askheim, O.(2003). Empowerment as guidance for professional social work : an act of balancing on a slack rope. *European Journal of Social Work,* 6(3), 229-240.

Aumend, S., & Barrett, Marjie(1984). Self-concept and attitudes toward adoption : a comparison of searching and nonsearching adult adoptees. *Child welfare* Vol. 1 : Attchment. NY : Basic Books.

Avineri Shlomo(1968). 이홍구 역. 칼 마르크스의 사회사상과 정치사상. *The Social and Political Thought of Karl Marx*. Cambridge University Press. 서울 : 까치.

Backhouse Roger([2005]). 김현구 역. 지성의 흐름으로 본 경제학의 역사. *History of Economics*. 서울 : 시아출판사.

Baistow, K.(1994 / 1995). Liberation and regulation? Some paradoxes of empowerment. *Critical Social Policy, 14*(3), 34-46.

Banks, S.(2006). *Ethics and Values in Social Work.* Palgrave.

Barker, R. L.(2003). *The Social Work Dictionary*. Washington, DC : NASW Press.

Barker, Robert L.(1987). 중앙사회복지연구회 역. 사회사업사전. 서울 : 이론과 실천.

______________(1995). *The Social Work Dictionary*(3rd ed.). Washington, D.C : NASW Press.

Beauchamp, T. L. K., & Childress, J. F.(2001). *Principles of Biomedical Ethics.* Oxford University Press.

______________________________(1989). *Principles of Biomedical Ethics*(3rd ed.). N.Y. : Oxford University Press.

______________________________(1994). *Principles of Biomedical Ethics*(4th ed.). N.Y. : Oxford University Press.

Beckett, C., & Maynard, A.(2005). *Values & Ethics in Social Work*. Sage Publications.

Behnke, Stephan H., & Warner, Elizabeth(2002). Confidentiality in the treatment of adolescents. *APA Monitor, 33*(3), March.

Bentley, K.(1985). *The Right of psychiatric patience to Refuse Mediation : Where Should Social Works Stand? Paper Presented at Annual Meeting of National Brill, Naomi, Working with People*(3rd ed.). New York : Longman.

Berlin Isaiah(1956). Equality. *Proceedings of the Aristotelian Society,* 56.

__________(2002[2006]). 박동천 역. "자유의 두 개념". 이사야 벌린의 자유론. *Liberty : Incorpating Four Essays on Liberty*. Oxford University Press. 서울 : 아카넷.

Biestek, Felix P.(1979). *The Casework Relationship*. George Allen & Unwin.

Brennan, Joseph G.(1967[1982]). 곽강제 역. 철학의 의미. *The Meaning of Philosophy.* 서울 : 박영사.

Brodzinsky, D. M., et al.(1992). *Being adopted : the lifelong search for self.* NY : Doubleday.

Brown H. P.(1988). *Egalitarianism and the Generation of Inequality*. Oxford : Clarendon Press.

Brown, S.(980). Political Subjectivity : Applications of Q Methodology in Political Science.

New Haven : Yale University Press.

Buchanan, Allen(1978). Medical Paternalism. *Philosophy and Public Affairs,* 7, 370-390.

Bueermann, Chief Jim(1999). Where is the balance between the public's right to know and the victim's right to privacy?. Crime mapping research center.

Callahan, D. T.(1981). Minimalist Ethics. *The Hastings Center Report, 7*(5), 19-25.

____________(1984). Autonomy : A Moral Good, not a Moral Obsession. *The Hastings Center Report, 14*(5), 40-42.

Campbell, T.(1988). *Justice.* New Jersey : Humanities Press International.

Caplan, A.(1986). Professional Ethics : Virtue of Vice. *Jewish Social Work Forum, 22.*

Carter, Rosemary(1971). Justifying Paternalism. *Canadian Journal of Philosophy, 7,* 133-145.

Cecil Andrew R.(1990). Equality, Tolerance and Loyalty. *Virtues Serving the Common Purpose of Democracy.* Dallas : The University of Texas.

Chachkes, E.(1986). Ethical Issues in Long-Term Care. *Unpublished manuscript.* N.Y. : New York Academy of Medicine.

Chang Ha-Joon(2002[2004]). 형성백 역. 사다리 걷어차기. *Kicking away the Ladder.* Anthem Press. 서울 : 부키.

Checkland, S. G., & Checkland, E. O.(1974). *The Poor Law Report of 1834.* Harmandswirth : Penguin.

Childress, J. F.(1981). *Priorities in Biomedical Ethics.* Philadelphia : Westminster Press.

Christsman, J.(2002). *Social and political philosophy.* Routledge.

Clark, C.(2000). *Social Work Ethics : Politics, Principles and Practice.* Palgrave.

Collingridge, Mike, et al.(2001). *Privacy and confidentiality in social work.* Free Press.

Collopy, B., Dubler, N., & Zuckerman, C.(1990). The Ethics of Home Care : Autonomy and Accommodation. *The Hastings Center Report, 20*(2), 1-16.

Dal Sasso G., & Coggi(1989[1993]). 이재룡 · 이동익 · 조규만 공역. 성 토마스 아퀴나스의 신학대전 요약. *Compendio della Somma Teologica di San Tommasod'Aquino.* PDUL Edizioni Studio Domenicano. 서울 : 가톨릭대학교출판부.

Dalrymple, J., & Burke, B.(1995). *Anti-Oppressive Practice.* Open University press.

Davidson, J.(2005). Professional relationship boundaries : a social work teaching moduale. *Social Work Education, 24*(5), 511-533.

Dean, H.(1988). The Primacy of the Ethical Aim in Clinical Social Work : It's Relationship to social Justice and Mental Health. *Smith College Studies in Social Work, 69*(1).

Dean, R., & Fenby, B.(1989). Exploring Epistemologies : Social Work Action as a Reflection of Philosophical Assumption. *Journal of Social Work Education, 25*(1), 46-54.

Dominelli, L.(2004). Social Work : Theory and Practice for a changing profession. Polity.

Donagan, A.(1977). *The Theory of Morality.* Chicago : University of Chicago Press.

Felix Biestek(1961). *The Casework Relationship.* Chicago : Loyola University Press.

Fishkin, J. S.(1983). *Justice, Equal Opportunity, and Family*. New Haven and London : Yale University Press.

Flexner, A.(1915). Is Social Work Profession?. Proceedings of the National Conference of charities and correction.

Frankena William([1984]). 황경식 역. 윤리학. *Ethics, Prentice-Hall Foundation of Philosophy Series*(2nd ed.). 서울 : 종로서적.

Fraser, D.(1970). *The Evaluation of the British Welfare State*(2nd ed.). London : Macmillan.

Friedman Milton(1962[2007]). 심준보 · 변동열 공역. 자본주의와 자유. *Capitalism and Freedom*. Chicago : The University of Chicago,. 서울 : 청어람미디어.

George V., & Wilding P.(1994[1999]). 김영화 · 이옥희 공역. *Welfare and Ideology*. London : Pearson Education.

Gewith. Alan(1978). *Reason and Morality*. Chicago : University of Chicago Press.

Gilbert Neil, & Terrell Paul([2007]). 남천섭 · 유태균 역. 사회복지정책론 - 분석틀과 선택의 차원. *Dimensions of Social Welfare Policy*(6th ed.). Pearson Education, Inc. 서울 : 나눔의 집.

Gillon, R.(1985). Autonomy and Consent. In M. Lockwood(Ed.), *Moral Dilemmas in Modern Medicine*(pp. 111-125). New York : Oxford University Press.

Gøsta Esping-Andersen(1990). *The Three Worlds of Welfare Capitalism*. Cambridge : Polity Press.

__________________(1990[2006]). 박형신 · 정현주 · 이종선 공역. 복지자본주의의 세 가지 세계. *The Three Worlds of Welfare Capitalism*. Cambridge : Polity Press.

Gould, C.(1992). *New Paradigms in Professional Ethics : Feminism, Practice*. Cambridge.

Hagg, Michael Arthur(1989). *Identity and The Search for Origins : A Study of Adult Adoptees, Doctoral Dissertation*. Santa Cruz : University of California.

Haims, Erica, & Timms, Noel(1985). *Adoption, identity and social policy : the search for distant relatives*. Vermont : Gower publishing company.

Hartmann, Nicolai(1925[1996]). 하기락 역. 윤리학. *Ethik*. 서울 : 형설출판사.

Hayek Friedrich A.(1973[1997b]). 민경국 역. 법 · 입법 그리고 자유. *Law, legislation and liberty*. London : Routledge & Kegan. 서울 : 자유기업센터.

Hayek Friedrich A.(1982). The Mirage of Social Justice. in Law. *Legislation and Liberty*. London : Routledge & Kegan Paul.

________________(1996[1997a]). 김 균 역. 자유헌정론 Ⅰ. *The Constitution of Liberty*. Estate of H. A. Hayek. 서울 : 자유기업센터.

Herbert Bisno(1952). *The Philosophy of Social Work*. Washington D.C : Public Affairs Press.

Hewitt M.(1992[2000]). 김영화 외 공역. 욕구, 복지와 이데올로기. *Welfare, Ideology and Need*. London : Pearson Education Limited. 서울 : 한울아카데미.

High, D. M.(1992). Research with Alzheimer's Disease Subjects : Informed Consentand Proxy

Decision-Making. *Journal of the American Geriatrics Society, 40*(9), 950-957.

Hollis, F.(1985). 김만두 역. 케이스워크. 서울 : 홍익재.

Ife. Jim, Human Rights and Social Work, 김형식 · 여지영 역(2001). 인권과 사회복지실천. 인간과 복지.

IFSW Manual(2002). International Federation of Social Workers(IFSW). IFSW Manual : Social Work and the Rights of the Child.

Jones, Mary Ann(1976). *The sealed adoption record controversy report of a survey of agency policy, practice and opinions*. NY : CWLA.

Joseph, M.(1985). A Model of Ethical Decision Making in Clinical Practice. Inc. Germain(Ed.). *Advances in Clinical Social Work Practice*. Washington D.C. : NASW.

Kagle, J. D., & Giebelhausen, P. N.(1994). Dual relationships and professional boundaries. *Social Work, 39*(2), 213-220.

Kaufmann, Arthur(1997[2007]). 김영환 역. 법철학. *Rechtsphilosophie*. Verlag C. H. Beck. 경기 : 나남출판.

Kim, G.(2007). A Critical Comparison between Social Justice Perspective and Human Rights Perspective for Social Work Profession within Changing Context. pp. 205-226. 인권과 사회복지 - 사회복지사명의 재고찰. 창립 50주년 기념 2007년 한국사회복지학회 국제학술대회자료집. 한국사회복지학회.

Kirk, H. D.(1987). Shared fate as biography : a theory of adoption in the making. Exploring adoptive family life : the collected adoption papers of H. David Kirk, B. J. Tansey(Ed.). 1988. WA : Ben-simon Publications.

Kluegel, J., & Smith, E.(1986). Beliefs about inequality. *Americans'view of what is and what ought to be*. New York : Aldine de Gruyter.

Konopka, G.(1972). *Social Group Work : A Helping Process*. N. J. : Prentice Hall.

Kowall, Katherine A., & Schilling, Karen M.(1985). Adoption though the eyes of adult adoptees. *American Journal of orthopsychiatry, 55*(3), July, 354-362.

Leiby, L.(1985). Moral Foundations of Social Welfare and Social Work : A Historical View. *Social Work, 30*, 323-330.

Levenson, D.(1997, September). Online Counseling : Opportunity and Risk. *NASW News, 42*(8), 8.

Levine, R. A.(1993). How Urban Social Workers Define and Respond to Elder Abuse. Unpublished dissertation. *Wurzweiler School of Social Work*. New York : Yeshiva University.

Levy, C. S.(1976). The Value Base of Social Work. Journal of Education for Social Work, 9, 1973. "Values and Ethics". In S. Dillick(Ed.), Value Foundation of Social Work Detroit : School Work, Wayne State University, 1984. *Social work ethics*. New York : Haworth Press.

_______(1976). *Social Work Ethics*. Human Science Press.

Lewis, H.(1972). Ethical Assessment. Social Casework, 1984. Morality and the politics of Practice. *Social Casework, 5.*

Linzer, N.(1999). *Resolving Ethical Dilemmas in Social Work Practice*. Boston : Allyn and Bacon.

Locke John([1996]). 강정인 · 문지영 공역. 통치론 : 시민정신의 참된 기원, 범위 및 그 목적에 관한 시론. *Two Treatises of Government : The Second Treatise of Government-An Essay Concerning the True Original, Extent, and End of Civil-Government*. 서울 : 도서출판 까치.

Locke, J. P.(Laslett Ed.)(1970). *The Second Treatise of Government.* Cambridge University Press.

Locke, J., & Thomas P.(Peardon Ed.)(1981). *The Second Treatise of Government*. Indianapolis : Bobbs-Merrill.

Loewenberg, F. M., & Dolgof, R.(1995). *Ethical decision for social work practice*. F. E. Peacock publishers, Inc.

___________________________(1996). *Ethical decisions for social work practice*(5th ed.). Itasca, IL : F. E. Peacock.

_________________________(1996). *Ethical Decisions for Social Work Pratice*(5th ed.). Itasca, IL : F.E. Peacock.

Loper, Nancy(1976). A comparative study of the personality factors and social histories of three groups of adopted adults, Dissertation, California school of professional psychology. MI : UMI dissertation information service.

Marshall, T. H.(1963). *Class, Citizenship and Social Development*. Chicago : University of Chicago Press.

McWhinney, M., Haskins-herkenham, D., & Hare, I.(1992). *The school social worker and confidentiality*(Position statement of the national association of social workers, commission on education). Washington, D.C : National association of social workers.

Menlove, F. L.(1965). Aggressive symptoms in emotionally disturbed adopted children. *Child development,* 36, 519-532.

Mental Health InfoSource(1999).'Ask the expert : right to know diagnosis.

Messner Johannes(1949[1997]). 강두호 역. 사회윤리의 기초. *Social Ethics : Natural Law Modern World*. St. Louis & London. 경기 : 인간사랑.

Mill, John Stuart([2002]). 이을상 · 김수청 역. 공리주의. *Utilitarianism*. 서울 : 이문출판사.

_____________(1861[1969]). *Utilitarianism, in collected Works of John Stuart Mill* vol. 10. Toronto : University of Toronto Press.

Miller, B. L.(1981). Autonomy and the Refusal of Life Saving Treatment. *The Hastings Center Report, 11*(4), 22-28.

Mishra Ramesh(1981[1996]). 남찬섭 역. 복지국가의 사상과 이론. *Society and Social Policy-Theories and Practice of Welfare*. The Macmillan Press LTD.. 경기 : 한울아카데미.

Moody, H. R.(1992). *Ethics in an Aging Society*. Baltimore : Johns Hopkins University Press.

Murdach, A. D.(1996). Beneficence Reexamined : Protective Intervention in Mental Health. *Social Work, 41*(1), 26-32.

Myrdal Gunnar K.(1960[1974]). 최광열 역. 복지국가를 넘어서. *Beyond the Welfare State : Economic planning in the Welfare States and its International Implication.* 서울 : 장문각.

NASW Code of Ethics(1995). *Encyclopedia of social work*(19th ed.). Washington D. C..

____________________(1995 / 1997).

____________________(1996). *Code of Ethics*. Authors.

____________________(1999). Code of ethics of the National Association Of Social Workers.

Neave, Marcia(1987). Confidentiality and duty to warn. *Univ. of Tasmania law review, 9*, 1-31.

Nemovicher, J.(1960). A comparative study of adopted boys and non-adopted boys in respect to specific personality characteristics. *Dissertation abstracts international Vol 20* : 4722.

Nozick, R.(1974). *Anarchy, State, and Utopia*. New York : Basic Books, Inc., Publishers.

_________(1974[1983]). 남경희 역. 아나키에서 유토피아로. *Anarchy, State, and Utopia.* 서울 : 문학과 지성사.

Oppenheim E. Felix(1980). Freedom. *International Encyclopedia of the Social Sciences, 5.* New York : Macmillan and Free Press.

Parsons Talcott(1966). *Societies*. New Jersey : Prentice-Hall.

Pease, B.(2002). Rethinking Empowerment : A Postmodern Reappraisal for Emancipatory Practice. *British Journal of Social Work, 32*, 135-147.

Perelman Chaim(1945[1986a]). 심헌섭 · 강경선 · 장영민 공역. 정의에 관한 다섯 강의. 법과 정의의 철학. *Cinq Leçon de la Justice*. 서울 : 종로서적.

Perman, Helen(1957). *Social Casework : A Problem-Solving Process.* Chicago : University of chicago Press.

Pojman L.(2002). *Ehtics : Discovering Right & Wrong*. Belmint, CA : Wadsworth.

Pumhrey, M. W.(1959). *The teaching of Values and Ethics in Social Work Education.* New York : CSWE.

Queen's University(1999). 'Freedom of information and protection of privacy guidelins'. http://queensu.ca/secretariat/senate/policies/access/freedom.html.

Rachels James(1971[2006]). 노혜련 외 역. 도덕철학의 기초. *The Elements of Moral Philosophy.* New York : Random House. 서울 : 나눔의 집.

Radice Giles(1965). *Democratic Socialism : A Short Survey*. London : Longman.

Raphael, D. D.(1981[1987]). 김영철 · 김우영 역. 현대도덕철학. *Moral Philosophy*. Oxford Univ. Press. 서울 : 서광사.

Rashdall, H.(1924). *The Theory of Good and Evil.* London : Oxford University Press.

Rawls, J.(1999[2003]) 황경식 역. *The Theory of Justice*(Revised Edition). Cambridge, MA : Harvard University Press. 서울 : 이학사.

________(1973). *A Theory of Justice*. Cambridge : The Belknap Press of Harvard University Press.

________(1992) *Die Idee des politischen Liberalismus. Aufsätze 1978~1989*. Frankfurt am Main : Suhrkamp.

________(1993). *Political liberalism.* New York : Columbia University Press.

Rawls, J., Fried, A. Sen, & T. Schelung(1987). *Liberty Equality and Law.* Mcmurrin(Ed.). Cambridge : Cambridge University Press and Salt Lake City : University of Utah Press.

Reamer, F. G.(2003). Boundary issues in social work : managing dual relationships. *Social Work, 48*(1), 121-133.

Reamer, F. G.(2013). *Social Work Values and Ethics.* NY : Columbia University Press.

____________(1982). *Ethical dilemmas in social service.* NY : Columbia university press : 120-123.

____________(1983). The Concept of Paternalism in Social Work. *Social Service Review, 57*, 254-271.

____________(1987). Ethics committees in social work. *Social Work, 32.*

____________(1992). Social Work and Public Good : Calling or Career? In P. Reid & P. Popple(Eds.), The Moral Purpose of Social Work. Nelson_Hall Inc.

____________(1999). *Social Work Values and Ethics*(2nd ed.). Columbia University press.

Reichert, E.(2003). "Viewing Human Rights and Social Work Through an International Perspective". *Journal of Intergroup Relations*, 30(1), 76-83.

__________(2011). "Human Rights in Social Work : an essential basis". *Journal of international and Comparative Social Policy*, 27(3), 207-220.

Reiner Hans([1999]). 이석호 역. 철학적 윤리학. *Die Philosophische ethik : ihrefragen und lehren in geschichte und grgenwart.* 서울 : 철학과 현실사.

Rennie V. Klein(1983). 720F 2d 266(3rd Cir 1983) 8. MPDLR 18.

Rescher N.(1966). *Distributive justice : A constructive critique of the utilitarian theory of distribution.* Indianapolis : Bobbs-Merrill.

Rhodes, M. L.(1986). *Ethical dilemmas in social work practice.* Routledge & Kegan Paul.

Richmond, Mary E.(1922). *What is Social Work?.* New York : Russell Sage Foundation.

Ricken Friedo(1983 / 2003[2006]). 김용해 역. 일반 윤리학. *Allgemeine Ethik.* Verlag W. Kohlhammer GmbH. 서울 : 서광사.

Ritzer George([2006]). 김왕배 · 김용학 · 김현미 · 김호기 · 박선웅 · 박찬웅 · 박해광 · 송유진 · 이영숙 · 임현진 · 장상철 · 조명우 · 조성남 · 최샛별 · 최유정 공역. 사회학 이론. *Sociological Theory*(5th ed.). 서울 : 한울출판사.

Rivers V. Katz(1986). 67 NY 2d 485.

Roberts, Albert R.(1984). Crisis Intervention with Battered Women. In A. R. Roberts(Ed.), *Battered Women and Their Families*(pp. 65-83). New York : Springer.

Robson William A.(1997[1979]). 김영모 역. 복지국가와 복지사회 - 환상과 현실 -. *Welfare State and Welfare Society - Illusion and Reality*. London : George Allen & Unwin. 서울 : 경문사.

Rosenblatt, A.(1988). *For Their Own Good : Essays in Coercive Kindness, Albany*. New York : Nelson A. Rockefeller Institute of Government.

Rothman, J. et al.(1996). Client Self-Determination and Professional Intervention : Striking a Balance. *Social Work, 41*, 396-404.

Russell Bertrand(1949). *Authority and Individual*. London.

Sachdev, Paul(1989). *Unlocking the adoption files*. Canada : Lexionton Books.

Sadurki W.(1986[1983]). To each according to his(genuine?) needs. *Political Theory,* 419-431.

Sahakian William S.(1974[1986]). 송휘칠 · 황경식 공역. 윤리학의 이론과 역사. *An Introduction to Theories and Problems*. New York : Harper & Row. 서울 : 박영사.

Saleebey, D.(1990). Philosophical Disputes in Social Work : Social Justice Denied. *Journal of Sociology and Social Welfare,* 29-40.

Salzberger, Ronald Paul(1979). Case work and a client's right to self-determination. *Social work, 24*.

Sandel, Michal J.(1982). *Liberalism and the Limits of Justice*. Cambridge : Cambridge University Press.

Schechter, Marshall(1960). Observation on adopted children. AMA Simpson, Mark, et. al.(1981). Adoptees in search of their past : policy.

Schoech, D.(1982). *Computer Use in Human Services*. New York : Human Sciences Press.

Schumacher Ernst F.(1993[2002]). 이상호 역. 작은 것이 아름답다. *Small is beautiful : A Study of Economics as if People Mattered*. 서울 : 문예.

Schwartz, H. I., Vingiano, W., & Bezirganian, C.(1988). Autonomy and the Right to Refuse Treatment : Patients' Attitudes after Involuntary Medication. *Hospital and Community Psychiatry, 39*(10), 1049-1054.

Sen, Amartya K.([2001]). 박우희 역. 자유로서의 발전. *Development as Freedom*. 세종연구원.

____________(1987 / 1988[1999a]) 박순성 · 강신욱 공역. 윤리학과 경제학. *On Ethics and Economics*. Blackwell Publishers. 서울 : 한울아카데미.

Sen, Amartya K.(1992[1999b]). 이상호 · 이덕재 공역. 불평등의 재검토. *Inequality Reexamined.*

Oxford University Press. 경기 : 한울아카데미.

Sidgwick, H.(1907). *The Method of Ethics*. London : Macmillan.

Skegg(2005). "Human Rights and Social Work". *International Social Work*, 48(5), 667-672.

Smalley, Ruth E.(1970). The Functional Approach to casework Practice. In Robert & Nee(Eds.), *Theories of Social casework*. Chicago : University of Chicago Press.

Social Service Review The Philosophica Foundation of Social Work(1993). The Concept of Paternalism in Social Work. New York : Columbia University Press.

Social Work Values, & Ethics(1995). New York : Columbia University Press.

Soler, M., & Peters, C.(1993). *Who should know what? Confidentiality and information sharing in service integration*. Des Moines, IA : National center for service integration : 5, & 12-19.

Spörlein Bernhard(1981). *Gerechtigkeit im Neuen Testament*(hrsg). Bernhard Wete, Christlicher Glaube in moderner Gesellschaft, Freiburg.

Sweet, W.(2003). *Philosophical theory and the Universal Declaration of Human Rights*. University of Ottawa Press.

Tarasoff V. Regents of university of california(1976). 17 Cal. 3d 425 http : //login.findlaw.com/scripts/calllaw?dest=ca/cal3d/17/425.html.

Thompson, N.(2005). *Understanding Social Work : Preparing for Social Work*. Palgrave.

Turner, Bryan(1993). Out Line of a Theory of Human Rights. *Sociology*, 27(3) : 489-512.

UN Centre for Human Rights(1994). *Human Rights and Social Work*. United Nations Publication, 이혜원 역, 2005. 인권과 사회복지실천. 서울 : 학지사.

United Nations(1987). Human Rights : Questions and Answers.

Vasak, K.(1996). Democracy, Political Parties and International Human Rights Law, Isral Yearbook on Human Rights, 26, 15-28.

Walzer Michael(1998[1999]). 정원섭 외 공역. 정의와 다원적 평등－정의의 영역들. *Spheres of Justice*. Perseus Books. 서울 : 철학과 현실사.

Webb, S., & McBeath, G.(1989). A Political Critique of Kantian Ethics in Social Work. *British Journal of Social Work, 19*, 491-506.

Weber Max(2002[2006]). 김상희 역. 프로테스탄트 윤리와 자본주의 정신. *The Protestant Ethics and the Spirit of Capitalism*. Routledge. 서울 : 풀빛.

Wegener, B.(1992). Gerechtigkeitsforschung und Legitimationsnormen. *Zeitschrift für Soziologie, 21*, 269-283.

__________(1995). Gerechtigkeitstheorie und empirische und Gerechtigkeitsforschung. In : Müller, H.-P. und Wegener, B., SozialeUngleichheit und Gerechtigkeit. Opladen : Leske=Budrich : 167-214.

Weiner, Myron(1990). *Human services management : analysis and applications*(2nd ed.). Belmont, CA : Wadsworth publishing.

Wilson, S.(1978). *Confidentiality in Social Work : Issues and Principles*. New York : Free Press.

________(1983). Confidentiality. In A. Rosenblatt, & D. Waldfogel(Eds.), *Handbook of Clinical Social Work*. San Francisco : Jossey-Bass.

Wronka, J.(1992). *Human Rights and Social Policy in the 21st Century : A history of the idea of human rights and comparison of the United Nations Universal Declaration of Human Rights with United States federal and state constitutions*. Lanham, Md. : University Press of America.

Zur, O.(2008). Beyond the office walls : home visits. celebrations. adventure theraphy. Incidental Encounters and other Encounters outside the Office Walls. http://www.zurinstitute.com/outofofficeexperiences.html.

》》 영상자료

① 인권 및 사회복지 관련 영화 : 도가니(2011), 날 보러와요(2016), 나 다니엘 블레이크(2016), 방가?방가!(2010), 크래쉬(Crash, 2004), 반두비(2009) 등
② MBC 특집다큐멘터리. 꽃들에게 희망을(2010년 2월 22일)
③ EBS 하버드 특강 마이클샌델의 정의
(http://www.youtube.com/Watch?v=m5aYSTz8jpA)
④ 기타 이 교과목에서 활용할 수 있는 동영상 활용

》》 인터넷 자료

① 국회법률정보시스템 http://likms.assembly.go.kr
② 한국사회복지사협회 http://www.welfare.net
③ 미국사회복지사협회 http://www.naswdc.org
④ 영국사회복지사협회 http://www.basw.co.uk
⑤ 호주사회복지사협회 http://www.aasw.asn.au
⑥ 국제사회복지사연맹 http://ifsw.org
⑦ 국가인권위원회 http://www.humanrights.go.kr
⑧ 국제엠네스티 한국지부 http://amnesty.or.kr

찾아보기

인 물

내 용

저/자/약/력

■ 정현태

대구가톨릭대학교 철학 및 신학, 사회복지학 전공
현 창신대학교 사회복지학과 겸임교수
경남복지인권교육연구소 소장
생활시설 인권관련 모니터링 단장
시· 군· 구 및 시 · 도 정책 관련 책임연구원 참여
다수의 논문 및 다수의 교재 집필 등

■ 김도열

숭실대학교 사회복지학과 사회복지학 전공(박사수료)
현 대림대학교 사회복지학과 겸임교수
세명대 사회복지학과 강사
숭실대학교 글로벌미래교육원 강사

■ 김한솔

부산대학교 사회복지학과 사회복지학 전공(박사수료)
경남사회서비스원 근무
다수의 논문 및 연구기관의 연구원 참여 등

■ 이덕희

신라대학교 사회복지학 전공(박사)
현 부산예술대학교 복지예술치료상담과 교수
법무부 소년보호위원협의회 소년보호위원
양산시 아동위원
경상남도지적장애인복지협회 양산시지부 자문위원
한국사회복지상담학회 이사
다수의 논문 및 다수의 교재 집필 등

■ 이인순

인제대학교 사회복지정책 전공
현 창원문성대학교 사회복지학과 교수
한국인성교육학회 이사
국민연금 장애인활동 수급심의위원
경남 여성새로일하기센터이사 등

■ 이진향

경상대학교 사회복지학 전공
현 창신대학교 사회복지학과 교수
지역종합복지관 운영위원
국립부곡병원 입원심사소위원회 등

사회복지 윤리와 철학

|공저자| 정현태 · 김도열 · 김한솔 · 이덕희 · 이인순 · 이진향

|1판 1쇄| 발행 2024년 7월 30일

|발행인| 김동훈
|발행처| **공동체**

|주소| 경기도 고양시 일산동구 호수로 358-39, 동문타워I 905호(백석동)
|전화| 031)814-3000(대표)
|팩스| 031)814-3100
|홈페이지| http://compub.co.kr
|전자우편| compub@naver.com
|출판등록| 2005년 10월 6일
|등록번호| 제396-2005-36호

|ISBN| 979-11-6725-638-6
정가 23,000원